MW00364444

CARTAS DESDE EL HOGAR

Mensajes amorosos
de la familia

Kryon
Libro VII

LEE CARROLL

Cartas desde el Hogar

Mensajes amorosos
de la familia

Kryon
Libro VII

EDICIONES OBELISCO

Si este libro le ha interesado y desea que le mantengamos informado
de nuestras publicaciones, escríbanos indicándonos qué temas son
de su interés (Astrología, Autoayuda, Ciencias Ocultas, Artes Marciales,
Naturismo, Espiritualidad, Tradición...) y gustosamente le complaceremos.

Puede consultar nuestro catálogo en www.edicionesobelisco.com

Colección Nueva Consciencia
KRYON VII. CARTAS DESDE EL HOGAR
Lee Carroll

Título original: *Kryon VII. Letters from home*

1ª edición: enero de 2003
2ª edición: mayo de 2003

Traducción: *Alberto de Satrústegui Pérez-Caballero*
Maquetación: *Marta Rovira*
Diseño de portada: *Julián García Sánchez*

© 1999 by Lee Carroll
(Reservados todos los derechos)
© 2003 by Ediciones Obelisco, S.L
(Reservados los derechos para la presente edición)

Edita: Ediciones Obelisco S.L.
Pere IV, 78 (Edif. Pedro IV) 4ª planta 5ª puerta.
08005 Barcelona-España
Tel. 93 309 85 25 - Fax 93 309 85 23
E-mail: obelisco@edicionesobelisco.com

ISBN: 84-7720-926-X
Depósito Legal: B-27.106-2003

Printed in Spain

Impreso en España en los talleres gráficos de Romanyà/Valls S.A.
Verdaguer, 1 – 08076 Capellades (Barcelona)

Agradecimientos

Quisiera dar las gracias de nuevo a todos aquéllos que forman parte de la obra de Kryon y que con tanta generosidad me han ayudado con su talento y energía en estos últimos dos años.

Garret Annofsky	**Louise Hay**
Linda Benyo	**Barbara y Rob Harris**
Zehra Bocccia	**Geoffrey Hoppe**
Jennifer Borchers	**Ann K. Hudec**
Robert Coxon	**Jill Kramer**
Norma Delaney	**Gary Liljegren**
Peggy y Steve Dubro	**Jan Liljegren**
Trisha y Winston Ellis	**Sarah Rosman**
Janie Emerson	**John Stahler**
Jean Flores	**Marc Valleé**
Patricia Gleason	**Martine Valleé**

Y, por supuesto, también a Jan Tober, quien, desde el principio, ha estado a mi lado presentando la obra de Kryon.

7

Prefacio

Dice el autor...

Bienvenidos al Libro Kryon VII, el más largo de todos. ¡No sabéis cuánto os aprecio! Probablemente pensaréis que se lo digo a todo el mundo. Puede que sea verdad, pero ello no disminuye mi gratitud ni mi emoción por que estés abriendo las páginas de un nuevo Libro Kryon. Me encanta que vuestros ojos las recorran, porque ésa es la manera en que puedo comunicarme con vosotros.

Cuando escribo esto (mayo del 99), ha pasado ya año y medio desde la publicación del Libro Kryon VI, «Asociación con Dios». Ya sé que me estoy dirigiendo a muchos que se han leído ya todas las obras de Kryon. Me gustaría tener tiempo para detener la vida y conocerles uno a uno. Sois muchos quienes también habéis asistido a los seminarios de Kryon y nos habéis conocido personalmente tanto a Jan como a mí y a todo el equipo. Sé que sabéis que os lo digo con toda sinceridad. ¡Cómo no vamos sentir cariño por todos los que os encontráis leyendo todo este material!

Aunque seáis nuevos en la Serie Kryon, este volumen tiene entidad propia. No tendréis que consultar el Libro I para entender de qué va la cosa. Me figuro que el libro favorito de cualquier autor es el último que ha escrito, pero, para aquéllos de vosotros que acabáis de descubrir la obra de Kryon y deseáis algunas directrices en lo relativo a qué libros leer y en qué orden, mi recomendación es la que sigue: Después de leer este libro, leed el Libro V y, a continuación, el VI. Después (y si no estáis totalmente «kryonados») podéis leer el resto empezando por el I. Aunque éste sea el más antiguo (fue canalizado en 1989), es todavía y con mucho el más vendido de todos y, por supuesto, representa el comienzo de los nuevos mensajes de energía.

No obstante, el Libro Kryon VI, fue, con toda probabilidad, el mejor recibido de todos los Libros Kryon canalizados hasta ese momento si medimos su popularidad en el primer año de su puesta a la venta. Con una demanda que nos tuvo a todos medio locos haciendo reimpresiones (se lanzaron cuatro ediciones en el primer año), ha sido el más vendido de todos en ese período de tiempo.

He querido, en estas páginas, mantener el mismo formato que el del Libro VI. Si leísteis este libro y disfrutásteis con él, éste dará la impresión de constituir una prolongación de aquél y mantendrá la corriente de amor e información fluyendo hasta el año 2000.

Fue a finales de 1997 cuando me prometí a mí mismo que jamás volvería a publicar dos libros al mismo tiempo. El Libro Kryon V fue puesto a la venta de forma simultánea con el VI. ¿Por qué quise castigarme así? ¿Es que era idiota o qué? Me puse a pensar profundamente en ello y me dije: «¿Qué pasa? Soy yo quien controla mi vida. Haré oir mi voz y jamás volveré a agotarme haciendo dos libros al mismo tiempo».

Sí, claro. Seguro que sí.

Este libro se ha puesto a la venta simultáneamente con el de la editorial Hay House *Los niños índigo**. ¡Dios del cielo! ¡Lo he vuelto a hacer! (suspiro). Dos libros a la vez. ¿Cómo ha podido suceder algo parecido? Enseño sincronicidad, así que no he hecho sino «seguir la corriente» de mis enseñanzas, pero no me va a quedar más remedio que hablar pronto con mis guías sobre el significado de esa «corriente».

El Capítulo Séptimo del Libro Kryon VI se titulaba *Los niños índigo*. Jamás en ninguno de los demás Libros Kryon hemos

---

*   Lee Carroll y Jan Tober: Los niños índigo. Han llegado los niños nuevos, Ediciones Obelisco. 6ª edición, noviembre de 2002.

recibido más correo o comentarios sobre un tema como en éste. Tanto Jan como yo nos vimos desbordados por las cartas enviadas por padres, personal de guarderías y educadores que nos decían: «¡Por fin alguien se ha dado cuenta! ¿Qué podemos hacer?».

Os digo esto porque seréis muchos los que esperéis encontraros en este nuevo libro con una extensión del capítulo sobre los niños índigo. Lo que hicimos Jan y yo fue comenzar en 1988 a investigar sobre el tema, acabando con un nuevo libro sobre dichos niños. No nos especializamos en la infancia ni contamos con ninguna credencial académica, aunque parece ser que nos encontramos sentados en el asiento del conductor de la parte «descubrimiento» del tema.

Nos pusimos en contacto con educadores, psicólogos, pediatras, médicos, autores y padres normales para que nos diesen sus opiniones sobre cualquier aspecto del tema de los niños índigo. Inmediatamente recibimos lo que necesitábamos. No sólo podríamos cualificar la existencia de estos nuevos niños a través de testimonios experimentales de padres y encargados de guarderías, sino también obtener las respuestas acerca de lo que había que hacer con ellos y cómo hacerlo. Incluso llegamos a recibir valiosa información sanitaria sobre el tema del Transtorno de Atención Deficitaria (TAD) en los niños índigo (a muchos niños índigo se les diagnostica este transrtorno..., pero no es verdad que lo sufran). Como ya he mencionado, los resultados de nuestros esfuerzos pueden encontrarse en la actualidad en las librerías como parte del libro de la editorial Hay House titulado *Los niños índigo*.

El libro índigo no constituye ninguna obra de Kryon. ¿De acuerdo? Así que quienes estéis leyendo esto ahora enteraos bien de que la información sobre los niños índigo vino en parte a través de canalizaciones de Kryon, en parte por el trabajo de Nancy Tappe y en parte también por las comunicaciones de otras personas de gran intuición que lo habían profetizado. Sin embargo, quisimos que el libro *Los niños índigo* fuera, en la medida de lo posible, una fuente de información principal. Queríamos que la información ayudase a los padres, no que los

11

asustase por el hecho de que pudiera ser un libro espiritual o (gulp) un libro de la Nueva Era. Por eso no lo llamamos ni numeramos como Libro Kryon. Si alguno de vosotros es padre o madre de un niño o niña, buscadlo. ¡Creo que os sonará a algo! (*véase* pág. 10, nota de pie de página).

Lo que encontraréis en estas páginas...

Vuelvo a decir que este libro ha sido transcrito de canalizaciones en directo por todo el mundo. Solemos hacer que las transcripciones más recientes de las reuniones mantenidas se conviertan en temas de los libros. Los grupos más enérgicos y asombrosos que tanto Jan como yo hemos visto han sido en Europa. Aunque también fuimos a Australia y Asia después de la publicación de nuestro último libro, nuestras experiencias en Francia superaron todo lo visto hasta entonces. Con miles de asistentes, ¡la entonación (canto intuitivo) casi nos hizo caer de espaldas! Cuando intentamos despedir a un gran grupo en Périgueux, sus componentes permanecieron sentados y ¡empezaron a cantarnos a nosotros! Tal vez valga la pena dedicar un capítulo de un libro Kryon a estas experiencias.

Algunos de vosotros estáis suscritos a la Revista *Kryon Trimestral*. Os prometimos que recibiríais canalizaciones con muchos meses de antelación a los demás. Por lo tanto, podréis reconocer que parte de los temas de este libro han sido ya publicados en la revista (¿no estáis encantados de haberos suscrito?). Geoff Hoppe, el director voluntario de la revista, es quien tiene todo el mérito por su habilidad en editar una revista trimestral a todo color ¡sin ninguna publicidad!

Además y como otras veces, deseo hacer mención del estilo empleado por Kryon. Con frecuencia, ofrece durante los primeros diez minutos de cada canalización un amable mensaje de felicitación. Suele ser un mensaje con mucha fuerza. Algunos de ellos van dirigidos siempre a oídos nuevos, pero serían excesivos si los repitiésemos aquí, en estas páginas, una y otra vez. He eliminado parte de este tipo de comentarios, porque las canalizaciones de este libro están presentadas de modo y manera que no os hagan perder el tiempo. A veces, la información básica se repite de ciudad en ciudad, y he dejado que parte de ella permanezca en el libro, ya que necesitamos que sea escuchada reiteradamente.

Este libro es el último que escribió Kryon antes del nuevo milenio. ¡Uau! ¿Os dáis bien cuenta del marketing relacionado con el próximo cambio? «Por ahí» andan hablando de todo, desde el fin del mundo hasta del fin de la tecnología y del fin de los fines, ¡Imagináos! ¡Todo el tema de este libro es el *cambio*! Estuve a punto de titularlo «Haciéndonos Espirituales Adaptándonos al Año 2K», pero decidí no hacerlo, por lo que deberíais mostraros agradecidos. El libro consiste en lo que sigue:

Capítulo Primero. Muy especial. En primer lugar, consiste en un mensaje mío (siete páginas nada más) acerca de en qué consiste la Nueva Era. ¿Tenéis algunos amigos que se muestren preocupados por vosotros, que se preguntan si os habéis vuelto locos? Decidles que lean las siete primeras páginas del próximo capítulo. No les harán ningún daño ni tratarán de evangelizarles sobre la Nueva Era. Consiste simplemente en una explicación que contribuya a que comprendan quiénes son. Una pista: Puede que ni siquiera acepten el coger en sus manos este fantasmal y extrañísimo libro, así que sacad copias de las siete páginas y dádselas (os doy permiso desde aquí mismo). Leedlas vosotros en primer lugar para que os sintáis cómodos con el hecho de que soy yo, por supuesto, quien habla.

En segundo lugar, ¿os habéis preguntado alguna vez en qué consiste el mensaje de Kryon con respecto a la religión? Es lo siguiente y puede que os sorprenda. La canalización lleva como título «La Integridad de Dios» y consiste en una súplica para utilizar una lógica espiritual con el fin de conocer la diferencia que existe entre lo que pertenece a Dios y lo que pertenece a los Seres Humanos.

Capítulo Segundo. Contiene la serie de cinco canalizaciones denominadas «Cartas desde el Hogar», que es de la que el libro recibe su título. No sólo explican quiénes *somos*, sino que la

Quinta explica todo el tema. Con gran derroche de amor, Kryon nos da la canalización titulada «El Significado de la Vida».

Capítulo Tercero. Es el de la fuerza. Habla de la transición. No es que no todos los temas lleguen a ello, pero encierra algunos que dan en la diana.

Capítulo Cuarto. Trata de la Tierra. ¿Puede la Tierra poseer conciencia? ¿Qué saben los pueblos indígenas que podamos nosotros aprender para el próximo milenio? ¿Qué son «la cuadrícula de cristal» y «el fin de las sombras»?

Capítulo Quinto. Se trata de la historia de la canalización llevada a cabo en las Naciones Unidad en 1998. ¡Atáos bien los machos! Quizás sea ésta la más breve y potente de todas las canalizaciones realizadas hasta el momento por Kryon, quien la escogió para dársela a los delegados en las Naciones Unidas.

Capítulo Sexto. Es un capítulo duro. Contiene algunos temas de los que mucha gente preferiría no oír hablar. No sólo encierra una canalización sobre algunas de las cosas que pueden sernos difíciles, sino también el testimonio de alguien que lo ha vivido. Quiero que hagáis un balance con ambos temas, a uno y otro lado del velo.

Capítulo Séptimo. Consiste en el capítulo científico de este libro. Contamos con una valoración muy especial de Kryon acerca de los residuos nucleares y, después, con dos profundísimas canalizaciones relativas a la energía del universo denominada «Cuadrícula Cósmica».

Con el fin de que esta información científica no «permanezca ahí quieta» con todo el mundo preguntándose qué hacer con ella, hemos incluido un revelador artículo de quienes han descubierto la manera de hacer uso de esa misma energía ¡para que nos sirva de ayuda ahora mismo! La «Técnica Equilibradora CEM», de Peggy y Steve Dubro constituye la primera aplicación en profundidad de la energía de la Cuadrícula Cósmica que hayamos visto. Se trata de un trabajo de energía al más alto nivel. Sabemos que pronto vendrán otros, porque Kryon lo ha dicho. Sin embargo, el que aquí se trata es único. Tan poderoso que ¡hasta la NASA ha querido profundizar en él!

Capítulo Octavo. Se trata de una entrevista que me hizo una revista israelí llamada *Haim Acherim* (Vida Diferente). He querido honrar a todos los lectores judíos con información específica sobre su linaje espiritual. Como esta revista me concedió la oportunidad de hacerlo, la he incluido.

Capítulo Noveno. Consiste en una sección que apareció por primera vez en el Libro Kryon VI. El formato presenta respuestas directas a las preguntas más repetidas que hemos recibido tanto por correo como en los seminarios celebrados desde la aparición del último volumen de Kryon.

Capítulo Décimo. Consiste en un sumario de algunas de las noticias de Kryon, formas de conectarse con nosotros y un especialísimo informe relacionado con el milagro de la comunicación con Kryon. El web site de Internet con Kryon on-line ha reunido a decenas de miles de personas. Nuestro Webmaster, Gary Lilgegrin, tiene un mensaje para enseñar y contar cuyo alcance puede sorprenderos a todos.

Gracias de nuevo por leer estas líneas. Cuando leáis las que siguen, podréis sentir algo de la «oleada de amor» que yo sentí al sentarme frente a familias maravillosas de todo el mundo cuando Kryon pronunció estas ya famosas palabras.

¡Saludos, queridos! Soy Kryon, del Servicio Magnético...

Junio de 1999

Capítulo Primero

LA NUEVA ERA

Dice Lee Carroll...

No es casualidad que sea éste el primer capítulo. Quería que éste fuera el mensaje inicial del libro y procede de mí. Enseguida comenzaréis a escuchar a Kryon, pero éste es un comunicado sumamente humano. Se trata de una discusión sobre la Nueva Era que estaba pendiente desde hace mucho tiempo y que presento aquí para todos aquéllos que tengan curiosidad (como yo en mi tiempo la tuve).

Tal vez haya ocurrido que uno de vuestros amigos os haya pedido que leáis esta parte del libro para ayudaros a entender en «qué están metidos» estos días. ¿No os sentís quizás algo preocupados por si se les hubiese ocurrido entrar en alguna secta? No tendréis que leer ninguna otra parte de este fantasmagórico y canalizado libro para comprender a vuestro amigo ni tampoco está escrito para haceros cambiar de religión. Su finalidad es sólo la de informaros y, si fuera posible, al mismo tiempo alterar vuestro nivel de tolerancia.

Así que, ¿quién escribe estas palabras? Está bien. Yo soy el canal y el autor de este libro, pero, antes de ponerme «rarillo», fui un ingeniero de sonido muy lógico durante veinte años y pensaba «como todo el mundo». Sigo creyendo que pienso como todo el mundo todavía, aunque sea algo «rarillo». El hecho de ser ingeniero no tiene por qué excluirme automáticamente de pensamientos espirituales, y mi intuición sobre los asuntos espirituales finalmente venció a lo que se me había venido enseñando desde que nací sobre Dios. Éste se me hizo

19

muy lógico, mucho más que cualquiera de los mitos de la Historia.

Es mucha la gente a la que, nada más oír las palabras «Nueva Era», se le pasan por la cabeza todo tipo de ideas prefijadas y mercantilizadas sobre su significado. Muchos piensan inmediatamente en platillos volantes, sectas, astrología, tarots, autopsias a alienígenas, vidas pasadas y multitudes haciendo cola para ver a su psiquiatra. No negaré que algunas de esas cosas representan un determinado papel en la visión de conjunto de la Nueva Era, porque es verdad. Sin embargo, dejadme en primer lugar que os muestre otros puntos de vista.

Os ruego que identifiquéis la creencia que corresponde a lo siguiente: Jonestown, Rama Dividiana de Waco, Puerta del Cielo (culto suicida de quienes, una vez muertos, iban a reunirse en un platillo volante que seguía al cometa Hale Bopp) y una secta de Denver que hoy (mayo de 1999) se encuentra en Israel esperando al cambio de milenio para que su líder pueda morir en las calles de Jerusalén y resucitar de entre los muertos tres días más tarde.

Raro y para hacer pensar, ¿no? ¿Cuál es la creencia asociada a todo ello? El cristianismo. ¿Qué? ¿No os habíais dado cuenta? Los grupos de Waco y de Jonestown fueron, en sus orígenes, seguidores de predicadores del Evangelio cristiano. A la secta de Denver que se encuentra ahora en Israel se la denomina «Cristianos Preocupados». Los pobrecillos de la Puerta del Cielo no pertenecían a la Nueva Era a pesar de que todos los medios de comunicación nacionales anunciaron que sí. ¡Supongo que, cuando te suicidas para embarcarte en un platillo volante que va corriendo detrás de un cometa, te conviertes automáticamente en miembro de la Nueva Era! ¡Los hechos muestran que el grupo de la Puerta del Cielo consistía en un autodenominado grupo cristiano! Lo decía su web-site, en el que mencionaban tanto a la Biblia como a Jesucristo. Todo el mundo pudo verlo cerca de una semana después de su desaparición.

¿Por qué os digo todo esto? Pues porque, como es obvio, la mayoría del cristianismo **no es** como estos aislados y dramáticos grupos. La corriente principal del cristianismo tiene integridad, no promociona sectas y presenta una amorosa invitación a unirnos a una religión basada en la familia y el amor. Pero también tiene sus locos, ¿qué os parece?

La creencia de la Nueva Era no está relacionada con sectas ni con tipos raros, pero, dado que también contamos con la parte que nos corresponde de ellos —de acuerdo, mayor de la que nos corresponde—, ésa es la que sale en la prensa. Hay una razón para que así ocurra y para que no se produzca demasiada resistencia a este tipo de información mediática.

En primer lugar, no intentamos evangelizar, de modo que si eres esa persona escéptica a quien tu amigo ha pedido que leas esto, entérate bien: cuando hayas acabado, tu amigo no te va a pedir que te asocies a nada, que tomes una decisión vital, que caigas de rodillas y te pongas a meditar, que vayas a una de nuestras reuniones canalizadas ¡ni incluso que te leas entero todo este libro! Probablemente se sentirá feliz si le dices que ahora le comprendes un poco mejor... y que le quieres más.

La Nueva Era no es ninguna religión y no conlleva ninguna doctrina que tengas que estudiar. Lo que sí es es una filosofía del mundo. No existe ningún edificio central construido por los seguidores de la Nueva Era a base de contribuciones populares. De hecho, no existe ningún control o Cuartel General centralizado de ninguna clase. Esa es una de las razones por la que no tenemos ninguna influencia política para perseguir a quienes puedan ridiculizarnos. ¡No tenemos ninguna organización! Tampoco contamos con ningún grupo de presión en el Congreso.

No existe programa sacerdotal ni pastoral, ninguna escuela aprobada ni siquiera ningún cursillo que prepare u ordene a pastores de la Nueva Era. Carecemos de Consejo de Ancianos y de diáconos y tampoco tenemos programas para enseñar a los maestros de la iglesia. ¡A propósito! ¿Os he dicho ya que no tenemos ni iglesia? Eso significa que no contamos con ninguna catequesis con maestros que pudieran influir a los niños con ideas sobre la Nueva Era. No tenemos ni una sola persona a la que podamos llamar «líder» ni a la que podamos volvernos para solicitar su consejo cuando las cosas se ponen feas. No tenemos en la actualidad ningún «chamán» sagrado ni lo hemos tenido nunca.

No hay que asociarse a nada, hacerse miembro de nada, nadie a quien seguir ni ningún libro principal que explique aquéllo en lo que creemos. No existen reuniones periódicas ni pogramas de televisión sindicados ni ningún cargo eclesiástico al que mantener. Tampoco contamos con ninguna regla de conducta. Vaya una secta, ¿eh?

¡Ah! Y, además, no hay ningún sitio al que podáis enviar dinero...

En fin, podéis pensar que tal vez seamos un poquillo sosos. Sí. También lo pensaba yo hasta que me dí cuenta de lo que ocurría. La filosofía de la Nueva Era implica un conocimiento intuitivo con el que creemos que cuentan todos los seres humanos vivientes ¡y que posee una singularidad increíble!

Viajemos a donde viajemos Jan y yo por este mundo, son miles las personas que acuden a nuestros seminarios y que entienden a la perfección esta filosofía tan «sosa» ¡como si todas las Casas Madre y maestros se encontrasen allí! Parece existir sabiduría en el nivel celular que comprende hasta nuestros conceptos más misteriosos. Con total independencia del idioma en que se hable, de la cultura en que se esté o de la cantidad de gente presente, ésta parece «conocer» de forma intuitiva lo que enseñamos. Lo «poseen». Casi punto por punto, nuestro sistema de creencias cuenta con un grupo que comprende, como si todo estuviese escrito en algún lugar. Sí. Adentro.

Podéis decir: «De acuerdo, me acabas de dar una "lista de la lavandería" acerca de lo que **no** sois. Entonces, ¿qué es lo que **sí** sois?».

Somos un grupo de Seres Humanos con una filosofía que enseña que todos atravesamos ciclos vitales. Por supuesto, ello quiere decir vidas anteriores. Creemos en que no existen accidentes, sino retos o lecciones que, de hecho, contribuimos a crear en algún nivel espiritual, lo que quiere decir que creemos en **responsabilizarnos** de todo en nuestras vidas. Un creyente que pensase como la mayoría de quienes pertenecen a la Nueva Era jamás se haría miembro de una secta, nunca se suicidaría con su líder y en su vida se quedaría sentado echando la culpa a los demás por lo que son. Un seguidor de la Nueva Era sabe que existe un tremendo poder en el interior del Ser Humano. Se enseña la autovalía, además de cómo trabajar a pesar del miedo y de la inseguridad. La clave es la capacitación humana, y nuestro mantra, «intentar generar un cambio positivo en nuestras vidas».

Creemos en que existen fuerzas en este momento que pueden equilibrar a los Seres Humanos mediante su energía. Con frecuencia, hacemos uso de imposiciones de manos y empleamos energía para equilibrar a otros y así contribuir a su sanación. Rezamos por el prójimo, meditamos por la paz en el mundo y perseguimos la consecución de la sabiduría que nos permita amarnos los unos a los otros sin más ni más.

¡Eh! ¿Qué pasa con los platillos volantes? ¡Hasta Shirley Maclaine habla de OVNIS!

No es para hacer aspavientos. Si están ahí, que estén. Perseguir platillos volantes y ser secuestrado por sus tripulantes no constituyen ninguna de las bases filosóficas de la Nueva Era; de hecho, la mayoría de los que han sido raptados *no* pertenecen a la Nueva Era. Muchos de nosotros creemos que existen otras vidas en el universo y que hay muchas posibilidades de que incluso lleguemos a tener parte de su evolución biológica. Suena raro, ¿verdad? (A propósito, hay científicos que comienzan a creer que existen grandes probabilidades de «intercambios vitales» entre planetas mediante las visitas que los habitantes de un cuerpo astral realizan a otros cometas, asteroides e incluso meteoritos). No lo podemos probar, como tampoco los cristianos pueden demostrar el cielo o el infierno o que el Papa es divino. Lo digo como comparación y sin pretender emitir juicios sobre otras creencias.

Partimos de la idea de que lo que hoy suena raro, mañana será ciencia o, incluso, doctrina religiosa si alguien encuentra la forma de construir una iglesia alrededor de ello. Hace diez años, la ciencia proclamaba que Dios había muerto y que no había pruebas de otras vidas en el Universo. Hoy, según la revista *Newsweek* (ver pág. 373), ¡la ciencia ha «encontrado» a Dios! Existen pruebas positivas de que podría existir vida fuera de nuestro sistema solar, donde los astrónomos han descubierto 12 nuevos planetas. La rareza de la Nueva Era de ayer (1980) se ha convertido hoy en principal corriente científica (1999). Opinamos que muchas de las cosas que forman parte de nuestro acervo «intuitivo» serán revalidadas con el tiempo, como viene ocurriendo desde hace mucho e incluso en los momentos en que escribo estas palabras.

No pretendemos hacer juicios. Creemos en que «amarse los unos a los otros» implica la tolerancia de otras creencias. Celebramos los milagros del prójimo dentro de su sistema de creencias. Nosotros cumplimos con la búsqueda pura de Dios sin que nos importe qué rumbo tome o qué nombre esté escrito en la puerta del edificio. Muchos seguidores de la Nueva Era asisten a la iglesia con regularidad. Estar en la Nueva Era no significa que debáis deshaceros de vuestro amor por Jesús, Elías o cualquier otro Maestro (en caso de que alguien os haya dicho que es así). Nos sentimos alegres cuando las cosas están equilibradas y nos mostraremos dispuestos a unirnos a cualquier persona que pertenezca a otra fe que ore con nosotros por un objetivo humanitario común. No creemos que los demás estén «equivocados». No decimos a nuestros seguidores que Dios sólo nos sonríe a nosotros. ¡Alentamos a todos a buscar la auténtica esencia de Dios!

Creemos en cuidar de nuestra propia espiritualidad personal como agente catalizador para cambiar el planeta. No creemos en que nuestra tarea sea la de cambiar a los demás. Cada persona habrá de decidir por sí misma o mismo. Muchos de los que echan una breve ojeada a nuestras creencias encuentran difícil comprenderlo ya que carecemos de estructuras, normas o doctrina. Algunos han llegado a denominarnos «la iglesia de lo que está ocurriendo ahora», crítica humorística indicadora de que «flotamos» un montón.

El atributo de nuestra «flotación» es el de que, entre nuestras creencias, no figura ninguna estructura construida por el hombre alrededor de Dios; no está encajonada en compartimientos fáciles de seguir. Pensamos que los Seres Humanos tienen la facultad de adoptar importantes decisiones por sí mismos. Nada parecido a las religiones de hoy, en las que debe existir un sistema. A propósito, Jesús enseñaba lo mismo. Según los eruditos que estudian los manuscritos del Mar Muerto, Jesús era llamado el «mal sacerdote» por los sacerdotes judíos de su época por enseñar a la gente del pueblo que tenía poderes por sí misma y sin necesidad alguna de todas las ceremonias religiosas del tiempo. Les decía que podían todos ser como Él (Hijos de Dios). Es en eso en lo que también creen los seguidores de la Nueva Era. Nada de grandes edificaciones ni de doctrinas restrictivas; sólo responsabilididad por parte de todos en el nivel celular. Y nada más.

Creíamos en guías y en ángeles mucho antes de la proliferación de tiendas de ángeles en el planeta. Nuestra canalización –la parte más misteriosa– se muestra de acuerdo con la mayoría de las predicciones de los pueblos indígenas del planeta. Hace diez años, nuestra información intuitiva hablaba de pautas metereológicas que hoy en día podemos ver desde nuestras ventanas. Durante decenios, os hemos venido enseñando técnicas de sanación sin ningún apoyo médico. De repente, el año pasado, mucha de ellas fueron convalidadas a través de estudios científicos, tal como aparece en el número correspondiente al 11 de noviembre de 1998 en el *Journal of the American Medical Association* (ver pág. 411).

También creemos en un futuro de la Humanidad completamente diferente del Día del Juicio Final o de las ominosas predicciones de Nostradamus. Creemos en que lo que actualmente estáis viendo en el mundo está mucho más cerca de lo que nosotros os dijimos que ocurriría que de lo que los demás han presentado con pinturas basadas en el miedo. Invitamos al examen de lo dicho no para ganaros para nosotros sino para ayudaros a comprender que tal vez exista un retrato de Dios mucho mayor y más grandioso de lo que hayáis podido pensar. A lo mejor, los Seres Humanos son más importantes de lo que creíais. Tal vez estemos más encallados de lo que pensábais.

¿Creéis en una vida después de la vida? También lo hace el 85 por ciento de la población mundial, según un artículo aparecido en la revista *Time* en el año 1988. Nosotros, también, lo que significa que la mayoría de los habitantes de este planeta cree que los Seres Humanos somos, en cierto modo, eternos. Los seguidores de la Nueva Era también lo creen así. Creemos asimismo en que un ser eterno se crea a la *imagen* de Dios y en que, quizás, ello quiera decir que somos *parte* de Dios. Además, creemos en que eso fue lo que enseñó Jesús, que toda la Humanidad comparte una imagen igual de Dios: divina, con libre albedrío y por siempre eterna.

¡Así que permitid que os alabemos! La verdad es que no nos importa si queréis o no uniros a nosotros. Nosotros enseñamos que no hay cielo ni infierno y que, cuando morimos, pasamos a nuestro estado espiritual original. Volvemos a casa. Creemos que todos constituimos una *familia*. Si leéis el resto de este libro, os encontraréis con que eso es de todo lo que trata la información canalizada: de la *familia*.

¿Qué esperamos de vosotros? ¿Qué penséis como nosotros? No. Pedimos vuestra tolerancia y comprensión. La gente de la Nueva Era que se agrupa para reunirse y adoptar una responsabilidad espiritual para sí mismos y que practica la autovaloración y el perdón no está formada por gente tétrica y rara que «no está en contacto» con la realidad. Ni estamos «tocados» ni hemos sufrido ningún lavado de cerebro. Formamos un grupo espiritual carente de estructura y compuesto por personas amables y no nos importa nada que tengáis las creencias que tengáis. Sin embargo, nos sentimos desilusionados si nos teméis. ¿Procede vuestro temor de vuestros corazones o de lo que os dicen otros? Sin juicio doctrinal, deseamos vuestro cariño y, para corresponderos, tendremos un lazo de unión que sobrepasará todas las doctrinas, y que nos permita a todos tener la nuestra.

Permitid que concluya este discurso con un ejemplo que millones de personas de todo el mundo han visto bajo el formato de la película más popular que jamás haya sido realizada en el mundo. No sé si su director, James Cameron, supo de la metáfora que había creado en la última escena de *Titanic*. Casi me caí de mi butaca de cine cuando me di cuenta de lo que estaba haciendo. No quisiera estropeároslo, pero tengo que decíroslo: el barco se hunde (lo siento).

Muchos de los que hayan visto la película recordarán que la última escena de la misma estaba relacionada con una señora ya mayor, sentada en la popa del moderno buque de investigación, que trataba de tirar algo al agua. Se olvidaron. ¡Lo que la última escena representaba era la afirmación metafísica de que **todos somos eternos**! Nos dice a gritos que, después de la muerte, existe la realización de que «el juego ha terminado», y que incluso los malos están todos allí, junto a los héroes, sonriendo todos y dando la bienvenida al hogar al último miembro de la *familia*. Allí estaba todo el reparto: joven, vibrante y aplaudiendo al último que volvía a casa. ¡Qué afirmación! ¡Cuánto amor!

Gracias, James Cameron. Tu intuición celular nos otorgó la visualización definitiva de aquello en lo que consiste la Nueva Era, que no es más que amarse los unos a los otros, que no es sino ser iguales en la espiritualidad. Que no es sino *familia*.

Eso es lo que somos.

¡Gracias por haber leído esto!

Con amor,

«LA INTEGRIDAD DE DIOS»

Canalizado en
Salt Lake City, Utah

Lo que os váis a encontrar en la página siguiente...

La escritura de este libro coincide con el décimo aniversario de
Kryon. Comenzó canalizando conmigo en 1989. Yo era una persona tímida (eso, como mínimo) y no edité lo escrito hasta
1993. Pero eso, ya en la actualidad, constituye una vieja historia.

Tardé cuatro años en «ponerlo todo en orden» y en probar
una y otra vez que era real. Así es el proceso de mi cerebro e
incluso el de mi lógica espiritual. Una parte de lo que tenía que
hacer era justificar lo que me estaba ocurriendo con lo que,
desde mi nacimiento, venían enseñándome sobre Dios. Tuve
que «desaprenderlo» todo y empezar de nuevo. Durante todo el
proceso, Kryon sólo me pidió que mantuviera despiertos mi
mente y mi corazón. Me dijo que la «verdad buscará llegar a su
nivel más elevado». Con mucha frecuencia, cuando podía haber
escogido cualquiera de las alternativas que se me ofrecían en mi
atormentado caminar entre temas religiosos, ¡Kryon me decía
que Dios no es religioso! Me animaba a «seguir al amor» cuando yo le preguntaba que quién tenía razón. Unos años después,
pude comprender el profundo significado de lo que quería
decir. Es el hombre quien es religioso. Dios es Amor.

Kryon jamás ha hablado de religión en ninguna de sus
canalizaciones. Eso me lo ha dejado a mí (como en el Capítulo
Sexto del Libro Kryon Primero, titulado «Jesuscristo»). Después
me advirtió que no volviera a hecerlo, que lo dejase estar.

Posteriormente, me dijo: «Permanece en silencio y que sean las escrituras las que realicen el trabajo». Como es evidente, ha llegado el momento de liberar toda esa información sobre el tema y, además, Kryon nos ha enviado su primer mensaje sobre lo que yo llamaría «los problemas y enigmas de las diferencias espirituales existentes en la Tierra».

Por lo tanto, lo que sigue es el mensaje de Kryon sobre *La Integridad de Dios*, que fue dado en un seminario en directo en Salt Lake City, Utah. ¿No os parece un título divertido para una canalización sobre la religión en el mundo, eh? La palabra *Integridad* fue utilizada como excusa para que empezáramos a buscar la idea general de quién es Dios, qué es Dios y la manera en que podamos convivir con las diferencias; es una excusa para emplear lógica espiritual con el fin de ver las diferencias que existen entre lo que corresponde a Dios y lo que corresponde a los Seres Humanos.

Este libro no intenta hacer prosélitos. No os pide que cambiéis de religión. Lo que sí hace en cambio es explicar la maravillosa integridad de Dios, pidiéndoos al mismo tiempo que «miréis alrededor», comprendáis, utilicéis vuestra sabiduría y empecéis de verdad a amaros los unos a los otros.

«LA INTEGRIDAD DE DIOS»

Canalización en Directo
Salt Lake City, Utah

Esta canalización en directo ha sido transcrita con palabras e ideas suplementarias que permitan la clarificación y mejor comprensión de la palabra escrita.

¡Saludos, queridos! Soy Kryon, del Servicio Magnético. ¡Que figure en las actas que lo de esta noche aquí juntos es una reunión! Porque, al igual que en las anteriores canalizaciones familiares, éste es un momento en el que la *familia* de este lado del velo se dirige a la *familia* de vuestro lado. Esta mismísima noche, existen entidades que están entrando a raudales en este lugar, entidades que os conocen por vuestros nombres, nombres que son sagrados y que han existido desde siempre. Esos nombres están cincelados literalmente en los cristales de la cueva de la Creación. Poseen la sacralidad de un contrato. Pertenecen sólo a Seres Humanos y ¡representan la *familia*!

Esta reunión constituye un momento sagrado. La energía que inunda este lugar y que envuelve a quienes leen estas líneas os muestra el poder espiritual del Ser Humano. Permitid que se os muestre que en este escenario hay algo más que palabras. Que se sepa que esas entidades junto con este grupo pueden cambiar las vidas de quienes están sentados en sus butacas leyendo estas líneas y de quienes se encuentran aquí en este momento. Que se sepa que sabemos perfectamente quién está leyendo esto en este preciso instante. Para nosotros, todo se encuentra en el *ahora*. El tiempo que transcurra durante la transcripción y la publicación de este mensaje carece de ningún sentido para nosotros porque ahora nos volvemos hacia nuestros lectores, les saludamos y les decimos: «también sabemos quiénes sois». Aunque el marco cronológi-

31

co pueda parecer extraño a quienes oigan estas palabras, os preguntamos: «¿No va siendo ya hora de que leáis estas palabras?» Y a quienes están sentados en las butacas de esta sala les preguntamos también: «¿No iba siendo hora ya de que viniéseis para sentir el amor de la reunión que vamos a celebrar aquí?». Todo está en el *ahora*.

¡Oh! Esta tarde, la información que se os va a dar será sumamente especial y jamás ha sido pronunciada antes. Algunos de los temas de hoy no han sido tratados con anterioridad, porque es ahora el momento para que la *familia* hable con la *familia* de cosas importantes.

En primer lugar, queremos deciros lo que está ocurriendo precisamente *ahora*. Nos gustaría deciros a algunos de vosotros por qué os sentís sometidos a esas presiones (físicamente, sentados en la butaca) y hablaros del amor que dáis (emocionalmente) a medida que empieza el lavado de pies. Sabéis perfectamente –¿no es verdad?– el por qué de que hayamos venido. Lo hemos dicho todas y cada una de las veces en que ha tenido lugar esta reunión. Durante todos estos años en que el cortejo ha venido a presentarse ante la Humanidad y honrarla, una de las cosas que siempre hemos hecho ha sido la de inclinarnos ante vosotros y lavaros los pies. Y lo hemos hecho así porque sóis vosotros quienes lleváis a cabo todo el trabajo. Nuestro cortejo está integrado por ayudantes, gente que colabora, entre quienes quizás se encuentre algunos de vuestros seres queridos desaparecidos. Para aquéllos de vosotros que estéis sintiendo esto ahora, quiero deciros que es verdad. Estamos aquí para, de manera figurada, andar entre las filas de butacas; quizás hasta para sentarnos en vuestro regazo. Algunos os asirán por detrás y se apoyarán en vuestros hombros, ¡porque os echamos de menos!

Estamos hablando en familia. Nos dirigimos a quienes entre vosotros saben en un nivel intuitivo que ésta es la última vez que –en razón a vuestros contratos– sentiréis pasión por estar aquí. El requisito lo hacéis vosotros mismos. Tal vez ésta sea la última vez. Estáis ahí, sentados –la mayoría, espectros–, perfectos conocedores de que no os perderíais por nada del mundo este final del plan. Ocurra lo que ocurra, no os lo perderíais, y la razón es porque la prueba se acerca. Ahora es el momento de cambiar. Los potenciales son tremendos.

Que comience el lavado de pies y que el mensaje de la energía de este día brote de forma sagrada, de forma que sea comprensible, que esté equilibrada. Vamos a abordar temas de los que jamás habíamos tratado; nunca desde la butaca que ocupa mi socio. Porque éste es el momento para que comprendáis una relación que nosotros denominamos «conocimiento e integridad entre los Seres Humanos y Dios». Definimos a *Dios* como la *familia,* aunque con frecuencia en este mensaje utilizaremos la palabra *Dios* en un sentido que nunca hemos empleado antes. Haremos uso de ella en el sentido en que los Seres Humanos la emplean generalmente en el planeta.

Hablábamos de la integridad de la relación entre Dios y los Seres Humanos. Os vamos a explicar en qué consiste. Ya va siendo hora de que la Humanidad comience a comprender lo que *es* Dios. ¿Difícil, no? Hay Humanos que creen pertenecer a algún grupo espiritual «especial», un grupo al que Dios se pasa el día sonriendo en exlusiva. ¿Se os ha ocurrido a alguno de vosotros que la verdadera comprensión y sabiduría de las facetas familiares de la Tierra y la espiritualidad de Dios podrían ser exclusivas de un solo grupo? ¡Claro que no! No existe ninguna exclusividad del Espíritu como tampoco existe ninguna exclusividad del amor familiar. El amor es universal y forma parte de toda la Humanidad. Todos los Seres Humanos que caminan por la Tierra constituyen *familia* y nos son conocidos. Cada Ser Humano es amado con desmesura.

La Humanidad vive en una línea cronológica que casi exige compartimentalizar los aspectos del trabajo espiritual. Ello se debe a que el poner la percepción de Dios en el *ahora* no funciona con los hombres y mujeres. Trabajáis con sistemas de valores históricos y con diferencias culturales en este planeta, en el que miles de millones de Seres Humanos, literalmente, reúnen sus informaciones espirituales y las introducen en sistemas que les puedan ser útiles a todos ellos. Es lo que viene ocurriendo milenio tras milenio, y Dios no se ve en absoluto sorprendido por ello. Tal vez no hayamos dicho esto antes: rendimos homenaje a todos los sistemas de elevada integridad que buscan el «Dios interior». No existe nada más importante que la búsqueda del «yo superior». Esta búsqueda se produce en todo el mundo y no consiste sino en la *familia* que desea saber más sobre la familia.

Sin embargo, en este proceso de búsqueda y dentro del contexto de lo que ha acontecido en la Historia, los Humanos han decidido colocar a Dios en cajas, por lo general, de paredes muy altas. No es sino la linealidad de pensamiento la que hace desaparecer la interdimensionalidad y grandeza de Dios y las compartimentaliza, y, como bien sabéis, hay muchísimos compartimentos. En el interior de cada caja, frecuentemente existe la calidad de ser miembro –reconocimiento de pertenencia– así como la creencia –reconocimiento de sacralidad–; además, cada caja contiene el liderato y el sacerdocio, que no son sino reconocimientos del chamanismo. Muchas veces, contienen también reglas que observar, creadas por unos Humanos para ayudar a otros Humanos a concentrarse en su búsqueda espiritual. A veces, contienen un elevado grado de integridad, y otras, no, pero las cajas existen y no sorprenden en absoluto a Dios. El hecho es que, dentro de la dualidad que existe en la Humanidad, la superficie de contacto entre lo espiritual y la Humanidad ha alcanzado este equilibrio. Es lo adecuado.

Sin embargo, en el interior de esas cajas, existe un lugar ocupado por un interesante atributo totalmente creado por los hombres (Humanidad). A veces, dentro de cada *caja* (creencia espiritual o religiosa), existe un sistema que declara: *«Dios sólo nos sonríe a nosotros. Los demás millares de cajas que hay en la Tierra carecen de significado. Prestad atención sólo a esta caja porque Dios sólo le sonríe a ella».* Además y para hacerlo todo más interesante, hay otras cajas que dicen: *«¡No mires a tu alrededor! ¡Las demás cajas no son para ti! Son malas, engañan y no representan al 'verdadero' Dios».*

La alegría y la pasión de dar a luz: metáfora de la llegada a la Tierra

Una mujer da a luz a mellizos. Uno es chico, y la otra, chica. Tremendo eso del nacimiento de los Humanos. En su nivel celular, la mujer sabe perfectamente lo que está teniendo lugar. Incluso quienes la contemplan tienden a derramar unas lágrimas por la alegría del acontecimiento. No existe nada como una madre que lleva a su hijo al pecho y que le mira a los ojos por primera vez. En el nivel celular, se produce el despertar de la información. La madre no sólo siente lo maravilloso del momento; sabe perfectamente a quién tiene en sus brazos. Con frecuencia, se convierte en una reunión espiritual. La madre sabe quiénes eran antes y mira en los ojos de una antigua y sabia alma como diciendo: *«Bienvenido de nuevo al planeta»*. ¡Oh, cuánta celebración cuando una madre abraza por primera vez a su hijo! Sé que muchas de vosotras lo recordáis.

Si alguna vez os habéis encontrado en una situación como la descrita, casi no podéis ni ayudar, y lo único que podéis hacer es llorar, porque el nacimiento de un ser aporta alegría. Representa nuevos inicios, vidas repetidas, propósitos, frescura, pureza, inocencia, contrato, sacralidad, ¡pura alegría! La verdad es que es un momento para ser celebrado.

¿Amor selectivo?

Una mujer da a luz a mellizos. Uno es chico, y la otra, chica.

Veamos, ¿cuál de ellos creéis que será su preferido y a cuál echará de su lado? *«Kryon»*, me responderéis, *«¡no va a echar de su lado a ninguno! Son sus bebés. Los quiere por igual: sin medida. Son sus preciosos hijitos. Su familia».*

¡Estáis completamente en lo cierto! Dios Padre/Madre no sonríe sólo a los de una caja, desaprobando o eliminando a las otras. La Humanidad es la humanidad, y todos formamos una familia amada por igual, universalmente y sin condiciones.

«*¿Cómo puede ser*», podríais decir, «*que tantos Humanos sean lo suficientemente ridículos como para creer que Dios sólo sonríe a su caja espiritual?*».

Aquí es donde empieza lo bueno, porque, queridos míos, ¡han tenido milagros en su *caja!* Sienten el amor del Espíritu en su *caja* y han sentido absolutamente la validación del «espesor de amor» con que han sido cubiertos. Por lo tanto, Dios les ha sonreído. ¡Claro que tienen razón! ¡La familia les ha dado amor, y ellos se han dado cuenta de ello!

Sin embargo, quiero deciros que, si fuesen a mirar con una integridad amplia en el interior de algunas de las otras cajas, ¡se encontrarían con los mismos milagros! Encontrarían la misma integridad y el mismo «espesor de amor». El proceso del Espíritu es universal, porque todo el mundo es familia. Naturalmente, la suposición de los líderes de muchas de las *cajas* es la de que el hecho de recibir ellos su validación desvaloriza en cierto modo a los demás. Lo que pasa es que es justo al revés. Cada vez que el Espíritu valida a un miembro de la familia con un milagro en el seno de la misma, lo que hace es validar al individuo, no a su religión.

¿Qué creéis que piensa el Espíritu de quienes exclusivizan su creencia en Dios y dicen: «Dios sólo sonríe a esta caja»? Os lo diré. ¡El Espíritu les ama sin medida porque son de la familia!

No interpretéis mal este mensaje. No es un mensaje de enjuiciamiento, sino de información. Es una súplica por la tolerancia y por la comprensión de cómo funcionan las cosas. El amor familiar es absoluto. ¿Qué mellizo creéis que será el favorecido, y cuál el arrojado del seno? La respuesta es que los dos serán amados desmedidamente. *Ésta es la relación de integridad entre el Espíritu y la Humanidad.* Y ése, queridos míos, es el objetivo de la relación entre Humano y Humano, entre caja y caja. Esta integridad de la relación espiritual va a tener que sufrir un cambio para que podáis entrar en lo que llamamos la *Nueva Jerusalén.*

Idéntica relación se produce en la parábola del Hijo Pródigo que hace tanto tiempo os fue enseñada. Recordadla. El hijo «que no lo hacía bien» recibió tantos honores como el que sí lo hacía. Las posesiones del padre fueron malgastadas por uno de los muchachos. No fueron empleadas de la manera adecuada y no aumentaron como debieran, aunque, sin embargo, ese hijo fue recibido con los brazos abiertos. Eso es lo que queremos decir cuando os repetimos que la familia es homenajeada por igual, sin importar de qué *caja* viene ni lo que diga de la vuestra. A lo que se rinden honores es al viaje y a la búsqueda, no a lo «bien que lo estén haciendo».

Ya es hora de que la Humanidad imite esta parábola. Será necesario si deseamos avanzar hacia una Tierra graduada.

Lógica espiritual - ¿Cuál es vuestra opinión?

Permitid que os hable sobre algunas de las *cajas* que hay en este continente (América del Norte). Os hablo de ello para que lo sometáis a examen aplicando «integridad de Espíritu» a la situación. Haced uso de vuestro propio criterio sobre la familia para, a continuación, juzgar cuánto de lo que en el ejemplo aparece es Dios, y cuánto es hombre.

Habrá gente que os dirá que Dios es amor. Y tendrán razón. Dios ama a todos y cada uno de los Seres Humanos. No se equivocan en cuanto al amor del Espíritu. Dios es la «perfección» absoluta del amor. Sin embargo, inmediatamente, os dirán que todos los Seres Humanos sin excepción –hombres, mujeres, niños (hasta aquéllos que sean demasiado jóvenes incluso para hablar)– serán juzgados al final de sus vidas y enviados a un lugar terrible en el que este Dios amantísimo les torturará por siempre jamás. Serán atormentados durante la eternidad ¡sólo porque no encontraron la clave o el libro o el trocito de información en un continente! Si llegaron a encontrarlos, serán enviados a un maravilloso lugar lleno de amor en el que estarán a salvo. Sólo por este hecho, una de las cajas valida su postura evangélica: salvar a tantos como pueda de la eterna condenación divina.

¿Os suena esto a algo que tenga que ver con el Espíritu? ¡Es éste el Dios que os ama con desmesura y que acapara el mismísimo nombre del *amor*? ¿Os parece que tiene algo que ver con el hogar? ¿Os suena como a la familia que os ama como si acabárais de nacer?

Los Humanos han creado «cajas de aislamiento espiritual» para proteger sus culturas. Es lo normal, y constituía una de las bases de la antigua energía. No existen juicios acerca de lo que tanto hombres como mujeres han venido haciendo con la información espiritual básica que constituye el amor de Dios. Esto ha sido causado a través de la multitud de años en que hombres y mujeres vienen protegiendo sus culturas, pero –queridos míos–, esto tiene muy poco que ver con Dios, aunque sí con los Humanos. Ya es hora de que hagáis uso de vuestro «criterio de integridad», Si no os «suena bien», es que no lo es. Si no os suena a familia, es que no lo es. Si os suena a atributo Humano y así lo sentís, es que lo es.

Aquí viene alguna prueba de que las cajas fueron creadas como protección cultural, porque el siguiente punto no tiene sentido espiritual inteligente. Algunos de los que se encuentran en esas *cajas* y que decidieron cuáles eran las reglas del juego ¡os dirán que no miréis a ninguna otra *caja,* porque las otras *cajas* son malas! También os dirán que, por alguna razón, Dios sólo sonríe a su *caja.* Si miráis a alguna otra tendréis problemas. Con miles de millones de Seres Humanos por todo el planeta, creados todos por Dios, os dirán que sólo son *ellos* los espiritualmente «correctos». ¿Os suena esto a algo parecido a la familia? Si Dios es el «Padre», ¿cómo podría arrojar de sí a la mayoría de Sus hijos y sonreír solamente a unos cuantos?

Y todavía hay más, que os enseñará lo fragmentada que está vuestra percepción de la familia. Incluso dentro de la creencia principal que existe en el continente en que vivís, hay en él más de trescientas o cuatrocientas cajas más que nosotros llamaremos subcajas. Cada una de ellas posee sus propias reglas, exclusivas para cada una, y supuestamente «el camino del Espíritu».

38

Aquí es donde se halla la mayor prueba de todas de que toda la protección cultural que existía en la antigua energía no era sino el proceso que generaba las diferencias espirituales: las guerras acaecidas en este planeta –especialmente, las primitivas– se combatían frecuentemente por Dios. ¿Lo sabíais? Se trataba de forzar a los Humanos de la otra *caja* a «pensar como los de la nuestra», Los Humanos se aniquilaban por decenas de miles. Quienes no se metían en la *caja* «correcta» eran pasados por las armas. Las poblaciones sospechosas de haberse introducido en una de las *cajas* «malas» eran eliminadas por quienes pertenecían a una *caja* más poderosa. ¿Suena esto a algo que tenga que ver con el increíble amor de Dios?

Una mujer da a luz a mellizos. Uno es chico; la otra, chica. Están envueltos en pañales, se les mantiene calientes y son preciosos. La madre les mira de cerca. ¿A cuál de ellos creéis que va a arrojar a la basura porque no piensa de determinada manera? Os lo diré. Por supuesto, no va a tirar a ninguno, sino que va a querer a los dos de forma idéntica y desmedida porque, a sus ojos, ambos han sido creados iguales. Los dos tienen esencia espiritual. ¡Los dos son ángeles! Los dos se encuentran en el planeta en igualdad –con albedrío– y como miembros de la familia.

¡Amáos los unos a los otros!

¿De qué forma pueden los Humanos desarrollar esta clase de igualdad en el amor? Os vamos a dar un juego de instrucciones; algo que, cuando os vayáis de aquí, habréis entendido. Ésta es la clave. Espero que estéis preparados para ella. Consiste en seis palabras, y ya va siendo hora de que las oigáis: **«Amáos los unos a los otros»**. Con estas instrucciones y con intención pura, os voy a decir lo que ocurrirá.

«Kryon, ¿nos vas a decir que las religiones culturales de este planeta van a tener que ser eliminadas de las cajas? ¿Van a tener que desaparecer todas las religiones del mundo? ¡Pues lo tenemos fácil...!»

No queremos decir nada de eso. Entendemos las culturas de la Tierra y ésta es la razón para que existan nueve canales Kryon principales. Uno, el de este continente, os habla en línea con vuestra cultura porque nació aquí. Los demás cuentan con idénticos atributos en otros continentes que hablan otros idiomas. Por eso son nueve. Entendemos lo que es cultura. Comprendemos que nacer en una equivale a hacerlo en un sistema de creencias, pero esto no es para vosotros, sino que debería mostraros que Dios (el Espíritu) comprende lo que sucede en todos los niveles culturales. ¡Por eso se producen milagros en todas las cajas! Honramos y respetamos todas las «búsquedas de la verdad» independientes. De hecho, ¡ésta es vuestra puesta a prueba! Por ello estáis aquí (cosa que ya os hemos explicado). Vuestras búsquedas están ungidas.

La necesidad de tolerancia

Os vamos a decir lo que puede suceder. Puede que llegue un día en que los sacerdotes, magos, gurus, monjes, rabinos, chamanes, pastores y otros dirigentes religiosos de *todas* las cajas se reúnan no para formar una coalición de fe ni para estudiar las doctrinas de los demás ni tampoco para cambiar sus propias creencias, sino para mirarse a los ojos, elevar sus manos juntas a Dios y decir: «todos formamos una familia y permitimos a los demás miembros de la misma que crean como les venga en gana. ¡Juntos, hemos escogido el amor y juntos también hemos elegido la tolerancia!».

Esto es lo que va a ocurrir mientras os acercáis –y llegáis a pasar– el año 2012: permiso de unos a otros para rendir culto como deseéis, sin pretender jamás que las otras cajas son incorrectas, sin evangelizar a quien no quiera relacionarse en absoluto con aquello en lo que creéis. Ello requerirá respeto por las demás culturas, respeto hacia las interpretaciones del prójimo, y un revestimiento de madurez y sabiduría espirituales cuyos actos griten a los cuatro vientos que ¡os amáis los unos a los otros!

«*Kryon*», preguntaréis, «*¿en qué lugar de las Escrituras se predice eso de... juntarse todos así?*»

En ninguno. Las Escrituras terminan en el año 2012. ¿Lo sabíais? Estáis a punto de escribir los próximos capítulos espirituales de la Tierra, capítulos que habrán sido escritos por Seres Humanos evolucionados y de un color espiritual profundamente azul.

«*Kryon, ¿será posible eso? Existen algunas culturas y sistemas de creencias basados en el hecho de que los demás son impíos? ¿Qué pueden hacer?*».

Mirad hacia vuestra historia. Os acabamos de decir que son los hombres quienes crean las normas, y todas ellas provienen de cosas escritas por el hombre, lo que significa que los nuevos Seres Humanos espirituales podrán cambiarlas con la autoridad que les da el ser miembros de la familia, y que esos cambios podrán ser considerados como mejoras de la doctrina individual. No hay nada nuevo en ello. Algunas de las religiones que profesáis han alterado las «normas divinas» durante el transcurso mismo de vuestras vidas.

En cuanto a si es o no posible, ¡sí lo es! Esperamos que así suceda porque es hacia donde os dirigís con vuestro potencial de energía. No todos a un tiempo, sino a su debido ritmo. Es como la energía de la paz. Cuando se contemplan sus beneficios, la intuición sabe qué hacer para extenderla.

Otros puntos que requieren trabajo

Y todavía hay más. Puntos de los que no hemos hablado hasta ahora y que es importante que oigáis. Hablemos de la integridad de género. Corre por esta sala una broma, igual que para quienes estáis leyendo estas páginas: cada Ser Humano pretende pertenecer a un género. Venís al mundo con los atributos de ese género y sois los dueños de ese género. Ni siquiera os podéis imaginar lo que sería pertenecer al otro. Sin embargo, ¡todos habéis pertenecido a él! Cuando vinísteis con ese otro género, lo poseísteis de igual manera. Todos vosotros participásteis en todas las energías y atributos que tan preciados son al otro género y tan propios del mismo. ¿Sabéis que generizamos la Humanidad a propósito? Es uno de los atributos que crea el caldero del karma. Es, a menudo, lo que crea las lecciones y las puestas a prueba. Pensadlo bien. La diferencia de los géneros no es sino una obra teatral en la que todos y todas habéis venido participando una y otra vez.

Algunos Seres Humanos metidos en determinadas *cajas* dirán que sólo pueden ser sacerdotes los pertenecientes a un género. Citarán precedentes históricos para ello y os dirán que el otro género carece de lo que hay que tener. Aunque ni el mismo Dios tiene género, y la propia familia se turna, os dirán que uno de los géneros cuenta con más potencial de iluminación que el otro. ¿Os parece a vosotros que esto pueda tener algo que ver con el Espíritu?

Una mujer da a luz a mellizos. Uno es chico, y la otra, chica. Como es natural, al ver a la niña, ¡la arrojó de sí! Sabía que sólo los niños reciben la iluminación. ¿Os parece correcto? Creedme, ¡esa conducta no tiene nada que ver con el Espíritu! Tanto el niño como la niña son considerados como iguales y tan precioso es el uno como la otra a los ojos de su madre. Y, si comprendéis la metáfora en este caso particular, la madre se encuentra al otro lado del velo. Es el entorno –la *familia* que ahora os visita– la que os contempla como una familia sin géneros y os adora a todos por igual. ¡Por supuesto que la madre no arroja de sí al del otro género! ¿Quién creéis que dictó esas normas? Emplead vuestro nuevo criterio espiritual de energía. ¿Era alguien de la *familia*? ¿Era Dios? ¿Tenía integridad?

De modo y manera que lo que tenemos que deciros es que ya va siendo hora de que, a través del amor y de la sabiduría del Espíritu y de la comprensión de la integridad de una relación que cuente con integridad espiritual, ¡empecéis a comprender cómo **amaros los unos a los otros**! Quienes sean los primeros en alcanzar esta plataforma se encontrarán con que se les concederá una energía pura. Vivirán más años, tendrán vibraciones más elevadas, conciliarán el sueño envueltos en una energía que no está concebida para darse a un género o a otro, sino a la *familia* por igual.

Pero todavía hay más.

Da la impresión de que algunos de los que vivís con el género que se os dio al nacer ¡os hayáis dedicado con pasión a destrozar al otro! Eso recibe el nombre de «lección». Dejad que os explique: hacéis falta los dos para crear la lección. Hijas, ¿me estáis oyendo? ¡Hacen falta tanto el abusador como el abusado para crear la energía de la lección kármica! ¿Qué váis a hacer con quien odiábais? La nueva energía trata de resolver este punto específico del género. Con realización. Con amor. ¿Cuáles son las instrucciones?: **amáos los unos a los otros.** ¿Comprendéis que hagan falta dos para crear la puesta a prueba? Tal vez esto os proporcione un significado adicional a aquello de «estar en el lugar y momento adecuados».

Es sumamente importante que lo comprendáis: no existe diferencia de géneros cuando se trata de Dios. ¡Dios tiene los dos! Lo que podáis sentir hacia al otro es pura y simplemente una parte de vuestra lección. Por eso llegásteis a sentir así. A propósito, uno de los géneros se está dedicando últimamente a irritar al otro con gran regularidad, pero..., ¡bueno! No creo que deba hablar de ello.

Diferentes retos

Os voy a decir algo que tal vez os hayáis preguntado alguna vez. Lo llamaremos «los que vienen con retos de alto y de bajo nivel». Vosotros planificásteis venir como sois; exactamente como sois. Ese era el contrato. Algunos de vosotros habéis llegado con retos en vuestro nivel celular que pueden ser profundos. Venís con una determinada química predispuesta, tal vez, a determinados atributos psicológicos. Algunos de vosotros tenéis miedo con mucha facilidad, otros os deprimís fácilmente, algunos habéis venido para estar con quienes realizan la puesta a prueba, con lo que es peor el remedio que la enfermedad. Algunos de vosotros habéis nacido en zonas que no hacen sino agravar vuestra lección. A eso se le llama «predisposición celular» y está sumamente relacionada con el reto. Recordad: ¡vosotros fuisteis quienes lo planificásteis!

Una mujer da a luz a mellizos. Uno es chico, y la otra, chica. La madre mira a los ojos de los dos y, como era muy, pero que muy inteligente, se «da cuenta» de que uno de ellos tiene un reto mayor que el otro; así que decide que el del mayor reto debe ser odiado y tenido por malvado, por lo que lo arroja de sí. ¿Os parece correcto?

Benditos sean quienes llegan con el género de un tipo físico, aunque con la concienciación del otro, porque, en verdad, serán amados sin medida, ¡igual que vosotros! ¡Son de la familia! Han optado por un reto difícil, ¡y *vosotros* formáis parte de él!

Dios no odia. Todos somos miembros de la *familia,* y es hora de que os vayáis dando cuenta, queridos míos, de que a algunos de vosotros le han sido dados retos celulares que son, sin duda alguna, enormes. Algunos de ellos están relacionados con quienes tienen un genéro físico y otro de conciencia, lo que constituye un auténtico reto donde los haya. Hay quienes en vuestra propia cultura han decidido que Dios no sonríe a estas personas. De hecho, os han llegado a decir que Dios deplora ese hecho y los odia. ¿Suena eso a algo relacionado con el Dios Padre/Madre? ¿Suena a *familia?* ¿Quién creéis que dictó hace tanto tiempo esas normas y por qué razón lo hizo?

Estas son nuestras instrucciones para vosotros, familia. Seis palabras: **amáos los unos a los otros.** Entended bien lo que es la *familia.* Comprended lo que constituye un reto y que el Espíritu no os haya dado jamás esas cosas. Esas cosas están fabricadas por las normas de los hombres y mujeres que están metidos en sus propias *cajas*; cajas con altas paredes de temor y desconfianza, elevados muros de protección cultural. Ya es hora de que comprendan lo principal y de que **se amen unos a otros.**

44

Abundancia

He aquí un tema que puede que no encontréis adecuado para
este tipo de discusión, aunque sí lo está. ¡Claro que sí! Se trata
del tema de la abundancia, y no hemos tratado demasiado a
menudo de él. Vamos a definiros qué es la *abundancia*. La
abundancia es subsistencia. Ya os hemos descrito al pájaro que
se despierta por la mañana y que carece de abundancia de reser-
vas. Cada día depende de encontrar alimento, y efectivamente,
el pajarito encuentra un gusanito. Subsistencia. Sin embargo, se
trata de abundancia porque ocurre a diario. Se sostiene cada día.
Si ganáseis de repente un concurso que os proporcionase vuestro sustento diario de por vida, ¿lo rechazaríais porque no era
suficiente? ¡No! ¡Es un tesoro! Sería auténtica abundancia.

¿El halcón? Bueno, el reto de éste es mayor. En vez de un
gusano, el halcón tendrá que encontrar una rata, con lo que tendrá que llenar un cubo de subsistencia de mayor tamaño. A primera vista, parece que tenga que contar con mayor abundancia
porque es mayor. Sin embargo, sigue siendo subsistencia y, aunque una de las aves sea pequeña, y la otra, más grande, la subsistencia es un concepto totalmente relativo para los pájaros. Ambos
retos requieren la misma cantidad de energía espiritual, aunque
una parezca ser mucho mayor que la otra. Cada uno de los esfuerzos se ve igual al otro porque se trata de crear energía a través de
la sincronicidad. La verdad es que ambas aves emplean la misma
cantidad de esfuerzos en lo relativo a su reto de subsistencia.

Os hemos dado este ejemplo por dos razones: la primera es
para que podáis entender que la subsistencia es abundancia; la
segunda, para que podáis comprender perfectamente que no
existe diferencia entre la subsistencia para una persona o para
toda una familia. La *cantidad* no debe tenerse en cuenta cuando se trata de la energía necesaria para crear subsistencia.

Es la cultura que os rodea la que impone la energía en
vuestra corriente diaria. Algunos de vosotros os habréis sentido
fracasados, deprimidos y temerosos en lo relativo al tema de la
subsistencia. Se trata sólo de subsistencia y, una vez que hayáis

aprendido a trabajar con energía, aprenderéis también la energía de la abundancia. No se trata sino de la sincronicidad para el día. ¿Cuántos de vosotros trabajáis con energía? ¡Oh! Me diréis: «*Puedo sanar a gente. Puedo crear una energía aquí, y otra, allí, pero no consigo ganarme la vida*». Efectivamente, os habéis detenido. Habéis decidido que lo difícil es el dinero y que lo demás no lo es. Algunos hasta habéis decidido que, para iluminaros, ¡debéis carecer de dinero! Por lo tanto, careceréis también de subsistencia porque, de algún modo, no os parece lo bastante espiritual. ¿Qué creéis que Dios quiere para vosotros?

Una mujer da a luz a mellizos. Uno es chico, y la otra, chica. Los contempla con todo el amor de que es capaz y dice: «Espero por vuestro bien, mis maravillosos mellizos a quienes tanto amo, que os arrastréis por siempre por el polvo de la tierra, que no contéis con nada físico que podáis decir vuestro. Espero que paséis hambre, os vistáis con harapos, viváis sumidos en preocupaciones y lo paséis francamente mal con el dinero».

¿Suena esto a algo parecido al Dios Padre/Madre o al amor familiar? ¡No!

Quiero hablar a los trabajadores de la luz que han decidido que no quieren cobrar nada por su trabajo. Tal vez, en vuestras mentes, algunos de vosotros hayáis decidido: *«Esto es lo honrado, lo que debo hacer»*. Permitidme que os haga una pregunta: ¿Recordáis cuando érais monjes? ¿Recordáis cómo os arrastrábais por el polvo? ¿Las vidas pasadas en las que lo regalábais todo? En aquellos tiempos, era lo espiritualmente correcto, lo que dictaba vuestra cultura. En aquellos tiempos, dábais, dábais y dábais. En la actualidad, los residuos de vuestras pasadas vidas os hacen creer que sigue estando bien, pero la energía del planeta no va a sustentar ya más los residuos de vuestras vidas pasadas.

Lo que estáis haciendo, desde un punto de vista metafísico, es enviar un mensaje alto y claro. Váis a «concederos el honor» de llegar a un estado de pobreza en el que ¡seréis incapaces de ayudar a nadie! Al decidir no cobrar por vuestro trabajo, ¡establecisteis el valor de lo que hacíais! Vuestro cuerpo lo ha oído, quienes os rodean lo han oído y *vuestros* aspectos espirituales ¡lo han oído!

Y os mostraréis encantados con lo que habéis hecho, aunque lo que hayáis hecho sea hacer saber a *todos* que ¡lo que hacéis no vale nada! Por tanto, la intención está clara, y la subsistencia será difícil, porque será lo que hayáis pedido.

Esto es lo que deberíais saber: ¡la subsistencia es vuestra! No es sino abundancia, y existe un equilibrio relacionado en ello. En los denominados lugares espirituales elevados, existe un dicho que explica que un Ser Humano abundante nunca podrá alcanzar la iluminación, lo mismo que un camello no puede pasar por el ojo de una aguja. Lo que viene ahora es un reto para aquellos de vosotros que os consideréis cultos. Volved atrás y buscar esa frase en su fuente original. La hallaréis en los manuscritos y os encontraréis con que el lenguaje de la época jamás quiso decir eso. A lo que la frase se refiere es a las energías de aquella época, cuyos significados son totalmente diferentes a los actuales. Sin embargo, ¡cuánto conviene para quienes están dentro de las *cajas* que seáis pobres para ser ellos quienes puedan controlar la abundancia! ¿Os suena esto a algo parecido a Dios? ¿Suena esto como a una relación de integridad del Espíritu hacia los Humanos? No se trata de un juicio, sino de una simple información para que la sometáis a vuestro examen y de esta manera podáis encontrar la verdad acerca de dónde se halla el amor.

Tanto la abundancia como las cosas que rodean al tema de la subsistencia en el seno de vuestra cultura se desvanecerán en el momento en que lleguéis a entender bien a las claras ¡lo que valéis! Cuando la poseáis y hagáis entrega de ella, la podréis *esperar.* Será cuando también entendáis que todas esas cosas con las que habéis venido y que son maravillosas, espirituales y llenas de significado pueden ser utilizadas de hecho para ayudar a otra gente. Solicitad un intercambio si creéis que existe algún valor. Si lo que tenéis no vale la pena, no lo hagáis, pero recordad que pueden hacerse trueques y hasta intercambios de energía. No importa que la cobréis en el sentido tradicional o no, pero lo importante es que no la regaléis. Dejad bien claro que servís para algo y que ese algo tiene un precio; después, esperad que los demás se pongan a la cola para intercambiar sus valores con el vuestro. Eso recibe el nombre de equilibrio de energía.

Existe sincronicidad tanto en la abundancia como en el intercambio de valores. Ya hemos hablado de ello antes. El propio movimiento «chi» está designado para aportar equilibrio a todas las zonas, incluidas la subsistencia y la abundancia. Ya es hora también de que vayáis entarándoos de que esta nueva clase de «pensar en la abundancia» está reconocida por Dios. El balance de todo lo que hagáis constituye también parte de la integridad del Espíritu.

Una mujer da a luz a mellizos. Uno es chico, y la otra, chica. La mujer contempla a sus dos criarturas y, como es natural, dice: «Os deseo vidas ricas y llenas de abundancia. No quiero que tengáis hambre nunca. Cada día os aportará vuestro sustento. Estaré a vuestro lado mientras viváis y, mientras yo viva, estaré aquí para ayudaros. Haré todo lo que pueda porque soy vuestra madre». Esta es, queridos míos, vuestra familia. La integridad del Espíritu os contempla de forma idéntica.

¡Que nadie se lo pierda! Que todos sepan para qué están los guías y la familia. Como queremos estar a vuestro lado y caminar junto a vosotros a lo largo de vuestras vidas, hemos contribuido a crear la sincronicidad. Cuando tomáis vuestra autovaloración y, por fin, os la echáis por encima; cuando os miráis en el espejo y decís ¡SOY QUIEN SOY! Y cuando comenzáis a depositar ciertos valores en vosotros mismos, es el momento en que la abundancia comenzará a fluir hacia vosotros.

Competencia: un concepto de la antigua energía

Éste es el último de los temas de que queremos tratar ahora. Un trabajador de la luz se encuentra con otro. Horrorizados, se dan cuenta de que trabajan en lo mismo. Lo que ellos creían que era «su» energía o proyecto personal se ve repentinamente también en el otro. ¿Qué es lo que suponéis que ocurre? Uno de ellos decide seguir adelante y dejar al otro. Al fin y al cabo, no pueden trabajar juntos, y uno de los dos tiene que abandonar. Se traman planes para ponérselo difícil al otro, incluso para desacreditarlo. «*¡Oh, ya sé lo que haremos! Al otro le vamos a calificar de malvado. Con eso bastará. Crearemos temores, y muchos se irán a otra parte, con lo que nosotros podremos proseguir con nuestro trabajo y nuestras ideas*».

¿Suena cruel? Se trata de un concepto de la antigua energía que permanece grabado en la antigua estructura celular. Ese concepto os dice que, en todo, debe haber un ganador y un perdedor. No se tiene en cuenta que puedan darse dos ganadores, y esta antigua suposición permanece todavía entre vosotros. Incluso entre los trabajadores de la luz.

Una mujer da a luz a mellizos. Uno es chico, y la otra, chica. Los dos son maravillosos y amados sin medida. La madre contempla sus vidas y se da cuenta de que ambos están desarrollando cierta vena artística. ¡Es verdad! Los dos se pelean por los pinceles y los lápices de colores. Por lo tanto y como es natural, la madre decide que sólo uno de ellos será artista y le niega al otro el acceso a ese tipo de educación.

Lo mismo. ¿Os suena a algo razonable dentro del concepto amoroso de la familia? No. Lo que acabáis de oír (y de leer) no es la reacción de ninguna familia amorosa, sino que representa lo que una de las reglas de competencia de la Humanidad solía hacer ante la energía competitiva. Representa una manera de pensar propia de la antigua energía; como si el otro trabajador de la luz pudiera disminuir en cierta manera el trabajo del primero sólo porque ambos hacen lo mismo. Muestra a grito pelado que existe miedo a no tener bastante de algo o de que existe un límite a ello. Supone que dos no pueden tener lo mismo, ¡y no se alegra ni celebra la verdadera concienciación del amor de la familia *por* la familia.

¿Sabéis qué hizo la madre cuando se dio cuenta de que ambos niños tenían el mismo interés en las mismas cosas y herramientas? ¡Salió a la calle y compró un nuevo juego de lápices y pinceles! Dejó que los dos niños creciesen juntos, y los dos niños al unísono generaron cinco veces la energía que hubiera tenido uno solo. Trabajadores de la luz, ¿me escucháis? Cuando os encontréis con quien parezca estar en competencia con vosotros, dejad bien claro que existe sincronicidad en ello. ¿Qué tenéis que darle al otro? ¿Qué tiene el otro que daros a vosotros? Juntos, tal vez; permaneciendo juntos sobre el planeta y haciendo lo mismo, podríais crear cinco veces más energía a causa de la integridad del espíritu que permitió al otro tener lo que tú tenías. Y, como antes, ello está relacionado con el equilibrio y el movimiento de la energía. Mirad bien lo que ocurre cuando compartís lo que tenéis con los demás y os lanzáis a vuestras respectivas vidas con un equilibrio que jamás habíais tenido. Es esta sabiduría de un nuevo paradigma del trabajo lo que creará más sincronicidad y abundancia a ambos. **¡Los dos ganáis! Los dos mejoráis. Los dos sois familia.**

Esta mismísima situación está relacionada con el nuevo paradigma de trabajar con la porción de mundo que es islámica, que es cristiana, que es judía, que es budista, que es hunduísta o que es de cualquiera de los sistemas intermedios que darse puedan, incluyendo a todos los indígenas de la Tierra. ¿En qué consisten? Representan la búsqueda individual del Amor de Dios. Representan una búsqueda cultural para encontrar al Dios que llevamos dentro. ¡Todos son familia! ¿Y qué te piden? Que algún día pueda producirse una nueva concienciación por la que todos los sistemas puedan reunirse en la misma estancia y, elevando juntos los brazos, proclamen: «¡Nos amamos los unos a los otros!». Cada uno tiene una forma de hacerlo, pero la del otro no constituye amenaza alguna. **Rendimos** homenaje a todos los demás así como a nosotros mismos. Ya va siendo hora de que las paredes de las cajas vayan siendo eliminadas. Somos una sola familia.

Permitidme que os diga quién más hay en esa estancia. El que se denomina a sí mismo o a sí misma «Nueva Era». Es el o la que se autodenomina «metafísico/a». Porque, por supuesto, tampoco a ellos se les juzga. Están alineados con todos los demás permitiendo que existan todas las demás creencias, no compitiendo, sino celebrándolo. Todos se unen para decir: «¿No es maravilloso que, por fin, los miembros de la familia tengan la opción de

amarse unos a otros y de echar abajo las paredes de las cajas?».
¿Decís que es imposible? La cuadrícula actual del planeta ha cambiado ya lo bastante como para que todo esto pueda manifestarse a través del desplazamiento celular de la Humanidad, aunque ello requiera una intención consciente. ¿Ayudaríais a ello quienes escucháis y leéis lo que digo? ¿Cuál es vuestra intención?

Existe en el planeta una nueva sabiduría, aunque, a veces, os lo preguntéis mientras contempláis cómo luchan entre sí la nueva y la antigua energía en estos últimos años anteriores a 2012. El equilibrio entre la antigua y la nueva es bien profundo, y, sin duda, saltarán chispas mientras se asientan las diferencias y se va decidiendo dónde debe situarse el equilibrio. ¿Recordáis cuando, en 1989, os hablamos del caos potencial que tendría 1999 en lo relativo a la falta de equilibrio en los líderes del mundo? Pues buscadlo en transcripciones pasadas (pág. 330).

Potencialmente, los dictadores irán muriendo lentamente, siendo remplazados por los potenciales de elección de sus países, pero aquéllos desaparecerán «pegando coletazos». La antigua energía no morirá con facilidad. Las paredes son gruesas. Las tribus que luchan entre sí en la actualidad no tendrán la oportunidad de trazar nuevas fronteras que atraviesen tierras ya existentes e inmutables durante siglos y darán comienzo a un proceso de enmienda en vez de a otro de aniquilación. Estos son los potenciales; no las certezas. Esos son vuestros retos, porque, de manera diferente a cualquier otra época, el momento está maduro para que, con vuestra capacidad, todo sea profundamente diferente. Vuestra intención constituye la clave.

¿Sabéis lo que podría ocurrir? Lo que recibiría el nombre de Paz en la Tierra. ¡Nada puede obstaculizar el camino de un planeta cuyos Seres Humanos han aprendido a amarse los unos a los otros! Es un mensaje antiguo, ¿verdad? Lo podéis encontrar en las Escrituras y en los escritos sagrados de tantísima antigüedad que existen en todos los continentes. Porque ese mensaje os fue dado a vosotros en particular, queridos míos, hace miles y miles de años y en muchos sitios al mismo tiempo. Ni ha variado ni variará, y la razón de no hacerlo es porque vuestra familia no cambia. El amor es absoluto. La diferencia entre entonces y ahora es que la «familia de la Tierra» *sí* ha cambiado. Ahora contáis con el poder para crear algo que siempre venía mostrándose evasivo: la verdadera tolerancia, la capacidad de derribar las paredes de la protección cultural y el comienzo de una paz mundial.

Una mujer da a luz a mellizos. Uno es chico, y la otra, chica. Ambos son amados sin límite. Los dos constituyen un trozo del Padre/Madre. Son familia. Eso es lo que sois: trozos de Dios. No existen favoritos, ni la familia sonríe a uno, y al otro, no. La razón es que ambos son iguales ante nuestros ojos y ambos poseen grandes dones a la espera de manifestarse en forma de abundancia y de paz. Como la madre en el momento de dar a luz, os abrazamos y decimos: *Bienvenidos de nuevo al planeta.*

Se necesitaría la sabiduría de un chamán para separar la vista general de lo que va realmente a ocurrir en el planeta durante los meses y años venideros. Muchos seguirán una senda de «fin de las sombras» –concepto de la memoria celular del anterior fin del planeta–, que les llevará a «ir con lo antiguo» (ver pág. 301). Muchos no verán jamás los potenciales de que os hablamos y sólo verán cómo eran las cosas antes. Sólo en eso consiste la elección en la Tierra.

Recordad el nuevo mantra de la época: «Las cosas no siempre son lo que parecen.» El fracaso de hoy puede ser el conocimiento de mañana. El dolor de hoy puede ser la sanación de mañana. El hecho es que los potenciales de hoy son muchísimo mayores de lo que, como Humanos, hayáis visto. Esta casa denominada Tierra se está renovando, y mucha parte de ella tendrá que ser derribada para edificar la nueva.

¿Cómo lo conseguiremos?

«Amándoos los unos a los otros».

Y los muros se derrumbarán.

Y así es.

Kryon

Capítulo Segundo

CARTAS DESDE EL HOGAR

Amor

«El amor constituye la fuerza más poderosa que existe en el universo. Lo encontraréis en las más diminutas partículas de la materia, en el espacio existente entre el núcleo y la neblina del electrón ¡que están llenos de amor! ¡Es de lo que estáis hechos! Es ESA clase de fuerza. Y, cuando liberáis ESA fuerza, no hay NADA que os pueda tocar. ¡Nada os puede tocar! No existe en este planeta mal o tiniebla que se os pueda acercar. NADA puede, porque habéis liberado la energía de la que estáis hechos. El ángel que se sienta en el trono de vuestra vida, el que tiene vuestra imagen, se ve activado en cuanto dais la intención para que este amor impregne vuestro ser y cree paz.»

Kryon

Extraído del Libro Kryon VI
Capítulo Tercero
«Paz y Poder en la Nueva Era»

«ATRIBUTOS DE LA FAMILIA»
La Familia, Primera Parte

Canalización en Directo
Idaho Falls, ID y Sydney, Australia

> *La siguiente canalización en directo constituye la prime-*
> *ra de las cinco sesiones relacionadas con «La Familia»*
> *tal como nos ve el Espíritu. Se trata de una combinación*
> *transcrita de dos eventos que tuvieron lugar en dos con-*
> *tinentes diferentes... con idéntico mensaje... y dados en*
> *directo con dos meses de intervalo.*

¡Saludos, queridos! Soy Kryon, del Servicio Magnético. Durante los próximos minutos, algunos de vosotros tendréis que iros acostumbrando a la voz de mi socio mientras va produciéndose la mezcla y algunos os preguntáis de verdad que cómo puede ocurrir una cosa así como que la concienciación y el mensaje del otro lado del velo puedan llegaros a través de un Ser Humano. Os diré cuál es la prueba de ello. Quienes entre vosotros lo deseéis, cambiaréis durante este tiempo, como cambiarán la energía que hay en esta sala y quienes se encuentran leyendo y comprendiendo lo que digo. Algunos de vosotros sentiréis el calor que genera la energía existente en esta sala, y algunos otros sentiréis la presión del amor cuando nosotros entremos y pasemos, literalmente, entre los pasillos y filas e incluso alrededor del espacio en que os encontréis leyendo. Porque esto es tan real como pueda serlo, y os decimos que esta experiencia a la que habéis concedido vuestra intención (permiso para que se produzca nuestra visita) genera energía a vuestro alrededor. Todo lo que se necesita para ello es la *intención* del Ser Humano.

Vuestra *intención* permite que «la familia» os visite en una zona sumamente especial y a la que apreciamos enormemente. Y cuando os digo, queridos míos, que se os ama desmedidamente, es porque no ha existido nunca, jamás, un momento en que hayáis sido tan profundamente amados como ahora. Nos referimos ahora a las entidades que han entrado en esta sala, que rodean vuestra butaca y que os están visitando. Hablamos de las entidades que proceden del otro lado del velo y cuyos nombres quizás hayáis olvidado por haber pasado ya bastante tiempo desde que estuvisteis en ese lugar. ¡Es una visita de los de Casa! La información que os llega durante este tiempo procede de la famila, ¡de la *familia!* Porque en esta sala y para quienes están leyendo este mensaje en estos momentos, no sólo contamos con el cortejo y la concienciación de quienes os aman y tienen mensajes para vosotros; también os aportamos las concienciaciones de quienes vivieron aquí antes y se fueron por propia voluntad, de quienes han vuelto y se encuentran aquí disponiendo de su energía para visitaros. Sabéis perfectamente de qué hablo.

Dentro de un momento, vamos a hablaros de los atributos de la familia tal como los vemos, pero antes de ello, deseamos deciros por qué conocemos tan bien esta sala e incluso el lugar que habéis elegido para leer estas líneas. Creéis que vinísteis a vernos, ¿verdad? ¿Creíais que os habíais sentado a leer esto en este momento como podríais haberlo hecho en cualquier otro? ¿Buscábais algo de sabiduría o algún conocimiento? Pues bien, os vamos a decir que esta reunión cuenta a su alrededor con un inmenso potencial de energía. ¡Estábais *citados* a venir aquí! Y os diré por qué estábais citados. ¿Sabéis una cosa? ¡Sabíamos que íbais a venir! Nada que ver con la predestinación, sino con los potenciales, posibilidades y energías que contiene vuestra concienciación, que son los que os han traido aquí. Sabemos de la sincronicidad que ha permitido que conociéseis la existencia de esta reunión o que os pusiéseis a leer estas páginas. Esperábamos vuestra presencia en el lugar en que os encontráis sentados, de pie o echados. Sabemos perfectamente *quiénes* sois y conocemos vuestros nombres y apellidos. Y los conocemos, ¡porque sois de la *familia!* Nos sentimos honrados de cómo os llamáis sin importarnos quiénes seáis ni si leéis esto creyéndooslo o sin creer una palabra. No nos importa.

56

Hemos venido para deciros que se os ama sin límites, que existe un propósito en vuestras vidas y que vuestra mera existencia en el planeta era conocida, planificada y ¡se considera preciosa y sagrada! Mucho después de que haya concluido esta reunión, meditaréis sobre estas cosas: *«¿Existe la posibilidad, por remota que sea, de que exista algo en la vida que no sea sólo estar y hacer?»*. Os diremos que, con intención de descubrir más, váis a enteraros de la simiente espiritual que lleváis dentro, que es enorme y grandiosa. Os váis a encontrar con herramientas prácticas que os darán vuestro valor para la existencia diaria. Encontraréis paz donde, al parecer, no la ha habido nunca; comprensión y sabiduría para las intolerables situaciones con que están salpicadas vuestras vidas; soluciones para lo que carece de solución, además de una visión general de la vida Humana que os permitirá, por fin, relajaros porque todo estará en orden. Podéis crear un conocimiento interior que diga: *«Pertenezco a este lugar. Existen una razón y una visión general mucho mayores de lo que yo había creido nunca. Soy un trozo de familia»*. Ésta es la realización a que podéis llegar.

Y, por supuesto, ello quiere decir que, a lo largo del camino, se encontrarán soluciones..., soluciones que, como mi socio dice, pueden llegar «por la puerta trasera», pero que ahí estarán puesto que vosotros las habréis creado. ¿Cuál es el secreto que lleváis encima y que no habéis contado a nadie? El secreto que os remuerde o al que tanto teméis. ¿Sabéis algo? Nosotros sabemos cuál es, y ésa es la razón por la que os amamos tanto. ¿Creéis que tenéis que cargar con ese peso vosotros solos? ¡No estáis nunca solos! *¡Nunca estáis solos!* ¡Tenéis el poder de vaporizar cualquier problema! Tomad lo negativo que tiene y equilibradlo con lo positivo de la divinidad interior; esos dos elementos, juntos, van a generar una energía que recibe el nombre de «solución mediante el amor». ¡No existe problema en las vidas de quienes leéis estas líneas y escucháis estas palabras que carezca de solución! Sólo requiere intención pura para ser resuelto. La intención pura libera una enorme cantidad de poder, que es en lo que consiste la capacidad del espíritu de los Humanos y de lo que os hablamos en esta serie de mensajes.

¡Oh, queridos! Que la energía abierta y fluida que se escapa a través de la grieta en el velo de hoy os conceda el conocimiento de que se trata de una auténtica energía que está siendo concedida a este grupo de oyentes y de lectores. Vamos a lavaros los pies y, para quienes lo permitáis, consistirá en un lento proceso que dará comienzo ahora mismo y que acabará cuando hayamos terminado. Un pie tras otro. El significado de lavar los pies es el de honrar al Ser Humano. Os lo hemos dicho una y otra vez mientras la familia venía a visitaros. ¿Os gustaría tal vez conocer por qué sabíamos que ibais a venir? Pues porque concedísteis vuestra *intención* para ello hace ya tiempo. ¿A que no sabéis quién ha estado aquí, esperando al otro lado del velo para que el potencial del asiento que ocupáis se llenase? Sí, el del asiento que lleva vuestro nombre. ¡Oh, no es el nombre que creéis que tenéis, sino el que *de verdad* lleváis! ¡El que reconozco como de la *familia*! Os diré algo. ¿Sabéis lo que para nosotros significa el visitaros? Creéis que sois vosotros los que habéis venido a visitarnos a nosotros, ¡pero estáis equivocados! ¡Completamente equivocados! Nos sentimos honrados por poder visitaros durante los breves instantes en que os podemos abrazar, comunicar con vuestros guías y daros las semillas de la comprensión y los dones que habéis solicitado. Rendiremos homenaje a vuestra intención de cambiar de vida, tal vez con vuestro propio potencial. Ya es hora. Por eso estáis aquí, ¿sabéis? Os esperábamos. Este es un lugar sumamente especial. Hemos estado aquí esperándoos.

Estas «Cartas desde el Hogar» las daremos en cinco partes y en dos continentes diferentes. ¡La «familia» es la familia de la Tierra! Representa a la familia de los Seres Humanos; no de los países. Muchos de quienes estáis escuchando y leyendo esta información en estos momentos volveréis a escuchar y a leer la otra información más tarde en otros lugares. «Más tarde» y «mañana» constituyen conceptos de gran interés para nosotros. Vuestro tiempo lineal os hace «esperar», aunque nosotros lo experimentemos «ahora». Queridos, en estos precisos instantes hay quienes están leyendo esta información en lo que denomináis vuestro futuro y están experimentando cambios en sus vidas. Conocemos los potenciales y sabemos lo que está ocurriendo porque están descubriendo esta información por primera vez. También conocemos sus nombres, ¡porque son de la *familia!* Esto es todo en lo que consiste el «ahora». También vemos algo más: vemos profundos cambios en quienes están en esta sala y en quienes están leyendo estas páginas; cambios que afectarán a las vidas de otros. Por ello, nos colocamos frente a vosotros y os decimos: «no tenéis ni la menor idea de vuestro poder como Humanos. Creáis un desplazamiento de la conciencia, cambios en los países, desplazamientos de la Tierra, respuestas de otros a vuestra concienciación y alteración de la Física. Todos estos cambios se encuentran rodeando al Ser Humano, porque el Ser Humano es su centro. El Ser Humano ha sido siempre el centro, y nos gustaría hablaros de algunos de los atributos de ese centro. Queremos ahora mismo hablaros de la *familia.*

La primera parte de esta serie va a recibir el nombre de «Atributos de la Familia». Posteriormente, os presentaremos cuatro conceptos más que serán los siguientes: «Tareas de la Familia», «Poder de Concienciación de la Familia», «Renovación de la Familia» y «Sentido de la Familia». Encontraréis que, a medida que vayamos adentrándonos en ella, parte de la información será reiterativa a causa del énfasis que deseamos infundir en ella.

Creados iguales

Encontraréis aquí algunos de los atributos de los miembros de la familia de los que queremos hablar. Ya hemos hablado antes de ello, pero es importante que lo volváis a oír: todos los Humanos son creados *iguales.* Algunos de vosotros me diréis: *«No es verdad, Kryon. No tengo más que echar una ojeada a mi alrededor. Está clarísimo que no somos iguales».* Si ésa es vuestra respuesta, no estáis mirando las cosas como debiérais. No véis a los miembros de la *familia* como son. ¡Ah! La parte externa biológica es completamente diferente, así que no es ésa la igualdad a que nos referimos. Ya lo habéis oído con anterioridad, pero estamos aquí otra vez para deciros que en nuestra *familia* no existe sociedad de clases. Mirad a quien se dirige a vosotros ahora desde su asiento. Esta energía, a la que llamamos Kryon, consiste en una energía hermano/hermana. No existe en ella género jerárquico ni estructura de clase. Lo que quiero deciros es que la igualdad constituye el *centro espiritual* de quienes sois. Todos los Seres Humanos nacidos en este planeta llevan en su interior un ángel y ese ángel tiene el mismo color luminoso de identificación del cuerpo que el más elevado de los elevados. Procede del mismo lugar, tiene el mismo fin, es igual a los demás y lleva vuestro nombre. ¡Forma parte de vosotros! Pensadlo. Para quienes sienten falta de autovaloración, o creen que no pueden hacer nada en tanto que personas o creen ser «menos que» los demás, ¡ha llegado la hora de vuestra revelación!

Si nos lo permitís en esta reunión, vamos a haceros un regalo. Este regalo consiste en la visión general ¡de que *es aquí donde os corresponde estar!* El regalo consiste en la visión general de que sois iguales al más elevado ser espiritual que podáis imaginaros. Es algo que os vengo diciendo canalización tras canalización: ¡vosotros y yo nos hemos visto antes! Vuestro hermano/hermana Lee que se sienta ante vosotros os habla otra vez con el mismo tipo de amor que con el que yo lo hice la última vez en la Sala de Celebridades. Su voz dice: «¡estoy encantado de volveros a ver!». Ésta que os hacemos no es sino una visita provisional, una visita que realizamos mientras vosotros lleváis a cabo vuestro trabajo dual. ¡Oh! Ya sé que hay que estirar mucho las creencias de la inteligencia para creer por un momento que pudiera suceder algo como esto, pero queremos deciros que la prueba de ello se encuentra en la energía que se está desarrollando en este lugar, y que la prueba se encuentra en el futuro, en el cambio que ocurrirá en vuestras vidas, porque el desplazamiento de energía lo tenéis a mano en este preciso momento quienes estéis intentándolo ahí sentados en vuestras butacas..., unos escuchando..., otros leyendo... y otros sintiendo. ¡La familia ha sido creada igual! Si os sentís inclinados hacia la adoración, será mejor que empecéis a miraros en el espejo, porque os decimos en el más amoroso de los sentidos: «mira hacia dentro y encontrarás el santuario que algunos venís buscando a lo largo de todas vuestras vidas! Nada existe más sagrado que lo que hay en el interior de un ser Humano. Su pudiéseis veros como yo lo hago, os quedaríais embobados por vuestra belleza.

Y hay algo más. Aunque os sea difícil concebirlo, formáis parte de una totalidad entrelazada que se encontraría incompleta sin vosotros. Se trata de un concepto interdimensional. Dice que el Espíritu esta constituido por un inmenso número de piezas y que cada una de ellas es imprescindible para el todo. Combinadas, esas piezas individuales completan el todo. Cada una de esas piezas es idéntica a las otras, lo que es conocido por todas ellas. Las piezas no pueden existir por sí mismas y pertenecen a la totalidad. Para vosotros, esto es la *familia,* aunque se trate de una familia que nada tenga que ver con vuestra idea de la familia terrenal. ¡Vuestra auténtica familia es impresionante! Consiste en una muchedumbre de ángeles que os conocen y a los que conocéis. Yo soy uno y, por lo tanto, soy como tú. Soy familia y soy uno de tantos..., igual que tú. La diferencia, que es imposible haceros comprender, ¡es que vuestra energía completa al Espíritu! Sin uno, el todo no está entero. En este concepto reside el verdadero significado del «YO SOY». El YO es el uno, y el SOY, el todo. Al decir «YO SOY» afirmáis al Universo que «mi existencia *es* Dios. Dios *es* mi existencia. ¡Dios, el colectivo, es mi *familia!* Ese es el primer atributo: todos sois iguales.

Inexistencia de control central en la Tierra
Inexistencia de centro en vuestra dimensión

Otro de los atributos de la familia terrenal es que todos procedéis del mismo lugar. La familia de que hablamos nosotros es la

61

del Espíritu. Se trata de mí y de ti y de todos los que proceden del mismo lugar. Si queréis llamarlo de alguna manera, llamadlo «Gran Fuente Central». No se trata de ningún sitio, y no podréis encontrar ninguna palabra que se aproxime siquiera a lo que es. Supera al tiempo. La palabra «lugar» indicaría una idea en tres dimensiones. Lugar implicaría una determinada altura, anchura y longitud, incluso hasta un momento en el tiempo, pero nada tiene que ver con ninguna de estas cosas. ¡Ah! Una palabra mejor sería casa. Veréis, hay una cierta sensibilidad y sentido relacionados con la casa. Es el lugar donde existe la familia, ¿os dáis cuenta? Es el «sitio». Carece de coordenadas en 3D o 4D. Posee energía. Tiene sensibilidad. Hasta tiene color, pero no es lo que pensáis. Se trata de una concienciación constructiva.

Hay algo más; algo de lo que mi socio habla en vuestra 3D: la Nueva Era carece de control central terrenal. No existen ni iglesia ni sacerdotes ni un libro central. ¡Ni siquiera un «sitio» al que podáis enviar vuestro dinero! ¡El sistema de creencias con que contáis en la Tierra está relacionado con la *familia*! No tiene necesidad alguna de jerarquía autoritaria ni de ningún centro. Su fuerza no es sino un cordón o celosía de energía entre cada Ser Humano que forma un todo, por lo que ¡el todo constituye también el centro!

El Espíritu trabaja de idéntica forma. No hay portal central. No existe lugar sobre el planeta o en su interior del que podríais decir que era la fuente de todo el poder espiritual. Os repito que se trata de algo interdimensional, y que es difícil de explicar para mi socio. El Ser Humano desea estructuras en un nivel de 3D. Queréis ver una jerarquía de niveles en todo. Con frecuencia, «véis» cosas de adentro hacia fuera. Otras veces, contempláis círculos en espiral o círculos en el interior de otros círculos, lo que, tal vez, indique niveles de emanación de control, autoridad e importancia. Todas las estructuras organizativas de la Tierra demandan algo en este sentido, aunque, para la *familia*, no exista nada parecido. Nada. Formáis parte de una concienciación que sólo existe como un todo en el que todas sus partes son activas. Sóis por lo tanto, «trozos del centro» y permanecéis siempre activos como parte de la familia. Ésta es la razón por la que podemos deciros que siempre podremos disponer del centro si nos dirigimos hacia el interior. Explicaremos más en profundidad este «centro» a lo largo del cuarto atributo.

La concienciación genera poder

El primer atributo trataba de haber sido creados iguales. El segundo, de que no existe centro. El tercero trata de la concienciación central personal. Hablemos de vuestros atributos en tanto que miembros de la familia y como Seres Humanos.

Algunos preguntaréis: «*Kryon, ¿en qué parte de mi cuerpo se encuentra esa semilla espiritual? ¿Dónde? ¿A qué sitio debo señalar cuando quiero indicar al Ángel Dorado que llevo en mi interior?*».

Os diré dónde está. Existe como una concienciación que constituye la base de las mismísimas moléculas de cada una de las células de vuestro cuerpo. Vuestra biología es sumamente especial. Vuestra parte espiritual está casada con la parte biológica de vuestro físico. Son muchos los que comienzan a descubrir dónde se encuentra, por lo que no debería constituir para vosotros magia ni revelación saber que se encuentra en el código que denomináis ADN, lo que significa, queridos míos, que vuestro plano espiritual de existencia está en cada una de vuestras células y de forma igualitaria. Una parte del código de vuestro ADN está formada por esa mezcla tan especial que combina vuestra espiritualidad con vuestra biología. Ésta es la esencia de vuestra dualidad. Crea la dualidad, la cual oculta quiénes sois. Está diseñada con vuestro propio diseño y es activa y funciona en cada uno de quienes estáis escuchando y leyendo estas palabras.

Y éstas son las noticias que vamos a daros acerca de vuestra biología. Cada una de vuestras células lleva impresa toda vuestra imagen espiritual. En otras palabras, cada célula lleva almacenados todo el conocimiento y concienciación, lo que os lleva mucho más lejos de aquella antigua forma de pensar por la que érais «ignorantes hasta haber sido iluminados» o por la que, de alguna manera, la energía procedente de arriba caía sobre vosotros, os inundaba de sabiduría, y salíais siendo mejores criaturas. El centro (como deseáis verlo) está en el interior de vuestras células. Secretos tales como el plano completo de vuestra espiritualidad, quiénes sois, qué colores tenéis, cómo os llamáis, a qué os parecéis y por qué estáis aquí se encuentran en cada una de las células de vuestros cuerpos. ¡En todas y cada una de ellas! Así que es justo lo contrario de lo que algunos de vosotros habíais creido. A medida que se os va produciendo la revelación y que vayáis reclamando con intencionalidad los nuevos dones, os váis haciendo más conscientes desde el punto de vista espiritual. Lo que ocurre es que la información «secreta» os va siendo lentamente dada por vosotros mismos. ¿Os extraña que os digamos que en el «estado de ascensión» debáis «llevar con vosotros vuestra biología»? ¡Es ahí donde están todos los secretos!

Todo ello puede proporcionaros un concepto completamente diferente sobre los milagros y sanaciones. No existe ninguna fuente externa que venga y os visite cuando sanáis a alguien o cuando recibís un milagro. ¿Lo sabíais? *Ninguna fuente externa.* Sin embargo, sí existe revelación mediante equilibrio y concienciación, una totalidad verdadera que os sana de forma milagrosa. ¡Todas las sanaciones y milagros proceden directamente de vuestro interior! Proceden de la mismísima esencia de vuestro nivel celular como por arte de «magia». Permitidme definir esa «magia». Se trata del sacrosanto yo interior, la parte más elevada de vosotros mismos que se relaciona con los conceptos interdimensionales y que conoce lo más elevado de la Física y de la Biología. Se trata de la parte susceptible de crear materia y conocedora de los profundos secretos del amor. Ésta es la parte capaz de realizar milagros en vuestros propios cuerpos a traves de vuestra intencionalidad, a través de vuestro conocimiento total, y es una parte que siempre ha estado ahí, por lo que es frecuentísimo que vuestra búsqueda de Dios para que os conceda un milagro no sea sino el hecho de pedir a vuestra propia estructura celular que os cree uno.

«Entonces, Kryon, ¿qué tienen que ver los sanadores con esto? Apuesto lo que quieras a que a ellos no les va a gustar nada este nuevo concepto de que es nuestro yo interior el que lo hace todo».

No se trata de ningún concepto nuevo. Todos los sanadores sabios os dirán que *los sanadores no sanan; equilibran.* La tarea de todos los sanadores en el planeta es la de ayudar a los Seres Humanos a equilibrarse para generar salud. Por lo tanto, la *salud* está creada *por los Seres Humanos* a partir de de la fuerza espiritual interior del yo más elevado del Hombre. El trabajo del sanador consiste en proporcionar a los procesos de los Humanos instalaciones, equipos, substancias e información que generen equilibrio. Pensad en ello la próxima vez que os sentéis ante un terapeuta. ¡La sanación es trabajo de dos! Los sanadores generan el «empuje» que contribuye a vuestro equilibrio. Al concederles vuestra autorización para que se produzca ese equilibrio, ¡sois *vosotros* quienes generáis esa sanación! Así es el poder de la *intención* pura de los Seres Humanos. ¿Qué os parece como revelación? Esto es concienciación. ¿Se os ha ocurrido alguna vez rodear de ceremonia el proceso de sanación? A lo mejor, se os ha pasado por la cabeza. Daría realce a la sanación. ¡El amor que generáseis a través de la ceremonia de celebración de la sanación constituiría un gran catalizador para la sanación mediante energía!

¿Queréis saber cómo la concienciación manifiesta su poder para el planeta? Permitidme un ejemplo, un ejemplo que está ocurriendo ahora mismo. La concienciación al nivel celular está siendo liberada de forma automática y con intención espiritual y pura, lo que no debería constituir ninguna sorpresa. Cuando un Ser Humano dice honradamente: *«quiero saber más sobre quién soy y por qué estoy aquí»,* ¡algunos de vosotros deberíais ser capaces de oír un potente revolotear de alas! No existe una búsqueda que pueda parecerse a ésta. ¡Ninguna! Muchos de vosotros sabéis perfectamente la forma en que esto se produce. Se facilita de muchas formas. Algunos de vosotros lo hacéis automáticamente porque os encontráis en esa brillante luz espiritual y porque vuestro karma, o potencial de vidas pasadas aportado a ésta, es nítido. Otros lo hacéis solamente después de haber

65

sido maltratados espiritual y físicamente hasta encontraros en el fondo del pozo, a veces a causa de las circunstancias que os rodean; a veces, también, a manos de otro Ser Humano. En cualquier caso, estaba previsto y necesitaba de vuestro consentimiento. En la próxima serie de enseñanzas («Tareas de la Familia»), procederemos a examinar con más detenimiento los «dones» que os han sido amorosamente concedidos por otros Seres Humanos con sus actos y, en numerosos casos, con sus muertes. Es uno de los mayores dones que recibirse puedan.

Cuando los Seres Humanos conceden autorización para hacerse más concienciados de lo que ya están, hacen uso de una *intención pura*. Esta intención actúa de catalizador para un desplazamiento de energía. Podéis pensar que esa energía y esas entidades de que antes hablamos se encuentran sólo alrededor de *vosotros,* como ya canalizamos con anterioridad, pero la realidad es que esa energía se libera de diferentes maneras, aunque una de ellas fluye directamente hacia el planeta. También hemos hablado ya del equilibrio de energía y de cómo el mismo hecho de iluminarse uno genera una transferencia de energía. ¿A que no sabéis por qué vuestro planeta se ha vuelto repentinamente más activo y menos predecible de lo normal? ¿A que no sabéis por qué el magnetismo gira a vuestro alrededor? ¿A que no sabéis por qué los potenciales que os anuncié hace ya ocho años os han llegado ya? *¡Pues porque habéis cambiado la Tierra!*

La simple concienciación de vuestros yos espirituales ha hecho que dé comienzo el desplazamiento planetario necesario para completar la imagen de una Tierra iluminada. ¿Os habéis dado cuenta de algún cambio que haya podido producirse en la actualidad en vuestros sistemas políticos? ¿No os dijimos ya que os los esperáseis? ¿No os dijimos ya que uno de los aspectos de la concienciación de los Seres Humanos sería el de que no existirían *secretos*? ¿Qué me decís de vuestra economía y de los esfuerzos por «arrimar el hombro» para facilitar el equilibrio en todo el mundo? ¡Todas las cosas de que os hablamos ya están aquí, y la razón de ello es que sois *vosotros* quienes habéis liberado vuestra energía al planeta!

¡Existe un terrible poder en la realización de la concienciación por parte de la Humanidad! Hablaremos más del tema en una canalización separada (Tercera Parte).

Vuestro linaje seminal estelar

Quiero hablaros de un atributo de la familia que es sagrado. *Todos* procedéis de la misma fuente. En el segundo atributo de la canalización, nos dimos mucha prisa en deciros dónde *no estaba* la fuente. Os dijimos que miráseis hacia vuestro interior y que la fuente no estaba en ningún lugar de vuestra realidad, aunque *sí* en la nuestra. Si pudiéseis identificarlo, lo denominaríais «Fuente Central». Todos y cada uno de vosotros tenéis este mismo linaje sagrado que os identifica como de la misma familia. Puedo ponerme frente a vosotros, amados míos, y deciros que no ha existido principio de vuestra entidad ni existirá fin, aunque no me comprendáis ni creáis. La energía de vuestro origen es mucho mayor que la de la Tierra y conlleva una tremenda concienciación celular. Ésa es la razón por la que llamemos a estas comunicaciones «Cartas desde el Hogar». Existe una razón para que os encontréis aquí, una razón que se oculta maravillosamente bien. Se oculta para daros la posibilidad de que realicéis el trabajo que habéis venido a hacer.

Quiero deciros más cosas sobre este sagrado linaje. Es algo que no hemos dicho a muchos: vuestro planeta se encuentra habitado *solamente* por entidades procedentes de ese lugar al que denominamos «Gran Fuente Central». No se trata sino de una metáfora, porque no existen palabras suficientemente grandilocuentes para explicaros en qué consiste ni dónde se encuentra. Como ya dijimos durante el segundo atributo, la palabra «central» no es correcta. «Fuente», en vuestra lengua, tampoco lo es. De hecho, ¡la única palabra que es correcta es «gran»! «Gran Fuente Central» sería indicativo de que existe un centro, aunque éste sea tan grande como el todo. Esto es lo que queremos que sepáis de vosotros mismos: por muy grandilocuente que suene y por raro que sea, el sentido y la lógica dicen que la Tierra es el *único* lugar del Universo en el que existe este atributo.

«*Kryon, ¿quieres decirnos que no existen otros planetas con vida en todo el Universo?*». No, no es eso en absoluto lo que quiero decir. La vida abunda en el Universo. En grado sumo. Es de esperar que, antes de que abandonéis este planeta –ocurra ello cuando ocurra–, vuestra ciencia lo pruebe sin duda alguna. Ya os lo va mostrando. La prueba está en los archivos y en los registros fotográficos y electrónicos de los astrónomos, si se les ocurriese mirar. Todo ello está ahí. Esperando. Y cuando, por fin, se les ocurra decíroslo (en las siguientes páginas y más adelante en este libro), recordad que os dije dónde deberían mirar. Este planeta Tierra es muy especial. Es el único habitado por Seres que proceden única y exclusivamente de la Gran Fuente Central. También es el único en que no se permite a nadie más. Tenéis una finalidad que es singular en todo el Universo, cosa que algunos sabéis, y otros, no.

«*¡Un momento, Kryon!*», podría decir alguno. «*Sé de forma intuitiva que provengo de otro planeta y que tengo recuerdos semino-estelares de otro tipo de vida completamente diferente. ¿Qué me dices a eso?*».

Te pediré que eches una ojeada a la población lógica de la Tierra. Con cada día que transcurre, muchos miembros de vuestra familia de todo el Universo se reúnen para venir a poblar este planeta. «Los elegidos lo son por todos los cielos». Aunque tengáis idéntico origen, no hay duda de que trabajáis en muchos lugares. Parte del trabajo está relacionada con la biología en otros planetas, y parte, con proporcionar una simple reserva de energía para otros portales del Universo que la necesiten, pero nada de esto es importante para el mensaje real que aquí se contiene, mostrando solamente que, hoy por hoy, contamos con más miembros de la familia en este planeta que nunca y que todos los Seres Humanos que hayan vivido jamás en este planeta han vuelto y lo están viviendo en la actualidad. Con independencia del lugar desde el que hayáis sido traídos, *ahora* estáis aquí y sois familia de idéntica fuente original. Vosotros, al igual que todos los demás, conocéis el objetivo, y ésa es la razón por la que hayáis venido con tanta alegría.

Ese objetivo es perfectamente conocido por vuestra estructura celular, aunque sea la prueba oculta que tengáis que descubrir. Ahora os diremos más cosas sobre ello, aunque os parezcan crípticas. Os lo iré diciendo poco a poco –para que sea preciso y completo– porque es esplendoroso. Lo que está ocurriendo aquí –a lo que llamáis un estimulante experimento con energía– no es sino encontrar el lugar en que la oscuridad y la luz se equilibran. Lo que aquí ocurre, queridos míos, así como el resultado de lo que aquí hagáis, es crear la pauta y el molde de algo mucho mayor que viene ocurriendo, de hecho, en el Universo desde hace más de 12 mil millones de años. Vuestros astrónomos se están dando cuenta y ya hablan de ello. ¿Lo sabíais? El sello de la energía de la Humanidad visita, por designio y por así decir, otra zona del Universo, siendo ésta la razón por la que estáis aquí. De momento no puedo decir más, pero lo completaremos *en familia* en la Quinta Parte (ver pág. 143).

A algunos os molesta la palabra experimento. Os suena como a animales metidos en un laberinto. Permitidme deciros, amados míos, que sois *vosotros* quienes realizáis los experimentos, los científicos angélicos. El experimento que estáis llevando a cabo trata de *energía*. Por eso os decimos: «cada uno de vosotros, en tanto que miembros de la familia y experimentadores, sois idénticos ante la mirada del Espíritu y se os rinde homenaje por vuestra visita y por el significado que tiene en este lugar». No se trata de lo que hagáis aquí, sino de lo que ocurre con la energía que hay aquí, y, más en concreto, de lo que ya ha ocurrido con la energía que hay aquí.

Lo anterior puede sonar como una dicotomía, de modo que echad una ojeada a la parábola del Hijo Pródigo. Es la historia de la familia. En la parábola, el padre celebró un festejo para el miembro que volvía, sin tener en cuenta lo que había hecho con los recursos familiares. Se trataba de *familia* y no de

69

obras. Os festejamos a vosotros y por el trabajo «*en familia*» que realizáis a pesar de que se os oculte gran parte de él. Procedéis de una fuente del Universo que es única. No todas las entidades proceden del mismo lugar, aunque sí lo hacen todos los que viven biológicamente en el planeta. Pertenecéis a mi propio linaje, y os conozco a todos.

Aunque no sea éste el tema de esta canalización (y puede que Kryon no lo dé jamás), deberíais saber que **no** todos los planetas biológicos poseen la energía de una única finalidad ni están habitados por sólo un tipo de entidades. ¿Pensásteis en algún momento que todos los planetas eran como el vuestro? No. Algún día llegaréis a descubrir lo únicos que sois. Una pista: la mayoría de los planetas con vida biológica están situados alrededor de sistemas solares dobles. El desarrollo astronómico de los planetas dotados de vida es más corriente que se produzca alrededor de **dos soles**, siendo ésa la razón por la que la Tierra «se oculta» tan bien. Incluso los que ya os han encontrado no pueden aterrizar en masa ni tampoco lo harán. No pertenecen a vuestra familia y, aunque no puedan entenderlo muy bien, ven vuestro poder. Lo divertido del caso es que vosotros no lo veáis. Son muchas las veces en que hemos hecho mención de que la lógica os hará preguntaros por qué una raza de seres biológicos extraterrestres que parecen avanzados desde un punto de vista tecnológico, que llevan viniendo a la Tierra desde hace más de 60 años y que incluso han entrado en contacto con Seres Humanos no hayan aterrizado oficialmente ni tampoco se hayan presentado. ¿Cuál es la razón? Que no pueden. Quienes entre vosotros ocupáis vuestras vidas en espera de acontecimientos semejantes os llevaréis una desilusión. ¿No deberíais, tal vez, abandonar vuestra espera y poneros a buscar vuestro ET interno? (típico sentido del humor de Kryon). ¡Existe en vuestro interior una entidad de fuera del mundo mucho mayor que nada de lo que pueda llegar de los cielos y aterrizar en vuestro jardín!

Todos sois amados por igual, festejados por igual e igualmente grandes.

Eternos

Ni que decir tiene que también sois eternos. Vuestra biología no lo es, pero vosotros sí. Aunque este hecho os esté bien escondido, es verdad. Se trata de un atributo importante y es de la forma en que os vemos. ¿Podéis de verdad aceptarlo? Os diré algo que os podáis preguntar en los momentos en que mayor tranquilidad tengáis en vuestras existencias: cuando lancéis vuestro último aliento, ¿existe aunque sólo sea uno solo de vosotros que crea que dejará de existir? Existe en *todos* los Seres Humanos una «chispa de verdad intuitiva» que conoce la verdad. Contemplad todas las religiones terrenales que os rodean y su búsqueda general de Dios. ¿No es verdad que casi todas ellas hablan de una «vida en el más allá» para una parte de vuestra conciencia? Sí. ¿Por qué, entonces, puede percibirse esto con tanta fuerza si no es verdad?

Todos sois parte de una divinidad que existió y existirá siempre. Algunos Seres Humanos llegan a sentir con gran profundidad esto en sus lechos de muerte, y su tránsito se produce con un extremado grado de paz. Otros combaten contra esa idea hasta el último minuto, cuando empiezan a «sentir» una sensación familiar y, de alguna manera, se sienten amedrentados por ella. Se trata del acercamiento de la familia y de todas las actividades y festejos del retorno al *hogar*. ¿Recordáis la parábola original de la «Historia de Wo»? Wo temía el acercamiento de la «familia» mientras aún vivía, y había otros que le decían que se trataba de algo malo. Éste es el dualismo de la Humanidad: que tu propia familia sea a menudo contemplada como el demonio.

Hemos mencionado esto para enfatizar el hecho de que no moriréis jamás. La biología puede caer hecha trizas, pero *vosotros* existeréis por siempre. La próxima vez que os sintáis poco importantes o carentes de amor, pensad en esto: ¡Sois eternos! Se trata de un atributo que vuestras mentes reservan sólo a Dios. ¡Ello os explicará un poquito quiénes sois en realidad!

Doble ciudadanía con otros

Éste es un atributo en el que quizás no se os haya ocurrido pensar. Constituís parte de un determinado número de entidades que os apoyan en este planeta. Por lo tanto, contáis con un séquito, del que algunos miembros os siguen y os han sido asignados para toda la vida. Soléis llamarlos ángeles y guías, aunque –la verdad– ninguno de esos nombres sea completamente correcto. Vuestro idioma carece de palabra para designar lo que son en realidad. Son más que «agregados»; forman parte de vuestra «firma», ¿lo sabíais? Existen en el interior de vuestro sistema biológico, son parte de vosotros y no os acompañan ni por amistad ni tan siquiera por amor. Algunos de ellos permanecen con vosotros para siempre, y otros cambian cuando vosotros lo hacéis. Cuando cambian vuestros conocimientos, y uno de ellos os abandona, se os asigna otro. De hecho, lo sentís en la parte más profunda de vuestro ser en forma de pérdida o dolor, y lo sabéis muy bien. Forma parte de vuestra biología –parte de lo que sois–, parte de la sacralidad de los trozos a los que llamáis «células». Además, esta descripción encaja solamente con una parte de ese séquito. Contáis con una sola palabra –*entidad*– que en cierto modo encaja con su descripción, aunque existen graduaciones de esa fuerza vital que reside en el interior del planeta y que, de hecho, portan vuestro nombre. Por lo tanto, existe mucho más de «vosotros» de lo que os podáis imaginar, cosa que os venimos diciendo desde hace años. Algunos de vosotros habéis visto esos tipos de forma de vida en el cielo (no ET), y, a propósito, esta curiosidad puede ser calmada dentro de poco. Se ofrecerá a vuestra ciencia un rompecabezas que aborde el tema de otro tipo de «vida» en vuestro planeta y será el motivo por el que examinéis la definición de esa palabra y de que la descubráis en la atmósfera. No hace más que formar parte del apoyo de los Seres Humanos.

Recordad que sois vosotros quienes realizáis los experimentos. ¿Podéis caminar por este planeta y descubrir esos otros «trozos vuestros» o no? ¿Qué haréis si los descubrís? ¿De qué forma permitiréis que fluya la energía? ¿Hacia las tinieblas? ¿Hacia la luz? ¿Qué haréis? El resultado del experimento de la energía es sumamente profundo para el universo, siendo ésa precisamente la razón por la que yo me encuentro aquí. Esta visita de Kryon no se estaría produciendo en este momento y en esta sala para que pudiéseis escucharla y leerla si no hubiera sido por la medida de la Convergencia Armónica de los tiempos del final. Estos son todavía los tiempos del final, queridos míos, pero ya no consiste en el final que os había sido profetizado. No. Se trata del final de la *antigua energía*. Ése es el *final* al que nos referimos. Además, es también el *comienzo* de una nueva clase de Ser Humano. El año 2012 habrá otro tipo de medida y, por ello, os seguimos diciendo esto: el mayor de los atributos de la familia en este planeta sobre el que os sentáis –¡el mayor de todos!– es que *¡no estáis solos!* Se os ama de una forma desmesurada, ¡y quienes lo hacen son los que han fluido hasta vosotros a través de esta rasgadura en el velo para acompañaros en estos momentos y para sentarse con vosotros en cualquier lugar en que os encontréis!

Por lo tanto y aqunque existáis biológicamente, hay parte de vosotros que no lo hace, siendo ésa la razón por la que hablamos de vuestra doble ciudadanía. Sois criaturas del Universo, sagradas y amadas, además de ciudadanos biológicos de vuestro planeta. Éste es uno de los atributos más especiales de todos y, como ya hemos mencionado, *no* es común entre otras formas de vida del Universo.

Retorno

El último de los atributos no es en realidad el último porque impregna a los demás y forma parte de éstos. Es el que más obvio nos puede parecer, aunque también se nos oculte. Para ejemplificarlo por un momento, vamos a permanecer callados durante un minuto, a amaros y a acabar de lavaros los pies. Queremos que sintáis el amor a medida que cae literalmente a chorros sobre vuestra cabeza y hombros. Queremos que *sepáis* que no estáis solos. ¿Véis? Se trata de una energía que no nos vamos a «llevar con nosotros» cuando abandonéis vuestros asientos. Se trata de una energía susceptible de permanecer con vosotros cuando, al fin, os levantéis para iros, una energía a la que podáis requerir, una energía familiar que procede del Hogar y que podéis «pegaros» encima como si fuera vuestra piel. Al aumentar la sincronicidad que encerráis en vuestras vidas, os será útil de una manera diferente y os revelará, en vuestro nivel celular, un poco más acerca de quiénes sois. Permitirá que la luz sagrada brille más y más tiempo hasta que volváis. Este último atributo consiste en que, sin tener para nada en cuenta el tiempo que permanezcáis en este planeta, con irrelevancia total de lo que consigáis en esta cancha de juego, dando lo mismo que hayáis descubierto algo o no, ¡volveréis al Hogar! El retorno a la familia es absoluto, y lo habéis venido haciendo una y otra vez, aunque no tengáis memoria de ello.

Aunque este atributo os haya sido ocultado, para nosotros es primordial... ¿Sabéis una cosa? Os echamos de menos. *¡Os añoramos!* Queremos recordaros de nuevo la historia del Hijo/Hija Pródigo/Pródiga. Mi energía no es masculina ni femenina, sino como la vuestra, que contiene la esencia de ambas. Cuando volváis, seréis recibidos con los brazos abiertos. Se llevarán a cabo celebraciones, y ninguna de las entidades os pedirá cuentas de lo que hayáis hecho anteriormente con vuestros recursos humanos. Se os ama por vuestra pertenencia a la familia, que es la razón por la que sabemos quiénes sois, porque sois parte de un todo, parte de *nuestra* familia, y nosotros os guardamos el sitio, manteniéndolo fresco para vuestro eventual retorno.

Nada existe que pueda impedir este atributo, y esto nos hace mucha ilusión.

Mi socio está embargado por la emoción por lo que vemos sobre los potenciales del «ahora» que se encuentran aquí. Nosotros no vemos las cosas en el mismo marco cronológico que vosotros. Al revés. Lo que vemos son los potenciales y manifestaciones a causa de lo que estáis haciendo por lo que llamáis vuestro futuro.

Vemos las posibilidades de cambios de vida, el potencial para la gran sanación que está ocurriendo ahora. Vemos una vida más amplia. Vemos potenciales de alegría en lugares en los que en este momento no existe ninguna. Vemos amor y la realización de un plan más importante para aquéllos de vosotros que váis, por fin, a libraros de preocupaciones, a poneros en pie ante vuestro asiento y a exclamar en voz alta: «¡YO SOY!» A menudo, cuando permito que mi socio participe de esta alegría, se produce la reacción de su llanto. Eso es lo que genera la mezcla, queridos, al penetrar en ese espacio en el que el Espíritu puede asociarse con vosotros. ¿Sabéis una cosa? Es entonces cuando de verdad os dáis cuenta de lo que es la *familia*.

Y así nos retiramos de ese lugar sagrado que hay alrededor de vuestros asientos, ese lugar que habéis creado con nosotros. Y así retiramos esos cuencos que hemos utilizado para lavar vuestros pies y que ahora están llenos de vuestras lágrimas de alegría. Mientras nos vamos retirando por la rasgadura del velo, os decimos que éste no es nuestro último encuentro. Os conocemos y nos conocéis. Vosotros y yo somos *familia*. Llegará el momento en que recordéis esta reunión y en el que, una vez más, de manera metafórica y figurada, nos abracemos unos a otros, y, cuando llegue ese grandioso momento, cuando mezclemos de nuevo nuestras energías, os podré decir a la cara:

«Bienvenidos al Hogar».

Y así es.

Kryon

En los meses de noviembre de 1995, 1996 y, de nuevo, 1998, Kryon habló en la S.E.A.T. (Sociedad para la Iluminación y Transformación) en las Naciones Unidas de Nueva York. Invitados, Jan y Lee aportaron unos momentos de conferencia, puesta a tono espiritual, meditación y canalización a un grupo de élite de delegados en las Naciones Unidas y sus invitados.

El Libro Kryon VI, *Asociación con Dios,* incluía las primeras dos transcripciones enteras de lo que Kryon dijo... algunas de las cuales han sido en la actualidad revalidadas por la comunidad científica. El Libro Kryon VII, *Cartas desde el Hogar,* incluye la reunión de 1998 (página 315). Todas transcripciones mencionadas pueden encontrarse en el web site de Kryon (www.kryon.com).

Nuestro sincero agradecimiento a Mohamad Ramadan, en 1995; Cristine Arismendy, en 1996, y Jennifer Borchers, en 1998, que presidieron tan brillantes acontecimientos en las Naciones Unidas, por su labor en iluminar nuestro planeta.

«TAREAS DE LA FAMILIA»
La Familia, Segunda Parte

Canalización en Directo
Idaho Falls, ID y Melbourne, Australia

*La siguiente canalización en directo constituye la segunda de
las cinco sesiones relacionadas con «La Familia» tal como nos
ve el Espíritu. Es una combinación transcrita de dos eventos
que tuvieron lugar en dos continentes diferentes..., con idéntico mensaje... y dados en directo con dos meses de intervalo.*

Saludos, queridos. Soy Kryon, del Servicio Magnético. Perdón
por saltar con tanta rapidez, querido socio, pero es el momento
indicado para el mensaje que traemos (dicho después de la
entrada de Kryon tras la meditación, mucho antes de lo que es
normal para sus entradas). Sois muchos los que ya sabéis que el
mensaje ya no es el de mi socio, sino el mensaje del Espíritu, de
quien llamáis Dios, de quien es eterno, aunque sea también
vuestro. Transcurrirán unos minutos antes de que os vayáis
acostumbrando a este evento y comprendáis que la energía que
hay en esta mismísima sala, e incluso en el lugar en que estéis
leyendo estás palabras, cambia. Cambia con la intención de
quienes os encontráis aquí y por vuestra intención de leer esta
información.

Nos damos perfecta cuenta de quiénes escuchan esta información «ahora» y de quiénes la leerán «después». Los dos casos
constituyen nuestro «ahora». También somos perfectamente
conocedores de los potenciales involucrados en la energía aquí
contenida para todos vosotros. Algunos de vosotros habéis dado
vuestra autorización para recibir determinados dones en este
día. Aunque tanto el conocimiento como la información serán
transmitidos de unos a otros, me encuentro aquí para deciros
que este miembro de la familia (Kryon) tiene una tarea que

77

cumplir mientras esta sala se va llenando de amor hasta los topes. Quiero deciros que la tarea va mucho más allá que la información que existe para vosotros. Como ya dijimos antes, la verdadera tarea en este momento es la de lavaros los pies, permitir que el séquito que he traído conmigo camine entre las filas, tanto aquí como donde os encontréis leyendo esto, se detenga ante vosotros y os reconozca, honre y abrace en tanto que Seres Humanos que estáis «aquí».

Los cuerpos en cuyo interior os encontráis en este momento forman todos parte del diseño que habéis permitido, y todos ellos son perfectos. Su diseño es perfecto. Aunque sepáis sin asomo de duda que son temporales, decimos que son perfectos, aunque, cuando Kryon y su séquito se adelantan para saludar a la familia, os digamos que os conocemos a todos y cada uno de vosotros. No ha transcurrido tanto tiempo desde la última vez que estuvimos juntos ni transcurrirá mucho hasta que lo estemos de nuevo. ¡Sois los precursores de quienes están llamados a cambiar el mismísimo tejido de la concienciación de este planeta!

Os encontráis aquí porque así lo habéis acordado. Es vuestra intención la que os hace estar sentados en vuestras butacas escuchando o leyendo estas palabras. ¿Sabéis desde hace cuánto tiempo sabíamos que íbais a estar aquí absorbiendo esta energía? Todo este potencial nos era conocido desde hace días en vuestra cronología lineal. ¿Cómo os sentís al saber que existe un séquito, un grupo espiritual de trabajo, que tiene vuestra energía, sabe cómo os llamáis y que ha venido sólo para celebrar el acontecimiento de que estéis aquí para averiguar algo más de vuestra familia? Son interesantes estos días, queridos míos, que encuentran un atributo que permita este tipo de visitas provisionales. ¿Sabéis que no siempre fue así?

Hoy traéis con vosotros problemas, preocupaciones, retos, secretos, intereses y temores. Nada de ello nos es desconocido. Lo que habéis ocultado a todos es como la luz de un faro para vuestra *familia* espiritual. Sabemos quiénes sois y por todo lo que habéis tenido que pasar. Lo vemos todo. Y os lo decimos de la manera más amorosa, porque la energía de la solución cae como un sombrero sobre los temores del reto y espera a manifestarse a través de vuestra intención. Aquí están representados diferentes grados de reto. Algunos de vosotros os encontráis en una encrucijada –un punto cero–, razón por la que estáis aquí y por la que pasáis vuestros ojos por esta página. Otros os halláis en medio de una búsqueda más larga que comenzó hace años y que culminará en éste, amados míos.

La última vez que estuvimos juntos, hablamos de los atributos de los Humanos (los atributos de *familia)* y otra vez os lo volveremos a repetir: la información suplementaria que se presente esta noche sobre la familia continuará titulándose «Cartas desde el Hogar» y será transcrita para aquéllos de vosotros que no estáis aquí, ¡pero que, en realidad, sí lo estáis! Después de todo, ¿no estáis leyendo esto *ahora*? Porque *ahora* estamos hablando de quienes en este momento de vuestro futuro están leyendo las mismas palabras que vosotros estáis escuchando y en cuyas vidas, a través de su intención por recoger la transcripción y leerla ahora, se producirán cambios. La energía que permiten que llegue *ahora* tiene el potencial de generar episodios en sus vidas humanas que, por fin, les ayuden a reconocerse y darse cuenta de quiénes son y de con qué contribuyen.

Todo lo anterior puede sonaros algo críptico a aquellos que estáis acostumbrados a este marco cronológico lineal, pero os diremos que existe un potencial en el interior de las palabras de los Seres Humanos que estáis reunidos ahora aquí que va mucho más allá de esta sala. Existen decisiones y cambios vitales e incluso sanaciones potenciales en las butacas de quienes estáis recibiendo este mensaje. Soy, lo mismo que Lee, mi socio, perfectamente consciente de ellos. A veces, es difícil para Lee contener las lágrimas, porque en su estado «ve» la auténtica profundidad del potencial que puede producirse a través de quienes, más tarde, se levanten de sus butacas en esta sala y salgan –al igual que quienes leen estas líneas– con *más* energía de con la que vinieron. Esa energía recibe el nombre de «amor» y se os hace entrega de ella sólo con vuestra intención.

79

Quiero deciros cómo se traduce lo anterior. Se traduce en **poder** para la Humanidad, lo que constituye un desplazamiento en el equilibrio de las tinieblas y la luz. Podréis decir: «*La verdad, ¿qué diferencia hay?*» La última vez que nos vimos os lo dijimos, pero lo repetiremos de nuevo. Aunque parezca increíble, todas vuestras céulas lo saben. Se trata de una medida –una actitud de la energía– que Dios no puede tomar, que debe proceder de un lugar de energía concentrada al que llamamos la Gran Fuente Central. No es ningún lugar físico, sino más bien un concepto sustancial. Consiste en un concepto interdimensional que no cuadra con los paradigmas de vuestra concienciación, pero al que, si pudiérais imaginaros allí donde viváis un atributo como éste tan lleno de amor puro (cuando ya no estéis aquí), llamaríais *Hogar*. De eso es de lo que os hablo. Lo que os digo es que el Universo que contempláis todavía no está acabado ni nunca lo estará. Lo que os digo es que este Universo que contempláis –su mismísima física– posee una capa de energía que no está predeterminada por esa colectividad de amor a la que llamáis Dios, porque eso haría que no fuese imparcial. De manera muy parecida a por la que vuestro planeta es libre de adoptar su equilibrio de energía, al Universo le ocurre lo mismo, aunque de forma mucho más lenta y diferente.

Ya os hemos dicho anteriormente que conocíamos los potenciales del hecho de que estuviéseis sentados en esas butacas y que, a menudo, hemos «esperado» a que viniéseis. «*¿Por qué*», os podéis decir, «*iba a estar aquí el Espíritu antes de que llegásemos?*». Os creéis que habéis venido a vernos, ¿no? O que os habéis encontrado con esta transcripción por pura casualidad. ¡Tiene gracia! El Espíritu también tiene sentido del humor, ¿sabéis? Este hermosísimo estado emocional os es entregado en toda su pureza en tanto que Seres Humanos. Siempre hay alegría en el centro y en la semilla de una celebración humorística. Está ahí. Sois las únicas criaturas vivientes del planeta que podéis reíros de conceptos, ¿lo sabíais? Tengo algo que deciros acerca de quiénes sois. Llevamos aquí días esperándoos, ¡porque sois de la *familia*! Vosotros también lo hacéis, ¿sabéis? Viajáis enormes distancias para estar con un ser amado porque no le habéis visto en mucho tiempo. Y, cuando llegáis a verlo, vuestros ojos se iluminan y atravesáis la habitación corriendo para abrazarle. En lo más profundo de vuestros corazones algunos os preguntaréis la frecuencia con que lo hacéis y cuánto tiempo esas personas estarán allí, porque los Seres Humanos estáis en el planeta por un breve período de tiempo. Eso es lo que ocurre con las familias y lo que está ocurriendo aquí. Aunque vuestro «autético yo» divino sea eterno, «os» habéis alejado durante mucho tiempo de vuestra familia espiritual. No podéis recordarlo como nosotros y, por lo tanto, tampoco os afecta como a nosotros. La verdad es que, por supuesto, nuestros ojos también se llenan de lágrimas al igual que se inflama nuestro corazón cuando nos damos cuenta de a quiénes nos dirigimos en estos momentos. No importa quiénes creáis ser. ¡Sois *familia*! Todos. Cada uno de vosotros. Cada uno de quienes estáis leyendo estas palabras.

La Familia – Segunda Parte

Aquí viene la información sobre la *familia* del día de hoy. En la última reunión, os dimos algunos postulados familiares o atributos de quién es la familia. Hablamos sobre cómo fuisteis creados iguales. Hablamos del hecho de que no existe fuente central y de que la «fuente central» auténtica se encuentra en vuestro interior. Hablamos sobre la concienciación que existe en cada una de las células de vuestros cuerpos. Hablamos acerca de que las células son perfectas. Hablamos sobre el hecho de que el plan divino para vosotros no procede de fuera, sino de vuestro interior. Hablamos de algunos de los cambios de la Tierra y sobre vuestro linaje espiritual. Hablamos de que la Tierra está poblada por Seres Humanos al mismo tiempo angélicos; el único planeta en el Universo con criaturas procedentes todas de la divinidad de la Fuente Central. El único planeta con esa finalidad. Y hablamos de ello.

También hablamos acerca de otro de los atributos de la eternidad: el de que sois profundamente amados. Y, como siempre hacemos, os lavamos los pies. Ahora, queremos hablaros de unas cuantas cosas más relacionadas con la *familia*. Las llamaremos «Tareas de la Familia» y su presentación será llevada a cabo dos veces. Su transcripción consistirá en una combinación de ambas sesiones, lo que acentuará el mensaje de las dos energías del planeta. Después será combinado con las otras dos partes en las transcripciones tituladas «Cartas desde el Hogar» (el libro que ahora tenéis en vuestras manos).

Tareas

Las tareas consisten en potenciales; manifestaciones y realizaciones potenciales de los Seres Humanos que habitan el planeta cuando están en lo que llamáis el «estado ascendido». En nuestra forma de pensar, este estado consiste sencillamente en crear un nivel vibratorio más cercano al *hogar* de lo que antes lo estaba, un nivel que permite a los Seres Humanos tener, al parecer, un pie en el «ahora», y otro, en un tiempo lineal tridimensional. Se trata de un estado que muestra a los Humanos generando paz a pesar de lo que ocurra a su alrededor y sabiendo perfectamente que el futuro creará una situación en la que tanto ellos como el planeta no puedan sino ganar. Queridos míos, cuando nos referimos a una situación «ganadora» no lo hacemos exactamente en el sentido en que los Humanos suelen considerar «ganar». Para entenderlo bien, os debéis poner vuestro «sombrero interdimensional». Tenéis que colocaros vuestra capa de sabiduría para los siguientes conocimientos, porque algunos de ellos son difíciles de asimilar. Quiero hablaros de las tareas de la familia, de por qué los Seres Humanos en general están aquí. Esas tareas no conciernen necesariamente a quienes os encontráis en esta sala o a quienes leéis estas páginas. Estas tareas representan información para **todos** los Seres Humanos en general que existen en el planeta. No se trata de cosas que «haya que hacer», sino más bien de potenciales.

Cambio

La primera tarea de todos los Seres Humanos, al llegar a ese lugar en el que tienen conciencia, es la de cambiar quiénes son. ¡Y, al decir «quiénes son», sabemos lo que decimos! Si pudiéseis ver los atributos a través de las células de vuestros cuerpos, veríais que hasta vuestros guías espirituales forman parte de vuestra biología, como ya os dijimos con anterioridad. Por eso vuestra biología os duele tanto cuando os abandonan. Todo lo que consideráis espiritual sobre vosotros mismos tiene la esencia de su origen en la estructura que denomináis ADN. Y tiene que ser así. Son este matrimonio y la mezcla los que crean vuestra dualidad equilibrada. No podríais tener un Ser Humano sagrado paseándose por la biología sin este tipo de estructura sacrosanta. Algunos de vosotros estáis hallando su sacralidad en los números y en las formas a medida en que váis descubriendo sus más diminutas partículas.

Por lo tanto, la primera tarea será la de cambiar la estructura, lo cual se hace a través del deseo y la intención. Esa intención debe ser pura. Conocemos, al igual que vosotros, la diferencia. ¿Os preguntáis que cómo trabaja el Espíritu? *«¡Oh, Kryon! ¿Cómo podemos encontrarnos en una situación ganadora con tanta muerte y problemas? El tipo de cosas por las que tenemos que pasar no dan demasiada impresión de conducirnos a ninguna situación en que podamos ganar nada.»* Os responderé que cualquier cosa que haga a un Ser Humano arrodillarse y estudiarse espiritualmente es una situación ganadora, y es una situación ganadora, ¡porque para eso es para lo que estáis aquí! Algunos de vosotros, en esta nueva vibración, tenéis un contrato que habéis evitado a propósito y pretendéis cumplir con otro. En esto consiste vuestra capacidad en esta Nueva Era, como ya os dijimos muchas veces. Ésa es la razón por la que lo que hacéis muchos de vosotros es poner «marcadores» de vuestra antigua energía en vuestro nuevo camino, días en que podéis no sentiros bien y os preguntáis que «qué pasa». Esto es lo que pasa: acabáis de pasar uno de esos marcadores antiguos, uno de los que claramente escogísteis evitar, uno que os haya posiblemente hecho arrodillaros, pero que no os era necesario puesto que decidísteis evitarlo. ¿Lo sabíais? Al escoger un camino nuevo, habéis tenido la intención de evitar el karma humano que lleva el ADN con el que llegásteis. Al hacerlo, vuestras propias células «se dieron cuenta» y reaccionaron.

Alguno de los que así obraron ha dicho: «*He dado mi intención para limpiar mi karma y salirme del antiguo camino. Mi vida va bien, pero no me doy cuenta de que se haya producido ningún cambio profundo*». Vosotros, en tanto que Humanos, sólo veis la mitad de la imagen, ¿sabéis? ¡Miráis a lo que os *está sucediendo* y no os dáis la menor cuenta de lo que *no* os ha sucedido! No tenéis ni la menor idea de lo que encerraba el antiguo camino, el que dejásteis atrás. Ese antiguo contrato ya no existe, ¿lo sabéis? Sin embargo, a lo mejor esperáis que os ocurran grandes cosas. ¡Os diré que *han ocurrido* grandes cosas a través de la ausencia del efecto que no ocurrió! Tal vez haya llegado el momento de sentarnos y de celebrarlo si es la primera vez que os habéis dado cuenta de ello. ¡Porque **vosotros** existís todavía y, de la otra manera, tal vez ya no lo haríais! Os encontráis aquí porque os habéis dado cuenta del don en el momento adecuado y lo habéis aceptado. Milagro. ¡Cambio! La primera tarea de un Ser Humano. No os sorprendáis de que, cuando solicitéis un cambio espiritual, sea vuestra biología la primera en reaccionar.

¡Mantened la luz!

Ésta es otra tarea, pero ahora hablo a los trabajadores de la luz. Consiste en una tarea para los Seres Humanos una vez que estos han dado su intención de abandonar el camino de la energía antigua. «Mantener la luz» puede pareceros trivial, aunque ya os hayamos dicho antes que todos los Seres Humanos contienen en su nivel celular el plano completo de por qué están aquí (información espiritual personal), lo que constituye una información bien oculta. Esos Seres Humanos se pasan una vida entera con esa información activa y en funcionamiento, pero sin que les sea revelada a ellos de manera consciente. Ya os dijimos, sin embargo, que os es revelada sólo con que así lo deseéis con **intención** espiritual pura. Os dijimos que vuestra propia fisiología cambia con esa intención al nivel celular, porque sois vosotros los que habéis autorizado a las células a que expandan esa información, que es lo que en verdad sucede.

Lee, mi socio, os dijo antes que lo dicho crea una situación energética en que vuestra luz se mantiene, siendo vosotros quienes la transportáis de una manera sumamente profunda. Esa energía «rezuma» de vosotros doquiera que vayáis. Al igual que la parábola del pozo de alquitrán (se trata de una parábola de Kryon pronunciada en las Naciones Unidas), termináis caminando y sirviendo de faro a otros. En un momento dado, éstos se dan cuenta de la mejora en vuestro semblante y se benefician de vuestros conocimientos. Por lo tanto, lo que hacéis es «mantener la luz» para ayudar a los demás. También os hemos dicho que «mantener la luz» aporta, de hecho, energía al planeta y que, por ello, *vosotros* os convertís en parte del agente catalizador para el cambio planetario. ¡Profunda tarea la vuestra!

Os voy a lanzar un reto. A medida en que vayáis penetrando en zonas de la Tierra en las que jamás hayáis estado, quiero que veáis lo que sucede. La gente os mirará de forma distinta. Por un momento –sólo un momento– y cuando entréis en una estancia, se volverán para miraros, lo que hará que os preguntéis si hay algo raro en vosotros. Os diré qué es lo que ocurre. Se produce un reconocimiento breve e instantáneo que llega a sobrepasar incluso a la mismísima dualidad. Como si se tratase de un pequeño saludo de un Ser Humano a otro que dijese: «Sé quién eres y lo que has hecho» (refiriéndose a la intención de mantener la luz). Después, la mirada se dirige a otro sitio. Ya no existe recuerdo ni reconocimiento. Trabajador de la luz, ¡vigílalo bien! Esas miradas tienen significado. Estás «rezumando energía», y la estructura celular de todos los Seres Humanos que te rodean lo «sabe».

Cuando os reunís como trabajadores de la luz, sentís la sensación familiar que procede de la luz que irradiáis. Esa luz se une a la que irradian los demás, y entonces os dáis cuenta de que os encontráis en el lugar adecuado. Os sentís como si estuviérais en Casa. Os diré que no es ninguna casualidad. ¡Es por lo que estáis aquí! Ésta es la razón por la que os animamos a que os reunáis más a menudo, la de que podáis tratar con los demás qué sensación produce saber que no estáis solos y que hay otros como vosotros. Cada uno de vosotros cuenta con una huella única, un potencial que no pertenece a nadie más, y muchos de vosotros os encontráis en la actualidad evitando potenciales antiguos y creando, al avanzar, otros nuevos. ¡Eso es lo que se llama estar en el Ahora! ¡Eso es co-creación! ¡Mantened la luz! (más en la Tercera Parte).

Anclando energía

La siguiente tarea es parecida, aunque diferente. Pasa a otro nivel, y nos gustaría ser extremadamente cuidadosos al hablar de ello. Quiero ser sucinto y claro. Al ir citando tareas de la familia, hablamos en general y no de forma específica sobre vosotros. A cada Ser Humano se le ha asignado lo que debe hacer si opta por ello. La **elección** siempre está ahí. ¿Os dáis cuenta, incluso quienes ya vibráis a un nivel superior, que contáis con la elección de no hacerlo? Hemos tratado de esto en tiempos pasados, pero lo diré otra vez. Tenéis también la elección activa de marchar hacia atrás si así os place. Sin embargo, queremos daros un axioma –un postulado– o regla de Biología Humana de la que, en verdad, no hemos hablado mucho antes de ahora. Acabamos de deciros que es el nivel celular del Ser Humano el que reacciona a un desplazamiento vibratorio en la concienciación espiritual. Por tanto, ¿qué creéis que ocurre cuando un Ser Humano opta libremente por retroceder a un nivel inferior? Se encuentra desequilibrado, eso es lo que ocurre. Tenéis que tenerlo en cuenta antes de embarcaros en ningún sendero espiritual. Tenéis siempre la opción de hacer como os venga en gana, pero ¡tened también en cuenta que vuestras células se darán también cuenta de ello! ¡Vuestra biología sabe espiritualmente lo que ocurre!

Hace algún tiempo se os dio todo un discurso informativo –lo que llamáis una canalización– sobre el «anclaje de energía». En aquella canalización os dijimos que existen algunos *destinados* a estar en determinadas áreas. Ese era el contrato elegido en la nueva energía, y se encontraron viviendo en zonas en las que el planeta les *necesitaba*. De forma figurada y metafórica, envían al planeta un rayo de luz que se convierte en socio del Ser Humano, en un auténtico miembro de la familia. Pues bien, ese rayo actúa de anclaje y sujeción de una energía que es divina y que consiste en vosotros mismos. Y, si esa energía consiste en vosotros mismos, sois vosotros quienes servís de anclaje a la energía del planeta en que vivís. Cambiáis el área que os rodea. Algunos sabéis perfectamente a qué me refiero porque sabéis quiénes sois. Algunos de los que escuchéis y leáis esto podéis ser enviados a zonas que os parezcan que no van con vosotros. Pues bien, viviréis en ellas durante algún tiempo con el conocimiento de que os encontráis allí para servir de anclaje de energía hasta que vayáis a otra zona. Algunos miembros de la familia son, de hecho, lo que podríamos llamar «nómadas espirituales», y toda su tarea no es sino la de ser espíritus gitanos que van a un sitio, se fijan, van a otro, también se fijan en él y así sucesivamente.

Otros os podréis sentir tan identificados con la zona en que nacísteis que nada podría separaros de ella. Diríais a vuestros amigos: «¡*Pase lo que pase, yo no me voy de aquí!*». ¡Eso también es anclaje! Y lo es porque **sabéis** que sois de allí y tenéis sabiduría para saber si debéis o no marcharos, y ello, porque sabéis quiénes sois y que pertenecéis a una tierra determinada. Sabéis lo que hacéis, y una parte vuestra os dice: «*si me voy de aquí, va a haber cambios*». Si gozáis de esa intuición, queridos míos, quiero deciros que estáis *anclados*. En una próxima canalización, trataré con más profundidad acerca de lo que un «ancla» puede llegar a hacer. ¡Se trata de un concepto de gran fuerza! Ésa es la tercera tarea.

Terminación

La cuarta y quinta tareas son difíciles de decir. Existe una razón para que os demos cinco en esta reunión. Si estudiáis la numerología y examináis la energía de lo que llamáis «cinco», consiste en **cambio** (la primera de las tareas). No existe casualidad alguna en los métodos de presentación que el Espíritu emplea con vosotros; tanto el número de atributos y tareas que se os exponen como la forma en que se hace significan algo diferente, en caso de que no os hayáis dado cuenta. El Espíritu suele exponer con frecuencia mensajes de varias capas a quienes desean buscar otros significados, que, en todo caso, *siempre* tratan del amor y de la capacitación de los Seres Humanos. A veces, los mensajes ocultos están simplemente ahí para que vosotros los encontréis y podáis daros cuenta de cuánto os celebramos. ¡Ésa es la razón por la que el Espíritu os da algún tipo de información!

Las dos últimas tareas son de difícil presentación y también difíciles de comprender por vosotros, los Seres Humanos. Antes de exponerlas, queremos deciros que éste es el momento que hemos elegido para lavaros los pies. No hemos tratado de ello, como ya hicimos en otras canalizaciones, porque es lo que necesitáis que se os haga durante el mensaje. Hableremos ahora, dentro del contexto de las próximas tareas, de la muerte. ¡Es un terrible tema para cualquier Ser Humano que vibre en un alto nivel de concienciación pensar en la tristeza, sufrimiento y muerte de otro Ser Humano o de un grupo de estos! Pero quiero, sin embargo, haceros saber que algunas de las tareas de la Humanidad caen en el ámbito de esas exactas categorías. Ésa es la razón por la que, durante unos momentos, vamos a lavaros los pies. Los dos; uno después de otro y de manera figurada, para que os veáis rodeados por una burbuja de amor –el manto del Espíritu, la sabiduría de Dios– a fin de que comprendáis más claramente lo que va a exponerse a un grupo que ha tenido la intención de obtener información tridimensional. Esta exposición es difícil de llevar a cabo incluso para mi socio.

Existen algunos humanos que llegan al planeta nada más que para «acabar». Lo que debe extraerse es la energía de este acabamiento y, cuando llegan, lo saben perfectamente en su nivel celular. ¿Cómo os hace sentir, queridos míos, que en este mismísimo momento, en otras partes del planeta, haya miembros de la *familia* dotados de la misma estructura celular espiritual que vosotros; con el potencial, igual que vosotros, de ser también trabajadores de la luz o de contar con elevadas vibraciones, o con maravillosas vidas de sanaciones y longevidad, y que han optado por propio designio venir a este planeta para acabar, a veces, incluso, en grupo? Antes de llegar, sabían que existirían atributos de sufrimiento y muerte para grupos grandes –que les fueron expuestos para que pudiesen cerrar el grifo de su energía para la tierra en que vivían– a fin de que la Tierra pudiese seguir adentrándose en el sendero de una Nueva Era a la que hemos denominado «Nueva Jerusalén».

Y, en cierto nivel, conocéis sus nombres, ¡porque son *familia!* Y, cuando volváis, celebraréis con ellos lo que hicieron, y habrá, incluso, quienes posean la sabiduría divina de celebrarlo espiritualmente durante el tiempo en que los Humanos los lloren. Lo que quiero que recordéis es **quiénes son**, porque ellos también os conocen a vosotros. Se trata de un cierre de cuentas, de un balance, y es tan necesario como voluntario. Quiero que penséis en ello, que penséis ¡en el maravilloso regalo que constituye para vosotros! Es un regalo para vuestra cultura, un regalo para vuestra propia divinidad. Consiste en la esencia del amor de una *familia* espiritual. Tenéis un nombre para explicarlo, aunque en realidad no sea la palabra correcta. Me es imposible transmitiros la auténtica energía que los miembros de esta familia realizan por vosotros y por el planeta. La palabra es *sacrificio*. Pero no es ésa la esencia de lo que en realidad están haciendo. Está en el amor, y lo que hacen es, sencillamente, llevar a cabo la tarea de la terminación. ¿Recordáis que os hablé hace nueve años de su grupo de actividades? Buscadlo.

Servicio

Si sentísteis que la última tarea era difícil de transmitir, permitidme que os de la quinta: *servicio*. Ésta va a llegaros al corazón. Ya hemos hablado de ella múltiples veces, porque tenéis que llegar a entender cómo funciona de verdad. Me dirijo ahora a la *familia* que está en esta sala y a quienes leen estas palabras. Se trata de las, al parecer, inadecuadas muertes de quienes os rodean y, de nuevo, nos estamos refiriendo a la familia. Hablamos del tipo de partida que os deja vacíos y llenos de pena, deshechos y preguntando a Dios: «*¿Cómo puedes hacer esto?*». Ya lo explicamos. No se trata de lo que ocurre, sino del tránsito, del contrato. Ésa es la razón, amados míos, por la que, mientras os lavamos los pies, queremos que sepáis algo tan crítico e importante sobre esos pequeños que llegan y mueren en una familia, o sobre los adultos a los que les ocurre lo mismo.

Descargan sobre vuestras espaldas un peso que durará toda la vida y al que denomináis pena profunda. Llegan con una capa grandiosa, divina y ungida en grado sumo, con una tarea que se dice que constituye un «regalo» para vosotros. Oculto en el interior del, aparentemente, horrible suceso, hay un regalo que se encuentra rodeado no por lo que *ellos* hicieron, sino por lo que hicísteis *vosotros* como respuesta. ¿Sabéis? No se trata de su muerte, sino de que murieran por *vosotros*. Lo llamáis sacrificio, aunque no lo sea. No es la palabra adecuada. La palabra adecuada es *amor*. Es un contrato diseñado correctamente, una manifestación de un regalo hecho a vosotros en este planeta. Os diré en qué consiste el regalo. Si el suceso no os hubiera hecho caer de rodillas, debería haberlo hecho, porque ahí es donde decidísteis conceder la intención de examinar quiénes érais. Es donde comienza el proceso donde a menudo se encuentra el agente catalizador de la iluminación. Y, si no, quiero deciros ¡que ya va siendo hora de que lo haga, porque, si no sucede, desperdiciaron su regalo! Tal vez esto no haga sino constituir una nueva tendencia en cómo os sintáis y, quizás, no quisiérais que fuésemos tan directos, ¡pero es la pura verdad! Este, al parecer, tan desgarrador acontecimiento no les ocurrió a ellos, sino a **vosotros**. Si tenéis alguna duda, mirad a vuestro alrededor: ¿dónde están ellos, y dónde, vosotros? Debéis daros cuenta de que toda la energía que rodeaba aquello era para **vosotros**. ¿Qué habéis hecho con ella? ¿La habéis consumido con ira? ¿Con culpabilidad? ¿Con dolor perpetuo?

Os retamos a contemplar este suceso con ojos más claros y a comenzar a celebrarlo. Os desafío, en tanto que a Seres Humanos, a tener la sabiduría para celebrar el día en que nacieron y el regalo que ello supuso. Conviene que sepáis que ese Ser Humano tan especial vino en unicidad con un contrato para daros algo grandioso que se llama **servicio**. ¡Menuda tarea!

Ese servicio no se detiene con el acontecimiento de su tránsito, queridos. El potencial alrededor de esta energía creado por este servicio tan especial ¡es terrible! Induce al autoexamen. Induce a la búsqueda de la verdad. En el interior de los destrozados corazones de los Seres Humanos se encuentran las semillas de la grandeza. En el interior de la pena y el dolor de los Humanos reside una pureza que, sencillamente, no puede ser generada de otra manera. Sois muchos los que entre vosotros entendéis y podéis seguir vuestra iluminación hasta ese tipo de sucesos –en los que fuisteis por fin capaces de separar lo importante de lo que no lo era– y averiguar algo acerca de la divinidad que había en su interior. ¿Os extraña que os amemos de la manera que lo hacemos?

Vamos a concluir lavándoos los pies. Andamos entre vuestras butacas y llenamos esta sala con una energía que os invitamos a que os llevéis a vuestro *hogar*. Hogar es el lugar donde se encuentra vuestro ser más íntimo, al que, a veces, llamáis corazón. Ponéos en pie en el lugar en que contempláis esto y absorbed la energía de esta sesión. Ésa es, de verdad, la única razón por la que estamos aquí.

La única razón por la que os visitamos de esta forma es porque os amamos. Sois *familia* de primera clase. Sois un trozo de la totalidad y quienes realizáis todo el trabajo. Durante unos instantes, la rasgadura del velo se abre para que podáis experimentar nuestra presencia, aunque, a los pocos segundos, se volverá a cerrar, quedándoos sólo el recuerdo de la realidad que, sin duda alguna, se produjo en este lugar y que, también sin ninguna duda, fue maravillosa.

Os invitamos a salir de este lugar en paz. Llegaremos incluso a emplear la palabra *protección*. ¿Sabéis en qué consiste la protección? Procede de vuestro interior e irradia la luz de la que sois portadores. Está ahí, mientras mantenéis la luz y ancláis la energía. Ahí es donde se encuentra la protección. ¿Creíais, tal vez, que éramos nosotros quienes la generábamos? No. Se genera a través de vuestra conexión a la familia. Procede de los atributos de quienes sois. Ninguna tiniebla puede penetrar una luz que es eterna, sagrada y que está generada por los ángeles más elevados que existen en el planeta. Los Seres Humanos. **Vosotros.**

La retirada ha terminado y, de nuevo, nos llevamos con nosotros los cuencos que habéis llenado con vuestras lágrimas de alegría y con las que hemos lavado vuestros pies. El pediluvio, de forma metafórica, significa una cosa. Os la **gritaremos** de nuevo. Se trata del **honor**. Honor.

Llegará un día en que podamos entremezclar nuestras energías cuando retornéis y revirtáis a la grandiosidad de quienes realmente sois. Es una promesa. Volveremos a vernos. Sois eternos todos y cada uno de vosotros. Os amamos desmesuradamente a cada uno de vosotros. Sois *familia* cada uno de vosotros.

Hermanos y hermanas, esta entidad se retira de esta sala, aunque deja en ella la energía irradiada por la *familia* en una llama eterna de recuerdo y amor.

Y así es.

Kryon

«PODER DE CONCIENCIACIÓN»
La Familia, Tercera Parte

Canalización en Directo
Portland, OR y Adelaida, Australia

La siguiente canalización en directo es la tercera de las cinco relacionadas con «La Familia» tal como nos ve el Espíritu. Se trata de una combinación transcrita de dos eventos que tuvieron lugar en dos continentes diferentes... con idéntico mensaje... dado en directo con dos meses de intervalo.

Saludos, queridos. Soy Kryon, del Servivio Magnético. Es otra vez más el momento, querido socio, de mezclar lo que tú denominas lavado de amor no sólo para humillarme ante tu propia esencia mientras elevas tu ser, sino también para tener el potencial de hacer lo mismo con todos los que aquí se encuentran tanto escuchando como leyendo. Nos referimos ahora a una situación ya descrita en el pasado y a la que váis a tener que ir acostumbrándoos a escucharme. Las palabras que caen en este momento en los oídos de los seres maravillosos que estáis ahí sentados en vuestras butacas también son pronunciadas para esos otros seres también maravillosos que las están leyendo en este momento. Porque, para nosotros, todos sois iguales, siendo idénticos también los potenciales del oyente y del lector. El marco cronológico, que puede ser hasta cierto punto diferente para vosotros, es para nosotros el mismo, por lo que *ahora* nos dirigimos no sólo a lo que percibís ser quienes estáis aquí, sino a los que leen estas palabras y perciben estar también aquí. Si eres uno de estos últimos, entérate de lo siguiente: esto va dirigido a ti tanto como lo es a quien lo escucha con sus oídos.

Esto no es sino una transmisión de amor. El viaje de mi lado al vuestro de un amor increíble que, si lo deseáis, puede

93

empaparos por completo. Puede llenaros hasta rebosar. Os permite estar sentados en una butaca con una paz que quizás no hayáis sentido durante meses; una paz sobre situaciones que no perecían tener salida, situaciones para las que no parecía caber respuesta.

Con todo el amor os decimos: no existe situación aquí donde os encontráis que no pueda ser resuelta. Estamos aquí para deciros una vez más, porque ya os lo hemos repetido una y otra vez, que las soluciones son las diseñadas perfectamente por vosotros mismos. ¡Ah! Habrá todavía algunos de vosotros que no entiendan. Sois familia –¿sabéis?–, todos y cada uno de vosotros. Kryon viene a grupos como éste para hablarte a ti, no al grupo. A *ti*. Se trata de un hermano/hermana cuya voz oyes y sientes, ¡alguien que te conoce bien porque eres de la familia! Deja que la sensación de *hogar* se derrame por todo tu ser mientras escuchas y lees estas palabras, mientras te transmito la energía de la paz. Que la paz de Dios te llene de comprensión. Deja que la falta de fe que puedas tener se transmute en aceptación para que las semillas de la verdad puedan por fin ser plantadas después de tanto tiempo. Sabes que es la razón por la que estás aquí –¿verdad?– leyendo estas palabras.

Parte del mensaje que os va a ser trasmitido hoy en inglés –no en la tercera lengua, sino en inglés– consiste en más información «del Hogar» para vosotros. Hemos denominado a estos mensajes «Cartas desde el Hogar». Una carta es algo que llega en un sistema inventado por vosotros mismos, ¿no? Produce expectación mientras reunís la intención de abrir el sobre. Y, cuando lo habéis abierto, si la carta procede de algún ser querido –alguien de la familia–, de alguien a quien echáis de menos al nivel del corazón, os sentís reconfortados por el mensaje. En muchos casos, las palabras contenidas os harán llorar de alegría, no de tristeza, por la comunicación que os llega. Ésa es la razón por la que llamamos a éstas que tenéis aquí «Cartas desde el Hogar». Amados míos, os pedimos que, por favor, comprendáis que la situación que aquí se produce no es muy diferente. Ahí estáis, sentados en vuestras butacas y dispuestos a aceptar una carta espiritual del hogar, que llega a través de un sistema de entrega de vuestro propio diseño. Para que no se os ocurra pensar que esta canalización constituye una forma de energía completamente fuera de vuestro alcance, nos encontramos aquí para deciros: «este sistema es el que diseñásteis *vosotros* mismos». ¡Ahí estáis, sentados en vuestras butacas y haciéndoos pasar por Seres Humanos! (humor típico de Kryon). Esta transferencia de energía podría ser una carta de ida y vuelta, ¿sabéis? Tenemos al Espíritu (el remitente) y el supuesto destinatario (tú), el que abre el sobre, como estáis a punto de hacerlo ahora. Tal vez lloréis de alegría cuando el mensaje empiece a fluir al interior de vuestro espacio.

La carta está a punto de despertar al ángel que lleváis dentro. Existe una entidad de una belleza imposible de describir en el interior de cada «supuesto» Ser Humano. Si os la pudiera enseñar ahora, si pudiera romper las barreras que habéis levantado para este lugar y momento y os la pudiera mostrar ahora, os echaríais hacia atrás de la impresión. Tal vez os sintiéseis atónitos por cómo es, por su energía, por la luz que emana de esa entidad. Y yo estoy aquí para deciros que todos y cada uno de vosotros os llevaríais un recuerdo instantáneo y total de ella. Sabríais a qué me refiero cuando pronuncio la palabra *familia*. En toda la energía derrochada en estos mensajes, jamás ha existido un momento antes en el que pudiese miraros a los ojos y deciros con más intensidad: «¡Sois *familia*!». Y lo sois porque estáis conmigo aquí, de pie, en el *ahora*. Ésta es la razón por la que estamos aquí. Por el tercer mensaje sobre la *familia*.

En anteriores mensajes, os dimos datos para que comprendiérais mejor en qué consiste la familia, y nos estamos refiriendo al Ser Humano que habita la Tierra y al ser espiritual que veo en cada uno de vosotros. Y veo esa entidad incluso en este momento, en esta energía y en cada uno de vosotros. Parte de las razones por las que mi socio mantiene los ojos cerrados durante este proceso de comunicación es porque se distraería si no lo hiciera. Yo tengo los ojos abiertos y puedo ver quiénes sois.

Éste es el momento en que comenzamos a lavaros los pies. Es el inicio del mensaje, ¿lo sabíais? «¿Por qué tenemos que hacerlo?», os podéis preguntar. «¿Por qué Kryon se pone a lavar los pies de los Seres Humanos? ¿Qué pasa aquí?». De forma metafórica, cuando decimos que vamos a tomar un pie tras otro y a lavároslos, queremos que consideréis lo que esto significa. Significa que os vamos a *honrar*. Cada uno de los que lava vuestros pies desde el otro lado de este velo lo atraviesa y se presenta aquí como si estuviese citado.

¡Oh! Algunos de vosotros sentís que venís a este tipo de reuniones o leéis esta clase de libros para recibir algún mensaje «del más allá». Después, os levantaréis y os marcheréis a hacer alguna otra cosa, tal vez un recado. Esta vez invitamos a que esta experiencia sea diferente. Queremos que entendáis que la energía que fluye en este espacio es hoy para vosotros ¡porque está citada con vosotros! Puede que no se produzca otro momento en el que podáis contar con una cita como ésta, amados míos. Es la hora, y ésa es la razón por la que estáis en este momento leyendo estas palabras. Cuando os levantéis, intentad celebrar por un momento con nosotros que la familia os ama lo bastante como para comunicarse con vosotros y conocer vuestros potenciales. Sólo un momento antes de levantaros, contestad a la familia «os quiero». Sentid la energía cuando lo hagáis. Nosotros lo **oiremos**, ¿sabéis?

Así que esa profusión de entidades que vienen a ponerse a vuestros pies, a andar entre las filas de butacas y a lavaros cada pie está aquí y lo hace para honraros. «¿Por qué un honor tan grande?», podríais preguntaros. Os diré lo que siempre os decimos: este cortejo, en el que se incluye la energía de Kryon y los miembros de la familia del Arcángel Miguel jamás, nunca ha sido Humano. Este cortejo tiene esta noche algo en común. Son los miembros de vuestra familia «del otro lado» que vienen a apoyaros. No tienen por qué hacer lo que vosotros. No viven en dualidad, como vosotros hacéis. Nada se les oculta como a vosotros. No tienen por qué caminar a propósito con una débil biología para influir en otra parte del Universo. Esos miembros de la familia os miran y ven la grandiosidad de lo que estáis haciendo. Ven el amor que habéis necesitado para volver y volver y volver una y otra vez y lloran de alegría por que se haya podido producir tamaña hazaña. ¡Y algunos de vosotros permanecéis todavía ahí sentados sin creéroslo! Por eso os amamos, ¿sabéis? Porque os encontráis en el proceso de llevar a cabo este experimento con la energía hasta el final, hasta un final que está muy próximo para medirse. Lo repetiremos: a quien se levante de su butaca total y completamente convencido de que todo lo que ha sucedido en esta transmisión no es verdad le amamos tanto como a los demás. No se trata de lo que seáis, sino sólo de que os encontréis aquí.

Permitid que os hable de un potencial. Algún día llegarán niños que os señalarán y os dirán quiénes sois porque lo sabrán. Esta nueva raza lo sabe. Os manejaréis mejor con ellos si vosotros sabéis también, así que reclamad ese don ya. Lo necesitarán de vosotros. Querrán miraros y ver en vosotros la misma chispa de comprensión que ellos tienen. ¿Me estáis escuchando, padres? Salid de aquí y enteráos de ese «ángel interior» y sentid el propósito por el que vinísteis. Los niños se preguntarán qué ha ocurrrido con vosotros. Espero que os encontréis preparados para ellos. Van a cambiarlo todo. ¿Sabéis dónde está la esperanza del planeta? Ahí es donde está, en los que vienen, en la energía índigo (me refiero a los niños índigo, de los que se habló en el Libro Kryon VI). Vienen con herramientas que vosotros jamás tuvísteis y, cuando crezcan, van a cambiar este planeta de forma dramática.

¡Oh! Sólo se trata de elección, y pueden hacer lo que deseen con ella, pero cuentan con herramientas completamente nuevas. Finalidad, autoestima, autovaloración. No van a permitir que este planeta se hunda a sí mismo, como tampoco lo haréis vosotros. Lo sé porque sois mi familia, sé lo que hay en el interior de vuestros corazones y sé por qué os encontráis ahí ahora. No es nada de lo que extrañarse. No estamos en medio del vacío, ¿sabéis? Cuando este «mensaje del más allá» haya concluido y os hayáis marchado de aquí, ¿os creéis que no seguiremos estando con vosotros? ¡Oh, serán tantos los que os sigan! A lo largo de todas las otras «Cartas desde el Hogar», hemos venido hablando sobre la familia, y en esa línea de información que os hemos dado, algunos de los atributos y tareas de la familia indicaban que habíais sido creados iguales, lo que, por supuesto, se refiere al ángel que lleváis dentro. Os hablamos sobre vuestro linaje y sobre quiénes sois. Hablamos de la dualidad y del extraordinario linaje de vuestros antepasados, todos ellos procedentes de la Gran Fuente Central. Os dijimos dónde se encuentra esta última, aunque, al mismo tiempo, os dijéramos que no se trata de ningún lugar. Os dijimos que sois únicos. También os dijimos que éste es el *único* planeta en el que la elección es libre y, en verdad, lo es (para ulterior información sobre el tema, ver la Quinta Parte de esta serie). Os hemos dicho que el «chiste» está –lo que todos conocéis en vuestro nivel celular– en que conocéis lo especial que es esta Tierra, aunque, a través de vuestra dualidad, pretendáis no saberlo.

Repitámonos de nuevo lo que vosotros, los Seres Humanos, nos estáis mostrando continuamente a través de vuestros postulados y vuestra lógica científica. Los científicos creen que la Tierra está sola, que constituye la única vida en el Universo, y que todo gira en su derredor. A pesar de las abrumadoras posibilidades que existen de lo contrario, vuestra ciencia todavía sigue diciéndoos que constituís la única vida. Permitid que os diga que, en cierta forma, ¡tienen razón! Vivís en el único planeta habitado pura y totalmente con criaturas como vosotros, con un ángel en su interior. Tenía que ser así. No podía tratarse de un mundo híbrido como tantos otros. El universo rebosa de vida, pero vosotros sois el único planeta puro y capaz de elevarse a sí mismo mediante sólo elección e intención. Quienes quieran entrar en él y destruir esa pureza no pueden ni siquiera aterrizar a causa de vuestra fuerza y, si lo hacen, no se quedan aquí mucho tiempo. Ya lo dijimos antes y así será hasta que el tiempo sea diferente, el tiempo en que concedáis vuestra autorización para que así ocurra. Es la familia la que realiza la elección –¿sabéis?–, y vosotros sois esa *familia*.

El poder de la concienciación

En comunicaciones anteriores os hablamos de una cosa extraordinaria: en el nivel celular de los cuerpos de todos los Seres Humanos, existe un sistema codificado que representa todo. Y, cuando decimos «todo», es eso lo que queremos decir. ¡Todo! Hemos hablado ya del poder de la concienciación y ahora vamos a extendernos sobre «la concienciación al nivel celular del cuerpo humano»; además, os daremos a conocer una determinada cantidad de atributos relacionados con esa concienciación. Algunos de ellos no hay duda de que sonarán extraños a los oídos de quienes no creen, porque no lo tomarán en serio. Y, en caso de que no lo toméis vosotros, os amamos de todas formas. No importa. La verdad es la verdad con independencia de lo que hayáis elegido creer, y os la vamos a dar a conocer aquí. Que la energía de la verdad se muestre en la prueba que se desarrolla a través de la manifestación. En otras palabras, que la realidad y la verdad de la información se desarrollen a través del uso que hagáis de ésta.

Sois una especie cambiante. Cuando habláis de evolución, hay que tener en cuenta que existe también una evolución espiritual y que os encontráis sentados en medio de ella. Cosas que, hace diez años –¡qué diez!, ni cinco–, no podíais hacer, están hoy al alcance de vuestra mano. Vuestras células poseen una concienciación asombrosa. Como ya dije en la Primera Parte de La Familia, toda la fuerza de lo milagroso se produce de dentro afuera. La mayoría de los Seres Humanos se quedan asombrados, elevan sus manos y dan gracias a Dios porque ocurrió de fuera adentro. Pues no. No, señor. Es la concienciación celular la que cambió y produjo el milagro. ¿No se os ha ocurrido pensar nunca si el ángel que lleváis dentro *hizo* alguna cosa? (más humor kryónico). Pues a aquéllos de vosotros que, ahí sentados, os sentís incómodos, desequilibrados, con temores e incluso con odio, os diremos que todas las soluciones están ya en vuestro interior. Ninguna sanación se va a producir acompañada por un relámpago en el cielo, sino a través de uno interior, a través de la concienciación –de la realización, de la revelación de secretos– de la energía interior. Queremos que paséis a través de algunos atributos que ni siquiera sabéis que poseéis y os vamos a repetir que algunos de ellos suenan a milagrosos.

Lo que sigue es como «una lista de la lavandería», como mi socio la llama. No sé por qué no le gustan las listas, pero ésta, en realidad, no constituye lista alguna. Es un círculo. Por desgracia, ha de seros presentado en un marco cronológico lineal, de modo que se os irá dando punto por punto. Os diré el tipo de comunicación al que vosotros y yo estamos acostumbrados cuando nos encontramos en algún lugar distinto a éste: en esos casos, toda la información es instantánea y simultánea. Presentada de esa manera, está estrechamente ligada –relacionada– consigo misma, y vosotros podéis comprender su interactividad, con lo que llegáis a alcanzar perfectamente su verdadero significado. Como aquí no podemos hacerlo así, os será presentada en forma de lista. Los puntos son siete, aunque el primero representa a todos los demás (aquí está de nuevo el círculo).

En primer lugar, trataremos del milagro de la concienciación celular. Éste será el tema de esta «carta». En cuanto a la comunicación del *ahora*, se divide en siete revelaciones. Cuando, en tanto que Seres Humanos, decidís adoptar el «status» de lo que nosotros llamamos «ascención», lo que hacéis es solicitar la ascensión (o elevación) de las vibraciones existentes en el interior de vuestras células. A través de vuestra intención pura, comienza a formarse la concienciación de vuestra estructura celular. Cada una de las células de vuestro cuerpo contiene en su interior todo el plano de aquello en lo que consiste, que, a su vez, está encerrado en el interior del código que denomináis ADN (ver «La Cuadrícula Cósmica» en este mismo volumen, pág. 375). El código recibió ese nombre por la química de dos de sus ramales, por lo que su denominación es errónea, ya que contiene muchas más cosas de las que no estáis enterados. No vamos a daros un nombre, pero sí os diremos que llegará el momento en que alguien lo haga y, entonces, reflejará todas las partes que no podéis ver, además de la parte química que sí veis. Su significado será el de «código vital».

El contrato con el que llegásteis –el conocimiento de quiénes sois, vuestra huella magnética– se encuentra localizado en ese código. Esto puede resultaros interesante: ¿sabéis cuál es la diferencia de los nuevos niños? Si tenéis la capacidad de examinar las partes del ADN que no sean químicas, os encontraréis con que aquél sufre alteraciones, ¡a las que denominamos *evolución*! Evolución espiritual, mediante la autorización de los Seres Humanos del planeta. Esos nuevos niños constituyen la próxima concienciación espiritual lógica que admitáis, y, si pudiérais penetrar en su código y echar una ojeada, os encontraríais con que la concienciación (una parte no química del ADN habría sufrido alteraciones. Es la parte espiritual, aunque también lo sea física.

Todo lo que jamás existió, el informe existente en los registros askásicos –el registro de vuestra existencia en la Tierra como Seres Humanos, todas vuestras vidas– se encuentra en ese código. Los planos de vuestra decisión consciente del contrato también se encuentran allí. Lo dicho no debería constituir revelación alguna para aquéllos que hayáis nacido en este mundo con temores y ansiedades que carecen de sentido según vuestra experiencia. ¿De dónde proceden esos atributos de vuestra composición? Debería ser obvio: proceden de planos de experiencias reales que sucedieron tanto la última vez que estuvísteis aquí como las anteriores.

Ahora bien, algunos de vosotros tal vez salgáis de esta sala con miedo de que se produzcan cambios espirituales. Habrá también quienes, tras leer estas líneas, se levanten de su butaca sin creerse nada. En los dos casos, quienes así actúen estarán ejercitando en elevadísimo grado las semillas que han sido plantadas en su nivel de concienciación celular. Ésa es la dualidad que con tanto cuidado ha sido plantada, como debe ser. ¿Lo véis? Está *todo* allí, y cuando llega el momento de que se produzca una sanación milagrosa, las células estarán informadas –en especial, las enfermas– de que ha llegado el momento de «largarse» y ¡se largarán! Permitidme deciros que incluso en los casos de sanaciones milagrosas en que existen manifestaciones de huesos, de tejidos y de carne que jamás hasta aquel momento habían estado allí, ¡todo procede del interior! A veces, se corrigen problemas congénitos, se alteran y sanan diversas condiciones, y los médicos se quedan pasmados y quieren saber qué es lo que ha ocurrido. Os diré lo que ha ocurrido: las células, que poseen todo el conocimiento del rejuvenecimiento de los tejidos –de lo que es adecuado e inadecuado y en qué consiste la energía correcta–, se despiertan. Ahí tenéis el milagro. Se produce de dentro afuera. ¿Queréis ver esto en vuestra ciencia? Buscad las pruebas del «suicidio de las células». Se trata de la destrucción partiendo del núcleo de las células, que «saben» de alguna manera que están desequilibradas, y vuestra ciencia os dirá que esas células explosionan de dentro afuera, como si «lo supiesen». ¿Sabéis una cosa? Ésa es la divinidad que lleváis en *vosotros*. Muestra la concienciación que tenéis. ¿Queréis dar las gracias a Dios por ello? Entonces será mejor que busquéis a Dios dentro en vez de afuera, porque es de allí de donde vino. De dentro.

Existen siete milagros de concienciación de los que sois portadores en vuestro interior.

Conexión con la cuadrícula cósmica

El primer milagro consiste además en *todos* los demás y se trata de la conexión que tenéis con la Cuadrícula Cósmica. Ya hemos definido esta Cuadrícula antes, pero os repetiremos que se trata de la energía del Universo. Se trata de una energía tan real que algún día la llegaréis a aprovechar y a extraer su potencial. Es algo más que física. También es esotérica. Consiste en la energía de la transmisión de información instantánea de aquí a los más lejanos rincones del Universo que os podáis imaginar, porque la Cuadrícula está viva, y lo está de una forma que vosotros no sois todavía capaces de atisbar. No toma «tiempo» alguno en ir de aquí hasta allí, porque se trata de una sola concienciación que piensa al unísono. Está enganchada a la familia, ¡y vosotros formáis parte de esa familia! Vuestra conexión con la Cuadrícula permite que se produzcan los seis siguientes atributos.

Así que podéis decir que estáis despertando las partes de vuestro nivel celular que se conectan con la Cuadrícula. Habrá quien pregunte: «¿*Cómo puedo hacer eso? ¿Cómo puedo hacer eso?*» Cuando esta canalización haya concluido, diréis: «He leído algunas cosas que me encantaría hacer. ¿Cómo puedo hacerlas?» Existes diversas maneras de conectar y de despertar las células. Algunas de ellas son energéticas y hacen uso de la recién dada facilitación de energía que ya conocéis (me refiero a la Técnica de Equilibrio ECM Dubro utilizada por la Cuadrícula). Otras son físicas (me refiero a la obra del Dr. Todd Ovokaitys, quien ha descubierto cierta comunicación rejuvenecedora en el nivel celular. Otras se encuentran situadas completamente en vuestro interior (me refiero a vuestra propia *intención* de poder).

En este caso, la conexión con la Cuadrícula Cósmica viene en primer lugar porque es la más importante y os irá haciendo más fáciles las otras seis a medida que yo os las vaya dando.

Tenéis algunas nuevas capacidades que proceden directamente de la conexión con la Cuadrícula. Tras examinarlas, algunos diréis: «*Lo sabía. Es lo que he venido haciendo*». Habrá otros, en cambio, que dirán: «*¡Esto es muy diferente!*». Todo depende de las que hayáis aprovechado, empleado y comprendido. Permitidme que os hable de algunas de ellas y que empiece por las más obvias.

Salud

¡Oh, recurrís a tantas cosas por causa de la salud! Hay una parte de vosotros que ha sido entrenada —especialmente, en esta cultura— a liberarse de toda responsabilidad en lo relativo a vuestra estructura celular. Saltáis literalmente de un sanador a otro con la esperanza de que, en alguno de esos saltos, os encontréis con uno que os *arregle*. Por eso os amamos tanto, queridos míos. ¡La dualidad oculta vuestro poder! Ese Santo Grial —como vosotrros

103

lo denomináis–, ese elixir sanador, ese rejuvenecimiento se encuentra ya en cada una de vuestras células y sólo espera a que lo despertéis.

Podéis controlar vuestra salud de varias maneras, y no os voy a dar ninguna información que nadie de vosotros desconozca. En primer lugar, podéis controlar vuestra salud a través de la facilitación, con los nuevos tratamientos físicos y químicos. Este mismo año, vuestros científicos os dieron pistas maravillosas acerca de la forma de mantener el proceso rejuvenecedor más claro de lo que jamás ha sido hasta ahora. Esa información ha sido transmitida a todo el mundo para que con ella podáis aumentar el tiempo que viváis.

Sin embargo, podéis personalmente controlar vuestra salud mucho más allá de lo que podríais esperar. Hasta los sistemas automáticos son susceptibles de control. La fuerza real de ese control proviene de *dentro afuera*. Ya va siendo hora de que den comienzo las reuniones, y las reuniones a que nos referimos son aquéllas mantenidas entre Vosotros y Vosotros, las sostenidas por aquellas células de vuestro cuerpo que se mueren de ganas por comunicar con la parte de vosotros que denomináis concienciación. Permitid que os diga que existe una concienciación espiritual en cada una de las células de vuestro cuerpo y que, como ya dijimos con anterioridad, ya es hora de dejar de decir: *«me duele un dedo del pie»*, para decir: *«nos dolemos»*. Ya es hora de dejar de decir: *«voy a hacerme curar esto o aquello»*, para decir: *«Nos vamos a curar todo»*. Ya es hora de empezar a pensar en las células colectivas como en *una única célula*, una célula a la que podamos referirnos como a *la célula* y tener así buenas reuniones espirituales. Tened esas reuniones con vosotros mismos, esas reuniones en que os convertís en uno y en las que habláis e interrogáis a vuestra estructura espiritual personal en el nivel celular. Empezad por limpiar lo que tenéis dentro y no os sintáis sorprendidos cuando tengan lugar las sanaciones.

Lo anterior requiere «músculos» espirituales que no habéis utilizado en los últimos tiempos. Tenéis que visualizaros a vosotros mismos como a «uno con vuestra biología». Así lo hacían los yoguis de la Antigüedad, y ahora también podéis hacerlo vosotros. Preguntad a vuestro cuerpo todos los días: «¿Es esto lo que *queremos*?» (respecto al dolor y la enfermedad). Vuestra concienciación pondrá en acción la parte espiritual de cada célula, y las cosas empezarán a cambiar. Se trata de una capacidad y un poder de gran profundidad que no podemos subestimar. Si váis a aumentar vuestro tiempo de vida en este planeta, *debéis* aprender a saber cómo se siente y cómo funciona. ¿Podéis imaginaros un cuerpo que responda así? ¿Podéis imaginaros a vuestra biología «sabiendo» lo que sabéis vosotros? ¿Podéis imaginaros a vuestro dedo gordo del pie tan iluminado como vosotros mismos? Pues lo está. Traedlo también con vosotros.

Intención substancial

El siguiente milagro es extraordinario aunque de difícil descripción. Se encuentra relacionado con la intención por parte del Ser Humano sobre la substancia de la sanación. ¡Contáis con un poder asombroso! La Cuadrícula Cósmica os permite que vuestra intención espiritual pura vaya mucho más lejos que vuestra estructura celular. La intención es como un radiofaro, no como una luz. Una transmisión por radiofaro, en vuestra ciencia, está sintonizada especialmente a algo; solamente estimula a ese algo al que está sintonizada. Con vuestra intención ocurre lo mismo. No afecta a quienes os rodean a menos que éstos se encuentren sintonizados a ella por sincronicidad, a menos que estén también sintonizados con ella. Lo mismo sucede en la Física con los elementos del planeta. Tenéis la capacidad de sostener en vuestra mano algunos de los medicamentos más importantes que se hayan inventado en el planeta y extraer de ellos la mismísima esencia de la intención para la que fueron creados, simplemente por el mero hecho de tenerlos en vuestra mano. Los atributos curativos pasarán a vuestro cuerpo sin tener que inyectarlos o ingerirlos. Esto es lo que recibe el nombre de «intención substancial».

La Ciencia –¿sabéis?– forma parte de idéntico esquema de la vida en la Tierra, y vuestros descubrimientos médicos constituyen parte de ese plan. Jamás se os ocurra despreciar a la Ciencia porque opinéis que no es espiritual. Forma absolutamente parte del mismo rompecabezas. Algunos no podrán sanarse a sí mismos con energía por no vibrar todavía al nivel susceptible de apoyar esa capacidad, siendo en ese caso la Química y la ciencia médicas las que Dios ha dispuesto en este planeta para curarles. ¡A veces, se trata de una sabia combinación de Física y de energía espiritual la que resulta en las mejores sanaciones para un trabajador de la luz! Recordad esto la próxima vez que desdeñéis una substancia destinada a sanar una enfermedad.

Sin embargo, algunos de entre vosotros habéis dicho: *«me gustaría tomar esta u otra substancia para sanarme, pero posee otros efectos que me afectan»*. El espíritu no se encuentra en el vacío. Os hemos pedido que vibréis con mayor elevación en un estado al que llamáis de ascensión. Esta vibración más elevada os aleja de gran parte de la Química creada para sanar. Os sensibiliza y hace reaccionar a muchas cosas que, de otro modo, no os afectarían en la energía más baja en que os solíais encontrar. ¿Quiere ello decir que no podéis gozar de los beneficios de la Química moderna? No. Existe otra manera, que recibe el nombre de «intención substancial».

Os retamos a que intentéis una cosa: rodead con vuestra mano la substancia sanadora, con independencia de la forma en que se presente, y realizad una intención meditativa de que ascienda por el interior de vuestro cuerpo. Haced uso de los atributos del segundo poder de concienciación que acabamos de daros: con el «nosotros» de vuestra Biología. Daréis vuestra autorización para que se produzca un milagro físico: ¡las propiedades curativas de esa substancia pasarán a vosotros!

Hay quienes entre vosotros se levantarán de sus asientos en unos momentos, y ello tendrá lugar porque habrán tenido intención de ello. Será el comienzo de una novísima capacidad de concienciación vuestra. También habrá quienes entre vosotros se rían de esto y digan: «*es imposible. Imposible. Esta vez Kryon ha ido demasiado lejos*». ¿Sabéis algo? La intención no es sino la concienciación por encima de la Física. La *intención* es lo que viene haciendo que ocurran milagros en el interior de los cuerpos durante siglos. Lo más milagroso que hayáis jamás visto estaba relacionado con la intención pura, ¡y la sanación provino de *adentro*! La intención se traslada de un sitio a otro en moléculas. La intención posee la fuerza de un sistema de entrega espiritual que fluye hacia el interior, se adhiere a éste y se manifiesta y florece. Recordad cuando dijimos: «vigilad los medicamentos de esencias vitales». Ahora sabéis por qué. Porque la intención que se creó en ellas –en las esencias, en la Química– permanece y se adhiere porque está *sintonizada* con vuestra «intención de hacer que funcionen».

No hace mucho os canalizamos una información que trataba de cinco abismos de la Nueva Era (Capítulo Sexto) y en la que uno de éstos trataba de las substancias con que podréis cooperar para sanar vuestros cuerpos. Os decíamos que quienes no entiendan algo del desplazamiento vibracional tomarán las mismas substancias que vosotros, aunque no obtendrán de ellas resultado alguno. Vosotros podréis curaros, pero ellos, no, y la razón de esto no es sino la intención de la que os hablo ahora como poder de concienciación en el interior de vuestras células. Además, es a causa de la Cuadrícula Cósmica y de vuestra capacidad de sintonizar con ella.

Como podéis ver, ¡sois personas dotadas de un extraordinario poder! Cada uno de los elementos físicos de este planeta «sabe» del ángel que lleváis dentro y lo entiende. ¿Lo sabíais? Hay quienes entre vosotros van por ahí diciendo: *«¡vivo una vida despreciable! Me ocurren cosas con las que no tengo relación alguna. ¿Qué puedo hacer? ¡Soy una víctima de la Tierra!»*. No se trata sino de esa dualidad haciendo horas extra, amados míos. ¡Es precisamente lo contrario! La Tierra *os* responde. De otro modo, ¿cómo podría un trabajador de la luz anclar la energía necesaria para someter un terremoto, hacer que un temporal amaine o impedir que una montaña haga explosión? Lo hacen,

107

y lo sabéis. Ya os hemos hablado de ese hecho. La auténtica Tierra física «sabe» quiénes sois.

Purificación de los alimentos ingeridos

Algunos de vosotros lo venís practicando desde hace algún tiempo, y otros no tenéis ni la menor pista acerca de esta capacidad. Vivís en una sociedad en la que tenéis problemas a los que denomináis «procesamiento» y «exceso de procesamiento» de los alimentos que os son preparados. Sois muchos los que entre vosotros no tenéis demasiado que decir sobre este hecho a menos que cultivéis vuestros propios suministros. Algunos teméis la química que se añade a vuestra comida y a vuestras aguas. No sois los únicos. Hay más culturas que también tienen sus problemas, pero no es lo mismo. A ellos les ocurre justamente lo contrario: alimentos sin ningún procesamiento; alimentos que son entregados a las masas con todas sus impurezas y las enfermedades que conllevan.

Nos encontramos aquí para haceros saber que cualquier cosa que os llevéis a la boca para ser ingerida con el fin de manteneros puede ser purificada con vuestra sola intención. ¡Creedlo! En vuestra próxima comida, dirigíos a la bandeja y decid de alguna forma –aunque sea silenciosa o con un gesto de la mano–: «te traigo a mi vibración». El ángel que lleváis dentro y que se ocupa del milagro de controlar las cosas físicas purificará las moléculas para que sólo sean los atributos relativos a la manutención los que sean aplicados a vuestra biología y sólo ellos.

Podéis ingerir alimentos con un potencial valor nutritivo francamente pobre y ¡hacer que os alimenten de forma milagrosa! También os repetimos que habrá quienes coman las mismas cosas que a vosotros os mantengan y a ellos les hagan enfermar. Ello se debe tanto a vuestra concienciación como al poder que tendréis sobre la Física. Vengo hablando durante más de ocho años sobre la Física del amor, y es ahora cuando podréis

108

empezar a comprender por qué el trabajo de Kryon es tanto mecánico como espiritual. ¡La Física es espiritual!

¿Sabéis lo que sucederá cuando un grupo de personas pueda comer alimentos que otro grupo no pueda? ¿O ingerir medicamentos que le curen mientras el otro grupo siga enfermo? No tardará mucho en producirse un abismo que los separe. ¿Creéis que se volverán a vosotros y os preguntarán que qué tenéis vosotros que ellos no tienen? No. La mayoría se dejará llevar por los temores y os tachará de diferentes. Por raro que pueda parecer y por ilógico que sea desde un punto de vista espiritual, os llamarán «oscuros» porque podréis hacerlo, y ellos, no. Y, una vez hayáis perdido a esos amigos, ¡continuad amándololos! Y hacedlo, porque dentro de vosotros se encuentra la semilla de la luz, y ellos siempre tendrán la opción de ser iluminados por ella. ¡No echéis a nadie! Ningún miembro de la familia se lo merece. Cada uno de ellos es conocido por vuestra estructura celular como miembro de la *familia*.

Mantener la Luz (otra vez)

Ya os hemos hablado sobre el área energética que os rodea (en la Segunda Parte de esta serie). También os dijimos que se trataba de algo a lo que vosotros podíais afectar. Este proceso habla también de la conexión con la Cuadrícula Cósmica y os da indicaciones de conocimientos al nivel celular que tenéis. Tenéis la capacidad de producir variaciones en la Física que os rodea, y no me refiero a doblar cucharillas, queridos. Hablo de cambiar corazones humanos.

Al mantener la luz, término que significa «vuestra elección de vibrar a un nivel superior y de tener una concienciación de despertar en el nivel celular», sois sólo vosotros quienes **váis empujando** energía allí adonde vayáis, y esa energía, queridos, es energía sintonizada, Energía sintonizada es la que cuenta con «una intención específica». Si pudiera explicaros lo que es la Cuadrícula, podría explicaros las numerosas puertas energéticas de ella, en especial los receptores de energía que esperan la llegada de sintonizaciones energéticas gemelas. Pero, como no estamos tratando de una lección sobre la Cuadrícula, lo dejaremos para otra vez, ¡aunque la Cuadrícula Cósmica sea un laberinto energético vivo, alerta y reconozca a la *familia!* (ver Capítulo Séptimo).

Esta «sintonización» es la razón por la que, de forma literal, una persona puede alterar o cambiar la energía existente en una habitación. Cada intención y nivel vibratorio son como un complejo juego de instrucciones para la Cuadrícula. Todos los Seres Humanos que vibren de forma elevada pueden sintonizar con la Cuadrícula de formas diferentes. La estructura celular de los Seres Humanos comprende la sintonización de la Cuadrícula y, en vuestro caminar por el planeta, esos dones del «empuje de energía» serán diferentes para cada uno de vosotros. Algunos seréis capaces de entrar en una habitación y hacer que todo el mundo se vuelva. A eso lo llamáis carisma. Pues no lo es. Se trata de una «sintonización de la Cuadrícula» en la que uno es quien cambia la energía, pero todos la sienten. Algunos de vosotros podréis imponer vuestras manos sobre otros, y éstos sentirán que les estáis ayudando. Se os llamará, entonces, «trabajadores de la energía». Os convertiréis en facilitadores. Sois muchos los que entre vosotros ya sabéis que las manos trabajan mejor si no tocan, porque lo que hacen es afectar el área que os rodea a vosotros y al paciente. La «sintonización» de la sanación altera de hecho la energía de la Cuadrícula y permite la comunicación con hebras del ADN del interior de quien es objeto de la sanación, despertando, al mismo tiempo, no sólo la autorización de sanar, sino, además, el poder de hacerlo mediante información que siempre ha estado allí. Además, promueve una gran comunicación desde el interior de las células del paciente, donde se sabe todo lo que existe.

Hay un don que hace algún tiempo que ya conocéis, aunque esperáis a saber más. Para quienes entre vosotros participáis en el trabajo de la energía y ya estáis acostumbrados a ello y que sabéis perfectamente que el área que os rodea puede cambiar, buscad el realce de esta energía. Probadla. Tomad notas. Buscad los «cómos y por qués». No es más que Ciencia, ¿sabéis? Ciencia de la energía. Y posee atributos que podéis sentir, lo que os ayudará a saber como sintonizarla mejor.

Ya os dijimos antes que esto tiene mucho más alcance que el trabajo de la sanación por medio de la energía. Este empuje de energía está relacionado con el abandono de lo que en el pasado denominábais «vuestros escudos protectores». Ya podéis olvidaros de ellos. ¡No existe ninguna oscura identidad que vaya a atravesarlos con el nivel de energía con que contáis! Al contrario; habéis creado una burbuja de **empuje** de energía alrededor de vosotros que es total. Se trata de la divinidad, y nada ni nadie que sea de una vibración inferior podrá atravesarla. ¡Nada! ¿Es que puede la débil energía de una pila volverse contra el rayo? ¿Puede existir la oscuridad donde hay luz? No. Su propia definición (oscuridad) se ve anulada por la presencia de la luz.

Escuchad esto, queridos míos. Va dirigido a aquéllos de entre vosotros que tienen miedo de las tinieblas. Escuchad, por favor, porque no se trata sólo de Física, sino también de lógica espiritual. Existen muchísimos y poderosos magos que trabajan en las tinieblas y que han descubierto que en ellas hay energía. Tienen razón. Forma parte del equilibrio del Universo. Y pueden atacaros con sus encantamientos, como si, de modo metafórico, os pinchasen con la energía que poseen. Lo primero que ocurre es que vuestras células reconocen la energía (porque ésta es real) y os envían un mensaje de temor al cerebro. El temor refuerza el efecto y, al poco tiempo, vuestras estructuras psicológica y conductiva se ven en abierta cooperación con la energía del encantamiento. Así funciona. Muchos de vosotros habéis sido durante años «conocedores energéticos» y os habéis protegido con vuestros propios «escudos». Ya no os son necesarios.

De repente, nos vemos diciéndoos que vuestro nuevo nivel vibratorio más la *intención* producen un **empuje** energético allí donde vayáis. (Lectores de Kryon, ¿recordáis la parábola del Pozo de Alquitrán?) Esta energía es como un rayo de luz en un lugar oscuro. No puede existir ninguna energía oscura. Los escudos están anticuados, queridos guerreros de la luz. Por fin podéis enfrentaros sin vuestros escudos, porque las flechas de la oscuridad se evaporan ante la luz, y vuestro **empuje** es vuestra luz. Tiene gracia este atributo. El escudo fue siempre una defensa contra las tinieblas. La luz constituye una energía ofensiva contra la oscuridad... Podéis pensar en ella como si fuese un «destructor de tinieblas». Quiero deciros lo que ocurrirá cuando os encontréis con una persona que intente utilizar energía negra. ¡Sois vosotros los que terminaréis afectándole a ella! Eso es lo que sucederá. Este don activo con que contáis de «mantener la luz» es un maravilloso, pero realmente maravilloso, don de la Cuadrícula, queridos. Ninguno de los que entre vosotros contéis con la sabiduría que os confiere el manto de Dios abusaréis de ella porque no podéis. Va con el territorio. Dios no es objetivo en el amor. La sabiduría del empleo de la luz llega con los dones de ser capaz de sujetarla. Y ese **empuje** que tenéis es el del amor y es divino.

Control sobre emoción

El sexto milagro consiste en la capacidad que tenéis de, a través de vuestra conexión con la Cuadrícula y vuestra sintonía con la misma, crear paz en situaciones en que, en vuestra dualidad, jamás hubiérais podido hacerlo antes. Nos referimos en este momento al Ser Humano emocional. La Emoción, el número seis, se escribe con mayúscula inicial. Hablo ahora sobre cosas que os son muy próximas. Hablo sobre la transmutación del odio, de los celos, del drama y del miedo. ¡Me estoy refiriendo a la eliminación de las penas!

Hubo una vez en que estuvimos frente a un grupo como éste, con nuestro séquito mezclándose con vosotros y cogiéndoos de las manos y abrazándoos, en el que hablamos de la pena de la muerte de los humanos y de las tareas de éstos, que habían venido aquí a daros el don del dolor (segunda Parte de La Familia). Hablábamos de la visión general de qué es en realidad y de cómo una tragedia al parecer horrible e inadecuada se ve con frecuencia entrelazada con un aprendizaje y una finalidad espirituales, convirtiéndose «de facto» en un regalo intencionado de aquél o aquéllos que partieron. Ya hablamos de ello y hemos abogado porque comprendáis que, a través de la Cuadrícula y de la concienciación de las células, podéis convertir la emoción de vuestro dolor en sabiduría. Sabiduría para entender que el regalo os era concedido para vuestra iluminación. No es sobre los que partieron. ¡Esos ya se han ido! Es sobre vosotros, y ésa es la razón por la que pasaron por ello. ¡Qué tragedia representaría para la muerte de uno de vuestros allegados –un regalo ofrecido por ellos a vosotros, con vuestra autorización– que os pasárais toda la vida llorando en lugar de celebrar la intención y el amor hacia nosotros con que estaba pensada! ¡Qué tragedia! Porque el regalo era para vosotros y contribuye a abrir la concienciación de la Cuadrícula en vosotros mismos, que es para lo que el regalo fue hecho. Aquél o aquéllos que se fueron ayudando a éste o ésos que se quedan.

Cualquier estado emocional que os mantenga prisioneros constituye transmutación del dolor o transmutación del odio. Permitid que os diga algo gordo: transmutación de **preocupaciones**, hermanas del temor. ¡Desaparecidas! Ése es el regalo. Vuestro nivel celular no les permitirá quedarse y enconarse. Algunos podréis decir: *«¿qué tiene que ver la preocupación con mis células?»*. Os lo voy a decir: cuando algo os preocupa, ¿sois conscientes del cambio celular que se produce? Algunos dejáis de comer. Es una pista. ¡Vuestras células lo saben! Saben de vuestros temores y miedos. Queridos, escuchad bien: si vuestras células saben de vuestros temores y miedos y así os lo prueban una y otra vez, ¿podréis comprender que vuestras células también conozcan vuestra alegría e iluminación?

La transmutación de las preocupaciones en paz constituye uno de los más importantes regalos del Ser Humano sabio que sostiene la luz. Para algunos de los que, entre vosotros, os encontréis sentados ahí, es el mejor milagro. Y os lo dice un miembro de la familia. ¡Es verdad!

Cambio

Número siete. Podréis no llamar regalo a este milagro, aunque esté relacionado con vuestra estructura y concienciación celulares. Se llama cambio. Justo en el preciso momento en que comenzáis a acostumbraros a sentiros espiritualmente diferentes, cambia. Hay entre vosotros quienes recorren el planeta en un proceso de «despertarse», de tratar de entender su esencia espiritual. Uno de vuestros atributos más interesantes es que, en medio de vuestro despertar a las cosas espirituales, ¡sentís ansiedad!

Sois muchos los que entre vosotros estáis «esperando a que se caiga el otro zapato», como dice mi socio. Existe cierto nivel de ansiedad porque nada permanece igual, y, por supuesto, así lo sentís vosotros en vuestro nivel celular, que es donde se produce el cambio. Ya es hora de que entendáis la teoría de que la condición normal para el Ser Humano que se encuentra en evolución espiritual es la de *una estructura celular sometida a constantes cambios*. De ahora en adelante, la evolución no va a detenerse. Recibe el nombre de *ascensión* porque hay un alzamiento involucrado, una evolución constante y continua, indicadora de que cambia todo el tiempo, que es la forma en que para vosotros son por ahora las cosas.

Lo que no podáis hacer hoy, hacedlo mañana. Lo que hoy hicísteis bien, mañana lo haréis magníficamente. Se producirán en vuestras vidas descubrimientos sobre la razón por la que estáis ahora en el planeta. Debe honrarse con gran solemnidad a aquéllos que sientan la necesidad de abandonar un lugar para irse a otro por sentirse «llamados» a hacerlo. ¡Eso sí que es cambio! Es nada menos que mantener vuestra luz y vuestra energía en otras zonas, y habrá quienes entre vosotros respondan a esas tareas. Por eso las llamamos trabajos; porque siempre puede sobrevenir esa dualidad que os habla por las noches, a esas extrañas horas entre las tres y las cuatro de la mañana, para deciros: «eres un imbécil». Me encuentro aquí para deciros que las partes más oscuras de vuestra dualidad estarán ahí también, por lo general exponiendo ante vuestros ojos sus argumentos en esos momentos en que estáis medio dormidos, cuando sois más vulnerables. Pero existe una parte de vosotros que sabe más, que lo deja de lado y que dice: «todo me irá bien». Se trata de la parte nueva, tranquila y sabia que sostiene la luz ahora. Sabe la verdad, sabe que ahora os recubre el manto del Espíritu. Ahora ya sabéis que tenéis un ángel en vuestro interior y nunca nada podrá arrebataros esa concienciación.

El cambio es el número siete, porque –queridos míos– en él consiste el verdadero milagro. Se trata de la evolución de los Seres Humanos espirituales, de aquéllos a quienes llamamos *familia,* y que se encuentran aquí sentados escuchando y leyendo este mensaje. Son familia aquéllos cuyos pies hemos venido lavando desde hace unos minutos. Si no lo habéis sentido, tal vez vaya siendo hora de que lo hagáis, porque no vamos a permenecer aquí con este mensaje mucho más tiempo. Sin embargo, no se van todos. El cortejo que se encuentra aquí y que os ha hecho entrega de estos siete puntos de concienciación cuenta con una suma energética específica. La suma que vuelva a atravesar el velo será diferente. ¡Será inferior! Ello se debe a que algunas de las energías que aquí han sido vertidas ¡cuentan con el potencial de quedarse con vosotros cuando os levantéis y salgáis de aquí! Hablemos de *intención* y de entrega de energía, que es tema del Espíritu. ¿Sabéis ahora por qué os encontráis leyendo esto? ¿Lo habéis «sentido»? ¿Respondísteis a la verdad? ¿Concedísteis vuestra intención? Si lo hicísteis, habrá alrededor de vuestros asientos algunos a quienes llamaréis «amigos» que permanecerán con vosotros para mejorar vuestro proceso evolutivo espiritual. Y no os equivoquéis –lo digo por todos aquéllos que no entiendan esto y crean que es demasiado raro o fantasmal–, el proceso se produce porque sois vosotros quienes les habéis convocado. Habéis estado en el momento y lugar adecuados, y nosotros nos dimos cuenta del potencial de vuestra comprensión y de vuestra «sensación» de que la familia está ahora aquí, con vosotros.

¡Sois todos asombrosos! Nos congratulamos de la posibilidad de llamaros hermanas y hermanos, de visitaros en un momento de vuestras vidas humanas como éste. ¡Ahí tenéis otro milagro! Hace diez años, esta comunicación no hubiese podido tener lugar porque la evolución que hay aquí ahora para aceptarla no existía entonces. Ello explica la forma en que habéis cambiado la energía que os rodea y explica también ¡la forma en que mantenéis la luz!

Así que, de forma figurada, retiramos los cuencos de lágrimas de alegría con que hemos estado lavándoos los pies. Hemos tocado cada uno de los pies de todos los presentes. Hemos tocado cada uno de los pies de quienes han estado leyendo estas líneas. No nos hemos olvidado de ninguno. ¡Todos los pequeños, todos los sabios, todos los que han venido sin fe sois amados de forma desmedida!

A todos os conocemos por vuestro nombre. Todos sois familia. No se trata de unirnos para nada, porque ya estamos unidos por los lazos de la familia. No se trata de prometernos nada, porque ya estáis aquí, cumplidores de la promesa hecha a la familia de pasar por la prueba de la humanidad. No se trata de darnos nada, porque ya habéis dado de vuestras entidades los eones de tiempo y energía que habéis empleado, por elección propia, para caminar por este planeta. Todo se reduce a amor. ¿Nos permitiréis que, por fin, os amemos? ¿Permitiréis que el conocimiento de la familia de Dios penetre en vuestra concienciación? ¿Concederéis la intención para descubrir vuestro yo *real*?

Y así nos vamos de aquí. Sabiendo que ha sido un tiempo sumamente especial para oír y leer. Más que eso. Era nuestro momento de estar con vosotros de nuevo y de amaros. Con independencia de lo que sintáis que ha ocurrido en vuestra butaca, sabemos que hemos tenido la oportunidad de abrazaros. Era importante para nosotros. Somos vuestra *familia*.

Jamás estáis solos.

Y así es.

Kryon

«RENOVACIÓN DE LA FAMILIA»
La Familia, Cuarta Parte

Canalización en Directo
Breckinridge, CO y Perth, Australia

*La siguiente canalización en directo es la cuarta de las cinco
sesiones relacionadas con «La Familia» tal como nos ve el
Espíritu. Es una combinación transcrita de dos eventos que
tuvieron lugar en dos continentes diferentes... con idéntico
mensaje... y dados en directo con dos meses de intervalo.*

Saludos, queridos. Soy Kryon, del Servicio Magnético. ¡Qué
bello es este lugar! Queridos, vamos a tomarnos unos instantes
para dejar que el séquito que trae Kryon, todas esas entidades
que estaban esperando a que llegáseis, fluyan a través de las rasgadura del velo. De lo que se va a tratar es de la energía de la
«familia», porque los que vengan esta noche aquí os son ya
conocidos. Muchos de vosotros sentiréis y reconoceréis la energía de algunos de los que, en un tiempo, fueron llamados
«Humanos», que os han dejado hace poco, y cuya energía fluirá hacia este grupo junto a la de otras entidades angélicas que
me acompañan. Con su sola presencia, os están gritando:
«¡somos, igual que vosotros, eternos!», y aportan a este lugar una
energía consistente en amor y en algo maravilloso para que se
equipare a la que vosotros habéis creado, incluso quienes estáis
leyendo estas líneas *en este momento.*

Os lo diremos ahora mismo: permitid que esta energía que
está llegando se mueva libremente entre vuestras butacas, entre
los pasillos, entre los Seres Humanos, y sentid la presencia y
ligera presión de vuestra familia espiritual. Que el amor que
llena esta sala caiga sobre vosotros, os llene y se vuelva espeso de
tanta presencia y realidad, porque, en este momento, nos enfrentamos a vosotros en tanto que familia: uno a uno. ¡Creed-

117

lo! ¿Sabéis una cosa? ¡Sabemos hasta cómo os llamáis cada uno! ¿No os sorprende que sepamos de vuestra invitación, de vuestro potencial y del hecho de que íbais a ocupar esa butaca o a leer estas líneas? ¡Oh! El potencial era enorme, incluso para los que están aquí y sólo se enteraron ayer de esta reunión, o para quienes leen estas páginas sin haber leído antes ninguna de las canalizaciones de Kryon. Os podemos decir que sabíamos cómo os llamáis y conocíamos vuestro potencial.

Amados míos, ¡os echamos de menos! Vamos a empezar poco a poco a permitiros conocer cómo esta interacción entre el Espíritu y el Ser Humano funciona en realidad. Esta conexión que tenéis con la familia, esta energía «casera» que fluye hacia aquí, os deberá dejar saber muchas cosas sobre los que estamos situados en este otro lado del velo. Lee, mi socio, os ha hablado de asociación. Os ha hablado también de la capacitación del espíritu de los Seres Humanos. Tal vez, os vayáis haciendo ya a la idea, que es ésta: ¡vosotros y la familia estáis asociados en todo! Queridos míos, no podéis ocultar la luz que emanáis. Cuando hablamos a otros grupos de esta tierra tan bella, les dijimos algo sumamente interesante. Les dijimos que, cuando nacéis, traéis con vosotros un séquito que se queda con vosotros y que ese séquito consta de muchísimas más entidades que las que formáis vosotros con el fin de apoyaros, desde un punto de vista energético, en este planeta. Son tantos los que se ponen en acción cuando concedéis vuestra intención espiritual que podréis sentirlos alrededor vuestro. Sois muchos los que ya sabéis de qué os hablo. Algunas de esas entidades se convierten en vuestros mapas y en vuestra intuición y contribuyen a crear esas sensaciones que llegáis a conocer y reconocer. Son esas las intuiciones que os ayudan a saber cuándo debéis girar a la derecha, y cuándo, a la izquierda o a ir hacia adelante o hacia atrás o permanecer quietos. Se trata de ésos a quienes llamáis ángeles –guías–, de ésos que os aman sin medida, que permanecen con vosotros durante toda la vida y que también se encuentran aquí.

Deseamos llenar esta sala en la que estáis sentados con la presencia del amor de forma tal que sobrepase a lo que se haya hecho tanto en este lugar como en cualquier otro en el que os hayáis podido encontrar. Mientras estáis ahí, sentados o leyendo, queremos que sepáis que estamos aquí. Y dejad que os diga: si concedéis la intención de aquello para lo que habéis venido, ¡váis a recibir la energía necesaria para solucionarlo! Tal vez, sólo sea información lo que necesitéis o, quizás, ¡una auténtica sanación! Eso es por lo que vinísteis o por lo que escogísteis este libro. ¿Creéis que no lo sabíamos? ¿No sabéis que, además de cómo os llamáis, sabemos todo sobre vuestras vidas? Eso se llama familia, ¿sabéis? Es el amor de la familia.

Las pruebas a que debéis enfrentaros, tal como aquéllas que mi socio os decribió ya esta noche en una anterior conferencia, tienen todas solución. ¿Verdad que no os extrañaría si os dijese que la solución fue creada por vosotros mismos? ¡Ah! Los Seres Humanos creen que llegan a este planeta llamado Tierra, se ponen a andar sobre él y son puestos a prueba para averiguar adónde va a ir el equilibrio de energía. Y lo aceptan. Se creen que se van a pasar la vida siendo puestos a prueba y más pruebas y a más todavía. Los que sois sabios decís: *«comprendemos que esas pruebas han sido creadas por nosotros mismos, sabemos de qué van las cosas y pasaremos a través de ellas en esta nueva asociación»*.

Quiero deciros el por qué de que vayáis a pasar a través de ellas, porque no sólo váis a ser sometidos a pruebas y más pruebas. Queridos míos, existe para vosotros en la Tierra un equilibrio que ya hemos descrito con anterioridad en «La Bandeja Dorada», Capítulo Tercero. Os damos aquí este mensaje con tanto amor porque queremos que esta noche tengáis una revelación. La revelación es ésta: ¡con cada prueba con que os encontréis aquí, viene una solución hecha por vosotros mismos! Esas energías llegan como si estuviesen emparejadas. Aunque ya se lo hayamos dicho a muchos antes de ahora, todavía existe confusión sobre ello. Enteráos bien: en vuestro errar por la vida, os encontrareis todo el tiempo con soluciones, soluciones y más soluciones. Este equilibrio de prueba y solución crea una situación ganadora que ni vosotros mismos os podéis imaginar.

Deseábamos hacer hicapié en este punto porque sóis muchos los que necesitáis daros cuenta de esto en este momento. Y os decimos con todo amor: «¿creéis que no sabemos por todo lo que habéis tenido que pasar?». Hay algo que deberíais saber: jamás estáis solos. Ya sé que muchos realizáis auténticos esfuerzos para daros cuenta de ello y que incluso algunas veces lo conseguís. Os diré: ¡no es así! No existe ni un solo instante en que estéis desprovistos de protección. Ni siquiera durante el cambio de guardia de vuestros guías. Aquí nos encontramos de nuevo con esa palabra: protección. Es nueva en esta era, ¿lo sabíais? Está relacionada con lo que os describimos en la anterior reunión, cuando os hablábamos sobre el poder de vuestra concienciación. Hablamos sobre lo que sucedía cuando mantenéis vuestra luz, que era cuando toda la actividad del reino angélico que os rodea respondía. Y hablamos de ello porque existe protección ahí, protección para no cometer errores. Así es. Forma parte de la nueva energía, parte de los nuevos dones y herramientas. Parte del mapa que Michael Thomas tenía en la narración que os hicimos del Libro Kryon V *El Viaje a Casa* y que no es sino el don de la sabiduría que os conceden ésos que os rodean y que se llaman familia.

¿Os extrañáis de que tanto Kryon como su séquito se emocionen tanto? ¿Os preguntáis por qué existe emoción y por qué mi socio hay veces en que llora de emoción en momentos como éstos? Os diré. No hemos venido solamente a daros mensajes informativos. También hemos venido para haceros sentir la sensación de hogar, para que os déis cuenta de nuevo de quiénes sois. Existe otra razón que es común a todas estas reuniones: vamos a dedicar este momento a lavaros los pies. Que este proceso no se despilfarre en ninguno de vosotros. Los potenciales —como ya hemos dicho a otros grupos y a otras personas que están leyendo esto— que residen aquí para el poder y la concienciación humanos ¡son tremendos! No nos referimos sólo a los Seres Humanos que están sentados en el marco cronológico lineal que ahora llamáis vuestro, sino también a quienes en estos momentos están leyendo estas páginas.

Permitidme dirigirme a quienes os encontráis aquí en esta sala, en Perth. Existen muchos más allá de este edificio que oigan y lean este mensaje y que podrán sentir lo mismo que vosotros sentís en estos momentos. Se enterarán de la energía que puede fluir en un lugar como éste y envolveros con el amor de Dios, lo mismo que con el espacio que les rodee mientras leen estas palabras. Y, mientras este amor os rodea –queridos míos– y su vórtice recorre las filas de butacas, queremos recordaros que os es ofrecido tanto a vosotros como a los lectores. Así que, mientras estáis sentados aquí escuchando, sabed que hay miembros de la familia que viven en otros continentes y que están «viendo» lo que aquí ocurre en su «ahora». Este acontecimiento, sin embargo, es interdimensional, ya que se dirige a vosotros en una línea cronológica lineal, aunque también lo haga simultáneamente a todos.

Y ahora nos dirigiremos a todos. Queremos que reconozcáis esta sensación porque ya la habéis experimentado con anterioridad. La sensación consiste en la energía del «hogar» que llega a vuestras butacas, queridos, y que debería haceros recordar quiénes sois en realidad. Debería hacer que os pusiéseis en pie y decir: «YO SOY», porque existe una energía angelical en cada uno de vosotros que se oculta muy convincentemente. La dualidad quiere castigaros y deciros que no sois nadie, pero la familia se encuentra aquí para que sepáis que la verdad es precisamente lo contrario. Porque, en esta sala, saludamos a quienes son exactamente como nosotros. La única diferencia entre vosotros y quienes se han infiltrado a través del velo para congratularse, honrar y festejar la sacralidad y el valor inapreciable de este momento estriba en que vosotros os habéis mostrado de acuerdo en venir a este planeta y ocultar así vuestra magnificencia. Os veo a algunos de vosotros ahí sentados y preguntándoos si puede ser verdad lo que os digo. ¡Qué bien funciona la dualidad! ¿Eh? ¡Qué bien oculta tanta grandiosidad! Todos y cada uno de vosotros tenéis un espectro de color asombroso.

La energía que hay en esta sala tiene un valor inapreciable para que podáis obtener un regalo en este día, un regalo que voy a depositar sobre vuestras rodillas ahora mismo, hablando de forma metafórica. Consiste en una cajita con una tapadera. Antes de que acabe este tiempo que estamos pasando juntos, os daré la opción de abrir esa cajita. En ese momento, os diremos cuál es su contenido. Os servirá de ayuda, porque toda esta multitud y –sí– también quienes están leyendo esto lo han solicitado. ¡Ah! Y no hablamos a ninguna multitud, queridos, sino a cada corazón humano en particular, porque sabemos quiénes sois y por eso nos dirigimos a vosotros en este momento. La cajita que sostenéis sobre vuestras rodillas y que abriréis más tarde es para todos vosotros. La necesitáis, y vuestra energía, también. Mejorará vuestra velocidad de vibración. En cuanto a aquéllos que opten por salir de aquí sin abrir la cajita, sabed que seréis honrados y amados exactamente como quienes decidan abrirla. Todos sois amados como miembros de la familia. Si echáis una ojeada a la Parábola del Hijo Pródigo, os daréis cuenta de lo que quiero deciros, porque en ella, el festejo no era por razón de los logros del hijo, sino por el hecho de que volvía de su viaje. ¡Era por el viaje de ida y vuelta!

Llegará un momento en que nos volvamos a encontrar en un lugar muchísimo mayor que éste, en el que existirá espacio para que os expandáis, porque en éste donde estáis sentados no lo hay. Si todos vosotros fuérais a hacer girar vuestras energías al mismo tiempo, estaríamos demasiado apretados aquí (humor de Kryon). Sin embargo, estamos haciendo girar energía en este mismo momento y estamos llenando esta sala y estamos rellenando los espacios que hay entre butaca y butaca con el espesor de nuestro amor hacia vosotros. Aunque os encontréis solos al leer estas líneas, nosotros estamos con vosotros. Nos extenderemos más sobre esto dentro de unos momentos, pero ha llegado el momento de que dé comienzo la enseñanza.

Dijimos que esta reunión iba a versar sobre el futuro de los Seres Humanos. Está bien, pues empecemos a hablar de ese futuro. En este preciso momento os vamos a comunicar algo que os puede parecer raro y extraño. Se trata de lo que sigue: ya han pasado aquellos días en que el espíritu podía predecir lo que íbais a hacer o lo que iba a ocurrir en el planeta. Ya han pasado los días en que había una superposición de potentes potenciales que podían conducir a un profeta a conclusiones basadas en la energía. Ya han pasado los días en que cualquier profeta podía levantarse frente a vosotros y deciros: «va a ocurrir esto o lo otro». Y os voy a decir por qué. Los Seres Humanos se encuentran en lo que llamaríamos una «renovación», y mientras vosotros renováis la mismísima esencia de vuestra existencia, váis a co-crear una energía que ni siquiera nosotros podemos predecir. ¡Renovación! Así que, en este momento, vuestro futuro se encuentra en la renovación.

Queremos daros varios puntos sobre los que pensar en la lista que sigue, la cual, por desgracia, tendremos que daros a conocer de forma lineal. En esta lista de temas habrá un mensaje dirigido a vosotros. Esa es la razón por la que habéis venido. Por eso estáis aquí. Porque, cuando hayamos concluido, muchos serán los que entre vosotros penséis que está hecho a vuestra exacta medida. Lo sabemos porque sabemos por qué estáis leyendo y escuchando esta información. ¿Os creéis que es por casualidad?

Renovación familiar

El Ser Humano de la Nueva Era se está renovando, y puesto que se trata de un hecho, ¡debéis comprender que no estáis acabados todavía! Una vez comprendido el hecho de que estáis inacabados, deberíais reconocer algunos atributos. Id acostumbrándoos a ellos. Celebradlos y pensad en ello la próxima vez que os sintáis frustrados. Me estoy dirigiendo ahora a los trabajadores de la luz que se encuentran aquí; hablo a quienes han concedido su intención de seguir adelante en sus vidas y que se encuentran sentados en este lugar y dicen: «*acepto este amor del otro lado. Reconozco a familia y me encuentro listo para partir*». Existen, sin embargo, algunos entre vosotros que lo que digan será: «*llevo preparado muchísimo tiempo. ¿Qué ocurre?*».

Tenéis todavía trece o catorce meses para renovaros antes de que algunos de vosotros os déis cuenta de lo que se trata en realidad (charla de septiembre del 98). Esa renovación se debe al hecho de que las cosas están cambiando con tanta rapidez y celeridad que vuestras concienciaciones no pueden seguirlas. Nos referimos a la concienciación espiritual al nivel celular. Hay quienes tienen dificultades a diario, que se despiertan sintiéndose diferentes a como lo hacían el día anterior. No les queda tiempo para detenerse y relajarse y acostumbrarse a una determinada situación antes de que les llegue otra diferente. ¡Da la impresión de que todo va muy deprisa!

Desplazamiento celular

Por ello, vamos a hablar en primer lugar de lo que ocurre a nivel celular. Es el primer punto, porque es el que más sentís en el momento actual. Ya os dijimos con anterioridad que tendremos que daros esta lista de forma lineal. En realidad, debería dárosla en un puñado –un círculo–, toda a la vez. Los que entre vosotros entiendan en qué consiste la tercera lengua obtendrán dicha información así. Algunos de quienes os encontráis aquí creéis que caísteis dormidos cuando hayamos acabado esto. Si a alguno de vosotros le ocurre lo dicho, ¡habrá conseguido la información de una manera mucho mejor! Para la transcripción, os damos esta información de forma lineal, pero os avisamos de nuevo de que ningún elemento es más importante que los demás. Existe además una razón para que os demos esas informaciones con tanta energía y en el orden en que lo hacemos, pero no tiene nada que ver con la importancia. Sí está relacionada, sin embargo, con el aspecto interdimensional de la energía.

Algunos de vosotros os levantáis por la mañana sintiéndoos raros en el nivel celular. Hay cosas que cambian en vuestro cuerpo, y lo sabéis. Se produce un desplazamiento vibratorio que hace que uno no se sienta bien. Quiero daros una metáfora relacionada con esa mala sensación. ¿Cuántos de entre vosotros os habéis encontrado en vuestros hogares en situaciones en que tenéis que hacer cambios, pero seguís viviendo en casa? Algunos diréis: «*Sí, ya lo creo. Es horrible y nunca lo volveremos a hacer».* Pues imagináos en qué situación os encontráis ahora. Sentados en vuestra casa biológica, que está sufriendo renovaciones a vuestro alrededor. Intentáis buscar cosas en el nivel celular que estaban allí antes, y os encontráis con que ya no están. Es desconcertante y os coge siempre con una pierna levantada. Os acostumbráis a una determinada sensación y, de repente, ya no la tenéis. Esta renovación es «celular», y «celular» se refiere al ADN.

«Kryon, ¿insinúas que los Seres Humanos estamos cambiando el ADN?»

«Sí.»

«Kryon, ¿cómo es posible que el ADN de mi cuerpo tenga nada que ver con ser espiritual?»

En eso precisamente consiste el desplazamiento magnético (la razón de todos los trabajos de Kryon). Os lo dijimos ya, incluso en la reunión sobre la capacitación, una de las canalizaciones pasadas. ¡Vuestra iluminación está íntimamente relacionada con vuestra biología! Cada una de vuestras células es sabedora de ello y se encuentra tan iluminada como la que tiene al lado. Todas responden al magnetismo, razón por la que éste sufre tan fuerte desplazamiento. ¡Tan fuerte que no podéis imaginároslo! ¿Entendéis ahora que algunos de los cambios y situaciones por los que atraviesa la Tierra y que tanto teméis están sucediendo a su debido tiempo, contando con vuestra autorización, para vuestro ADN? Ocurre así para que el nivel celular pueda desplazarse –mejorar– e incrementar su concienciación.

Voy a deciros algo sobre el ADN celular de los Seres Humanos. Hay cantidad de niños que nacen ahora con un ADN diferente al que tenéis. Nos referimos al ADN completo, no sólo a las dos ramificaciones biológicas. Se trata de una evolución, una evolución de la capacitación celular al nivel del Espíritu. Esos niños son diferentes a vosotros, y el magnetismo –el sistema de emcuadrícula do de la Tierra, que está cambiando) les afectará de forma diferente a la que hizo con vosotros. Contarán con ese equipamiento del que vosotros carecísteis y que tendréis que desarrollar (una de las razones por la que estáis leyendo esto). ¿Lo sabíais? No es por casualidad que esos niños de color azul oscuro –el color de la fuerza vital–, a los que llamáis «índigo» estén naciendo con tanta profusión. La edad media actual (1998) de los niños índigo se encuentra entre tres y doce años, y existen buenas razones para ello. Está cuidadosamente cronometrada, y planificada conforme a las medidas espirituales de la Tierra. ¿Creéis que los niños índigo son especiales? ¡Mirad lo que ocurrirá con sus hijos! Estos hijos comenzarán a nacer en el año 2012 o alrededor de él, y ya podéis iros preparando a ellos porque van a ser asombrosos y muy diferentes incluso de los niños índigo de nuestros días.

Ese será el próximo y obvio paso evolutivo si optáis por él. Al decir esto, nos referimos a que contáis con todas las posibilidades de detener esta evolución o de adelantarla. Depende sólo de vosotros. Tenéis una opción totalmente libre sobre la energía de este planeta. Libre albedrío. Sólo os estamos dando los potenciales que sabemos basados sobre lo que ocurre ahora y sobre lo que ha ocurrido –terrorífico, realmente– durante los últimos años. Los niños de los niños van a ser sumamente especiales y van a contar con atributos que ni siquiera los niños índigo tienen, Los miraréis y diréis: *«si esto es lo que ha hecho una sola generación, ¿qué será lo que venga después?»*. ¿Qué ocurrirá con el futuro de la Humanidad? A medida que vayamos recorriendo esa lista, iréis comprendiendo muchas más cosas cuanto más al fondo lleguemos. Vamos a daros, además, una visión general muy mejorada del *por qué* de toda esta línea cronológica cuando presentemos la Quinta Parte de esta serie antes de finales de 1998.

Así que, ¿qué hacer cuando sintáis esas sensaciones? ¿Os sentís capaces de «conectar» como antes? El desplazamiento celular origina alteraciones en el sueño y distintos gustos alimentarios. Os producirá una extraña sensación de «ansias de salud». Celebrad esas sensaciones. Detenéos y permaneced quietos. Festejarlas y comprended lo que ocurre. Entended que, en toda renovación, llega el momento en que termina. Buscadlo. Esperadlo, pero tened bien en cuenta que, mientras haya renovación, hay cambio. El resultado final vale la pena.

Concienciación

El siguiente grupo es al que denominaríamos concienciación. Durante miles de años, la concienciación de los Seres Humanos ha sido hacer como los demás. En la casa de estructura celular que se construye (metáfora), ya no sois **observadores**, porque os habéis convertido en **constructores**. Las renovaciones que se producen, sin embargo, son cosa vuestra. Sois diseñadores y constructores.

Muchos de entre vosotros os habéis pasado todas vuestras vidas –y, con ello, me refiero a vuestras vidas pasadas– siguiendo, siguiendo y siguiendo a los demás. Habéis dicho que eso era lo que había que hacer, así se esperaba y era espiritualmente correcto, y, por lo tanto, lo hicísteis. Alguien vendrá ahora con algo nuevo y os dirá: *«esto es lo que tienes que hacer ahora»*, y lo haréis, pero algunos de vosotros os veréis arrastrando un largo rosario de desilusiones en ese proceso de «seguimiento». Os voy a decir algo que os asombrará: os informamos de que la concienciación del seguimiento está cambiando en el momento actual y que ahora os pedimos ser pastores y no ovejas. Estamos sentados aquí en familia y tratando de algo en profundidad. Vosotros, los trabajadores de la luz, sois el borde de ataque de la vanguardia que se avecina. Cada uno de vosotros se considera a sí mismo como un trabajador en la Luz –manteniendo y anclando la luz. Cada uno de vosotros puede levantarse hoy de su butaca con el potencial de un pastor para dejar de ser oveja para siempre. Forma parte del nuevo despertar del «quién sois».

Permitidme deciros lo que hace la conciencia y lo que está ocurriendo. Al llevar a cabo vosotros ese desplazamiento, el cambio se hace incómodo. Podéis despertaros agitados. Es la misma sensación que la de la renovación de la estructura celular, excepto en el hecho de que la concienciación consiste asimismo en emociones. Se trata de la forma en que pensáis, y algunos no os sentiréis centrados e incluso llegaréis a generar temores por causa de esa inquietud. En el pasado, estas sensaciones emocionales de sentirse inquieto implicaban que algo no iba bien. Sin embargo, ¡esta vez, todo funciona a la perfección y, de hecho, deberíamos festejar el sentirnos inquietos! ¡Tranquilizáos y enteráos de que *sois* Dios! Calmáos. Sabed que la presencia del YO SOY pertenece al Ser Humano renovado. Se trata de la transformación de seguidores en líderes, de los que buscan el conocimiento mientras se les va dando lentamente el equipo para hallarlo. Consiste en parte de la realización de que podéis pedirlo y que os sea concedido. Es algo nuevo y va a tomar algún tiempo que os acostrumbréis a ello. Estáis renovando de forma espiritual vuestra concienciación junto con vuestras células biológicas.

«Kryon, me siento sumamente inquieto emocionalmente», dirán algunos. *«Por las mañanas, me levanto y no tengo ni idea de lo que va a suceder. Las cosas no dan la impresión de ir mal, pero aún así siento esa inquietud. No tengo ninguna certidumbre sobre mi vida y carezco de una dirección clara. No sé adónde voy. En cuanto a mis emociones, bueno; con frecuencia me veo preocupado. Me imagino que estoy pasado por un desplazamiento de mi concienciación, pero no sé qué hacer. A veces me siento deprimido y, otras, cansado. No soy yo».*

Os diré, queridos míos. ¿No os dáis cuenta de que sabemos cómo os sentís? Pues sí. La renovación de la concienciación va a requerir su tiempo, por lo que os pedimos paciencia, tranquilidad y celebración. Hay tiempo. Tenéis como una sensación de urgencia, ¡pero queda tiempo! Algunos de vosotros vibráis en un nivel superior, y es esa misma vibración la que hace que os sintáis inseguros. Sentís que tenéis que hacer eso o lo otro urgentemente y a toda prisa. No es así. Queda tiempo. Así que os pedimos que celebréis esa sensación. Sabed que, cuando la renovación alcanza un grado en el que la sincronicidad puede aplicarse por sí misma, como habéis solicitado, también obtendréis las respuestas que pedísteis. Serán merecidas, creadas por vuestra concienciación y, por ende, diseñadas por vosotros mismos. Hasta que llegue ese momento, permaneced tranquilos. Reconoced la renovación y saludadla como a una amiga. Cuando os sintáis inquietos por la mañana, os invito a deciros a vosotros mismos: «*¡Hola, depresión! ¡Hola, intranquilidad! Os reconozco. Estoy cambiando porque concedí mi intención para ello y, durante todo lo que dure el cambio, voy a celebrarlo hasta que haya concluido*».

Vuestro sendero espiritual

Número tres. Algunos han dicho: «*Desconozco por completo mi sendero. ¡Oh, Kryon! Tú nos hablaste de ese enorme mapa que tenemos. Bueno, pues, ¿sabes una cosa? ¡Me encuentro en la oscuridad más completa! No tengo ni idea de hacia adónde dirigirme. ¡Tengo tantas opciones que lo encuentro confuso!*». Otros habéis dicho: «*No tengo ninguna opción. Me encuentro como en un atasco. ¿Qué debo hacer? Kryon, te has presentado aquí con ese gran mensaje, y yo percibo ese amor y sé que es verdadero. He concedido mi intención para seguir mi sendero, pero no veo que suceda nada*». En lo relativo al sendero, se trata de una metáfora, queridos. Algunos os habréis dado también cuenta de que os dimos otra metáfora cuando hablamos de la forma de «asociarnos» con nuestros yos superiores.

Os lo volveremos a repetir. Durante años habéis sido como pasajeros de un bote salvavidas, sacudidos, al parecer, de un lado a otro por el océano de la vida, por lo que algunos de vosotros os habéis alzado y pedido a Dios que ponga sus manos en el timón de esa embarcación y os dirija a un puerto seguro. De hecho, algunos vivís de zozobra en zozobra, de tempestad en tempestad, creyendo que ésta es la manera en que funciona la vida. Os imagináis que ése es vuestro sendero. Y algunos llegáis a creer que tenéis que andar simpre forcejeando con algo y pegándoos golpes contra las paredes hasta que Dios descienda y os ayude.

Existe un nuevo paradigma, y os invitamos a que os vayáis acostumbrando a él. Queridos, muchos de vosotros estáis acostumbrados a ir como pasajeros, pero ha llegado el momento de conducir. En vez de un bote salvavidas en el que Dios se embarca y al que se pone a pilotar, os ha llegado el momento de seguir las instrucciones de Dios, poner el motor fuera de borda y ¡pilotarlo por vuestros propios medios! Y, en el proceso de transformación de pasajero a piloto, existe un desplazamiento, al igual que la incertidumbre del cambio. El sendero parece, a veces, carecer de definición. Por cuantos de vosotros decís: «*carezco de opciones*», existen otros tantos que dicen: «*¡tengo demasiadas!*». Desde luego, parece confuso. ¿Qué es lo correcto?

¿Habéis sido conducidos alguna vez a algún sitio? Tal vez se trate de algún lugar extraño, pero el conductor conoce la zona. Es el responsable, y todo lo que vosotros tenéis que hacer es dejaros llevar. Llegáis a vuestro destino, aunque, en realidad, no sepáis muy bien cómo lo hicísteis, ya que el conductor fue quien se encargó de ello. Por lo tanto, lo que ocurre con la vida es que, cuando no conducís vosotros, no ponéis demasiada atención en cómo el conductor os llevó al destino que solicitásteis. Lo que os estamos diciendo, así, de repente, es que ¡*vosotros* sois quienes debéis conducir! ¡Esto sí que es preocupante! ¡No sabéis dónde se encuentra nada! ¡Como nunca os fijásteis...!

«Kryon, ¿qué debo hacer con mi trabajo, con mi relación? ¿Qué debo hacer sobre mi salud? ¿Dónde está mi sendero? ¡Jamás antes de ahora me había visto en el asiento del conductor espiritual!».

Primero. Aprended a hacer uso del mapa que se le dio a Michael Thomas en la historia de *El Viaje a Casa*. ¡Oh! ¡Encierra tanta energía! ¡Tantísima! Si no habéis conducido nunca hasta ahora, ¡váis a necesitar ese mapa! Ese mapa, que no es sino una metáfora de intuición y discernimiento, os dará paz para «conducir» en territorio desconocido. Aquello en lo que, en el pasado, confiásteis será ahora responsabilidad que recaerá sobre vuestros hombros. Al principio, os dará una sensación extraña, pero os compensará con creces a medida que os vayáis acostumbrando a ella. Recordad que vuestro socio Dios ve la carretera con total claridad. La comunicación con vuestro mapa se produce a través de discernimiento e intuición.

Segundo. Cualquiera que sea la energía en que os encontréis, cread vuestra escapatoria del temor que la rodea.

¡Transformadla, a través de la presencia del YO SOY, en una celebración! Recordad que las celebraciones son posibles incluso en momentos de incertidumbre. ¡Celebrad la incertidumbre! A continuación, comenzad pidiendo que se os sea concedida una guía directa clara para no sentir que camináis sólo por intuición. Decid en voz alta al Espíritu: *«voy a hacer uso de mi asociación con mi divinidad para pilotarme yo mismo a los puertos seguros de la vida»*.

Os diré lo que va a sucederos cuando digáis eso. Van a llegar las gigantescas manos del Espíritu y van a rodearos, y juntos, como una familia, váis a pilotar esa embarcación a un lugar seguro. En tanto que conductores de vuestros propios caminos de la vida, tenéis derecho a esperar que haya otro par de manos ahí junto a vosotros. Esta asociación es nueva y llevará algún tiempo que os acostumbréis a ella. Estáis acostumbrados a que se os dé casi todo y, ahora, con ese nuevo poder con que contáis, váis a tener que hacer las cosas por vosotros mismos. Con la acción, viene la concienciación, y vuestra *intención* creará la solución con la ayuda de una amantísima energía familiar llamada familia.

Espero de que os vayáis dando cuenta de la situación. Se trata de una situación en la que os honramos por encontraros en este lugar de incertidumbre. ¿Sabéis el honor que conlleva el lavaros los pies? Sabemos por lo que estáis pasando y conocemos también las dificultades que entraña el cambio que tenéis delante.

Energía

Hablemos por un momento de la energía. Sois muchísimos los que entre vosotros trabajáis con ella. Habéis tenido que pasar por protocolos y disciplinas espirituales que la emplean y os sentís cómodos por la forma en que funciona. Estáis acostumbrados a sentirla, a saber hacia adónde va, cómo fluye y a ver sus resultados en los demás. Y, de repente, ¡cambia todo! Os diré algo que no hace mucho dijimos ya a otros, pero que necesitáis oír también vosotros en lo relativo a la energía espiritual: las

131

soluciones energéticas de ayer no son necesariamente las de mañana. Y lo que sentís ahora mismo, lo que funciona ahora, puede no funcionar mañana. Puede resultar frustrante para muchos de vosotros que trabajáis con energía, y quiero deciros la razón por la que las reglas son tan cambiantes en lo concerniente a la energía. Existen piezas y trozos del rompecabezas energético que se trasladan a nuevas zonas de vuestro entorno para suplementar el nuevo poder de capacitación de los Seres Humanos. Esas herramientas con que tan familiarizados estábais no os han abandonado, sino esperan a que adoptéis una nueva acción para descubrir cómo se han renovado a sí mismas para «adaptarse» mejor a vuestras nuevas y renovadas biología y concienciación. Queridos míos, el maestro carpintero tiene mejores herramientas que el aprendiz. El «chef» recibirá una nueva cocina con todas las instalaciones necesarias para su arte. ¡El Ser Humano renovado espiritualmente recibirá nuevas herramientas energéticas para mejorar el trabajo que lleva a cabo en este planeta!

Para aquéllos de vosotros que trabajáis con energía os diré que pueden dar una sensación diferente, pero que, ahora, las herramientos están mucho más afiladas. De nuevo, decimos, celebrad el hecho de que vuestro poder vaya en aumento. ¡Váis a lograr resultados mucho más profundos en vuestros trabajos que los que obtuvisteis antes a lo largo de todas vuestras vidas! Prestad atención a algunas de las nuevas energías que os llegan así como a la información intuitiva que se os vaya concediendo, porque «casarán» perfectamente con lo que teníais y sabíais con anterioridad. Queridos, algunos meditáis con determinados tipos de energía y esperáis determinadas sensaciones y ciertos modos de saber si estáis o no sintonizados con el Espíritu. Esas mismísimas energías comunicativas tienen que desplazarse para que se produzca una mejor intuición y discernimiento, con lo que algunos os sentiréis repentinamente como si no estuviéseis sintonizados. *«¿Qué ha ocurrido con mi corriente meditativa? ¿Qué ha sucedido a las sensaciones que siempre he sentido?»*, podéis preguntaros. Cuando la comunicación cambia, no os asustéis.

Detenéos y celebrad el hecho de haber atravesado la barrera del miedo y de encontraros ahora buscando la mejor manera de emplear vuestras renovadas herramientas. Pedid que el Espíritu os guíe para mostraros hacia qué lado os debéis volver en vuestro trabajo con la energía, en vuestras meditaciones, en vuestros acercamientos a la comunicación. No os sorprendáis cuando ideas intuitivas asalten vuestra mente, de manera parecida al proceso que mi socio está canalizando en este momento.

No existen situaciones en que la perplejidad vaya más lejos que la energía de la solución. Dejad que os lo repita de otra manera: nunca se os dará un rompecabezas demasiado difícil. Las respuestas están ahí, esparando ser encontradas, y, en todo lo concerniente a la energía, los cambios son espectaculares. La nueva energía va representar un importante papel en la renovación del mismísimo modo en que vivís.

Seguiremos pasando revista un poco más al tema de la energía para que lo tengáis más claro. Sea quien sea quien se encuentre utilizando energía por la razón que sea, sabed que aquélla va a cambiar y que volverá a cambiar. Me dirijo incluso a los facilitadores con lo que parece nueva información. Buscad los desplazamientos. Buscad el cambio. Cambiad el protocolo de la docencia para que refleje la nueva información cuando llegue a vuestro yo intuitivo. Poned al día a vuestros alumnos a medida que vayáis teniendo revelaciones relativas a esas asignaturas energéticas. Acto seguido, aprended las nuevas formas de «sentir» en temas de la comunicación. Hasta los más antiguos sistemas espirituales del planeta se van a ver mejorados. La energía de la parte espiritual de la Humanidad cambiará, cambiará más y volverá a cambiar más todavía.

Para acabar, queremos daros otro tipo de «pista» energética en lo relativo a la comunicación con el Espíritu. Tomáos un momento todos los días para sentaros y permanecer quietos. Durante ese tiempo, no meditéis. Permaneced sentados y quietos. Esto es nuevo. Queremos que permanezcáis sentados y tranquilos para, con toda sencillez, ser amados. Averiguad qué se siente cuando se es abrazado por el Espíritu por el mero hecho de ser uno mismo. No preguntad nada no haced ruidos ni interrumpid el flujo. No haced nada más que sentir los brazos de la familia que os rodean. Después, haced lo que normalmente estábais haciendo. Os invitamos a tener una mayor concienciación de la totalidad. ¡Quedáos quietos y dejad que os amemos! Éste era el cuarto punto.

Finalidad

Ahora os queremos hablar sobre la finalidad. ¿Cuál es la finalidad de los Seres Humanos aquí? En el antiguo paradigma –los viejos tiempos–, la finalidad siempre trataba de lecciones, y, tal vez, vengáis oyendo eso todas vuestras vidas. Todos los que entre vosotros hayáis formado parte de esta filosofía espiritual, todos los que hayáis comprendido quiénes sois y la magnitud de los cambios, habréis comprendido también que todo en lo que consiste la vida es en aprender, aprender y aprender. De repente, venimos y os decimos que hasta eso está cambiando. Mientras, por un lado, habéis sentido que vuestro lugar en la Humanidad era el de alumnos, ahora, por otro, empezáis a sentiros como licenciados. ¡No! Mucho más que licenciados. Profesores.

Así que la metáfora de vuestra existencia os hace pasar de alumnos a profesores. Además, los atributos renovados de que tratamos os están haciendo cambiar vuestra finalidad en el planeta. ¡Oh! Es verdad que todavía os encontráis en él para atravesar todo tipo de pruebas, queridos, pero algunas de las razones por las que tendréis que atravesarlas son las de que podáis enseñar a otros. Así que, profesores, os invitamos a prestar atención a lo que sigue, a esta nueva forma de ser mientras el propósito de la Humanidad se va desplazando. Preguntad a los nuevos niños que cuál es el propósito de sus vidas. Os darán algunas respuestas realmente alarmantes. ¿Por qué estáis vosotros aquí? Adelante, id y preguntadles. Os van a dar respuestas tan sabias y profundas que la finalidad se verá redefinida. ¡Y no os sorprendáis si también os hablan del amor con que están aquí!

¿Sabéis? El Espíritu no existe en el vacío. Comprendemos lo desconcertante que este cambio y este desplazamiento pueden ser. Os pedimos que no dejéis que el desplazamiento os tire al suelo y os separe de vuestro sendero. Permaneced enfocados en el trabajo incluso durante un desplazamiento del nivel celular, del de la concienciación o del energético. Si entendéis en qué consiste la renovación, quiere decir que conocéis el cambio. Incluso durante una confusión o desconexión aparente, os invitamos a echaros a reír y a entender que terminará con un simple esfuerzo y con la intención de averiguar dónde se encuentra el nuevo «centro». ¡Celebrad el cambio, porque nunca tendría lugar a menos que no se tratase de vosotros quienes os lo mereciéseis!

Interacción

Permitid que os hable sobre el número seis. Está relacionado con el uno, el cual se relaciona también con el cuatro, porque trata de lo celular así como de la energía. Se refiere al futuro de una interacción entre Seres Humanos con otros Seres Humanos. Se trata de un campo en el que habéis comenzado a ver cambios dramáticos. Si queréis ver lo que es el desplazamiento de la concienciación, éste se va a mostrar entre Humanos y Humanos. Es el área en que aparece de forma más dramática. ¿Cuántos de entre vosotros estáis sintiendo un cambio en la pasión? Va a formar parte del desplazamiento de concienciación y finalidad. ¿Véis cómo se interrelacionan? Se está produciendo una renovación en lo relativo a la interrelación entre Humanos y en la manera en que se «ven» unos a otros. Ahora no nos referimos solamente a los trabajadores de la luz, porque lo que decimos se está produciendo en un nivel planetario. Es el tipo de desplazamiento que el ajuste de la cuadrícula magnética está dando a toda la Humanidad. Permitid que dé algunos de los atributos de ese desplazamiento, queridos míos, para los trabajadores de la luz que leen y escuchan esto mientras sostienen su luz. Algunos, en estos últimos años, habéis sido receptores de un cambio en la pasión. Muchos de vosotros conocéis a otro Ser Humano de este planeta de una nueva forma, de una forma mucho más profunda que jamás sentisteis con anterioridad. ¡Oh! ¡Claro que os preocupábais! Pero nunca hasta el punto en que ahora lo hacéis. Tal vez vaya a ocurrir algo relacionado con la energía en el planeta que todavía esté muy lejos, pero ya sentís la reacción humana de ello. Es nuevo para vosotros. Estáis «sintonizando» con la familia.

Puede que existan regalos ofrecidos de una manera espiritual por unos Seres Humanos a otros que, por lo general, traduciríais por tragedias, pero se producirá una visión general de sabiduría relacionada con todo el acontecimiento. Y, aunque lloréis por ellos, os daréis cuenta de que vuestras emociones son diferentes de lo que solían ser, porque, junto con el desplazamiento de la cuadrícula magnética, se produce una interacción entre una humanidad que es mucho más humanitaria –como decís vosotros– de lo que jamás lo haya sido. Está relacionada con un desplazamiento en la familia. La familia está empezando a verse a sí misma como familia. Por muy lejos en el planeta que el acontecimiento se produzca, con independencia del idioma que hablen quienes participan en él y sin tener para nada en cuenta sus creencias, la pasión ascenderá numerosas veces en vuestros corazones y se desbordará hacia ellos. Entonces, rezaréis una oración, les daréis energías y diréis: *«esto es diferente para mí, porque nunca hice nada parecido»*. Y será cuando empezaréis a preocuparos por la familia.

Os diré lo que está ocurriendo a los Seres Humanos que podéis ver ya en los niños. Quiero deciros lo que los niños hacen en las familias. Mirad bien. Los niños intentan hacer la paz en el seno de las familias. Si existe alguna diferencia entre padre y madre o entre hermano y hermana, podéis esperar que los niños se metan en mitad de la pelea para actuar como pacificadores. Queridos, los Seres Humanos están pasando a ser de observadores a pacificadores. Existen tanta esperanza y tanto potencial incluso cuando contempláis la Tierra y decís: *«Aquí hay demasiados Seres Humanos y demasiado potencial para peleas, desacuerdos y guerras»*. Este es el paradigma que emplea el antiguo Ser Humano.

Hablamos ya de los niños de los niños. ¡El atributo de los Seres Humanos que van a nacer de los niños índigo es el de pacificador! Es el pacificador quien cuenta con el potencial de llegar alrededor del año 2012. De una manera que jamás hayáis visto antes, todos ellos podrán comprender la sabiduría de convivir en paz. Tendrán, además, sistemas de inmunidad mejorados. Tendrán tolerancia hacia cosas por las que vosotros no la tenéis y ello os sorprenderá. ¡Estad alerta! El potencial para lo dicho es sumamente profundo. Todos pacificadores. Ese es el potencial de los Seres Humanos. Ese es el futuro del poder del punto siete, que os vamos a explicar en cuanto acabemos con esta enseñanza.

Conciencia

Desde el primer momento en que comenzó la enseñanza en esta serie denominada «Cartas desde el Hogar», os fueron dados los atributos de la Humanidad. Uno de los principales atributos de los Seres Humanos nuevos era la conciencia, siéndoos expuesto este tema de la concienciación Humana con todo lujo de detalles, así como la mención de los poderes que la conciencia os aporta, desde el primero hasta el séptimo.

Nos encontramos en este momento ante el último, el séptimo, al que denominamos *conciencia*. Lo volvemos a mencionar porque es sumamente importante. Si hubiéramos de asignar algún tipo de jerarquía, éste es el que pasaría por encima de todos los demás mensajes. Conciencia es acción, y la conciencia se manifiesta con intención. Otra palabra para designar la *conciencia* sería *iluminación*. La conciencia aporta poder, fuerza. La conciencia pone en actividad la Cuadrícula Cósmica, la energía del Universo. ¿Lo sabíais? Contemplad la energía de la conciencia, analizad la forma en que responde a la intención y tendréis una de las claves si queréis conectaros con la Cuadrícula. El punto cuatro correspondía a la energía, y de nuevo nos vemos hablando de ella. La energía de la comunicación con el Espíritu trata solamente del contacto con la Cuadrícula.

«¿Por qué tanto hablar ahora de energía, Kryon? ¿No hemos tenido la Cuadrícula siempre?».

Sí, claro que la tuvísteis, pero es sólo desde los últimos años cuando los Seres Humanos han tenido, a través de la conciencia, la oportunidad de llegar a ella espiritualmente. Es la presencia del YO SOY la que permite que ocurran cosas parecidas, como la conciencia mejorada de la sacralidad que tenéis en vuestro interior. Ésta es la asociación a la que nos referíamos con anterioridad. Ésa es la chispa de la divinidad que os habla desde vuestro interior. Ésa es la presencia del YO SOY que se está apoderando. ¡Conciencia!

Tenéis sobre vuestras rodillas una cajita que os dimos antes. ¡Oh! Ya sé que lo hicimos de manera metafórica, aunque algunos de vosotros podáis sentirla. Algunos ya habéis sentido su vibración. Lleva ahí ya un buen rato y, dado que encierra potencial, para algunos de vosotros ya se está poniendo caliente. Quiero deciros lo que contiene: En esa cajita se encierra el agente catalizador de la conciencia. Se trata de aquello a lo que deberéis enfrentaros a fin de averiguar quiénes sois en realidad. Es lo que tendréis que *poseer* para que comience a edificarse vuestro nivel de conciencia a fin de que funcionen todas esas cosas de las que os hemos hablado en el día de hoy. Y la cajita permanece cerrada.

En el interior de esa cajita hay algo que lleva encima vuestra energía. Se os ha entregado en este momento como un regalo, como un carril de vía rápida para la manifestación. Aunque existan entre vosotros quienes, al salir de aquí, no entiendan la cajita ni la deseen ni vean, otros la recibirán con alegría. Para aquellos de vosotros que deseéis abrir la caja, podéis hacerlo ahora, y quiero deciros qué es lo que se va a desbordar de ella, desbordar para llenar vuestro interior. Se trata de algo que venís necesitando desde hace algún tiempo, se trata del definitivo catalista para la conciencia y recibe el nombre de «autovaloración». Podéis tomarla con plena libertad y podéis levantaros de la butaca en que os encontráis sentados y sentiros más altos que nunca, porque ese regalo os pertenece y está recubierto por vuestra propia esencia. ¡Este regalo de autovaloración os va, por fin, a permitir recibir las cosas por las que habéis mostrado vuestra intención! Tal vez os preguntáseis cuál era el punto, la pieza que faltaba era conseguir acción espiritual en vuestras vidas. Algunos habíais dicho al Espíritu: *«quiero dejar de tener preocupaciones. Quiero entender lo que son las sanaciones. Quiero algunas normas».* ¡La clave está en la autovaloración! Ella dará un empujón a todas esas cosas, porque permite que se lleve a cabo el proceso de la concienciación.

¡Oh! ¡Ya era hora! ¿Verdad que sí? Ya era hora de que lo sintiéseis. Os voy a decir todo en lo que consiste la autovaloración. Autovaloración es conocimiento de que formáis parte de esta familia. Autovaloración es lo que os permitirá, en cierto modo, sentir el amor que conlleva el lavado de pies que todavía se está llevando a cabo. Autovaloración es lo que os permitirá entender y, después, sentir que «no estáis solos». Estáis protegidos. Tenéis en vuestro entorno energía especializada en ello mientras «empujáis» con vuestra luz a quienes os rodean.

No existe nada inadecuado que pueda jamás penetrar ese «empujón de luz» vuestro. Lo que os queremos decir es que la energía de vuestro semblante –de vuestra luz, alimentada por vuestra conexión a la Cuadrícula– es tan potente que ya no se necesitan escudos. Vosotros mismos *sois* esa luz mientras entráis y salís de vuestro espacio, de vuestra familia, de vuestro trabajo y de vuestra vida. Una recién establecida y poderosa autovaloración va a amplificar esa luz de que sois portadores hasta un grado en el que seréis vosotros quienes llevéis a cabo el empuje de energía sagrada desde ese momento. Doquiera vayáis, esa luz será más que suficiente para empujar, empujar y empujar, y jamás existirá energía alguna que pueda atravesarla y que sea inadecuada. Podréis caminar a través de las energías más oscuras que imaginaros podáis con una sonrisa en vuestros labios y la alegría en el corazón sabiendo que no pueden tocaros. Tenéis la autovaloración que constituye el catalizador de la conciencia, la cual crea el poder de conexión a la Cuadrícula.

¡Ah! Es posible que algo de esto pueda pareceros interdimensional y extraño, como si nos expresáramos, tal vez, en acertijos. Por cuantos hay que piensan así, ¡existen otros tantos que, en estos momentos, empiezan a comprender de verdad la razón por la que decidieron recibir este mensaje!

(Una pausa)

¡Estamos celebrando como en familia la sanación que se está produciendo en estos momentos! Porque hay quienes escuchan y leen esto que por fin han llegado a comprender en profundidad. Escucháis este mensaje, que celebramos como si la familia os felicitase, a causa de los señaladísimos cambios que van a acontecer en las vidas de algunos Seres Humanos. ¿No iba siendo ya hora? ¡Ésa es la razón por la que estéis escuchando y leyendo estas palabras!

Queridos, quiero proporcionaros otra visión que no es sino la de vuestra dualidad. Se trata de esos temores que os persiguen por la calle, y quiero deciros que ninguno de ellos es real. Me refiero a esa concienciación que os despierta en mitad de la noche –por lo general, hacia las tres de la mañana– y os dice: «*¿Qué tal si nos preocupamos un poco?*». Os daré un ejemplo. Estáis sentados en el asiento del conductor con toda vuestra autovaloración. Tenéis vuestra luz. La parte de vuestra dualidad que genera los temores es real y pertenece a vuestro entorno. Forma parte del equilibrio que concertásteis. ¡Pero, ahora, se va a sentar en el asiento de atrás! Ya es hora de que el miedo sea el pasajero, no el conductor. ¿Véis? Ahora sois el conductor, de modo que la próxima vez que el miedo levante su fea cabeza en vuestras vidas con toda su energía, queremos que lo expulséis diciéndole: «*Hola, viejo. ¡Ya sé quién eres! Ya va siendo hora de que te sientes detrás, porque soy yo quien conduce. Ponte detrás ahora mismo porque ya nunca jamás vas a conducirme a ninguna parte. ¡Nunca!*» Eso es lo que hace el miedo. Llevaros de una a otra parte, os desilusiona, os arrastra por el suelo, os entristece, altera vuestro semblante y os enferma.

«*Miedo, ponte en el asiento de atrás. A partir de ahora no quiero tener que ver nada contigo*».

Ésa es nuestra visión. ¿Sabéis cómo podéis conseguirla? Es aquello que sacásteis de la cajita lo que os permitirá hacerlo. Os invito a celebrar el hecho de que ahora lo revindiquéis. Sentid cómo la presencia del YO SOY fluye a vuestro interior. Celebrar los guías que han sido activados por la cantidad de amor que se siente aquí hacia vosotros. Sentid cómo la familia os abraza antes de separarse de vosotros para recoger los cuencos que hemos llenado de lágrimas de alegría y terminar de lavaros los pies. Sentid cómo la familia os toca y dice: «¡ya iba siendo hora de que viniéseis a una de estas reuniones!». ¡Hay aquí tanta familia! Están aquéllos a quienes conocístes y con quien tantos siglos pasásteis, ¡aunque podáis salir de esta sala sin siquiera reconocer si estuvieron o no en ella! En esto consiste la dualidad. Por eso es por lo que os amamos de la manera en que lo hacemos. ¡Menuda tarea habéis elegido para vosotros mismos! ¡Menudo reto!

Os diré lo que hemos decidido hacer. Hemos decidido amaros a través del velo. Con cada mes que transcurre en la Tierra, esta «rasgadura en el velo» se abre con mayor facilidad, con más frecuencia y con mayores oportunidades. La clase de transmisión que oís y leéis ahora mejorará, y cada vez que suceda así, os pedimos que busquéis la verificación de que es real. ¿Verificación real? Es el amor que va en ella. Ese amor es espeso y podéis sentirlo.

Ha llegado el momento de retirarnos. Amados míos, jamás volverá a existir un momento exactamente como éste. Esta familia que está en esta sala y quienes han ido a visitaros incluso mientras estábais leyendo estas palabras no volverán a presentarse de la misma manera que ahora. ¡Oh! Volverán a tener lugar otras reuniones y otros momentos de lectura, pero estos momentos son realmente profundos. Se trata de unos preciosísimos momentos para esta familia. Incluso mientras os levantáis de vuestras butacas, abandonáis la sala y os dirigís a vuestros respectivos trabajos, deseamos que sintáis y comprendáis lo preciado que es este momento. ¡Claro que es un momento preciado! ¿No ha venido el espíritu, y os ha tocado la familia porque manifestáisteis vuestra intención de ello? ¿Y qué me decís de la sensación? ¡Es la del *hogar!* Consiste en una energía que conocéis perfectamente, aunque sólo podáis captarla ocasionalmente en momentos como éste, en los que estéis rodeados por la familia.

Así ha de ser, queridos, que nos retiremos de esta energía. Como dijimos a otros, hay algo extra para algunos de vosotros: conocemos perfectamente a los que, a través de esta enseñanza, han concedido su intención pura de recibir información, a los que han tenido conciencia y comprensión, y a quienes han realizado desplazamientos incluso en un tiempo tan breve. Así ha de ser, que el número y cantidad de entidades que pasen a través de la rasgadura de este velo sean menor al irse que cuando llegaron. Lo que os decimos es que algunas de ellas van a quedarse entre vosotros, aquéllas a quienes habéis dado permiso para que lo hagan. Los cambios de guías se han producido ya, aquí y ahora mismo. Se ha llevado a cabo la verificación de los colores que han visto. Y todo ello es porque lo necesitábais, queridísimos míossss, y sabéis perfectamente a quienes me dirijo.

¿No va siendo ya hora de que os reconozcáis a vosotros mismos? Habéis dejado que pase muchísimo tiempo en espera de este momento. ¿Podría ser verdad? ¿Una reunión familiar en este sitio? Sí. Es real, como lo son el amor que os ha visitado en él y la sensación que llevamos en nosotros al alejarnos de aquí. Estamos seguros de que habrá otra vez en que nos volvamos a ver, queridos. ¡Claro que sí! Y me reconoceréis por los colores que llevo, y yo os reconoceré por los vuestros. Y me diréis: «¡Felicidades! ¿No fue un momento grandioso cuando nos vimos durante un rato cuando yo era un Ser Humano en aquel año en que tantas cosas pasaron y en el que me hiciste recordar quién era yo?».

Y os diré: «¿Y tú quién eres?».

Y me diréis: «¡SOY el que SOY!».

Y os daré la bienvenida a vuestro *hogar.*

Y así ha de ser.

Kryon

Antes de leer la sección siguiente... ¡leed esto!

Muchos de los lectores de las series de Libros Kryon son ya conocedores de que la misteriosa actividad de los rayos gamma que tan de moda está en nuestros periódicos locales fue predicha por Kryon en el Libro Kryon II, «No Piense Como Un Humano», página 69. Dicha información fue canalizada en agosto de 1993. En aquel momento, nos dijo que nos esperáramos el descubrimiento y que lo buscásemos. El Libro Kryon III, «Alquimia del Espíritu Humano», también trataba del tema y el Libro Kryon VI, «Asociación Con Dios», lo mencionaba también en su página 403.

Son muchos los que recordarán que en una reunión celebrada en Sedona, Arizona, Kryon nos dijo que la Gran Explosión –el «Big Bang»– no se produjo nunca. En una sorprendente canalización científica publicada en el Libro Kryon III, nos proporcionaba otra explicación sobre la forma en que el Universo se crea a sí mismo e invitaba a los científicos a averiguarlo por sí mismos. En el Libro Kryon III, afirma: «La verdad es que tuvieron lugar numerosos acontecimientos expansivos –muchos «bangs»– a lo largo de un enorme período de tiempo. La realidad es que vuestro planeta descansa en medio de uno de los numerosísimos acontecimientos creativos que se sobreponen entre sí, algunos de los cuales son anteriores al vuestro». En 1995, esta información era absolutamente inaceptable para la corriente general de la Ciencia, que cada vez se iba convenciendo más profundamente de que todo el Universo comenzó con un «bang».

Finalmente, la idea de sospechar de la falsedad del «Big Bang» comienza a ser asimilada y postulada por un puñado de científicos y astrónomos. En una nueva revista editada por

143

Scientific American y titulada el *Magnificent Cosmos,* aparecía un artículo de André Linde, profesor de Física de Stanford, educado en Rusia, en el que se erigía en campeón de la teoría de un cosmos «autoreproducido», que está siendo sometida a estudio por su mérito. En él dice que el Universo comenzó con un pequeño acontecimiento creativo que, con el tiempo, llevó a otro y a otro y a otro..., lo que explica lo que en la actualidad podemos contemplar con nuestros telescopios así como la paradoja de la edad de la que fuimos informados el pasado año, cuando el telescopio Hubble descubrió estrellas al borde de nuestro Universo conocido que ¡eran más jóvenes que nosotros! (Si la teoría del «Big Bang» fuese correcta, tendrían que haber sido más antiguas).

Citando al Dr. Linde: «Si mis colegas y yo tenemos razón, pronto nos despediremos de la idea de que nuestro Universo fue una sola bola de fuego que se creó en el «Big Bang». La evolución de la teoría inflacionaria (múltiples «bangs») ha dado pie a un paradigma cosmológico completamente nuevo que difiere de forma considerable de la primera versión»[1].

Traigo esto a colación porque la próxima sección de información canalizada nos informa de que la actividad gamma que los astrónomos ven a casi 12 millones de años luz constituye, sin duda alguna, otro episodio creativo universal (otro «bang»).

¿Qué es lo que ven? Lo que sigue es un informe del *Science News*, volumen 153: «Los astrónomos denominan a este estallido de rayos gamma "la explosión más potente que haya tenido lugar desde el 'Big Bang'." Esta explosión fue tan luminosa como todas las demás de todo el Universo, ha dicho George Djorgvski, del California Institute of Technology, de

---

1. Revista *Magnificent Cosmos*, Andrei Linde. «The Self–Reproducing Cosmos». Scientific American Presents (www. sciam.com/specialissues/0398cosmos/0398quicksummary).

Pasadena».[2] Solamente quería que oyéseis la opinión de la Ciencia antes de leer lo que Kryon tiene que decir en «El Significado de la Vida».

Lee Carroll

2. Revista *Science News*; R. Cowen; «Gamma–Ray Burst Makes Quite a Bang». Volumen 153, número 19. Mayo de 1998, página 292. Publicada semanalmente por Science Service, Washington, D.C. (www.sciserv.org).

«EL SIGNIFICADO DE LA VIDA»
La Familia, Quinta Parte

Canalización en Directo
Laguna Hills, CA

La siguiente canalización en directo es la quinta de las cinco sesiones relacionadas con «La Familia» tal como nos ve el Espíritu y contiene palabras e ideas adicionales que permiten la aclaración y mejor comprensión de la palabra escrita.

¡Saludos, queridos! Soy Kryon, del Servicio Magnético. ¡Oh! ¿Y creíais que habíais venido a verme? Estamos aquí esta noche para deciros que todo un cortejo espiritual se está derramando en este lugar y que quienes lo forman lo hacen por la intención existente en esta sala y por quienes han optado por leer esta transcripción. Cada uno de vosotros nos es perfectamente conocido, todos los que, sentados en vuestras butacas, leéis o escucháis estas palabras, porque nos dirigimos a quienes denominaríamos nuestra «familia», una familia que nos es bien conocida a todos.

La información que os vamos a dar esta noche trata, como es natural, sobre la familia. Tratará de *vosotros,* pero permitidme que os diga antes de que comencemos con la lección lo que se está produciendo en estos momentos, porque, queridos, estamos en una época en que la energía del cortejo que nos ha acompañado esta noche se está derramando y corre entre las filas de butacas. Se desparrama por los pasillos. Se presenta ante el lector solitario y sabe quiénes sois porque es de la familia. Conoce el mensaje que se va a producir así como su profundidad. Sabe que, tal vez, lo vayáis a «escuchar» por primera vez y que, desde luego, ¡no lo olvidaréis jamás!

Hay quienes entre vosotros, entre los que escucháis y leéis estas palabras, sin lugar a dudas sentiréis y tendréis conocimiento del toque del Espíritu antes de que concluya esta reunión, y os daréis cuenta de ello porque habréis procedido con intención. Incluso quienes han venido sin encontrarse preparados para esta energía, si han obrado con intención, sentirán y se darán cuenta. Que la prueba de que es verdad repose en la experiencia de quienes entre vosotros desean tener esa sensación. Todos vuestros nombres nos son conocidos. Aquí se encuentra la energía de todas y cada una de las criaturas que existen en la Tierra. ¡Nos encontramos en estos momentos en un lugar sagrado! Ya os lo dijimos antes. Venís y os sentáis en esas butacas pretendiendo ser Seres Humanos. ¡Todos! No podéis ver la forma en que funciona porque no es obvia. La dualidad oculta el hecho de que venís en calidad de miembros de una gran familia –todos y cada uno de vosotros– y que todos sois como yo.

Habrá entre vosotros quienes digan: *«Bueno, he venido a sentir esa energía y a escuchar a Kryon»* o *«A mí me gusta leer los mensajes»*. Quiero deciros que existe un cortejo que lleva aquí muchísimo tiempo, que sabía la butaca que íbais a ocupar en este preciso momento, que conocía los potenciales que íbais a escuchar y a leer y que se encontraba dispuesto a fluir a vuestro encuentro. Esta noche conocemos el mensaje. Conocemos la nueva información que representa. ¿Creéis que estáis leyendo estas palabras por pura casualidad? Hablamos de amor. Hablamos de aquellos miembros del cortejo que desean «engancharse» de nuevo a vosotros y que todo lo que quieren ahora es abrazaros y prepararos para un mensaje que, sin duda, es diferente y está preñado de revelación.

Sentid cómo las presiones del amor imponen suavemente sus manos sobre vuestros hombros, en vuestras piernas, en los brazos. Se trata de aquéllos que se encuentran aquí y que lo único que desean es abrazaros a lo largo de todo este mensaje. Sólo eso. No desean hacer nada más profundo que sentarse un rato con la familia. Es la única oportunidad con que van a contar durante bastante tiempo, y es con vuestra intención como habéis permitido que ocurra algo semejante. A lo largo del transcurso de esta noche, habrá muchos de ellos que habrán venido con el único propósito de lavaros los pies. La razón por la que nos encontremos aquí esta noche constituye la historia de quiénes sois. Para concluir, hemos podido deciros, de forma sucinta, quiénes sois y por qué os amamos tanto.

Este mensaje estaba pendiente desde hacía muchísimo tiempo. Os dijimos que os lo daríamos, y sois muchos quienes lleváis esperándolo desde entonces. ¡Por fin podemos dirigirlo ahora con tanta libertad a la familia que aquí se encuentra! Tenemos algo en común vosotros y yo. Más de lo que creéis. ¡Oh, sí! Esto constituye una canalización, y la entidad de Kryon viene para trabajar con el sistema de encuadrículado magnético para amar a la Humanidad y para suministraros información. Ésa es la tarea de Kryon, aunque, en el transcurso de la misma, quiera deciros que, de verdad, no existe distancia alguna entre nosotros, porque la voz que estáis escuchando y que, literalmente, parte del otro lado del velo, es una de las vuestras. En el interior de cada uno de vosotros existe una chispa de divinidad, a la que nosotros denominamos el ángel interior, que posee el atributo de la familia.

¡Que comience el pedilavio! ¡Que entre el cortejo ahora mismo y que festeje a la Humanidad! Sabemos quiénes son quienes se encuentran aquí leyendo y escuchando esto. Conocemos los deseos de vuestros corazones. Sabemos por todo lo que habéis tenido que pasar. Estamos de nuevo aquí para comunicaros que hay entre vosotros quienes abandonaran este lugar con más esencia espiritual que aquélla con la que llegaron. Partirá con nosotros menos energía de la que vino, y ello será por la intención que aquí se está produciendo, por esa sacrosanta y maravillosa intención.

¡Silencio! ¡Todos quietos durante unos instantes! La información que sigue es sagrada.

Este es un lugar maravilloso. Si todavía no habéis empezado a sentir a la familia, lo haréis. Si concedéis vuestra intención, os daréis cuenta de que estamos aquí. Esta preciosa, preciosísima familia está sentada en esas butacas..., escuchando..., leyendo..., y cada uno de sus miembros cuenta con un ángel en su interior. Y a aquél que vino con la esperanza de recibir una señal sobre lo que tenía que hacer, que esa señal le sea dada. Y a aquél que llegó con la esperanza de una sanación a través de su sola intención, que esa sanación le sea concedida ahora mismo, porque se trata de vuestro milagro humano, creado por vosotros mismos, para vosotros mismos y con vuestras propias fuerzas. El Ser Humano constituye un instrumento de increíble poder, una entidad cuya fuerza espiritual se está despertando sobre la Tierra, una entidad que es única en todo el Universo. Es de esto de lo que trataremos esta noche.

Es importante que sepáis que ésta es la quinta de la serie **cartas de la familia**, cartas **desde el hogar**. Es la número cinco. Quienes entre vosotros estudiáis numerología sabéis que no existen casualidades con los números. El cinco consiste en el cambio, siendo perfectamente adecuado que este número constituya la explicación del cambio experimentado por la Humanidad. Para acabar, tenemos algunas respuestas a las razones por las que estéis aquí. Al deciros cuál es el título del punto número cinco, habrá quienes entre vosotros se sientan estupefactos, porque ese título, en la serie que escucháis y leéis, es *El Significado de La Vida*.

—Kryon, ¿quieres decir que, en los próximos minutos, nos vas a dar a conocer el significado de la vida? —Pues sí.

Por eso os dije que permaneciérais silenciosos y quietos. Jamás se ha producido una revelación como ésta. Se trata de información sagrada y chorrea verdad, fin, intención y recuerdo.

Cuando hayamos concluido, váis a ser sabedores de la razón por la que os encontráis aquí. Váis a comprender cuál es el horario y a saber con mayor profundidad lo que sucede, lo que os ha sido ocultado, así como adónde os dirigís. Contamos en estos momentos con tanta información para vosotros que ni siquiera podemos comenzar a dárosla sin antes celebrarlo. Permanecemos callados y reverentes. Mi socio está henchido de esta experiencia al saber lo que se avecina. Nada existe más sagrado, queridos míos, que cuando uno, desde su lado del velo, viene a hablaros. ¿Sabéis quién está en esta sala y quién lee estas palabras? ¡Familia! No volvéis al hogar con mucha frecuencia, ¿sabéis?

Revisión

Llevamos meses, literalmente, hablando de la familia. Las canalizaciones sobre la familia fueron planificadas para ser lanzadas en 1998, y ésta es la última, ya que nos encontramos en diciembre de ese año. Hemos hablado de los atributos de ese Ser Humano que en realidad no es sino un ángel. Hemos hablado sobre vuestro poder. Hemos hablado de lo que en realidad se está produciendo en el nivel celular de vuestros cuerpos. Os lo hemos dicho todo sobre el hecho que todos conocéis de vuestro nivel celular. Os he dicho que la familia os echa de menos. Os dimos una información que asombró a muchos cuando dijimos que no existe ningún planeta como éste, y ahora, vamos a extendernos sobre este punto.

Os hemos dicho ya que todos y cada uno de los que estáis sentados escuchando o leyendo estas palabras es un precursor que ha sido atraído a esta energía por algo que recuerda. No constituye ninguna casualidad que os encontréis sentados ahí, ni incluso los que han venido por primera vez. Ninguna casualidad. Habéis sido atraidos o no estaríais en estos momentos escuchando ni leyendo lo que os digo. La intención por la que habéis acordado sentaros en esas butacas ha sido vista ahora mismo por el Espíritu (un niño hace un ruido). También hablaremos sobre vosotros, pequeños, dentro de poco.

Y así ha venido produciéndose que, durante todos estos meses, hayamos venido tratando de algunos de los atributos de la familia, de algunas de sus responsabilidades, de algunos de sus fines y de algunos de sus poderes. Pero nada de ello os ha sido dado jamás. Ya es hora de que se os diga por qué os encontráis aquí –toda la historia– desde el principio al fin. Vamos a revelar lo que está ocurriendo en este preciso momento, aunque algunos de vosotros os marchéis de aquí sin creerlo, porque la dualidad, aquí, es sumamente fuerte, como debe serlo.

Mi socio sigue, antes de dar comienzo a esto, llenándose con lo que se aproxima. Puede ver vuestro aprecio y amor al honrar las razones por las que estáis aquí. Me refiero a *vosotros,*

151

a quienes os encontráis escuchando o leyendo esto mientras el cortejo se mueve por aquí. No váis a escuchar o leer sobre nadie más. Sois vosotros el tema.

¡Que comience el lavado de pies!

¡Que la verdad se revele y se haga eco en vuestro nivel celular!

Antes de empezar, tenemos que realizar un viaje metafísico a un lugar sumamente lejano para que podáis ver dónde encajáis. ¡Ángeles! ¡Todos! ¡Escuchad! Mucho de lo que os diga os sonará a ya oído al nivel del corazón mientras vaya yo narrando la historia de lo que os habéis mostrado de acuerdo en llevar a cabo y de cuál es linaje para la Humanidad, su razón y su fin. Ha de ser así, porque ya lo sabéis. Yo sólo estoy aquí para despertarlo en el interior de vuestro conocimiento ya existente.

Quiero que asumáis un lugar físico en el Universo que se encuentra a una distancia de 12 mil millones de años y quiero contaros algo que se transpira aquí y ahora mismo, en ese lugar en el que existe tan escasa materia. Se encuentra a una distancia insondable de vosotros. Ni siquiera podéis imaginaros lo lejos que está, aunque emane, en tiempo real, una energía que cae sobre la Tierra en este momento y que es la que causa de que os mostréis tan atentos.

Es importante que os déis cuenta de que ese acontecimiento es *actual,* que no tuvo lugar hace 12 mil millones de años, como podríais pensar. Es en tiempo real. Hace algún tiempo, hablamos de que la velocidad de la luz es lenta, aunque no así la de la energía. Todo se encuentra relacionado con eso, aunque, de momento, lo importante sea que recordéis que lo que se os está «mostrando» es, por supuesto, en vuestro marco cronológico lineal..., en el esperado... y planificado.

¿Lo ven así vuestros hombres de ciencia? Permitidme deciros qué dicen vuestros más importantes científicos sobre el acontecimiento que se está produciendo ahora a 12 mil millones de años de distancia. Durante años os hemos venido diciendo, tal como ha venido publicándose en los Libros Kryon, que la actividad de los rayos gamma que podríais descubrir chocando contra vuestro planeta revestía cierta importancia y que incluso contaban con un cierto significado espiritual. Efectivamente, los científicos comienzan por fin a ver esa energía y esos rayos gamma que vienen montados en ella. Se devanan los sesos por lo que ven e intentan comprender las razones para que así ocurra. Han llegado a decir que se está produciendo una gigantesca explosión en esa lejana área del espacio, enorme, por supuesto. Vuestros astrónomos afirman que la explosión que está produciéndose a 12 mil millones de años luz encierra la mayor cantidad de energía jamás conocida en el Universo. Os han informado en sus revistas que equivale a toda la luz del Universo conocido y previsible —toda simultáneamente— en un solo acto. Eso es lo que dicen. Es verdad. Está ocurriendo. No se trata de algo que sea solamente metafísico y visible sólo a los ojos de quienes creen, «conocido» exclusivamente por chamanes o profetas. ¡NO! Se trata de algo a lo que cualquier Ser Humano puede mirar y ver por sí mismo (ver página 144).

   ¿Por qué habría yo de llevaros allí, a un acontecimiento tan lejano? ¿Por qué iba a querer yo que lo viéseis vosotros, mis queridos ángeles? Humanos que os encontráis sentados en vuestras butacas, ¿por qué este miembro de la familia llamado Kryon iba a llevaros allá? Porque sucede algo en aquella inmensidad que lleva marcada por todas partes la energía de vuestra Humanidad. Os voy a dejar ahí por unos momentos, porque quiero deciros por qué esto reviste tanta importancia.

   ¿Por qué suponéis que ocurren cosas como las que ocurren aquí en este cambio de milenio? ¿Qué es lo que sentís que hayáis sentido ya antes? Vuestros metereólogos os dicen que se trata de una época única, que nunca ha ocurrido nada parecido, al menos nada que ellos hayan podido medir en la Historia de los Humanos. Y tienen razón.

   ¿Os habéis preguntado alguna vez por qué estáis recibiendo en estos momentos los dones del Espíritu? ¿Por qué aumentan cada vez más las informaciones canalizadas? ¿Por qué existe tanto miedo a que todo se acabe ahora? Algunos de vosotros habéis postulado que, tal vez, haya llegado el momento para que así ocurra. Otros sencillamente creéis que se trata del punto al que la raza Humana os ha conducido en la Historia, y que cosas así se tenían que producir de una manera u otra.

Estoy aquí para informaros de que existe un fin, una planificación, un horario; de que hay una concienciación tras los sucesos a medida que éstos se van produciendo. No es casualidad que los sanadores se estén dando cuenta de que se está produciendo un incremento en sus poderes. No se debe al azar que quienes, en la actualidad, están conectados con las Ciencias vean cómo aumenta lo que están aprendiendo en determinadas áreas, como, por ejemplo, la Física y la Biología. No es la fortuna la que hace que los Seres Humanos sean por fin comprendidos desde un punto de vista biológico para que puedan alargar sus vidas. No es el destino el que ha hecho que la concienciación del planeta cambie de forma tan dramática. Algo sucede, y son muchos los que lo sienten. Algo sucede, y son muchos los que comienzan a celebrarlo. Hay quienes empiezan a tener miedo, pero, con todo lo dicho, afirmamos que esto está llegando a su fin. Os vamos a hablar de ello.

La línea cronológica cósmica

Permitidme que os hable de la línea cronológica cósmica, que es algo que lleváis grabado en cada una de las células de vuestro cuerpo. Sé que está grabado en todas las células que aquí se encuentran porque sé perfectamente a quién me estoy dirigiendo. Sé quién es la familia. Estamos –por así decir– sentados en una salita formando un encantador círculo en el que la familia puede hablar con la familia. Eso es lo que ocurre aquí en este momento, mientras leéis estas palabras. Queremos que *sintáis* esa charla en familia que celebramos en este momento, porque váis a reconocer por qué estáis aquí. Aunque ésta sea una información nueva, llegará el momento en que os daréis cuenta de por qué estáis aquí. Y no podéis hacer nada para evitarlo, porque todos vuestros seres se harán eco de ello en el momento en que se produzca.

La línea cronológica cósmica revela un propósito detrás de la razón por las que os encontráis aquí, un propósito tras la propia historia espiritual. Algunos lo denominan el «gran experimento de los 5 mil millones de años». ¿Sabéis frente a quién me encuentro sentado? Os lo volveré a decir: estoy sentado frente a lemurianos, que es lo que sois casi todos. Y esto es lo que hoy os trae aquí, el oír y leer esto. Este momento de la Historia os convoca y os trae aquí porque estáis volviendo a sentir de nuevo la energía lemúrica. Se trata de todo el tiempo que lleváis aquí. Se trata de quién es la *familia* que se sienta en esta sala y lee estas páginas. ¡Todas son viejas almas conocidas! ¡Llegáis y os váis tan aprisa! Nunca pasáis demasiado tiempo en casa. Mi casa. Vuestra casa. Sólo os vemos durante unos breves instantes, cuando recogéis una banda de color, cuando lleváis a cabo una celebración y un acto de amor y, cuando, después, desde lo más profundo de vuestra sabiduría, volvéis a hacerlo una y otra y otra vez.

Algunos de vosotros habéis pasado por más de mil de estas experiencias denominadas encarnaciones y lo sabéis perfectamente. Sentado ahí, tú, sanador, ¿me escuchas? Sentado ahí, en el borde del mismísimo punto, tal vez, de la terminación potencial o de la emancipación potencial. La mayor parte de quienes leéis y escucháis estas palabras pertenecéis a una era que, cuando nacísteis la última vez, predecía que la energía de la Tierra iba a aportaros un violento final, y, sin embargo, todos y cada uno de vosotros habéis venido a propósito de todas formas. Habéis venido voluntaria y amorosamente porque sabíais por qué estábais aquí. Ya os dijimos que, figurativamente, ¡estábais «haciendo cola» para estar aquí! ¿Qué clase de entidad haría nada parecido cuando las profecías os daban tan negro fin? ¿Por qué habríais de volver voluntariamente, educar familias y desear encontraros aquí? Es porque sabíais que éste era el final del trayecto. No íbais a perderos el resultado pasase lo que pasase. Es todo aquello por lo que habéis trabajado. En eso sólo consiste la Familia.

El final de Atlantis, la gran inundación, ésas eran las cosas de que fanfarroneaba la energía de vuestra dualidad para que se produjera una gran prueba. La mayoría de quienes escucháis y leéis estas palabras estábais allí. Erais también vosotros quienes programásteis las señales cristalinas. Escuchadme, familia. Os vamos a hablar del gran plan. Vamos a hablaros de la prueba y os vamos a proporcionar la línea cronológica.

Esta Tierra fue hecha a propósito, y la Humanidad no constituyó tampoco ninguna casualidad. No se produjeron «porque sí» en este planeta esas grandiosas entidades espirituales que se disfrazan de Seres Humanos. Tanto la línea cronológica como la prueba os eran conocidas antes de que llegáseis, ambas amorosamente apropiadas en el Espíritu. Y aquí os encontráis sentados, en el único planeta de libre elección, y ésa es la clave. No fue aquí donde escuchásteis por primera vez la frase «el único planeta de Libre Elección». Os fue dicha hace millones de años, y, ahora, cuando hayáis acabado, su significado os será mucho más evidente. Sin embargo, vamos ahora a dar un repaso a la trilogía energética que ha tenido lugar en torno a vuestras vidas. Ya hemos hablado antes de todas estas cosas, pero éste va a constituir un repaso extensivo en el que habrá más información sobre las tres cosas que se produjeron no hace mucho tiempo y que cambiaron el resultado de esta línea cronológica que conocemos.

Amados míos, habéis vivido durante millones de años (un niño llora entre el público). Hasta ese pequeño vuelve, perfectamente conocedor de la energía que aporta. Y vuelve otra vez, aunque ésta, sabiendo a la perfección que éste es, sin lugar a dudas, el final de la línea cronológica.

La convergencia armónica. La antepenúltima medida

Fue en agosto de 1987 cuando algunos de vosotros comprendísteis por vez primera, durante el transcurso de la Convergencia Armónica, que se estaba llevando a cabo una medición. Quienes tuvísteis intuición y os mostrásteis metafísicos entendísteis que el Espíritu estaba midiendo el planeta. Ya hemos hablado de esto con anterioridad, porque el producto de aquella medición fue más elevado que el potencial de la medición precedente. La vibración de la Tierra no disminuía. ¡Iba para arriba y era considerablemente superior a la de la medición tomada anteriormente!

Algunos de vosotros preguntaréis: «*¿Y cuál era la medida de la vez anterior?*».

Ésta es información que algunos de vosotros tal vez conozcáis ya, pero que no ha sido transcrita por esta entidad jamás. Cada 25 años, se viene produciendo una medición de la energía y velocidad vibracional de este planeta, y ello desde el preciso momento en que la Humanidad espiritual llegó a la Tierra. Así es. Cada 25 años desde el comienzo de la Humanidad, se ha producido una medición. Para el Espíritu, 25 años constituyen una generación; es decir, la media de tiempo que un Ser Humano tarda en crecer y tener hijos propios. Veinticinco años. Si sabéis algo de numerología, obtendréis la suma sagrada de 7, lo que explica el período de 25 años.

Lo anterior significa que la medición inmediatamente anterior a 1987 fue realizada en 1962; 1962 era un año «9», y el 9 posee la energía de la «conclusión». Las tres últimas mediciones, acercándonos hacia el fin de la línea cronológica de la Humanidad, determinarían, sin género de dudas, el resultado de la prueba en que habíais participado. La energía del «3» se relaciona con la «acción». La medición de 1962, la primera de las tres últimas, indicaba que podían producirse potencialmente el fin de la Humanidad así como el de la prueba.

En 1987, la mayoría de vosotros estábais vivos para experimentar la Convergencia Armónica. Iba a ser la penúltima medición. Se trataba de un año «7» (1987), que indica sacralización. Lo que iba a llevar a cabo la medición era la cuantificación de vuestra energía espiritual. La última medida será 25 años después de 1987, lo que nos coloca en 2012, el final de la prueba y, por supuesto, el final de algunos calendarios humanos. 2012 es un año «5» y, por lo tanto, lleva en sí el «cambio».

Estos tres acontecimientos, 1962, 1987 y 2012, constituyen una trilogía de energía y de potencial, ambos sumamente

157

importantes tanto para el Universo como para la Humanidad. Juntos, representan la energía de 3, con lo que nos volvemos a tropezar con el número de la «acción». Si al año «9» (1962) le añadís el «7» (1987) y el «5» (2012), volveréis a obtener el «3», número de la acción. Esta trilogía –la trilogía de la acción–, amados míos, constituye en final de la prueba, el final de todo aquello por lo que estáis aquí. De este lado del velo, lo sabíamos todos, y vosotros, también. Por eso teníais tanta prisa en volver. Algunos de vosotros incluso llegásteis a morir pronto para poder encontraros aquí con la edad que tenéis ahora y bien preparados para el fin.

La mayor parte de vosotros habéis vivido durante miles de años; habéis pasado de una vida a otra y a otra y, además, ¡habéis tenido que pasar por tantas cosas...! Sin embargo, teníais prisa por volver, porque ésta era la culminación de todos vuestros trabajos. La línea cronológica ha sido fijada, lo que significa que todos conocíais ya la duración de la prueba y sus potenciales, y, sin embargo, habéis venido y ahí estáis sentados.

Cuando se tomó la penúltima medición durante la Convergencia Armónica de 1987, se abrió a todos una revelación. La Tierra estaba elevando su frecuencia, y la Concienciación Humana se estaba desplazando mucho más lejos de lo que se suponía que haría en sólo 25 años. Lo que acaeció, debido a la elevada medición de 1987, fue la creación de una serie más de acontecimientos ¡que os fue concedida para que os preparáseis para un, hasta ahora, potencial no realizado!

El «sondeo de permiso» y el «traspaso de la antorcha» iban a ser acontecimientos no planificados para 1962, aunque no demasiado apropiados para 1987 y fechas posteriores. El «sondeo de permiso» recibió el nombre de ventana de permiso 11:11 (11 de enero de 1992) y jamás hubiera tenido lugar si la Convergencia Armónica no hubiese mostrado que la Tierra se encontraba en un nivel sumamente acelerado. Algunos de vosotros habéis estudiado el 11:11 y creéis que sabéis en qué consistía. Me pregunto si en realidad lo sabíais. La numerología de (1)+(11)+(21) = 33 –en las fechas, sumad al número total de energía del mes, del día y del año por separado– da como resultado un número maestro de enorme importancia.

11:11 *de nuevo*

Para algunos de vosotros, esto será algo difícil de captar, porque se trata de información interdimensional. Cada uno de los Seres Humanos que habitan el planeta –todos vosotros– fueron sondeados como grupos de ángeles (que es lo que sois) haciéndoos la pregunta de si era adecuado pasar al siguiente nivel. La razón por la que se necesitaba este permiso era porque vuestra biología iba a evolucionar más allá de lo que constituía el potencial anterior, por lo que se requería una reunión para que concediérais vuestra autorización. Iba a tratarse de la primera vez que se iba a permitir una evolución espiritual y biológica de la Humanidad, y respondísteis «sí». En aquel sondeo participó un enorme grupo de Seres Humanos (todos los que había en el planeta), y fue llevado a cabo a un nivel celular y a un elevado nivel espiritual. Probablemente, ninguno de vosotros podrá recordar ni siquiera si se le preguntó algo, pero sí que se os preguntó. A todos. Ni que decir tiene que la emoción del momento se podía palpar. La compartísteis todos y todos la sentísteis. La parte más elevada de vosotros, la que sabe de todas las cosas, lo sabía. El planeta estaba a punto de cambiar profundamente.

Algunos han preguntado: «*Si todos éramos, por supuesto, trozos de Dios y seres parecidos a los ángeles dotados con la dualidad de ser humanos, ¿por qué se nos tuvo que consultar? ¿No se sabía de antemano que diríamos «sí», y no es eso en lo que consiste la energía del Espíritu?*». La respuesta debería enseñaros el respeto que sentimos por los Seres Humanos, porque éste es, sin duda alguna, un planeta de Libre Elección. La Libre Elección os ha llevado al punto en que estáis ahora y, dado el hecho de que sois Seres Humanos, una parte de este proceso de evolución espiritual debía contar con la autorización del Ser Humano que, estando vivo, llevaba a cabo la tarea dentro de su dualidad.

Hay aquí algo que reviste también suma importancia: ¿cuántos de vosotros os habéis dado cuenta de que, en el 11:11, existían numerosos grupos que se mostraron acordes en terminar durante la siguiente generación? Eran, por supuesto, grupos de Seres Humanos, de familias que tanto vosotros como yo conocemos y que se mostraron de acuerdo en que la «pista rápida» hacia la masa crítica de la elevada vibración de la Tierra era la terminación para permitir su rápido retorno como niños índigo. Algunos se dieron cuenta de que, si el planeta se iba a mover con mayor aceleración, su tribu tendría que ser sacrificada. ¿Qué os parece esto como muestra del amor de Dios? Ya os dije que os sería difícil de comprender. No se trata de ninguna noticia, porque lo podéis encontrar en muchas de las Escrituras así como en las canalizaciones de hace diez años de Kryon y en las antiguas profecías. Existían los potenciales para que algunos cediesen su fuerza vital a fin de que otros puedieran elevar la vibración del planeta con mayor rapidez. Y eso es exactamente lo que ocurre. Por eso el 11:11 cuenta en su entorno con tanta y tan potente energía.

Detenéos por unos momentos y permaneced callados. ¿Comprendéis el significado de todo esto? Cuando oísteis hablar y leísteis sobre el genocidio y las terribles atrocidades que se cometen en otras partes del planeta a las que denomináis «tercer mundo», ¿cuál fue vuestra reacción? La mayoría os quedásteis horrorizados. Muchos se entristecieron y lloraron. Dejad que os pregunte: ¿cuántos de vosotros lo celebrásteis y dijísteis «gracias» a la familia que decidió hacer aquello? No para celebrar sus muertes ni la horrible forma en que muchos de ellos murieron, sino para celebrar el hecho de que ¡habían dado su autorización para ayudar al planeta! ¡Esto es lo que se llama *familia*! Ésta es la manera en que la *familia* ve el planeta. Esta parte de la familia, tan lejana a vosotros, ¡está conectada de una manera profundísima a vuestra tarea! Festejadlos a *ellos*, no a sus muertes. Celebrad el hecho de que seréis vosotros quienes os beneficiéis espiritualmente de lo que ellos decidieron que era lo adecuado en la sabiduría de Dios. Después, festejad a los niños

160

que se encuentran aquí ahora, muchos de los cuales representan la prolongación anímica y la reencarnación de aquellas preciosas almas que nos abandonaron antes. Espero que lo dicho os conceda una perspectiva más sabia de algunos acontecimientos que, tal vez, no fueron considerados adecuados o «dignos de Dios». Las cosas no son siempre como parecen.

12:12 de nuevo

El acontecimiento 12:12 (12 de diciembre de 1994) fue también mucho más grandioso de lo que os dísteis cuenta. De nuevo, la numerología de la fecha es (12)+(12)+(23) = 11. El once, como ya sabréis, es otro «número maestro» y también es la conocida energía de Kryon. No existen casualidades con los números.

El «Traspaso de la Antorcha» es como llamamos a aquel acontecimiento que ocurrió el 12:12. En primer lugar, estaba la medición (Convergencia Armónica, en 1987); después, contábamos con la autorización (11:11, en 1992), y, por fin, teníamos la acción (12:12, en 1994). Con vuestras vibraciones y potenciales actuales, se han dado en este planeta entidades que os han venido manteniendo el equilibrio de energía hasta ahora mismo. Llevan aquí desde los comienzos de la Humanidad, y todos los potenciales medidos indicaron que probablemente se quedarían. El equilibrio de energía espiritual del planeta, como ya fue canalizado con anterioridad, debe permenecer constante. A medida que aumenta la Humanidad, las entidades que mantienen parte de esa energía se van marchando, pero, aunque en el futuro sólo quedasen en la Tierra ocho o nueve mil millones de Seres Humanos, tendrían que quedarse todavía muchísimas de esas «entidades equilibradoras» con fines espirituales.

Al llegar el 12:12, partieron. Se marcharon todas. Muchos de vosotros lo pudísteis sentir. Algunas partieron de los recónditos rincones de los bosques, otras eran las guardianas de los cañones donde se encuentran las rocas. Ya no están allí. Si se os ocurre ir hoy, os encontraréis que la energía que solía haber en esos lugares ha cambiado. ¿Llegásteis a sentir alguno de vosotros que era algo negativo? De hecho, cambiaron muchas zonas de la naturaleza, zonas que ya no «dan la sensación» de sagradas. Comprended, no obstante, lo que ocurrió, porque ése fue el instante en que esas entidades traspasaron la antorcha a la Humanidad, en su debido momento y con puntualidad, y con la adecuación causada por la medición de la Convergencia Armónica y el permiso del 11:11.

Es importante que os déis cuenta de *por qué* se dio a esas entidades que, de forma específica, equilibraban el planeta, permirso para partir. En el contexto del 11:11, dísteis vuestra autorización para haceros con el poder espiritual que esas entidades os habían estado manteniendo. Como ya canalizamos, ese traspaso de la antorcha no constituía nada metafórico, porque 144.000 Seres Humanos fueron objeto de un enriquecimiento de su conciencia espiritual. Además y como también fue canalizado, la mayoría de ellos no se encontraban en el continente americano.

El acontecimiento del 12:12, de forma increíble, fue conocido por toda la comunidad espiritual del Universo (no del Universo que se ve, del Universo físico, sino del Universo espiritual). Fue toda una celebración porque sabíamos cuál sería el próximo paso. Conocíamos cuáles eran los potenciales. Amados míos, las cosas que podían haber sucedido en este planeta no lo hicieron. Las profecías de tan antiguo, que representaban la línea cronológica conocida y que apuntaban a determinados potenciales al final de esa línea, son ahora incorrectas a causa de lo que hicísteis. ¡Ah! Pero hay más, y nos estamos acercando a ello.

Cosas que hacen bang

A todo lo largo de este viaje canalizado por Kryon, se os han ido dando pistas sobre lo que se está produciendo en la actualidad. En marzo de 1995, mi socio llevó la obra de Kryon a Sedona, Arizona, donde se dio una canalización científica. No fue esa la primera vez en que os dimos pistas científicas antes de que vuestros hombres de Ciencia las viesen, aunque esta vez era importante por concernir al Universo físico. En un nivel celular, se produjo una gran cantidad de guiños de ojo entre los asistentes, porque, como ya hemos manifestado multitud de veces, la estructura celular de los Humanos lo sabe todo.

Aquella vez os dijimos que lo que vosotros llamáis el «Big Bang» no lo era. De hecho, no existe nada que se parezca a un «Big Bang». Seguimos invitando a vuestros científicos a emplear un punto de vista tridimensional (mediciones desde otras plataformas, además de desde la Tierra) con la energía del Universo. En aquella canalización, les invitamos a liberarse de sus prejuicios. Cuando miran a los cielos, existen muchas más cosas que un simple y unificado paradigma creado a partir de un único acontecimiento creativo. Los hombres de Ciencia creen asimismo que existe sólo un tipo de Física: el suyo, el local, el que ven a su alrededor. Por lo tanto y basados en las suposiciones de que sólo hay un tipo de Física *que se ve*, sólo existirá uno también en todas partes. Ésta es la creencia prejuzgada por lo común. Aunque uno de vuestros pensadores más «tridimensionales» explicase la Física del tiempo, los científicos creerían también que el tiempo «local» es aplicable a cualquier parte. También miran a la vida y creen que, como sólo pueden ver un único paradigma (la vida en la Tierra), no puede existir ninguna otra.

Para concluir, sólo ven un acontecimiento relacionado con la creación. Todos los instrumentos con que cuentan para llevar a cabo mediciones espaciales les dicen que sólo se produjo un acontecimiento creativo. Ven un revelador «residuo» de una energía «bang» y, aunque sólo pueden tomar mediciones desde un punto de vista, deciden que ese residuo se encuentra en todos sitios y... por igual. Por lo tanto, lo que dicen es que cualquier cosa que puedan ver en cualquier sitio proviene, por supuesto, de un sólo acontecimiento creativo –el local–, aquél cuya energía ellos pueden medir y, al parecer, encontrar por todas partes.

Queridos míos, ¿qué pasaría si pudiéseis pedir biológimente a las células de vuestro cuerpo que echasen una ojeada a los

163

billones de otras células? Preguntadlas cuál fue el principio. Os dirían que fue el nacimiento del Ser Humano. Os dirían que sólo se produjo un nacimiento –un único nacimiento– y que ése es el responsable de todo lo que ven. Esto se debe a que forman parte de un sistema cerrado, de un sistema sumamente complejo que funciona al unísono con billones de piezas, todas procedentes de un nacimiento. Ninguna célula está biológicamente relacionada con ninguna otra que no proceda de su propio sistema, lo que haría que cualquier célula se sintiese profundamente asombrada al saber que ¡existen otros sistemas humanos! La verdad se sabría solamente si pudiérais encontrar otras células de otros sistemas humanos y compararlas con las vuestras, caso en que, tanto ellas como vosotros os encontraríais, tal vez, con la prueba de que se produjeron al menos dos nacimientos. ¿Captáis más o menos la idea?

Ya es hora de que la Ciencia se vaya «sacando de encima» los prejuicios que tiene sobre la singularidad de la creación de la materia y comience a entender que existen acontecimientos creativos dobles, triples o cuádruples en el Universo susceptibles de ser medidos en la actualidad. Existen variables con todas las cosas que tenéis a la vista, variables físicas, variables cronológicas, incluso variables de las edades de la materia, que os llegarán a probar que no toda la materia proviene de vuestro acontecimiento creativo local. Ya es hora de que la Ciencia se desprenda de su prejuicio de que lo que no puede ver no existe. Cread lo que pueda suceder. Postulad más allá de lo que es y dirigíos hacia lo que pudiera ser. ¿Qué es lo que la Física de lo que puede verse les dice que pudiera ser? Porque ya existen observaciones dicotómicas con los nuevos instrumentos astronómicos que señalan indicaciones de una serie de «bangs múltiples», de acontecimientos creativos múltiples ocurridos en vuestro propio y observable Universo físico.

Algunos de vosotros diréis: «*Muy bien, Kryon. Como Ciencia, es precioso, pero ¿qué tiene todo eso que ver con el grandioso plan Humano?*». Ya lo veréis, porque ahora pasaré a deciros cuál es ese plan.

El grandioso plan

Permitidme que os hable del «Grandioso Plan». Se trata de un plan de cinco millones de años en el que habéis tomado parte sólo en el último tramo. Quiero hablaros del Universo físico y un poco también sobre el equilibrio. Ya os hemos dicho que sois ángeles del Gran Sol Central, y con ello me estoy refiriendo a todos los que os encontráis aquí y a quienes estáis leyendo estas palabras. La palabra ángel no es la más exacta, aunque indique la sacralidad de quienes sois. Os hemos dicho también que la Tierra es pura y que todos y cada uno de vosotros procedéis del Gran Sol Central. Os hemos dicho que os ocultamos como Seres Humanos en un sistema con un sólo sol. Aquellos de vosotros que os acordéis de esta información os daréis cuenta ahora de que esos mensajes constituían pistas. ¿Qué significa cuando decimos «os ocultamos»? ¿Pistas? Os dimos un sol. La mayoría de las formas de vida del Universo poseen dos soles. Cuando lo averigüéis, sabréis por qué. Os ocultamos porque teníais una tarea que llevar a cabo.

Queridos míos, el Universo –el Universo físico– no es el lugar donde se encuentra el Gran Sol Central. El Gran Sol Central representa el «hogar». El vuestro y el mío. El lugar en el que os veré de nuevo alguna vez, el lugar en que algún día celebraremos una gran fiesta. Y en estos mismos momentos y esta misma noche, echaremos una ojeada hacia atrás y recordaremos el espíritu de todas las cosas preciosas que se han producido en este local. Y diremos: «Ésta es la noche en que Kryon nos dijo quiénes éramos y por qué estábamos aquí. Es la noche que resonó en nuestros corazones».

El Universo físico, de forma muy semejante a la de vuestro propio planeta, debe estar equilibrado, y ese equilibrio se ve representado por muchos matices energéticos. Los matices de energía a que nos referimos constituyen diferentes matices de amor, a igual manera que en la Tierra. Algunos de vosotros llamaréis a determinados matices energía negativa, aunque no lo sea. Todo equilibrio está sencillamente constituido por matices de amor. Algunos habréis leído historias sobre las luchas empeñadas por quienes no son Humanos en otros mundos o en otros planetas. Videntes y gente con intuición han contado y escrito historias sobre cosas maravillosas y dramáticas que ocurrieron lejos de vuestro mundo. La canalización del linaje de esas otras entidades ha sido cortada desde hace siglos. Se trata de una pista, ¿sabéis? Se trata de una pista de que existe equilibrio en el Universo físico. Hay un tira y afloja referente a los diferentes matices del amor en el Universo. Igual que en la Tierra, y estas canalizaciones son prueba de ello.

Se está produciendo otro acontecimiento creativo, queridos míos. Otro «bang» que tiene lugar a 12 mil millones de años de lejanía y que fue programado para «ahora». Siempre fue programado para ahora. Tal como indicamos al principio de esta canalización, lo que los astrónomos ven es, sin duda, la prueba de otro «bang». Se trata de otro acontecimiento creativo en el proceso de ¡formar otra parte del Universo! Será añadido a vuestro Universo, al igual que lo fueron los demás acontecimientos relacionados con la creación.

Hace decenas de miles de años, os mostrásteis de acuerdo en venir a este planeta y disfrazaros de dualidad, una postura energética del Ser Humano que os impide ver quiénes sois en realidad. Ha funcionado bien, porque os ha proporcionado un campo de juego carente de prejuicios que es neutro en su potencial energético. El reto, la prueba, es el siguiente: Si se os dejase solos en esta prueba, sin interferencia espiritual alguna, queridos, ¿adónde iría la energía de la Tierra? Tal vez queráis hacer esta pregunta: *«¿Por qué? ¿Por qué tener que pasar por esto, por todos estos miles de años? ¿Por qué llegar y marcharse? ¿Por qué la dualidad? ¿Por qué la lucha? ¿Para qué sirven?».*

Algunos de vosotros habéis llegado a decirle a Kryon: *«Me siento como una rata de laboratorio con respecto a Dios. Me he pasado la vida siendo empujado y llevado de un lado a otro. ¡Oh, sí! Soy una buena persona en lo que al espíritu se refiere y tendré que luchar mis propias batallas. Me enfrentaré a mis temores. Sé que así lo he planificado y aceptaré mi responsabilidad, pero la detesto. No sé por qué he de hacer todas estas cosas».*

Aquí viene algo que ya os hemos dicho, pero que ahora le viene al tema como anillo al dedo. Permitidme deciros algo, mi querida familia, mis queridos ángeles, los procedentes de la Gran Fuente Central que están sentados en esas butacas, quienes leéis estas palabras, los que sabéis quiénes sois en vuestro nivel celular: No sois *vosotros* el experimento. La *energía* es la prueba. *Vosotros* sois quienes vestís las batas blancas y, por lo tanto, los experimentadores que colaboran en la prueba.

La energía del acontecimiento creativo que se produjo hace doce mil millones de años está sin completar. El nacimiento de la materia y de los miles de millones de formas de vida que se desarrollarán en esa porción del espacio está sin terminar. Falta algo. ¿Qué clase de energía espiritual es la que va a tener el nuevo Universo? ¿Con qué clase de «matiz de amor» va a contar? ¿Quién va a decidirlo?

Algunos dirán: *«Bueno, pues que sea la familia quien lo decida. La familia representa el amor y está sintonizada espiritualmente. ¡Nuestra familia es, por definición, Dios! No hay más que untar ese nacimiento universal con la energía más elevada posible. ¡Marcadla bien alta!».*

¿No os parece un poco demasiado parcial? ¡La familia es parcial en lo que respecta al amor! ¡Dios no puede tomar esa decisión! El Universo debe estar equilibrado, pero el hecho de simplemente ungir con una elevada energía amorosa el nuevo acontecimiento creativo constituye una decisión parcial. Algunos han dicho: *«¿Quieres decir que existen cosas que Dios no puede hacer?».* Sí. Dios no puede mentir. Dios no puede odiar. Dios no puede tomar esa decisión parcial.

Así que se decidió que se crearía un planeta con una vida diseñada neutra y adecuadamente oculta para que los ángeles de la Gran Fuente Central lo habitasen durante decenas y más decenas de miles de años y llevasen a cabo una prueba de imparcialidad espiritual. Vendrían a la Tierra para que se les ocultase quiénes eran. Parte de su biología básica les sería dada por otras entidades del Universo físico para equilibrar su evolución espiritual. Caminarían de forma humana, morirían de forma humana

167

y volverían a nacer. Morir y renacer. Se produciría una rápida rotación de vida. A cuerpos biológicos diseñados para vivir hasta 950 años, se les permitiría hacerlo, al principio, hasta 30 y, después, hasta 70 u 80. Una información espiritual programada con antelación crearía la muerte, las enfermedades y el envejecimiento. Los residuos de una vida pasarían a la próxima, generando pruebas que tendrían o no que ser resueltas con la energía que se estaba sometiendo a prueba. La resolución de estas pruebas crearía una nueva energía suplementaria que cambiaría la velocidad de vibración del planeta.

Se decidió que la conclusión de la prueba tendría lugar aproximadamente en vuestro año 2012, fin del calendario para algunos de los antiguos habitantes de la Tierra que, de forma intuitiva, ofrecieron esta información. La medición final, junto con el final de la prueba, se produciría en ese momento. Todos se mostraron de acuerdo.

A ninguna otra entidad que hubiese encontrado la Tierra por muy bien oculta que estuviese se le permitiría interferir. Podrían reconocer el enorme poder de los atributos espirituales de los Seres Humanos, aunque éstos, paradójicamente y debido a su dualidad, no pudiesen. Muchos de esos visitantes podrían solamente «acercarse» para investigar a la Humanidad, Ser Humano a Ser Humano, aunque jamás sin la autorización de éstos. Emplerían el miedo para discapacitar el consentimiento de los Humanos sacándoles con mañas la autorización a nivel del subconsciente. Un Ser Humano carente de miedo podría fácilmente decirles que no, con lo que esas entidades tendrían que marcharse. Estarían interesadas en la fuerza espiritual, en la elección y la capacidad de cambiar, cosas, todas, de las que ellas carecían. Incluso llegarían a intentar cruzarse con los Humanos para descubrir esos dones e intentar hacerse con ellos. Todo era pinchar y aguijonear para hallar la esencia del «ángel que llevan dentro» los Humanos. El poder oculto de la Humanidad impediría que llevasen a cabo aterrizajes masivos.

Todo lo que se os ha descrito ha ocurrido.

168

Lo escrito no es sino una descripción *vuestra*. Sois *vosotros* quienes lo habéis hecho todo. ¡Claro que sois la *familia* a la que venimos refiriéndonos desde el Gran Sol Central! La Tierra es el campo experimental. Es única. No existe ningún planeta como éste en todo el Universo físico. Lo que finalmente ocurrirá aquí, queridos míos, será la energía aplicada al nuevo acontecimiento creativo ¡hace doce mil millones de años luz! Lo que ocurra con la energía del año 2012, cuando se tomen las postreras mediciones del calendario espiritual, será que se convertirá en la energía del nuevo Universo, aunque éste todavía carezca de nombre. Es vuestra energía la que va a ser transferida a ese nuevo Universo y, después, recibirá su nombre. Llevará marcado el sello de la Humanidad con todos vuestros nombres, y seréis muchos de vosotros los que, en definitiva, llegaréis a vivir en él.

La Tierra ha sido llamada el «único planeta de libre elección», lo que, como es natural, no es sino una metáfora. Ya va siendo hora de que os enteréis de su significado: lo que quiere decir es que no existe ningún otro planeta –ni ninguna otra fuerza o forma de vida en el Universo físico– que posea la capacidad, mediante sus propios intento y concienciación, de generar sus atributos espirituales. ¡Ningún otro puede hacerlo! Sin embargo, vostros sí podéis. Otra vida requiere de un proceso evolutivo para que se produzca un cambio espiritual, y la intención carece de fuerza. A esa «libre elección» es a la que nos referimos. ¡Vosotros sois los únicos! ¿Qué os parece? A lo largo de la Historia, espiritualistas y eruditos han sabido de forma intuitiva que la Tierra era muy, pero que muy especial. ¡Y vaya si lo es! No fue ninguna casualidad que Galileo, quien abundaba en las tesis de Copérnico, tuviese que alzarse contra aquel fervor religioso que insistía en que todo el Universo giraba alrededor de la Tierra. Pues... ¿sabéis una cosa? ¡Metafóricamente, lo hace! ¡Sí que lo hace! Eso demuestra quiénes sois. Sois la *familia*.

El plan casi toca a su fin, ¿sabéis? La línea cronológica se está consumiendo, y lo que ocurre en este momento es un milagro realizado por vosotros mismos. Ésa es la razón por la que hayáis vuelto a venir una y otra vez y por la que os encontréis aquí ahora. La conciencia humana y los acontecimientos mundiales no se producen como pensábais. Las profecías que se fueron creando a lo largo de millones de años de sólidos potenciales no están teniendo lugar, y ello se debe a lo que vosotros habéis venido haciendo desde 1962 hasta el momento actual. ¿Qué clase de entidad iba, metafóricamente, a «permanecer en la cola» para volver con el elevado potencial de ser destruida de manera horrorosa en el tiempo profetizado junto a su queridísima familia terrenal? ¿Quién iba a prestarse a tal cosa? Vosotros. No íbais a perderos el último capítulo de vuestra obra. Representando la increíble sabiduría de la mente de Dios, aquí os encontráis de nuevo, querida familia, para ser testigos de algo que ningún miembro de la familia podía haber previsto.

La energía que se ha creado y que tiene el potencial de ser colocada en el nuevo Universo que se va a crear constituye un elevado matiz del amor. Muy elevado. La familia que tenéis de mi lado del velo tiene prejuicios en cuanto al amor. Vuestra familia, por lo tanto, se está congratulando de lo que habéis hecho. Vuestra familia permenece también en la cola... ¡para volver a teneros!

El futuro: y ahora, ¿qué? La prueba ha concluido

Algunos han preguntado: «*Si ya no existe fin de la Tierra, y la prueba se acerca a su fin, ¿Nos evaporaremos en 2012? ¿Qué va a ocurrir?*».

Quiero explicaros qué clase de Seres Humanos están ahora en el planeta, y qué clase de Seres son los que vendrán. Si lo deseáis, os ayudará a comprender a lo que tendréis que enfrentaros.

En la parábola de *El Viaje a Casa* del Libro Kryon V, se da información sobre la «Casa de los Dones y Herramientas», que canalizamos aquí, en Laguna Hills, California. En aquella historia, Michael Thomas, protagonista de la parábola, vio muchísimas cajas en una enorme cámara y se dio cuenta de que se trataba de los dones y herramientas del estado de ascensión. Por supuesto, había una caja para cada hombre, cada mujer y cada niño del planeta, aunque no iba a ocurrir nada hasta que los Seres Humanos correspondientes a cada una de las cajas se diesen cuenta de que podían abrirlas.

Casi todos los que aquí os encontráis, además de quienes estáis leyendo estas páginas, pertenecéis a una clase de Ser Humano a la que denominaríamos del «Tipo A» a falta de mejor nombre. Representáis *el nacimiento biológico con la antigua energía*. Habéis viajado así durante millones de años y aquí estáis, sentados y con vuestros ADN y atributos espirituales como siempre. Sin embargo, ahora se ha producido un cambio en vuestro potencial. A causa de lo que habéis hecho, se os están concediendo dones con autorización del 11:11. Como Seres Humanos del Tipo A de la antigua energía que sois, os habéis ganado la posibilidad de ir más allá de vuestra propia impresión y de trasladaros a una nueva vibración celular. Aquí tenéis las herramientas, y la clave es la intención pura. A continuación, lo que algunos de vosotros habéis descubierto es la conexión a la energía de lo que llamamos «Cuadrícula Cósmica», porque esa es la forma en que podréis sobrepasar con mucho la energía con la que vinísteis. Es poderosa y ya es hora de que lo hagáis. (Se han producido dos canalizaciones con dos años exactos de separación entre una y otra relacionadas con los atributos científicos de la Cuadrícula Cósmica. Ambas aparecen el el Capítulo Séptimo de este volumen).

La Ciencia que está ofreciendo esta nueva energía está despertando las células. Vuestra biología está despertándose de una forma que es la adecuada, con vuestra autorización. En otras palabras, quienes os encontráis en esta sala y quienes estáis leyendo estas palabras tenéis la capacidad, a través de vuestras intenciones y estudios, de encontrar medios de vivir más, trasladaros a un estado de ascensión, dejar atrás vuestros temores y encontrar pasiones vitales que jamás supísteis que podían existir. Tenéis la autorización para que se os anulen las antiguas lecciones contratadas en vuestras vidas a fin de tener paz sobre cosas acerca de las que parecía imposible tener paz jamás y para

171

vivir una vida harto diferente de la que os hayáis podido imaginar. Eso es lo que se os va a otorgar.

¿Creéis que ocurriría todo esto si os evaporáseis así como así?

La Tierra adoptará una nueva tarea. Como millones de formas de vida de vuestro Universo físico, este planeta llegará finalmente a reunirse con otros muchos. El potencial es enorme, y ahora me estoy refiriendo a un nuevo plan que no es inmediato, pero al que tendréis la capacidad de empujar hacia delante. Este nuevo plan os llevará finalmente a una energía a la que llamamos «Nueva Jerusalén», que es lo que algunos de vosotros lleváis esperando desde hace tiempo y que ahora tenéis al alcance de la mano. Es también el momento en que finalmente conoceréis «oficialmente» otras formas de vida.

Os ha tocado la peor parte, queridos. Sois la «vieja guardia». Sois quienes tendréis que cambiar vuestra biología para equipararos a la energía que llega. Tendréis que hacer cosas por vosotros mismos que los nuevos niños no tendrán que hacer. Ésta es la razón por la que os dimos las otras cuatro partes de este mensaje y esperamos a daros ahora la quinta. Los nuevos niños representan al tipo de Seres Humanos que son de puro status «índigo», los nacidos después de 1987. Llegan con equipos que jamás tuvísteis vosotros y, aunque ahora os puedan dar la impresión de inadaptados, a medida que pase el tiempo os daréis cuenta de quiénes van a ser esos inadaptados. Porque cuando ellos sean más numerosos que vosotros, será obvio que, a menos que hayáis cambiado, vais a ser *vosotros* los que parezcáis estar fuera de lugar.

Los niños índigo llegan con una pureza que vosotros jamáis tuvísteis. Se trata de una capa espiritual que a vosotros no os recubrió nunca, y la razón de ello es la de que esos niños se educaron con permiso. ¿Recordáis a quienes dieron el permiso en el 11:11 para que sus tribus y países fuesen visitados y castigados con gran cantidad de muertes? ¿Sabéis quiénes eran? ¡Pues los niños índigo! Hicieron viajes de ida y vuelta con gran celeridad para volver aquí a participar en la evolución espiritual. ¡Ellos son la *familia*! Mirad a sus ojos. ¿Os dáis cuenta de todo

172

por lo que han tenido que pasar? Son almas viejas. Vigiladlos. Antes de que cumplan seis años, os dirán todo acerca de quiénes han sido. Así son de claros cuando llegan. A los niños índigo los clasificaremos como del «Tipo B».

¡Ah! Pero queda por llegar otro tipo de Ser Humano, el de «Tipo C». ¿Os creéis de verdad que la evolución espiritual va a detenerse aquí? Éste es todavía el único planeta de libre elección y tiene la capacidad de autoeducarse espiritualmente. Y eso es sólo el principio. La primera prueba ha pasado ya. Ahora, la Tierra va a representar un papel que, de hecho, tendrá la capacidad de cambiar las partes del Universo en cuyo interior se encuentra. En 2012, veréis los principios de la próxima generación, es decir, la de los niños índigo, que es cuando empieza en realidad. Será entonces cuando la verdadera evolución espiritual de los Seres Humanos será vista con toda claridad. Esos hijos de los hijos serán completamente diferentes incluso de sus padres y vendrán a representar una generación de evolución espiritual que tendrá la capacidad y el potencial de cambiar por completo la Tierra. Vamos a ponerles nombre. Los denominaremos los «Pacificadores» y tendrán un cambio en su ADN que podréis ver bien a las claras.

No todos ellos serán gigantes espirituales. No. Éste es —y seguirá siéndolo— un planeta de libre elección, con Seres Humanos con una forma de dualidad reducida. Sin embargo, esos niños tendrán una predisposición a crear un planeta pacífico, además de la sabiduría y autovaloración para conseguir que así ocurra.

Y eso es lo que tenéis frente a vosotros, queridos, si así lo deseáis mientras estás ahí, sentados frente a la *familia,* escuchando y leyendo estas palabras. Ha sido una maravillosa charla de familia a familia y os hemos lavado los pies. Algunos preguntaréis: «*¿Ha valido la pena esa prueba de los cinco millones de años? Nos acercamos al fin. ¿Ha valido realmente la pena?*» Sí.

Como ya os dijimos al inicio de esta serie, todos los Seres Humanos que han vivido alguna vez se encuentran vivos de nuevo ahora. Los otros que se os han juntado han sido reunidos tanto de todas las partes de la *familia* del Gran Sol Central como de otras del Universo físico. Algunos habéis venido con un asombroso karma estelar desde otros lugares, pero ahora sois Seres Humanos y váis a quedaros aquí lo que dure esto. Por eso os amamos tanto.

Algunos de los pertenecientes a la Vieja Guardia –los que empezaron todo– no volverán. Muchos de vosotros habréis acabado después de las vidas que estáis viviendo en este momento, pero ¡os damos la bienvenida con los brazos abiertos porque os echamos de menos! Eso quiere decir que ésta será vuestra última vez en la Tierra, y algunos ya lo sabéis. Muchos de los otros – los no lemúricos– sí que volverán, porque su desafío, como lo fue el vuestro, es el de crear una nueva Tierra.

¿Qué es lo que personalmente podéis hacer ahora? Tal vez haya llegado el momento de que entendáis por completo y en vuestro nivel consciente quiénes sois. Lo primero que podéis hacer esta noche, cuando os encontréis solos, es miraros en el espejo. Os reto a que le digáis una cosa tres veces. Quiero que miréis a vuestros propios ojos y digáis estas palabras : «YO SOY, YO SOY, YO SOY». Entonces, tal vez, cuando vuestra biología lo oiga con vuestra propia voz cruzando el aire y lo vea en vuestros propios ojos, será más fácil **que os hagáis** con el concepto de que sois mucho más de lo que creíais.

Cada miembro de la familia recibe una «banda energética» en el momento de abandonar este lugar llamado Tierra. Se trata de una banda de un color que coincide con el de vuestra dimensión. En cualquier parte del Universo a la que vayáis, habrá entidades que se darán cuenta de que formásteis parte del gran experimento energético que tuvo lugar en la Tierra, de ese experimento que llega ahora a su conclusión. Ésa es la razón por la que la Humanidad sienta tanto miedo sobre el presente, pues, a nivel celular, los Seres Humanos saben perfectamente que esa prueba está al caer (hablaremos más sobre este temor en el Capítulo Cuarto, «Fin de la Sombra»).

Bienaventurados quienes no oigan este mensaje, porque aunque teman la llegada del fin, cuando no ocurra como esta-

174

ba planificado, se encontrarán preparados para recibir más conocimientos de quienes han pasado alegremente por todo. Muchos serán los que se vuelvan a *vosotros* y os pregunten por qué. Ahora ya lo sabéis.

¡Celebrad el fin de la prueba! ¡Celebrad el nuevo Universo, cuya energía es la de la Humanidad!

Ésta es la parte más difícil, cuando reunimos los cuencos llenos de nuestras lágrimas de alegría y empezamos a abandonar este lugar. Por fin habéis permitido que os sea dada la información. ¿Tiene algo de raro que nos encontremos tan llenos de emoción? Éste es el fin del descomunal proyecto que tan bien planificásteis. Algunos os levantaréis de vuestras butacas sin creer nada. No importa. La verdad sigue siéndolo sea o no aceptada. Algunos recordarán solamente cuando lleguen al «hogar». Otros lo saben ya. Algunos van a realizar cambios drásticos. Nos congratulamos de los tipos de sanaciones que comienzan ahora debido a vuestra aceptación de estos amorosos instantes.

Me dirijo a una *familia* a la que he conocido en persona... desde siempre. No tenemos ni principio ni fin. Todos sois eternos en ambos sentidos cronológicos. Igual que un círculo. Igual que el «ahora». Somos todos eternos. Todos somos *familia*.

El séquito se va retirando lentamente de la zona. Los que han estado todo este tiempo abrazados a vosotros comienzan a volver a través de la rasgadura del velo, de una rasgadura que se abrió mediante vuestra intención de sentaros a escuchar y leer. Sin embargo, su amor queda aquí. Permenece en vuestros corazones si ésa es vuestra intención. Recordad que los guías entran en actividad mediante pura y amorosa intención. Por supuesto, nunca estáis solos, y no se necesita ni una reunión ni un mensaje de Kryon para que sintáis la energía de una amantísima familia. Esa energía está siempre dentro de vosotros. Sabemos por lo que estáis pasando y os conocemos a todos y cada uno de vosotros por vuestro propio nombre..., porque sois nuestra familia.

Así que, ¿cuál es el significado de la vida?

Salid y mirad a las estrellas. Son vuestras.

El significado de la vida en la Tierra es que hubo un designio que vosotros habéis reunido, puesto en práctica y a través del que habéis vivido. Lo hicísteis de forma adecuada, con éxito y con responsabilidad. Ahora llega una época en la que parte de la familia vendrá a casa. Quiero deciros una cosa: estaré allí cuando lleguéis. Estaré allí.

Así ha de ser.

Kryon

Capítulo Tercero

CONOCIMIENTO DE LA TRANSICIÓN

PARA EL NUEVO MILENIO

«EL PODER ABSOLUTO DEL AMOR»

Canalización en Directo
Detroit, MI

Esta canalización en directo ha sido editada con palabras e ideas adicionales que permiten la aclaración y mejor comprensión de la palabra escrita.

¡Saludos, queridos! Soy Kryon, del Servicio Magnético. Estamos en un momento ungido, un momento sagrado, porque se ha abierto una rasgadura en el velo y éste se está abriendo literalmente en estos momentos. Mientras mi socio se os acerca con el amor que se siente esta tarde, queremos que os déis cuenta de la energía que el cortejo os está demostrando. Se trata de un cortejo de «**casa**», y os queremos decir algo que ya dijimos antes: «Sabemos quiénes sois, todos y cada uno de los que escucháis y leéis estas palabras».

Existen unos zarcillos entre vuestros corazones y los nuestros a los que denominaremos «Cuadrícula Cósmica». Consiste en una conexión con el hogar. Se trata de la chispa de divinidad que existe en el interior de cada uno de vosotros y también de nosotros y que, por lo general, se encuentra oculta y suprimida en todos vosotros por vuestro diseño de la dualidad. Existe en esa chispa una belleza, una belleza de amor que va a fluir como si se tratase de un manto por todo este grupo. Esas entidades a las que podéis llamar hermanos y hermanas vendrán y se sentarán a vuestro lado, y algunas de ellas se quedarán detrás de vosotros. Fluirán para mezclarse con esta gran masa de gente que hay en esta sala y también con quienes os encontráis leyendo estas páginas, y se darán a conocer a quienes de vosotros deseéis sentir su presencia. Porque estamos en un tiempo ungido, por concierto previo, en el que os sentáis en esas butacas con la intención de conocer algo más acerca de quiénes sois.

179

Soy Kryon y estoy en el *ahora*. Lo mismo que vosotros cuando no estéis en este planeta. No existe en esta sala ni allí donde os encontréis leyendo esto ninguna entidad más importante. Vengo a vosotros en tanto que hermano o hermana e incluso, para algunos de vosotros, que padre o madre. Todo es «familia». Y venimos con una actitud con la que tal vez no estéis familiarizados, como es la del amor total y sin condiciones hacia todos vosotros. No estamos aquí para deciros si habéis hecho esto o lo otro de manera incorrecta o ni siquiera correcta. Nos encontramos aquí sólo para amaros, y ésa es la única razón para esta clase de acontecimientos. Mientras mi socio Lee Carroll permanezca en este espacio que vosotros mismos habéis designado en vuestra cronología lineal para este planeta, mientras esté ahí, eso es lo que sucederá en cualquier reunión similar a ésta...: el énfasis en el amor.

Llevamos sabiendo desde hace muchos días los potenciales derivados del hecho de que os encontréis ahí sentados e incluso los de quienes están leyendo estas palabras, al parecer, «por casualidad». Como ya hemos dicho a tantos de vosotros con anterioridad –y, en especial, a vosotros, quienes escucháis esta voz y comenzáis a sentir esta energía por vez primera– queremos que sepáis que ya conocíamos vuestra venida y que ibais a ocupar vuestra butaca mientras escuchábais estas palabras. Sabíamos la silla que ibais a ocupar o el trozo de suelo sobre el que os ibais a echar porque, al ser todos de la familia, sabíamos la energía con que íbamos a encontrarnos en este lugar. ¿Creéis quizás que no sabíamos que ibais a venir? Nos dirigimos a quienes de vosotros se enteraron de que iba a tener lugar esta reunión hace sólo unos días. ¿No creéis interesante la cantidad de cosas que tuvieron que conjugarse para permitir que estuviéseis sentados aquí y sintiendo esa energía? ¿Creéis que no estaba planificado de antemano? Fuisteis vosotros quienes creásteis vuestra propia sincronicidad, y ahora os encontráis exactamente en el sitio y el momento adecuados.

De modo y manera que lo que os decimos es que esto es algo sumamente parecido a una reunión; un preciado momento en el que todos los que aquí estamos podemos mezclar de forma temporal nuestras energías; un momento en que podáis recordar y sentir. Las cosas que deseamos que recordéis y sintáis son las siguientes: en todos y cada uno de los Seres Humanos que se encuentran en esta sala, existe una impresionante divinidad que coincide en todo con todas las cosas en que podáis pensar cuando os imagináis un ángel. Coincide en todo con todas las cosas en que podáis pensar cuando os imagináis un ser divino. Antes de que concluyamos esta tarde, vamos a volver a recordar y a hablar de esa angelicidad.

Mientras llegamos a una asamblea como la vuestra y fluimos a través de vuestro grupo, mientras os estampamos con un atributo del espesor del amor, estamos aquí de nuevo para lavaros los pies. ¡Por eso es por lo que esta asamblea espiritual se coloca y arrodilla ante vosotros! Todos estos hermanos y hermanas que proceden del otro lado del velo, uno a uno, os rendirán homenaje durante esos momentos, metafóricamente, con las lágrimas de nuestra alegría y os lavarán los pies uno a uno. ¡Así es nuestra alegría! ¿Os habéis preguntado sobre la alegría y el amor que tenemos en el otro lado del velo? ¡Vosotros sois nuestra alegría! Y lo sois, porque, cuando os hablamos, lo hacemos a la familia. Todos y cada uno de vosotros –todos– sois eternos.

A todo lo largo de los últimos meses, os hemos ofrecido mensajes lineales. Esos mensajes han tratado de la familia. A pesar de no querer llamar a éste un mensaje «familiar», la realidad es que todos los mensajes están destinados a la familia. Antes de seguir adelante, nos gustaría revisar uno a uno los mensajes anteriores: hemos hablado muchísimo del poder de la concienciación. Ese fue uno de los atributos que presentamos por primera vez; la esencia de la concienciación que tenéis en tanto que miembros de esa familia sagrada que habita el planeta. En la segunda sesión, hablamos sobre las tareas de la familia y de nuevo hicimos mención del poder de vuestra concienciación; de vuestra intención y de lo que ésta logra. En la tercera, nos concentramos en el poder de esa concienciación y en los cambios que se producen cuando vuestra intención es pura. En el cuarto

181

mensaje, hablamos del rejuvenecimiento de los Seres Humanos. Tratamos de la renovación que se está produciendo en vuestros cuerpos. Mencionamos un cambio absoluto tanto físico como mental y espiritual que se está llevando a cabo en estos momentos en el planeta y del que vosotros sois el objetivo.

Y hétenos aquí de nuevo hablando a la familia sobre vuestro *poder*. ¿Podríamos utilizar la palabra *orgullo* como indicativa de nuestra reacción a vuestro mundo? Tal vez no sea la palabra más exacta, queridos. ¡En ninguno de vuestros idiomas existe una palabra que exprese todo nuestro amor y honra por nuestra familia de aquí! A todos aquéllos de vosotros que habéis venido a ocupar vuestras butacas y os sabéis hijos e hijas de la familia, a todos aquéllos que sabéis qué se siente exactamente al levantarse y decir ¡YO SOY!, es a quienes nos referimos en realidad cuando decimos que estamos orgullosos de contar con una familia que haya hecho lo que vosotros. Cada vez sois más, aunque siempre nos sentamos delante de los más avanzados. Siempre nos sentamos delante de quienes han venido muchas veces, porque eso es lo que os ha traído a esta energía, ¿sabéis? Con eso es con lo que os sentíais relacionados cuando oíais de forma metafórica mi voz a través de las transcripciones que hicieron posible que algunos de vosotros ocupáseis esas butacas. Lo que sentísteis al leer aquellas palabras no era sólo una nueva información con algo de interés. ¡Era –tenedlo por seguro– un mensaje de *casa*! Por eso tuvo el eco que tuvo. Así que ahí estáis, sentados, en el momento adecuado, en el lugar oportuno y por una razón, cual es la de sentir esta energía, la energía de la unión de una reunión familiar.

Sois la **familia de la Tierra**. Existe un objetivo para vuestra vida así como un gran plan que ya os dimos a conocer antes en el Capítulo Segundo de «El Significado de la Vida». Sois muchos los que seguís diciendo: «*Me gustaría contar con soluciones claras. Mi vida está llena de problemas, y me encuentro lleno de ansiedad. Necesito ayuda*».

¿Creéis que no lo sabemos? ¿Sabéis el número de entidades que rodea a cada uno de vosotros? ¡Somos muchísimos más que vosotros! Tenéis alrededor de vosotros un grupo de apoyo al que no véis jamás y que se encuentra ahí para equilibrar la energía. Para amaros. Algunas de esas entidades están donde están para ser puestas en actividad con vuestra *intención*. Ya hemos hablado de esto. Incluso con este tipo de apoyo, muchos de vosotros permanecéis todavía en las tinieblas pensando que estáis totalmente solos y que no importáis a nadie, creyendo que nada os va a suceder que os salga bien.

Literalmente hablando, existe en vuestro entorno un cortejo inmenso y trabajador que os ama. Se trata de miembros de la familia que están esperando ahí a que iniciéis alguna acción, intentéis algo, os levantéis y digáis ¡YO SOY! Y digáis a Dios «reconozco al ángel que llevo dentro».

Ésta es la razón de que yo me encuentre ahora aquí. ¿Cuántos de vosotros creéis de verdad, de verdad, que, cuando yazcáis en ese último lecho, en ese lecho al que llamáis «lecho del tránsito» –el lecho de la muerte– será el fin de la vida? Apuesto a que, si pudiese hacer una encuesta en este grupo y dar a conocer sus resultados, no habría ninguno que pensase así. ¿Os dáis cuenta? Existe una «chispa» en el interior de cada Ser Humano, una chispa que dice: *Sé que existe algo más tras la muerte humana. No sé de qué se trata, pero estoy totalmente seguro de que hay algo más».* Esa sensación os viene ya diseñada, amados míos, y os hace diferentes a todos los demás seres del planeta.

Sois eternos y os encontráis aquí de forma temporal. En esta forma temporal, habéis optado por llegar a un momento sumamente propicio. ¡Ah! Hay tantos entre vosotros que decidísteis venir con un total conocimiento espiritual de que quizás tendríais un tránsito lleno de dificultades. Una vez más, el planeta puede llegar a un estado de terminación porque vuestra tarea haya terminado. ¡Es así de sencillo! No tiene *nada* que ver con ningún juicio, sino con la adecuación. Tiene que ver con un esquema mucho más amplio que vosotros mismos dirigísteis y planificásteis y que, al encontraros aquí presentes, también completáis y facilitáis. Sin embargo, en vez de enfrentaros a la terminación, ¡estáis sentados hoy aquí contemplando un futuro absolutamente nuevo! Amados míos, existen algunos de vosotros que os encontráis aquí «ahora» escuchando y leyendo esto –y de quienes estoy seguro que sabéis quienes sois– que no lo hubiérais conseguido con la energía antigua. Con vuestra pura intención hacia el Espíritu, os habéis liberado del mapa kármico con que llegásteis y habéis empezado a crearos otro... día a día. Habéis eliminado algunos de los retos a que os habíais tenido que enfrentar y en su lugar aquí os encontráis ahora, sentados..., algunos de vosotros, confundidos o nerviosos..., en espera de saber de qué va la cosa. Queridos míos, detenéos por un momento, abandonad vuestras preocupaciones y temores y gozad de esta reunión con nosotros. ¡Es un momento para festejaros a vosotros y a la familia porque todavía estáis aquí! ¿Se os ha ocurrido pensarlo alguna vez?

Es la concienciación de la dualidad del Ser Humano que existe en el planeta la que limita la visión espiritual. Los Seres Humanos sólo ven la mitad de la realidad, la mitad que se encuentra en la dimensión humana. No véis la otra mitad. No véis la vista general que nosotros y vuestros guías conocemos. No sabéis lo que *no os ha sucedido* por vuestra pura intención de encontrar el «yo interior más sagrado». Nos gustaría que pensáseis en ello. ¡Es tiempo de celebración! Y, en esa celebración, vuestro cuerpo sentirá sin lugar a dudas un desplazamiento vibratorio. No podrá hacer nada por evitarlo, porque responderá a vuestra concienciación espiritual, y porque la concienciación de la celebración ante la inseguridad y el temor aporta una inmensa sabiduría e iluminación. No se trata sino de un sencillo axioma sobre el funcionamiento de las cosas.

Os encontráis en disposición de co-crear una vida completamente nueva. Michael Thomas, en su cuento *El Viaje a Casa* (Libro Kryon V), descubrió que, aunque tenía trazado un camino –un camino que hubiera podido seguir para ir de un lugar espiritual a otro–, existía mucha más honra y alegría cuando lo abandonaba, cuando se salía de él y buscaba el camino con su nuevo mapa espiritual. ¡Pensad en el grupo de apoyo que va con el mapa! Aprendió una cosa sumamente importante acerca de su nuevo mapa. Podía ver si el futuro le deparaba algún problema y sabía que el mapa podía hacer que lo salvase, aunque solamente si lo afrontaba de lleno. Comprendió los nuevos atributos de su nuevo camino espiritual, el hecho de que la energía se empareja con la energía y que el emparejamiento de la solución necesita del emparejamiento del reto, aunque sólo en el punto en que puede producirse un buen matrimonio: ¡en el mismo centro del reto! Y eso, amados míos, no es sino un nuevo paradigma de existencia para la Humanidad. ¿Sabéis qué necesita? Pues un ajuste emocional. Algunos de vosotros lo habéis denominado «fe»; también requiere autovaloración, el «conocimiento» absoluto de que, cuando uno llega al foco del reto, se producirá una solución, ¡un «conocimiento» del que nada ni nadie podrá apartaros! Cuantas más veces lo hagáis, más confianza tendréis en lo que mi socio llama «el Manto del Espíritu», que consiste en lo mismo que confiar en vuestro yo más elevado.

Vamos a tener el gozo de daros más información esta misma tarde, aunque no podamos evitar deciros que, en esa posición energética que algunos de vosotros habéis permitido, la familia os visita de una manera que, tal vez, sea única para vosotros. Nunca habéis sentido esa energía de esta manera, de esta forma. Algunos de vosotros váis a salir de esta sala completamente diferentes a cuando entrásteis en ella. No se trata de una sugerencia, sino que os estoy dando a conocer los hechos tal como son porque algunos de vosotros estáis sintiendo en estos momentos cómo esa energía os penetra y va llenando. Incluso mientras leéis estas líneas, podéis sentir el toque del Espíritu y sabéis perfectamente que eso es real. Estáis empezando a comprender que este mensaje no consiste simplemente en un Ser Humano que ha venido a hablar desde un sillón para que sus palabras sean transcritas y así podáis leerlas. Pronto podríais empezar a entender que lo que hay en esta sala va mucho más allá que eso, que la transcripción que leéis contiene una energía destinada a vosotros, que conocemos, de hecho, el potencial para que leáis esto. Se trata de la familia que os hace una visita de una manera que jamás habíais imaginado, y, mientras sus miembros os aman, os tocan los hombros, la cabeza y os acarician los brazos. Esta familia que tenéis os dice: «sabemos quiénes sois. Sabemos por qué vinísteis. Os esperábamos».

El poder absoluto del amor

Vamos a hablar ahora del poder absoluto del amor de una forma que, quizás, no se os haya ocurrido nunca. Estáis alcanzando una época en que os aproximáis a una fecha que os fue dada hace mucho tiempo en muchas de las profecías que os dicen que éste es *el fin.* Llegásteis con un sello –literalmente, una impresión en el nivel de «conocimiento» celular– que os decía lo que iba a ocurrir. Ese sello se entremezcla con otras huellas con las que también llegásteis. Todo ello está ahí. Está todo almacenado en vuestro ADN y forma parte de las hebras que no son químicas ni biológicas. El almacenamiento espiritual forma parte del ADN, como ya os hemos mencionado en pasadas canalizaciones. Está contenido en las hebras que no podéis ver, las que envuelven a las magnéticas, las cuales, a su vez, envuelven a las químicas. Todo está ahí.

Os llegaréis a preguntar a veces, cuando leéis algo sobre una vida ya pasada –proceso que os permite saber cuál era la energía que rodeaba las lecciones aprendidas en una encarnación anterior a la actual–: «*¿No es algo maravilloso que el Espíritu me haya hecho entrega de esa información sobre una vida pasada cuando más la necesitaba?*». No tenéis ni idea de que la información sobre esa vida ya pasada procedía directamente ¡de vuestra propia estructura celular! ¿Veis? Las vidas pasadas, los contratos espirituales y las lecciones kármicas constituyen un proceso de memoria celular. Todo esta ahí. Todo. Así habéis sido diseñados. Ésa es la forma en que las lecciones y atributos kármicos son transmitidos a los Seres Humanos. Tienen que estar en vuestro interior.

Así que no debéis mostraros sorprendidos o chocados al saber que el poder para deshacer todas esas cosas también se encuentra en vuestro interior. La dualidad, sin embargo, os cuenta algo diferente. Os dice que llegáis con todos los potenciales para tener problemas. Os dice también que, si por cualquier razón, os sucede algo bueno, debe proceder de «allá arriba» –¿lo véis?–, de algún lugar externo a vosotros. ¡Menuda dualidad habéis elegido!

A continuación, llega el momento en que hacéis una transición de la Tierra y, durante un breve período, volvéis «al hogar». Eso es lo que nosotros llamamos «retorno». Vosotros y yo nos volvemos a reunir de nuevo, y el séquito también está allí para celebrar vuestra grandeza. Festejamos vuestra esencia y celebramos la belleza del plan. Después, ¡a la Tierra otra vez! Como es natural, todo esto os es ocultado y disfrazado expresamente mientras estáis en el planeta.

Aquí tenéis los ocho Poderes Absolutos del Amor presentados, tal vez, de manera diferente a las anteriores.

Poder sobre el temor seminal básico

Nos gustaría hablar también del poder del amor sobre el miedo. Pero esperad un minuto antes de decirme: «Kryon, eso ya es muy viejo. Se han hecho cantidad de transcripciones sobre el tema. Ya nos dijiste hace tiempo que podíamos meternos en una situación que nos diese miedo y hacer que reventase «la burbuja negra» que lo representa». No es ése el miedo de que tratamos aquí. ¿Lo veis? Ahora nos dirigimos a esta nueva familia espiritual que tenemos aquí y a quienes han sentido cómo les llegaba esta energía. La «nueva» Nueva Era se acerca. A nosotros nos gusta llamarla la «Era de Ahora». Os hablamos a aquéllos de vosotros –unos de los cuales os encontráis sentados en sendas butacas, y otros, leyendo estas palabras– que habéis sentido esto ya. Es lo que en realidad os trae aquí. Quisiera deciros que existe un miedo interno conectado con lo que está ocurriendo en estos momentos en el planeta. Ya tratamos de ello anteriormente y lo denominamos «temor seminal», refiriéndonos a que fue «plantado» muy temprano.

El temor seminal es esto: a medida que transmutáis trozos y pedazos de vuestra dualidad, os váis introduciendo en un estado de concienciación que jamás ha sido abordado con anterioridad..., excepto otra vez en el planeta. Entonces, el planeta estaba desequilibrado, y fuisteis vosotros quienes decidísteis terminar con él. ¡Lo que os estoy diciendo es que me encuentro sentado frente a una familia casi exclusivamente compuesta por *lemurianos*! Esos son quienes han venido, están sentados en esas butacas y cuya máquina espiritual interna se encuentra lo suficientemente interesada como para leer estas palabras. ¿Os habéis sentido alguna vez como un alma antigua y sabia? ¿Se os ha ocurrido pensar que sabíais cosas que otras personas ignoraban? Todo está ahí dentro –¿sabéis?–, en vuestro ADN.

Además, os diré una cosa: existe un temor seminal mientras abordáis esta «nueva» Nueva Era que sólo puede ser superado mediante amor y la revelación completa a vuestra dualidad de que habéis sentido esto con antrioridad.

Se nos han hecho preguntas incluso esta mismísima tarde: *«¿Cómo puedo creer más? Hay algo que me bloquea. Quiero comprenderlo todo. Quiero levantarme y exclamar el ¡YO SOY!' pero algo me reprime»*.

Os diré qué es ello. Es el temor seminal de la iluminación. Contáis con todas las herramientas y tenéis delante todos los dones. Estáis sentados en vuestras butacas autodenominándoos «trabajadores de la luz» y, sin embargo, queda todavía algo por hacer, ¿no es así? Sois muchos los que entre vosotros desearíais dar ese último paso que tan difícil parece. Os lo diré: la solución de ello estriba en el poder auténtico del amor. Podréis levantaros de vuestros asientos y salir de aquí, o del lugar donde os encontráis leyendo estas líneas, absorbiendo, por fin, la esencia de una fe real, poseyendo en vuestro interior el «YO SOY». Esta capacidad llega con retraso y va a llegaros procedente de la fuente del amor, porque vosotros habéis concedido vuestra intención para que así sea. La nueva energía del planeta os «pertenece» de verdad –aquí estamos para apoyarla–, y ésa es la razón por la que estáis aquí. Ésta es la razón para que celebréis este «despertar».

De modo y manera que, cuando hablamos del poder del amor sobre el miedo, nos referimos al único temor que prevalece en todos y cada uno de los trabajadores de la luz que escuchan o leen estas palabras *ahora* mismo y que se encuentran en plena lucha con todo su conocimiento de ello.

Enteráos de esto: vuestro viaje hacia el recuerdo espiritual está ungido. No va a acabar de la misma manera que antes. Sois vosotros los agentes catalizadores del cambio planetario. Sois vosotros las almas viejas que despertaréis en primer lugar y conduciréis a las demás con vuestro ejemplo. ¡Sois vosotros los trabajadores de la luz! No temáis, porque el pasado pasado está y porque lo que se abre ante vuestros ojos ahora posee elevadas vibraciones ¡que sólo esperan a que las reivindiquéis!

Poder sobre el dolor

Hablemos ahora del punto número dos, aunque pueda parecer aquí algo fuera de lugar. Nos gustaría hablar del poder del amor sobre la emoción humana. Una de las emociones que más poderosamente experimentan los Seres Humanos, excepción hecha del amor, es el dolor o pena. Lo traemos a colación porque sois muchos los que entre vosotros tenéis necesidad de escuchar esto. El poder del amor, con la intención del nuevo Ser Humano caminando por la luz, puede transformar por completo la pena. Muchos de vosotros sentís pena por la pérdida de seres queridos. Otros sentís pena por la pérdida del amor. Os afecta de la misma manera porque se trata de la misma clase de dolor. Muchos de vosotros guardáis en vuestro interior secretos de penas del pasado que creéis que se encuentran a salvo de los demás, aunque no lo estén de nosotros, del resto de la familia. Algunos otros camináis por esta vida con una apariencia falsa, como si dijéseis a

189

todos: «¡*Oh! Ya estoy bien. Estoy perfectamente*». Pero no lo estáis. Imagináos quién lo sabe. La *familia*. Por eso estáis aquí.

Escuchad, amados míos. Escuchadme bien: los retos son temas que se os dan para que los resolváis, no para que los *aguantéis*. ¡Dios no obtiene ningún gozo ni placer del hecho de que los retos que se presentan a los Seres Humanos permanezcan sin resolver! ¡El Espíritu no se deleita ni el planeta obtiene beneficio alguno de los miembros de la *familia* que eligen permanecer en un continuo reto! ¡La falta de resolución y la energía sin resolver *jamás* producen beneficio alguno a Dios! ¡Lo que todos celebramos al unísono son las soluciones perfectas halladas a lo largo del proceso del amor y sabiduría!

¡Oh! Ya va siendo hora de que esas sensaciones se reconcilien, ¿no os parece? Me gustaría deciros que todo, absolutamente todo, lo que os ha causado algún dolor o pena en la vida ha sido diseñado por vosotros mismos. ¿Deseáis acabar haciendo algo sabio con ello? ¿Queréis saber qué desea el Espíritu que hagáis? ¡Festejadlo! Duro de roer, ¿no os parece? Existe una finalidad espiritual tras ello. Algo sagrado. Por lo tanto, existe tras ello una energía gozosa. Ya iba siendo hora de que empezárais a pensar en ello. Empezad a celebrar el acontecimiento causante de la pena. Comenzad a contemplar la situación con una sabiduría general que sólo procede del Manto del Espíritu que, en tanto que trabajadores de la luz, lleváis sobre vuestros hombros.

Hay quienes os dirán que la pena sólo puede calmarse con el tiempo, y que ése es el único modo en que funciona la cosa. Se equivocan. Ni se han dado cuenta de la nueva herramienta que os confiere vuestra nueva energía de capacitación planetaria ni la han experimentado. ¡No han experimentado el amor de la familia que llega a vuestra vida para transmutarse con vosotros! Podéis levantaros y echaros a andar de aquí o del lugar donde os encontréis leyendo estas líneas y reducir ese peso a la mitad. ¡A la mitad! Y, cuando partáis, quiero que sepáis que *no estáis nunca solos*. ¡Nunca! Es vuestra dualidad la que, sin embargo, intenta convenceros de que sí lo estáis. Es vuestra dualidad la que os dice que habéis de echaros toda la carga sobre vuestros hombros y que nadie os entenderá jamás. Os diré una cosa: ¡existe un cortejo de entidades de os entiende! ¿No creéis de verdad que el Espíritu os conoce? Contáis con toda una familia a vuestro lado. Existen brazos que os rodean y aman en los momentos más oscuros y que están aquí, ahora, visitándoos, en el mismo lugar en que escucháis o leéis estas palabras. ¡No tengáis ninguna duda de que sois amados!

Y éste era el punto número dos.

Poder sobre la materia

En esta «nueva» Nueva Era, el amor tiene un poder absoluto sobre la materia. Henos aquí otra vez, como año tras año, tratando del tema de las suposiciones de los Seres Humanos. Es un tema del que ya hemos hablado. Las suposiciones a las que nos referimos se definen como «las cosas a las que los Seres Humanos están acostumbrados y que, por lo tanto, proyectan». ¡La nueva energía elimina el «esperan»!

¿Qué creéis que son los milagros? En primer lugar, dejemos bien claro el hecho de que existen. Solemos hablar con bastante frecuencia de las sanaciones; de las sanaciones de la mente, del cuerpo y del espíritu. Todas esas cosas están relacionadas con la materia. Algunos de vosotros habéis sido testigos, al igual que mi socio, en muchas sanaciones, de la creación de materia donde antes no existía. Huesos que vuelven a ocupar su anterior espacio, cartílagos creados donde no los había, alteración de químicas. El milagro de la materia. Lo que denomináis «intervención divina». Os diré algo: se trata de un poder con que contáis todos y cada uno de vosotros a través del ángel divino que se sienta con vosotros en vuestra silla de oro. Procede del interior, amados míos, no de «allí arriba». Esa gran energía milagrosa está generada por la espectacular esencia espiritual que lleváis en cada uno de vosotros y que, cuando se despierta, ¡es asombrosa!

¿Deseáis saber por qué unos son sanados, y otros, no? Se trata de una pregunta sumamente compleja que la Humanidad se está haciendo constantemente. Parte de ella se relaciona con el contrato que realizásteis con respecto a vuestros planes en el planeta y al lugar en que encajáis que sirva para ayudar a los que os rodean. ¿Lo sabíais? ¿Os habéis preguntado alguna vez si os encontráis en alguna situación que os parezca inadecuada o si ésta, por el contrario, ha sido diseñada para facilitar alguna lección a quienes os rodean? ¿Quién, en ese caso, ayuda a quién? ¿Sentís algún pesar que no se va, a pesar de que hayáis pedido con insistencia que os abandone? Volved hacia atrás y miradlo de otra forma. ¿Es posible que, de alguna manera, vuestro pesar esté ayudando a quienes os rodean? ¿Constituye un reto para ellos? ¿Los acerca en alguna forma al Espíritu? Si es así, queridos, ¡enteráos de quiénes sois! Comprended lo que significa ser un «trabajador de la luz». Las cosas no son siempre como parecen.

Después, están los otros, los que parecen que han nacido para ser sanados. Quiero deciros que existe el poder sobre la materia y que no solamente es patente en las sanaciones a Seres Humanos. Hablaremos más sobre el tema dentro de muy poco, cuando hayamos terminado con el siguiente punto.

Nos gustaría hacer algunos comentarios acerca el poder sobre la materia que podéis ver en este planeta. ¿Os habéis preguntado lo que queríamos decir cuando oísteis nuestro mensaje sobre el «anclaje de la energía»? Os dijimos ya que llegará un momento en esta Era en el que la Tierra os escupirá trozos de sí misma. Lo que con ello quisimos decir es que se producirán erupciones volcánicas. Escuchad bien esto: habéis oído la expresión «tiene fuerza suficiente para mover montañas». En esta nueva energía, ¡el poder será el de impedir que las montañas se muevan! Y, cuando os llamen para que acudáis a lugares donde exista potencial para trastornos, donde la Tierra tiemble o las montañas se muevan, existen razones para ello.

Me encuentro aquí para comunicaros que, cuando una cantidad suficiente de trabajadores de la luz se traslada a esas zonas y procede al anclaje de esos puntos tan inestables, ¡se produce poder sobre la materia! Cuando la Tierra decide moverse de una determinada forma, no se moverá tanto si hay presencia de trabajadores de la luz que la anclen. Ya ha sucedido otras veces. Lo habéis visto ya y ni siquiera os habéis dado cuenta. En otros mensajes ya hicimos referencia a aquéllos de vosotros que son llamados a otras zonas para anclar la anergía. Eso es exactamente de lo que ahora nos encontramos hablando y se trata ni más ni menos que del poder del amor sobre la materia.

¿Recordáis que, cuando definimos para vosotros la materia, ni siquiera podíamos pronunciar las palabras de la definición sin incluir la palabra «amor»? ¿Recordáis cuando definimos al amor como el caldo energético existente entre el núcleo y la neblina electrónica del átomo? ¡Tanto la materia como el amor tenían definiciones semejantes en las que se incluían una y otro! Es pura Física. Por lo tanto, ¿existe alguna duda en vuestra mente que cuestione que el amor pueda tener poder sobre la materia? Muchos de vosotros creéis que sois inútiles. Pensáis que camináis por este planeta, que sois producto de los elementos –zarandeados de un lado a otro– y que os pasáis danzando de un sitio a otro según la Tierra os empuje.

¿Sabíais que hay en este momento trabajadores de la luz alejando determinadas pautas meteorológicas, impidiendo que la Tierra tiemble y manteniendo quietas las montañas? Es parte del poder que os estamos dando en esta nueva energía.

(Para Detroit). Algunos de los que os encontráis en esta mismísima zona estáis, de hecho, anclando un punto. Existen lugares por toda esta tierra que necesitan de vuestra ayuda, y hasta existen profecías sobre la región. ¡Aquí *se necesitan* trabajadores de la luz! Porque aunque no entendáis por qué os encontráis aquí sujetando esa energía, echaréis vuestras anclas, razón por la que tantos de vosotros estéis aquí. Puede sonar algo críptico, pero está relacionado con los potenciales. Tiene que ver con los cambios en la Tierra; con la razón por la que estéis aquí, en esta zona, y con la razón por la que esta área tenga ecos que os conciernan, causa de que nos hayamos extendido con este atributo del «poder sobre la materia». Queremos que nos escuchéis muy atentamente: los propios elementos del planeta responderán a vosotros. Hasta los mismísimos trozos de materia para construir son variables y responden al amor.

Poder sobre la biología

El poder del amor sobre la Biología es absoluto. Ya hablamos otras veces acerca del poder de sanación que tenéis, de ese poder que lleváis dentro. Podríais decir que ya hemos dicho todo lo que posiblemente podíamos decir. Amados míos, ¡nunca dejaremos de hablar de este tema! Y no lo haremos porque solamente habéis empezado a comprender el despertar de determinadas energías que han permanecido latentes en vuestros cuerpos, esperando y residiendo en él para este mismísimo momento. Al despertar esas energías, se os dará una cualidad que reducirá la velocidad de vuestro envejecimiento y que está relacionada con la intención, que está también relacionada con el ser circunspectos y con el buscar bien cuáles son los equilibrios de energía disponibles. Está relacionada con el poder del amor y con la reivindicación del «YO SOY» del Manto del Espíritu.

Tal vez, algunos de los que leáis esto o hayáis venido esta tarde os digáis: «*Estoy harto de mi pesar. No puedo más. No puedo librarme de él. Lo he intentado todo*». Para algunos de vosotros, ese pesar os fue dado para que pudiéseis venir hoy aquí ¡y quitároslo de encima! Ésta es la manera en que trabaja el Espíritu. Al hacerlo, tendréis un cambio en vuestras vidas, y ese cambio afectará amorosamente a quienes os rodean.

El poder del amor está, de hecho, conectado permanentemente a vuestra estructura celular. Forma parte de la Fuente Sagrada y puede cambiar la materia de vuestras células. Las células responden a la intención espiritual y, como ya hemos mencionado con anterioridad, ya va siendo hora de que comencéis a considerar vuestro cuerpo como una célula iluminada.

Antes de que la sanación sea completa, tenéis que mirar vuestro cuerpo como si fuera una vasija –un jarrón–, como si fuera una célula totalmente iluminada. No existe ninguna parte de vuestra estructura de la que podáis prescindir. Cuando una zona determinada sufre un dolor, toda ella lo sufre. Cuando una zona siente alegría y está iluminada, toda la estructura se siente alegre y luminosa.

Así que, de nuevo, volvemos a tratar de este cuarto poder, del que también os decimos que es absoluto: podéis llegar a cambiar hasta vuestra química. Podéis generar sanaciones en vuestro interior. Hay quienes participan en este grupo de información que son capaces de sentir energía y que saben lo que ocurre en este momento. Tenemos un regalo para los sanadores, para quienes se han pasado años produciendo trabajos energéticos para otros Seres Humanos. El regalo es una concienciación acrecentada que es vuestra con sólo pedirla con intención pura. Buscadla, porque quienquiera que sea el que quiera poseerla ahora la puede tener. Es una vía rápida –un catalista para las sanaciones–, y ésa es y no otra la razón por la que os encontráis aquí o sentados en una silla como los sanadores que están leyendo esto.

¿No os lo esperábais? La capacidad para sentir energías de un Ser Humano se ha visto acrecentada si optásteis por aceptar esto. Cuando contáis con un cortejo alrededor vuestro del tamaño de éste, os encontráis en una sala del tamaño de ésta y con un número de lectores de este tamaño, es que existe un elevado grado de intención en la Humanidad que se ha reunido, que es cuando se producen este tipo de cosas. Existen dones porque la intención es sumamente fuerte, porque la intención es pura y porque el «manto» se encuentra en su sitio (refiriéndome al Manto del Espíritu, del que ya hablamos en el seminario). Hay entre quienes me escucháis y estáis leyendo quienes podéis alzaros ahora y reivindicar el «YO SOY» con seguridad, mientras que antes no podíais. Lo sabemos y ¡ésa es la razón por la que celebramos esta reunión!

Éste ha sido el punto número cuatro.

Poder sobre la ansiedad

El punto número cinco es uno que hemos tratado muy poco a poco con anterioridad. Se trata de la ansiedad.

Queridos míos, muchísimos de vosotros estáis atravesando en el momento actual un proceso al que describiríais como ansiedad, y os gustaría saber qué podéis hacer con él. En primer lugar, describamos por qué está ahí; tal vez, de esta manera, obtengáis una impresión diferente sobre cómo habéroslas con él.

¿Sabéis qué es lo que ocurre cuando, biológicamente, se os permite evolucionar en vida? Es algo que va en contra del mismísimo tejido de vuestra pasada existencia humana. Consiste en un nuevo paradigma del desarrollo humano y forma parte del proceso de ascensión creado partiendo de vuestra pura intención.

Es el poder del amor el que os otorga esta capacidad, y también es el poder del amor el que calmará las sensaciones que produce. Volved al punto número cuatro. El poder del amor os permite evolucionar biológicamente mientras permanecéis aquí. Se trata de un cambio físico, de un cambio químico, de un cambio de fuerza vital. Puede que os mostréis sorprendidos y confusos al conocerlo. Nunca jamás en la historia de la Humanidad anterior sobre este planeta se os ha permitido llevar a cabo este tipo de cambios evolutivos a nivel celular mientras estábais vivos y residíais aquí. En el pasado, siempre había ocurrido a través de los procesos de muerte y nacimiento, queridos. Siempre. Este nuevo paradigma genera con frecuencia un estado mental denominado ansiedad.

Algunos de vosotros os despertáis por la mañana y decís: «esperaré a que se me caiga el otro zapato. Algo ocurrirá. ¿Qué es lo que siento? Mi vida va bien, pero siento una gran ansiedad».

Tratad de entender que gran parte de la ansiedad e intranquilidad que sentís se encuentran relacionadas con la evolución que se produce en vuestro interior. A aquéllos de vosotros que sintáis ansiedad, temores e inseguridad sobre las cosas que os rodean, os repetiremos una vez más que el poder del amor puede transformar esas sensaciones al igual que lo hizo con el dolor. Si la intención se encuentra allí, y os levantáis y reivindicáis al ángel que lleváis en vuestro interior, toparéis con el eslabón de la transformación. Es absoluto. Tiene que ser así, ¿sabéis? Vosotros sois los poderosos. Sois vosotros quienes os encontráis aquí para hacerlo posible a través de vuestra intención, de una intención que transformará la ansiedad y os procurará paz. Eso es de lo que se trata, ¿no? ¿Y qué es la transformación sino la alquimia del espíritu del Ser Humano que convierte en alegría y paz situaciones que, en condiciones normales, no conducirían a ese atributo? Así es como os dáis cuenta de que empezáis a estar iluminados. Vuestro cuerpo empieza a sufrir alteraciones. ¿Lo sabíais? Cuando podéis llegar a situaciones pacíficas que antes os solían representar dificultades y dramatismo, es que habéis cruzado un importante puente: el que celebra la intención pura y cataliza la iluminación. Representa el poder del amor en su nivel más elevado porque consigue cambiar la concienciación humana de forma drámatica.

Y este era el punto número cinco.

¿Sabéis? Nos vemos obligados a presentar todos estos atributos de forma lineal porque no nos queda otro remedio. Al escucharlos, podéis llegar a pensar que algunos de ellos son más importantes que los otros. ¡Es una lástima y se debe al hecho de no tenemos manera de presentároslos en círculo! Vuestro marco cronológico constituye vuestro medio de comunicación, y debe ser así. El tren del tiempo jamás se detiene para vosotros. Siempre anda. No puede ir en círculo, como el nuestro.

O sea, que el próximo es el punto número seis. Ni es el menos ni el más importante de ellos. Simplemente, *es*. Permitidme deciros que, en una presentación circular, siempre existe un atributo en el centro –¡Intentad explicar este concepto de forma lineal!–, y que en ese círculo que no tenemos facilidades para presentar, el atributo del centro siempre se cambia con los demás. Se trata de un atributo interdimensional de estos poderes del amor.

197

Poder sobre la dualidad

El amor cuenta con el poder para transmutar la dualidad. Quiero explicaros lo que esto quiere decir, porque se trata de una cualidad de suma importancia. La dualidad es lo que os impide ver el ángel que lleváis dentro. Es así de sencillo. Habéis creado una situación en la que habéis permitido que una parte de vosotros mismos se encuentre en una vibración inferior a las demás para mantener las cosas equilibradas en una especie de neutralidad de la concienciación espiritual que vosotros mismos diseñásteis. Según parece, os mantiene en la oscuridad, que es lo normal. Esta neutralidad –o dualidad– es la única forma en que se os puede enviar pruebas con el fin de ver si, al fin, el equilibrio energético desaparece.

Hasta los más iluminados de entre vosotros habéis dicho: *«Me veo zarandeado de un sitio a otro. Es como si se tratase de un experimento en el que quien zarandea es Dios».*

¡Ah, queridos! Os traemos noticias. Sois vosotros quienes tenéis los mandos –¿sabéis?–, los que lleváis el timón, pero vuestra dualidad a todas luces os lo oculta. Ya os lo hemos dicho antes, pero debéis escucharlo otra vez dicho con otras palabras. Es imposible que escuchéis o leáis estas palabras suficientes veces, porque se refieren a las nuevas herramientas de vuestra dualidad. ¡Sois tantos los que de nuevo os sentís zarandeados de un lado a otro en la vida como si os encontráseis en medio de una tempestad que no pudiérais controlar! En la última «canalización familiar», os dijimos ya que vuestra espiritualidad está acostumbrada a plantarse ante la vida «sin manos en el manillar». «Soltáis las manos y que Dios os guíe», y Dios se ocupa de todo. Lo que ahora os decimos es que Dios es vuestro socio. Se os han dado la autorización, las herramientas y el poder para poder decir desde adentro: «Cambiemos las cosas entre los **dos**». A continuación, iniciáis vuestro primer acto de intención y comenzáis a celebrar y visualizar vuestras propias respuestas. En cuanto hayáis inciciado ese primer acto, con vuestra intención pura intacta, ¿sabéis lo que ocurrirá? Pues que el sagrado socio

Dios vendrá y os rodeará con sus brazos y **juntos** co-crearéis vuestra intención vital. ¿Qué cuál es la diferencia? La intención. Ese es vuestro nuevo poder. La asociación es más fuerte que la de «soltar las manos y que Dios nos guíe». ¡Es algo *nuevo* y os lo habéis ganado!

También os dijimos la última vez, cuando hablábamos de los temores, que la nueva energía magnética que se os ha dado, queridos míos, os coloca en el asiento del conductor en lo que se refiere a la dualidad. La dualidad ya no se equilibra con neutralidad, porque los ajustes en las cuadrículas han hecho que vuestro potencial de dualidad se haya visto alterado. Había también otro alineamiento magnético, uno al que no nos habíamos referido todavía. Nueve años antes de que se produjera la Convergencia Armónica, os mostrásteis de acuerdo para permitir que un suceso situado a 20 años luz os hiciese explosionar con una elevada dosis de magnetismo que llegaría en el año 1998. Este alineamiento adicional de la cuadrícula es potente y llegó a su debido tiempo. La energía numerológica de esta explosión era «terminal». Dado que había sido fijada considerablemente antes de la medición de 1987, debería deciros algo de lo que os habíais permitido vosotros mismos. Sin el status actual de la Cuadrícula, esta explosión hubiera acarreado problemas; con el actual, sin embargo, lo que, de hecho, ha hecho ha sido incrementar vuestros potenciales. Y no voy a decir nada más en este momento en relación con este tema.

El posicionamiento de vuestra dualidad ya no está equilibrado en cero, ¿lo sabéis? Ahora tenéis las de ganar. Os explicaré lo que quiero decir. Quiero decir que estáis en estos momentos conduciendo vuestro futuro como jamás lo habíais hecho hasta ahora. Aquéllos de vosotros que deseéis empezar a practicar con el volante os váis a asombrar de todo lo que podéis cambiar.

Vamos a volver a dirigirnos a aquéllos que os sentís temerosos. Me dirijo ahora a quienes sentís ansiedad, preocupación o inquietud por las cosas que os acontecen en la vida. Da la impresión de que ésta está compuesta por una serie de colinas y de valles, ¿verdad? Las cosas van bien y, de repente, nos encontramos con un reto. Encontramos una solución y –¡hala!– otro problema. Algunos os decís a vosotros mismos: «*Dios, ¿cuándo me va a salir bien de una vez?*». Ello revela una suposición humana de que os encontráis como en un juicio y de que los problemas que se os presentan en la vida os caen sobre los hombros debido a que algo hicísteis mal. ¡Si supiérais! Los retos de los trabajadores de la luz son, con frecuencia, presentados especialmente ¡a quienes **sostienen la luz**! ¿Se os había ocurrido alguna vez?

Aquéllos de vosotros que seáis sabios, por supuesto, entenderéis esto que os voy a decir: para crear la energía necesaria para levantar el planeta, los más capacitados tendrán que superar pruebas. Jamás llegará el momento en que podáis llegar a una meseta final mágica en la que no existan retos ni problemas; no mientras seáis Seres Humanos. Algunos creéis que no hacéis más que trepar por una escala de problemas para llegar a un lugar de bendición en el que aquéllos dejarán de existir. Escuchadme: ¿os acordáis del objetivo con el que llegásteis? Se trataba de aumentar la vibración del planeta. ¿Me oís, lemurianos? ¿Recordáis? Os encontráis aquí para trabajar y, al trepar por la escala de los retos, lo que hacéis es aumentar la energía del planeta. Lo que hace el alineamiento magnético junto con el resto de las herramientas de la Nueva Era es proporcionaros la capacidad y el poder para *resolver los problemas*, no para eliminarlos, y ¿quién mejor para trepar por esa escala que el sabio que posee las herramientas? Estamos aquí para daros información acerca de cómo convertir los retos en partes de vuestras vidas y de cómo aquéllos se regularizarán en vez de convertirse en catástrofes como hasta ahora ha venido sucediendo. ¡Estamos aquí para informaros sobre el poder que tiene el amor para transmutar las facetas que han convertido en tan difíciles a los retos! Ésa es la finalidad única de este mensaje. Esto es lo que ha sido de todos estos atributos.

En la serie de canalizaciones «familiares» «La Familia», Cuarta Parte, Capítulo Segundo, os dimos un ejercicio para dominar el miedo. Os repetiremos ahora que ¡tenéis un poder absoluto sobre el temor! La próxima vez que el miedo os domine, intentad darle la bienvenida en voz alta, como en el ejercicio. Lo podéis hacer incluso en este mismo momento, donde estáis sentados, si sentís algún tipo de temor. ¡Dadle la bienvenida! Quiero que contempléis su llegada como si se tratase de una situación de amor concedida a vosotros y diseñada por vosotros. Aquí está otra vez, justamente a la hora. Como ya dijimos, el dar la bienvenida al miedo desarma a éste.

Al desarmarlo de esta manera y mostrar al miedo que lo tenéis controlado, cambia todo, y ello es debido a que vuestra dualidad está sufriendo una transformación. El equilibrio entre la luz y las tinieblas está cambiando. Ahora es un equilibrio más elevado, y tendréis mucho más control sobre esas poderosas cosas que os controlan la vida del que hayáis jamás tenido. El miedo os dará a conocer que está ahí y os dirá que no habéis venido haciendo las cosas demasiado bien. Os susurrará al oído que no sabéis lo que hacéis y que es una estupidez tanto parloteo. Y, mientras tanto, vosotros estaréis resolviendo el problema, co-creando situaciones en que es imposible perder, haciendo uso de la sabiduría del amor sin las interferencias de la desestabilizadora respuesta emocional que produce el miedo. Algunos no os daréis cuenta de que podéis hacer lo que os digo hasta que el miedo se os eche encima. ¡Que las semillas de este poder potencial se implanten en vuestras mentes para que podáis recordar las palabras! Después, combinadlas con la *intención*. Pudiera ser que os redefiniera la palabra *milagro*.

Protección

El número siete puede pareceros extraño si habéis tenido la *intención* de andar por el camino, amados míos. Os prometimos **protección**. Este atributo está preñado del poder del amor, ya que está directamente relacionado con vuestro camino y con el honor que sentimos por éste.

201

Alguien ha dicho: «*Kryon, me siento preocupado mientras aprendo a hacer uso de mis nuevos dones de guía y de poder. ¿Qué ocurriría si fracaso, especialmente en lo relacionado con la sincronicidad? ¡Tengo la percepción de estar, de alguna manera, perdiéndome esa sincronicidad de que hablaste y me veo siendo arrastrado fuera de mi camino recto y llevado a otro escenario que pueda hacer que pierda todos mis demás objetivos espirituales! ¿Qué sucedería si cometo errores mientras aprendo a utilizar todos estos dones nuevos?*».

Aquí es donde entra de lleno la palabra *protección*, porque, cuando habéis dado vuestra intención de caminar por un sendero espiritual nuevo, éste ya no es, ante vuestros ojos, un sendero recto, sino que va dando rodeos alrededor de un punto central, de una diana, si preferís llamarla así. Esa diana es vuestro objetivo espiritual, el resultado de vuestra co-creación, y constituye un potencial en vuestro futuro que espera a manifestarse, siendo, por lo tanto, interdimensional. Llegáis allí y tenéis que recorrer un laberinto que váis creando a medida que camináis, un laberinto con muchos recorridos diferentes que conducen todos a su centro. Imaginándoslo como un laberinto de setos en el que, con independencia del camino que elijáis, siempre habrá otro sendero que os conduzca hasta el centro.

Mientras teníais una visión de ser transportados a «algún lugar desconocido» por haberos perdido algún encuentro sincronístico, nosotros os enseñamos que si, por supuesto, os perdéis un acontecimiento a causa de vuestro aprendizaje, os trasladaréis no a «algún lugar desconocido», sino a un sendero que sigue conduciendo a vuestro objetivo. Puede que tardéis un poco más, pero se producirá más sincronicidad, y os encontraréis *protegidos* durante el camino. La protección consiste en que vuestro camino no se vuelve atrás jamás y en que siempre seguís andando hacia el interior, hacia el objetivo que manifestásteis en vuestra intención. ¡Ese es el *ahora*! Es vivir en un círculo al que nosotros hemos denominado una suspensión del paradigma de lo que vosotros llamáis una vida lineal y ¡forma parte del Ser Humano ascendente!

Por lo tanto, no temáis en dar un paso al frente ante el reto de aprender cómo se siente la sincronicidad. No tengáis miedo a cometer un error que pueda enviaros a «algún lugar desconocido». Seguid adelante y empezad a entender cómo se siente uno al caminar por el *ahora*. Estamos junto a vosotros, caminamos por el mismo círculo y nos acercamos lentamente al objetivo final.

Poder para cambiar. Cambio real

Por fin llegamos al punto ocho, que es el más fácil. Ha estado presente en cada una de las sesiones que hemos celebrado relacionadas con la renovación del Ser Humano y con la evolución espiritual. Los Seres Humanos cuentan en la actualidad con el poder de cambiar. Algunos de vosotros habéis cambiado las cosas peores que podíais haberos imaginado. En la serie de canalizaciones en que tratamos sobre la renovación del Ser Humano, os describimos un cuadro para que lo miráseis bien. En él, os veíais decididos a renovar vuestra casa, aunque siguiendo viviendo en ella al mismo tiempo. Algunos ya sabéis exactamente a lo que me refiero. Se producen inconvenientes, ¿verdad que sí? Y ansiedades. No da la impresión de que las cosas marchen sobre ruedas. ¡No se puede respetar la planificación! Estáis deseando acabar de una vez. Eso es un cambio real, y muchos de quienes me escucháis y leéis en este momento os encontráis en mitad de esa renovación, queridos míos, razón por la que nos encontramos aquí para honraros de la manera adecuada. Ésa es la razón por la que estamos aquí con todo nuestro séquito, que os ama mientras trabaja. ¿Sabéis una cosa? Nosotros no tenemos que pasar por lo que vosotros tenéis que pasar. Estamos aquí sólo como apoyo a vuestra increíble tarea. Unos os habéis presentado hoy aquí, otros habéis decidido leer estas palabras, todos pensando que os íbais a sentar frente a una gran entidad llamada Kryon, y, en vez de ello, os encontráis con que este hermano o hermana vuestro os envía –como si fuera una carta de casa– un mensaje que chorrea amor para deciros que se os honra por la tarea que lleváis a cabo y que sólo hemos venido a aplaudiros, a lavaros los pies y a estar presentes cuando déis vuestra *intención*.

El poder de cambiar se encuentra relacionado directamente con la frase «el único planeta de libre elección». Vosotros constituís las únicas entidades con forma biológica que existen en este momento en todo el Universo con la capacidad y autorización de elevar de hecho vuestra propia velocidad de vibración con libertad e intención, lo que es debido al gran plan de que ya tratamos en el Capítulo Segundo, «El Significado de la Vida».

Querida familia, hermanas y hermanos, podéis abandonar este lugar diciéndoos a vosotros mismos: «*No ha estado mal. ¿Qué sigue ahora?*», o podéis sentir también la verdad que aquí se respira. ¿Deseáis cambiar? Tiene un precio, que es el que conocéis desde siempre. El precio es, por supuesto, que el Espíritu os haga pasar una prueba, prueba diseñada y realizada por vosotros mismos. Simultáneamente, durante dicha prueba, podéis sentiros gozosos y tranquilos; nosotros estamos ahora aquí para explicaros las herramientas. No tiene nada que ver con torturar Seres Humanos o hacerles atravesar un laberinto. Tampoco se trata de que Dios castigue ni juzgue. Se trata del «trabajo de la luz», que es la razón por la que os llamáis «trabajadores de la luz» a vosotros mismos. Se trata de vuestra familia angélica, que ha decidido venir a este planeta vida tras vida en un esfuerzo por cambiar realmente el propio Universo. Se trata de todos aquéllos a quienes amamos profundamente y echamos de menos. Se trata de *vosotros*.

Así que nos encontramos con que el séquito que se encuentra aquí ha venido solamente para amaros, para aplaudiros, para rodearos con sus brazos y para deciros «sabemos que os volveremos a ver. Sabemos también que esta Tierra es difícil y sabemos por todo lo que habéis tenido que pasar». Éste es y siempre fue el tema de Kryon. A medida en que os váis acercando al ominoso momento en que la profecía os dijo que la vida humana iba a concluir, habrá una reactivación de aquéllos que se oponen al amor. Algunos de ellos incluso llegarán a deciros que la energía de Kryon es maligna y que no debéis escucharle. Son ésos los que no quieren que sepáis que tenéis poderes. ¿Qué es lo que Kryon os pide? Que sea ésta la prueba. ¿Hay algo a lo que unirse? ¿Hay algún culto involucrado? ¿Existe algún Ser Humano que desee ser poderoso? Yo sólo os aporto una información poderosa, amorosa y capacitadora. Os traigo el amor de la familia sin condiciones de ninguna clase. Os traigo las «Cartas desde el Hogar» para dar realce a vuestra vida.

Existe todavía en este planeta la energía de quienes llevan impresas las antiguas huellas y quieren arrastraros al fondo. Emplearán el miedo. Andad con ojo. Les gustaría que ocurriesen todas esas cosas que las profecías han anunciado porque realzarían su propio poder para producir temor en vosotros. Les daría cierta importancia. Siempre existirán los que tiren de atrás para removerlo todo. La antigua energía no se dará fácilmente por vencida, y el año 1999 será la gran prueba de ello: el inicio de las tinieblas contra la luz. Tendréis que pasar por ello y, cuando lo hayáis hecho, queridos míos, os invadirá una sensación de liberación. ¡Entonces es cuando este planeta va a ascender por todo lo alto! Sin embargo, la dureza de la prueba consistirá en tener que pasar por ello. La tarea estriba en entender que, desde ahora hasta entonces, nosotros deseamos que mantengáis en alto vuestra luz y que la ancléis bien. Irá adquiriendo mayor intensidad hasta el año 2012.

Hay una familia que os va a acompañar durante todo ese tiempo, y, si os váis de este lugar sin haber captado nada más que esta afirmación, os la repetiremos: *¡Nunca estáis solos!* Es ridículo incluso pensar lo contrario. Si tuviéseis idea de las entidades que os rodean, os asombraríais. Se trata de aquellos a quienes llamamos *familia*, aquéllos con quienes os habéis mostrado de acuerdo para que se encuentren aquí. Están todo el tiempo con vosotros. Sentid su energía. Os proporcionarán una idea completamente nueva de aquello en lo que consiste una familia. ¿Sabéis? Es la verdad y se está produciendo aquí mismo.

Ha llegado el momento de nuestra retirada. Jamás se volverá a producir una reunión como ésta. No exactamente como ésta. La familia que está en esta sala reconoce a todos sus miembros perfectamente bien, aunque se produzca una «broma» cósmica: ¿Os miráis a los ojos y os tomáis por extraños? ¡Si lleváis vidas enteras juntos, con los atributos kármicos que os habéis ido pasando a través de años de iras, temores y amor! ¡Todos os «conocéis» unos a otros! La gran Familia Humana está aquí, y no véis a sus miembros como propios. A nivel celular, os invitamos a comprender y a celebrar esta energía en este preciso momento.

Éste es el instante en que el cortejo espiritual que os ha visitado se retira a través de la rasgadura en el velo que atravesó antes. Si podéis decir que hubo jamás una época en que el Espíritu se entristeció, es ahora, porque tenemos que dejaros. Pero antes de hacerlo, queremos deciros algo que ha ocurrido durante esta sesión, lo mismo que en muchas otras antes. Si pudiérais medir la energía que entró en esta sala hace unos pocos minutos, cuando empecé a hablaros, y volver a medirla cuando partió, os encontraríais con que parte de ella se había quedado aquí. En otras palabras: algunos de vosotros habéis absorbido lo que aquí se ha dado. Hay aquí entidades que se van a quedar para permanecer con vosotros cuando abandonéis vuestras butacas porque tienen un trabajo que llevar a cabo basado en vuestra intención. Llegará un momento –os lo aseguro– en que nos volvamos a ver. Sois mi familia.

Y así ha de ser.

Kryon

«TINIEBLAS Y LUZ»

Canalización en Directo
Reno, NV

Esta canalización en directo ha sido editada con pala-
bras e ideas adicionales que permiten la aclaración
y mejor comprensión de la palabra escrita.

Saludos, queridos. Soy Kryon, del servicio magnético. De nuevo nos encontramos sentados en medio de la maravillosa energía de esta zona, una energía única en el país (Reno, Nevada). Se trata de una energía que permite que sólo unos cuantos temas puedan ser tratados con facilidad, como ya hicimos en este mismo lugar hace dos años.

Antes de que pasemos a las enseñanzas, vamos a colocar los sujetalibros a este grupo, como ya hicimos antes. Los «sujetalibros» poseen una enorme y tremenda intensidad y reciben el nombre de «sujetalibros del amor». Los llamamos sujetalibros porque empezamos y concluimos con un mensaje universal, un mensaje que váis a oír de todas las entidades que, procediendo del Espíritu, llegan a vosotros con amor. Empezamos con un enorme amor y acabamos de la misma manera.

Mi socio os habrá dicho que es al Ser Humano a quien se honra en este planeta y que ése es el tema de Kryon, como lo viene siendo desde que llegué. Siempre será así, y mientras permanecéis sentados en vuestras butacas escuchando esta voz o leyendo estas palabras, os invito a que sintáis cómo vuestro Yo Superior responde al cortejo que me acompaña, formado por quienes caminan por entre las filas y pasillos y se sientan junto a vosotros, por quienes animan y encarecen a esos Guías maravillosos a rodearos con sus brazos. ¡Es en momentos como éstos cuando desean amaros con tanto fervor!

Y así nos encontramos con que es ahora mismo cuando va a comenzar el «tercer idioma», algo que os va a ser transmitido a tantos como los que os encontráis sentados en vuestras butacas. Ese idioma es sólo para vosotros –es un idioma universal– y consiste en una lengua que quizás no lleguéis a oír, pero que sí sentiréis, porque es el amor de Dios el que se da la mano con el recuerdo de quienes sois. Estos son los escasos momentos que pasamos juntos, como una familia reunida, en que el Espíritu llega ante vosotros y os dice: «¡Oh, te recuerdo! ¿No es algo maravilloso que podamos comunicarnos así otra vez?».

De nuevo nos colocamos ante vosotros de manera figurada y, ojo con ojo, preguntamos: «¿Recordáis la vez que os enviamos aquí?». Es por el respeto a ese contrato por lo único por lo que os encontráis ahora sentados en esas butacas y nos permitís que os lavemos cada pie, uno a uno. Y es el amor y la sacralidad que se desprenden de este proceso los que os dicen: «Sois porfundamente amados». Os dicen: «Os honramos sin medida». Amados míos, es el reconocimiento de que *estáis* aquí para cumplir con la tarea.

Y así sucede que un ángel de la Nueva Era se sienta frente a vosotros, junto con la Familia del arcángel San Miguel. Este ángel, que no es sino Kryon, llega ante vosotros y os dice que os encontráis protegidos y que sois amados. Este ángel os aporta verdad y sabiduría, igual que ese otro que se sienta con vosotros en esta sala (refiriéndose a Ronna Herman, quien canaliza al arcángel San Miguel, que se encuentra presente). Nuestra tarea es fácil. Se trata de ayudar a quienes llevan a cabo la tarea: *vosotros*. Os podréis preguntar: *¿Quién? ¿Yo? ¡Soy tan pequeño e insignificante en este inmenso plano de la Tierra!* Y nosotros os responderemos ¡ésa es la razón por la que os llamamos Guerreros de la Luz!

De lo que vamos a tratar durante esta comunicación es de la diferencia entre las tinieblas y la luz. Recordaréis tal vez que, hace unos dos años, os trajimos un mensaje relacionado con el lado de las tinieblas, el lado oscuro. Mucho han cambiado las cosas desde entonces. Ahora estamos libres para proporcionaros un mensaje mucho más completo, menos críptico y en el que la verdad resonará y será aceptada y comprendida por muchos de los que vibran a tan elevado nivel. Hace justamente dos años y en el mismo lugar, las cosas no eran así.

El año pasado nos encontrábamos sentados en medio de toda esa energía y tratábamos de la biología de los Seres Humanos, tal como ha sido publicado en el Libro Kryon VI. Revelamos cosas que no pudimos hacer con anterioridad a entonces. Ocurre de nuevo que este cortejo y esta energía se presentan ante vosotros de una forma más especial, única y poderosa que nunca. ¡Oh, queridos míos! Este es un momento de escuchar y leer estas palabras en el que podéis realizar un cambio incluso a vuestro mismísimo nivel celular. Algunos de vosotros habéis venido a este acontecimiento o estáis leyendo estas líneas con una idea en vuestras mentes, cual es la de encontrar la solución a un problema. Dentro de un momento, vamos a tratar de ello.

Tenemos que daros una información esencial. Parte de ella es conocida por vosotros, pero otra parte es completamente nueva. Deseamos examinar las tinieblas y la luz, lo positivo y lo negativo, el equilibrio de lo que es y de lo que no es, así como su significado para vosotros en tanto que Seres Humanos. ¡La capacidad de comprensión que aquí y ahora es mayor de lo que nunca ha sido y que así permanecerá! Estoy aquí para haceros saber que en este lugar se ha alcanzado la masa crítica de iluminación. Os hemos dicho ya que los escasos que os encontráis aquí sois los que váis a llevar a cabo cambios sorprendentes para los numerosos, y con ello nos referimos a los trabajadores de la luz planetarios. Y no es quedándonos quietos encima de la colina y gritando las cosas en las que creéis, sino ¡caminando por el sendero y mostrando a los demás que podéis tener paz en este planeta viviendo vuestra verdad!

¡Ah, queridos! Llegará un día, si todavía no os ha ocurrido, en que, por el simple hecho de ir caminando por el sendero, atraeréis a otros. Y éstos os preguntarán al darse cuenta de la diferencia: «*¿Qué te ocurre? Cuéntamelo*». Y verán en vosotros al Ángel Dorado que camina por esa vida práctica del planeta, el que tarda en preocuparse, el que toma su tiempo para molestarse, el que tiene la paciencia y la sabiduría de un santo. Puede tratarse de cualquiera de vosotros, lo que atraerá a otros Seres Humanos que querrán saber qué es lo que tenéis vosotros de lo que ellos carecen. Ésta es, amados míos, la manera en que los demás ven a Dios en vosotros.

Aquí estamos ya en otra época. Se trata de un momento en que no está planificada ninguna catástrofe para el planeta, como os hemos repetido una y otra vez. Lo que sí existe, en cambio, es una graduación, de cuyo potencial os hemos proporcionado ya el marco cronológico. Habrá espectadores remotos que sobrepasarán el año 2012 y que dirán: «*¡Ay de mí! Vamos a morir todos porque no vemos nada más allá de esa fecha que reconozcamos como Humanidad*». ¡Lo que verán y de lo que informarán será que quedará poquísima energía antigua! Existen desde este momento hasta esa fecha potenciales de energía que os dejarían asombrados por la cantidad de posibilidades que podríais tener con este planeta. Si unos pocos Seres Humanos, de entre la cantidad de ellos que hay ahora en esta sala y leyendo estas palabras, se pusiesen a vibrar a un nivel elevado y tuviesen una envergadura de 9 metros (algunos de vosotros entendéis a qué me refiero, y otros, no), ¡podrían hacer milagros con este planeta! También os digo que, por supuesto, sois ángeles todos y cada uno de los que vibráis de esa forma. No doy la información que sigue a la ligera.

Ya es hora de las enseñanzas.

Tinieblas y luz

Comenzaremos por daros una información esencial que ya ha sido dada y, a continuación, pasaremos a una enseñanza nueva. En primer lugar, queremos definir este tema. Después, deseamos informaros sobre él. Para terminar, os informaremos sobre 12 puntos del mismo.

Muchos Seres Humanos no comprenden lo que son las tinieblas ni la luz, por lo que os lo volveremos a decir: la definición de las tinieblas o lado oscuro es «energía carente de amor». ¡Existen tantos Seres Humanos convencidos de que existen entidades cuya tarea es la de ser *oscuras*! Pues no es así. No existe entidad en todo el Universo cuya tarea sea la de ser oscura. Lo diré otra vez. No existe entidad en el Universo cuya tarea sea la de ser oscura.

Revisión

La oscuridad es un estado vibratorio. Un estado carente de amor. Las tinieblas son pasivas, en tanto que la luz, activa. Las tinieblas constituyen sencillamente un estado energético que no cuenta con el elemento energético de la luz. No hay por qué darle más vueltas ni conceder al tema dramas y temores suplementarios. El miedo que podáis sentir por la oscuridad puede, quizás, ser eliminado si se sabe que se debe simplemente a un estado vibratorio más bajo, siendo el más elevado el que corresponde al amor.

Hay, sin embargo, presente un equilibrio, que es de lo que queremos hablar esta tarde. Os dimos ya esta información con el fin de mostraros la diferencia existente entre una oscuridad *pasiva* y una luz *activa*. Recordad que la luz tiene vibraciones más elevadas y que necesita de una mayor energía, lo que la convierte en un elemento activo. La oscuridad no, y consume menos energía. Además, es más fácil de mantener por esa misma razón. Os recomiendo que leáis la historia de las dos estancias en la página 119 del Libro Kryon VI.

En este momento, algunos de vosotros quizás podáis comprender por qué *ilumináis* un cuarto con sólo atravesarlo o caminar por él. La gente sabrá quiénes sois. Os sentirá. Existen lugares a los que podáis ir y sólo quedaros en ellos para que se establezca una diferencia en el planeta al ser portadores vosotros del elemento *activo* de la luz. Ya he dicho esto en dos canalizaciones anteriores y lo volveré a repetir ahora: queremos que os imaginéis la escena porque es muy práctico. Puede aliviar algunos de los temores que asaltan a los que entre vosotros tienen miedo de las tinieblas, aunque cualquiera de quienes os llamáis trabajadores de la luz pueda entrar y permenecer en medio de lo que consideráis el símbolo del pentagrama más maléfico –incluidos quienes, vistiendo sus rojos ropajes, os rodeen con cánticos a sus tinieblas–, y la luz de vuestra esencia ilumine esa estancia ¡y les haga cambiar a *ellos*! ¡No temáis, porque la luz de la que sois portadores es la **Luz de Dios**! Creedme. Ésa es la tan profunda diferencia existente entre las tinieblas y la luz. Las tinieblas son, así de sencillo, la ausencia de luz. La luz es la presencia de Dios en *vosotros*.

Existen 12 elementos de los que queremos tratar, de dos en dos, en lo relacionado con este equilibrio. Son los siguientes: queremos hablar de la negatividad y de la posesividad del planeta; de lo que ha significado para la vieja energía y de lo que significa ahora. Queremos hablar de las pruebas con que os encontráis y de sus soluciones. Queremos hablar de la vida y de la muerte. Queremos hablar de las tinieblas enfrentadas a la iluminación. Queremos hablar del odio contra el amor. Queremos hablar de los temores y de la paz. Los doce elementos serán tratados en seis emparejamientos, y cuando comprendáis las diferencias existentes entre ellos, empezaréis a entender las diferencias que hay entre la antigua y la nueva energía de vuestro planeta. Además, empezaréis a distinguir también el absoluto poder con que contáis sobre la antigua.

El equilibrio de la humanidad. Negativo y positivo

Hablemos en primer lugar de lo negativo y de lo positivo del planeta Tierra –tinieblas u oscuridad y luz, si así lo preferís–, de las cosas que parecen positivas y de las cosas que parecen ser negativas tanto para el planeta como para la Humanidad. Aquí os voy a dar una sorprendente información sobre la Nueva Era: el paradigma está desplazándose según sea la manera de funcionar del equilibrio entre la oscuridad y la luz. Como ya dijimos con anterioridad, una de las cosas que quienes vibráis con mayor elevación sentís es una sensación de desconcierto. Todo parece ir sobre ruedas, pero vosotros esperáis a que «se os caiga el otro zapato». Experimentáis el nuevo *equilibrio* celular. Id acostumbrándoos a ello.

En el pasado, tenía que existir un equilibrio. No debería resultar nada misterioso que el Maestro del Magnetismo os llegase con un mensaje sobre el equilibrio de lo positivo y de lo negativo. Debe existir equilibrio. Siempre. Es como debe ser en la Tierra y en el Universo. Además, es como debe suceder con vuestra estructura celular. Una parte debe siempre ser igual a la otra, o la energía de una de las partes debe, al menos, convertirse en algo diferente que equilibre el todo. Hasta en la muerte hay equilibrio. Ésta es la clave de lo que ha sucedido y que ahora está alterando la forma en que funcionan las cosas.

En el pasado, era la energía *humana* del planeta la que tenía que ser equilibrada. Todo el equilibrio entre lo oscuro y lo iluminado se atribuía a los Seres Humanos, y era la concienciación de la Humanidad la que proporcionaba el equilibrio, con lo que siempre daba la impresión de existir tanta negatividad como positividad o, tal vez, fuera al revés, pero era la Humanidad quien cargaba con la parte más pesada del acto equilibrador. Meditad sobre ello. Habéis crecido desde siempre creyendo que, si hay un ganador, debe haber también un perdedor. Pues me encuentro en este lugar para deciros que ¡ésa era una forma de pensar muy a lo «dos dimensiones» de la antigua energía!

Todo eso ha cambiado ahora, queridos míos. Tenéis ahora un nuevo socio al que podéis no haber notado, pero que camina con vosotros por la nueva energía. ¿No os habéis preguntado nunca adónde va el karma transformado cuando dáis vuestra intención de abandonarlo con la implantación/liberación neutra? (ver página 261). ¿No os habéis preguntado adónde se fue toda aquella poderosa energía de lecciones vitales con la que llegásteis, de lecciones y de situaciones con las que se suponía que os tendríais que ver? ¿Adónde se fue esa energía cuando dísteis vuestra intención de eliminarla? ¿Os dáis cuenta? Tiene que existir un equilibrio, y estoy aquí para comunicaros que esa energía no se fue a otro Ser Humano. Como ya os he dicho, siempre habéis creído que, para que un Ser Humano salga ganador, otro debe salir perdedor. Todas y cada una de vuestras competiciones –y podéis nombrarlas todas– posee su propio atributo y, repito, es representativa de un concepto de la antigua o vieja energía.

Imagináos una competición con dos ganadores. ¿Cómo puede ocurrir tal cosa? Ahora es posible, y se llama planeta Tierra. Os diré adónde se fue la energía transmutada y todos aquellos antiguos contratos. Os diré qué es lo que le sucede a un Ser Humano que decide desprenderse de la antigua energía y aumentar sus vibraciones. Se necesita una tremenda cantidad de energía –de energía cósmica, espiritual– para lograr algo parecido. Y no es sólo el séquito y los guías que os rodean quienes os la dan. Procede de otro lugar, para el que venimos preparándonos desde hace muchísimo tiempo. ¿Os acordáis de la Convergencia Armónica? Es allí donde se tomó la medida que nos permitiría saber si estábais ya preparados. ¿Recordáis el 11:11? ¡Ése era *vuestro* papel en concedernos a *nosotros* el permiso para cambiar vuestro ADN! ¡Recordáis el 12:12? ¡Era el momento sagrado en que se pasaba a los Seres Humanos la antorcha o responsabilidad del *equilibrio*, y la Tierra se asociaba a vosotros!

Ya no es sólo la Humanidad quien adopta esas energías equilibradoras. Ahora, tenéis en **Gaia** un activo socio luminoso. Empezad a reconocer lo que sucede. ¿Os habéis preguntado por qué la Tierra cambia de la manera en que lo hace ahora? ¿Por qué precisamente ahora? ¿Por qué no en los últimos años? ¿Os habéis preguntado el por qué de que se os esté echando encima la aceleración de las estaciones? ¿Os habéis preguntado por qué las tormentas y huracanes del siglo os llegan cada 15 años? ¿Os habéis preguntado por qué todo funciona al revés en lo relativo a las temperaturas y las estaciones? Es porque la energía del equilibrio humano está siendo transferida al suelo, transmutada en la energía de Gaia, que tiene concienciación y amor hacia vosotros, que está ahí y lo ha estado desde siempre, ayudando con su tremendo apoyo a los Seres Humanos.

Cuando os déis cuenta de que hasta el mismísimo polvo de este planeta forma parte de una entidad y entendáis que el magnetismo que lo rodea no es sino el cocón que le sirve de soporte, entonces empezaréis a comprender una parte del sistema en que estáis. No existe razón para que la Humanidad siga corriendo con la parte más pesada del equilibrio. No puede, porque se ha alcanzado la masa crítica en la que lo positivo activo comienza a pesar más que lo negativo pasivo y porque un trabajador de la luz vale más que docenas de los que no tienen luz. Ésa es la razón por la que un Ser Humano con luz y amor puede cambiar a docenas de otros. Para ello, todo lo que el Ser Humano deberá hacer es mantener su luz bien alta. ¡El amor se verá!

En la tierra penetra esta transmutación de lo antiguo a lo nuevo, y la tierra reacciona a ello, como podréis ver en el Capítulo Cuarto de «La Tierra y Tú». En eso solamente consisten las alteraciones terrestres. Os encontráis en medio de algo que os puede inducir al temor y os llegáis a preguntar si la tierra se va haciendo poco estable a vuestro alrededor. Amados míos, si os encontráis en medio de una zona en la que la Tierra tiembla, en vez de sentir miedo, ¡sentid orgullo! Decid en voz alta: *«Comprendo a la perfección lo que sucede a mi alrededor. La Tierra está siendo construida y se mueve porque está absorbiendo la antigua energía. Es nuestra socia en la Nueva Era y está adoptando el papel que le encomendamos!»*. Éso es lo que pasa. Negativo a positivo. El equilibrio cambia. Vuestro socio, la Tierra, está en su sitio.

Reto y solución

Nos encontramos aquí con algo negativo y algo positivo. Algo parecido a las tinieblas y la luz y a lo que vosotros denomináis reto y solución. Querríamos, aunque fuese brevemente, recordar lo que sucedió no hace muchos meses en una zona a la que llamáis Banff, cuando os trajimos un pasmoso mensaje para la Humanidad sobre «La Bandeja Dorada» (próxima canalización en este libro).

Como iréis descubriendo a medida que vayáis repasando la canalización, las respuestas a vuestros más asombrosos retos ¡son conocidas espiritualmente de antemano! Pero ahí estáis, sentados y esperando a que se os ocurra una solución. Porque estáis en período de aprendizaje, y las respuestas no se os dan por adelantado, como tampoco os eran dadas en la escuela. Sin embargo, la solución existe incluso mientras os encontráis en mitad del problema. En este mensaje de «La Bandeja Dorada», se os insinúa la idea de que tengáis las soluciones preparadas de antemano para las pruebas o retos que experimentáis en la actualidad.

En sentido figurado, la Bandeja Dorada representa al nuevo paradigma en vuestro planeta, en el que cada problema que se os presenta ha sido resuelto ya ante vosotros como si os fuera presentado en una bandeja. Lo único que tenéis que hacer es reconocer que vosotros mismos lo creásteis y sacarlo de aquélla. ¿No os parece normal, queridos, que, para que las cosas permaneciesen equilibradas, si fuísteis vosotros quienes preparásteis vuestras pruebas, fuéseis vosotros también quienes planificáseis sus soluciones? Imaginaos toda la energía de todos esos problemas así como todos los temores y preocupaciones. A continuación, ¡imaginaos toda la energía amorosa invertida en la preparación de esas soluciones! ¡Éso es equilibrio! Esas soluciones fueron creadas y construidas con amor antes de que se os hiciesen patentes los problemas. ¿Qué tal se siente uno sabiendo que las soluciones fueron preparadas al mismo tiempo que las lecciones?

Este conocimiento debería ocasionar un tipo diferente de reacción en el Ser Humano iluminado. ¿Qué es lo que hacéis con los problemas? Cuando os dáis cuenta de que se os acerca un reto o cuando algo os pilla de sorpresa, ¿cuál es vuestra reacción? ¿Os dejáis llevar por el miedo o retorcéis vuestras manos desesperados y preguntáis a Dios: *«¿por qué yo?»*?

El Ser Humano iluminado es más sabio. Cuando se produce un desequilibrio, sabe que se necesita un equilibrio. ¡La solución a cualquier problema que se os pueda presentar no yace en la energía de las preocupaciones y viejas ideas! Esa reacción os mantendrá clavados al suelo, y seréis totalmente incapaces de ver más allá del principio de la energía retadora. ¡Lo primero que podéis hacer con un reto es desarmarlo! Cuando os llegue, ¡celebradlo! Éso es lo que confiere al reto la energía de la sabiduría y el equilibrio y comienza a atizar la llama que muestra la solución. Pensad en la solución como en un ocultamiento ¿Cómo encontráis algo que está oculto? ¡Sacad la luz y buscadlo!

Como ya dijimos antes, a Dios no le hace sentirse nada cómodo que ningún Ser Humano se revuelque en problemas y miedos. El festejo se produce cuando el Ser Humano entiende que existe un equilibrio en todas las cosas y que, por lo tanto, existe una solución a la espera de que él la encuentre.

El Ser Humano hundido en el *«¡ay de mí!»* se va a ver sujeto a las viejas ideas y energías y permanecerá sumido en problemas, completamente distanciado de ninguna solución ganadora y sin poder seguir adelante.

Muerte y equilibrio

Hablemos durante unos momentos sobre la vida y la muerte de los Seres Humanos. Los cambios producidos al pasar de lo antiguo a lo nuevo son profundísimos en este tema. ¡Tenemos tanto que compartir con vosotros en algo que tanto miedo os produce! La muerte, tal como los Seres Humanos pensáis de ella, es un antiguo paradigma. No contamos con ninguna información sobre el tema que pueda ser para vosotros más interesante o emocionante, ¡porque no existe mayor atributo que pueda acelerar la entrada de este planeta en la *nueva* energía que el hecho de que viváis vidas muy longevas!

Antiguamente –en el antiguo paradigma–, la muerte era un intercambio de energía y era rápida. Vuestros cuerpos, diseñados para vivir 950 años, duraban, debido a vuestra autorización, sólo 60 o 70. ¡El envejecimiento es algo inventado por vosotros! La química invadía vuestro cuerpo y actuaba sobre vuestro ADN para que vuestro tránsito fuese rápido y viviérais vidas cortas. La razón para ello era que, así, volveríais con más capas kármicas y tendríais que pasar por pruebas energéticas de oscuridad/luz que trabajaríais una y otra vez en un rapidísimo vivir y morir. Se trataba de la máquina del desplazamiento vibratorio, pero ya no es así. Con vuestra propia autorización os habéis concedido a vosotros mismos a través del 11:11 un mensaje espiritual para vuestro mismísimo ADN, vuestro código vital, y éste ha dicho: «*ahora tenemos permiso para sobrevivir durante mucho más tiempo que antes a fin de facilitar una Tierra graduada*». ¡Permiso concedido! Esta ciencia os está siendo dada a muy pequeñas dosis por todo el planeta. Nos encontramos aquí para deciros que, si los potenciales que vemos llegan a alcanzarse, ¡para el año 2012 la expectativa de vida para los Seres Humanos doblaría a la actual! ¡Doblaría! El nuevo paradigma es éste, amados míos: se os pide que os trasladéis a una zona en la que la muerte constituye solamente la muerte de la energía antigua, ¡con lo que la biología de los Seres Humanos no deja de vivir! Veamos si vuestra Ciencia lo apoya. Veamos si vuestra Ciencia, por el contrario, no lo teme e impide que se ponga en práctica. Es algo muy diferente a lo que podríais esperaros y depende de revelaciones procedentes de cada una de las fibras de vuestra estructura celular. Se revelarán entonces los secretos de la propia vida así como del proceso de envejecimiento.

La definición de ascensión, tal y como fue dada a tantísimos grupos antes que a éste, es: «el Ser Humano de la nueva energía, desprendiéndose de su karma y su contrato y trasladándose a la próxima encarnación sin muerte humana, y, acto seguido y sin ninguna clase de contrato, creando uno al partir». Ésta era toda la finalidad de la historia del libro Kryon *El Viaje a Casa*. Ahora es vuestra con sólo tomarla, aunque algunos de vosotros optéis por no hacerlo. En toda conveniencia, habrá quienes entre vosotros no lo hagan y también habrá quienes lo intentarán. Pueden transcurrir algunos años antes de que se entienda todo, pero aquí os damos en palabras una visión general: no solamente tenéis permiso para quedaros, sino que se producirán la Ciencia, la energía y los conocimientos necesarios para apoyar vidas muy longevas, haciéndoos pasar a la próxima vibración, desahaciéndoos de vuestro antiguo karma, trasladándoos del antiguo al nuevo paradigma y haciéndoos vivir largas vidas. ¡Se trata de una información de gran profundidad generada por y para vosotros! Se trata de una información que os es dada porque así lo permitísteis en el 11:11. ¡Que la *luz* adopte todo un nuevo significado! Que cambie vuestro equilibrio. ¡Que cambie vuestro poder en la Tierra!

Tinieblas e iluminación verdaderas

Lo que sigue constituye las verdaderas tinieblas e iluminación y el significado que tienen para vuestras células. Preferimos mantenernos en el mismo tema de vuetra Biología Humana. Muy pronto, vuestra Ciencia descubrirá el funcionamiento de la luz respecto a su significado para los Seres Humanos desde un punto de vista biológico. En el momento actual, comenzáis a descubrir lo que causa el envejecimiento, aunque exista todavía un evasivo atributo biológico del que ahora os vamos a hablar y que se encuentra relacionado con el reloj biológico.

El cuerpo sigue de cerca al tiempo. ¿Lo sabíais? ¿Cómo, si no, creéis que sepa cuándo tiene que realizar determinados tipos de cosas o no? Muchas de las personas que os encontráis en esta audiencia y estáis leyendo estas líneas habéis llegado esta vez a esta energía como mujeres. ¿Os habéis preguntado por qué el reloj corporal se encontraba relacionado con un ciclo mensual? Se trata de una relación con Gaia, ¿o no? ¿Por qué la Biología de los Seres Humanos habría de seguir el ciclo lunar? ¿De qué proceso se trata? ¿Qué os dice? ¡Lo primero que debiera deciros es que existe una relación entre la Tierra y la Biología Humana! Lo segundo, que todo está basado en el 12, como explicamos ya en el Libro Kryon III.

La Tierra responde a la Física de base 12. Su geometría se encuentra basada en el 12, como lo está vuestra biología. Las 12 hebras del ADN, repartidas en grupos de treses y cuatros, os claman que pertenecen a la base 12, y muchos de vosotros conocéis ya la sacralidad de las formas que rodean al 12. Es un asunto entre la Tierra y vosotros. Los relojes de vuestras células –¿sabéis?– siguen de cerca vuestra biología.

Hay dos cosas a las que seguir de cerca. Una, de la que ya hemos tratado con anterioridad, está constituida por el magnetismo. ¡El cuerpo sabe de magnetismo! ¿Qué os creéis entonces que es lo que llamáis «jet lag» (desfase de huso horario)? Cuando tomáis a Seres Humanos y los arrojáis contra la cuadrícula, y las líneas de ésta los atraviesan con toda rapidez, el cuerpo humano tiene que reaccionar de alguna manera. ¿Sabíais que, si váis en una dirección, reaccionaréis de una forma, y que si váis en la contraria, lo haréis de otra? ¿Sabíais que una de ellas es vigorizante, y la otra, debilitadora? Empezad examinando lo que sigue. Vuestro cuerpo reacciona al magnetismo del planeta. Ya os hemos dicho antes que el magnetismo es necesario para la biología y que, sin él, no podríais existir. La otra cosa, de la que tratamos por primera vez en esta canalización, es que vuestra biología necesita contar oscuridad y luz en conjunción con la energía magnética de entrada. El mecanismo de recuento también está implicado con la oscuridad y la luz.

Permitid que os hable de algo que tal vez no hayamos mencionado nunca y que vamos a abordar aquí por vez primera. Cada una de las células de vuestro cuerpo sabe cuándo es de día y cuándo de noche, lo que no tiene nada que ver con los sensores que tenéis en los ojos. Una persona ciega tiene la misma habilidad, porque su propia estructura celular y la misma sangre que recorre sus venas reconocen la luz y la oscuridad e intentan contar los días de acuerdo con los atributos magnéticos. Pronto tendréis pruebas que os demostrarán lo que os digo. El reloj corporal es lo que deberéis tener más en cuenta para prolongar vuestra vida, porque ese reloj puede ser dirigido y cambiado. Mirad la porción cronológica de ADN. La parte «contadora» es básica para llegar a entender el cuadro general.

Odio y Amor

Hablemos del amor y del odio. Todos los Seres Humanos que nos encontramos aquí sabemos lo que son el odio y el amor. No os deberá, por lo tanto, sorprender que os diga que la energía de la esencia del odio y del amor es semejante. Permitid que os hable sobre el odio. El odio no es sino la ignorancia en espera de que esa energía ungida y esa sabiduría luminosa la atraviesen. Eso es el odio. Volvamos a la definición del lado oscuro que os di antes. Si extraéis la luz y el amor de cualquier concienciación, en cualquier sitio, veréis cómo el lado tenebroso se manifiesta en forma de dudas y temores. Las tinieblas son, simplemente, el grado en el que llega a faltar el amor.

Todos habéis visto u oído hablar de Seres Humanos que no parecen tener ningún tipo de conciencia. Al parecer, pueden realizar cualquier cosa negativa sin darse cuenta. Os queremos decir que la energía esencial del odio es idéntica a la del amor, y que lo que hacéis es mirar a una concienciación de ignorancia carente del elemento amor, esperando potente la oportunidad de transformarse. Por lo tanto, el odio se convierte en una energía que espera cambiar. Tiene potencial. Quiere cambiar. Su vibración quiere elevarse. No se complace en su estado de odio. Es miserable. No tenéis más que mirar a quienes odian.

El amor, por otra parte, es odio transformado. Muchos de vosotros habéis conocido a quienes están convencidos de que Dios no existe. Son los mismos que también están convencidos de que nada bueno puede ocurrir en este mundo. Sin embargo, esas personas tienen con frecuencia algún tipo de experiencia que les hace cambiar en un abrir y cerrar de ojos. Podéis ver cómo frotan el odio hasta hacerlo desaparecer y cómo el elemento activo de la luz salta a sus ojos. Veis a una persona que habrá cambiado para siempre. Es el débil a quien nos referíamos antes, el que, de forma sincronística, daba la impresión de ser un inútil. Se producirá un montón de ¡Aaaahs! en la nueva energía, y algunos de ellos pueden perfectamente estar sentados aquí o leyendo estas líneas en sus casas. ¡Éste es, en verdad, el milagro de la parte activa del amor! El amor transmuta el odio y el temor. Cuando hacéis que brille una luz en un lugar oscuro, la oscuridad desaparece, ¡y la transmutación es permanente! Jamás podéis desconocer algo. No podéis retiraros a un estado de desconcienciación una vez que hayáis comprendido cómo funciona algo. El único modo de hacerlo es mediante la negación, lo que genera desequilibrio y malestar.

Temor y paz

Esta noche vamos a hablar del temor y de la paz, que, según parece, se encuentran en extremos opuestos del espectro. El que teme está en la oscuridad. El que teme no se encuentra preparado para ver los elementos activos de la luz. El que teme es el que no se ha dado cuenta de la autovaloración del grandioso ser que se encierra en su propio corazón. Como el odio, el temor es ignorante, aunque, repetimos, la ignorancia es la del que desconoce a la entidad dorada que guarda dentro de sí.

¡Oh, amados míos! Cuando lleguéis a poneros frente a vuestro Yo Superior, ya no seréis nunca los mismos. Cuando esa entidad de oro os mire a los ojos y veáis vuestro rostro sobre ese ángel, nunca volveréis a ser los mismos. ¡Vuestra autoestima se subirá por las nubes! Quienes han encontrado este Yo Superior son los que pueden caminar sintiéndose en paz a pesar de los pesares porque han comprendido que, dentro de sí mismos, llevan un trozo de Dios ¿Sabeis? La fuente se encuentra aquí (Lee se lleva la mano al diafragma y el corazón, que representan su interior).

¿Qué sensación os da saber que no estáis jamás solos? ¡Jamás solos! Algunos de vosotros ni siquiera os lo llegáis a creer. Os sentís diferentes. Por supuesto que estáis solos, y os decimos que lo que os pasa es que estáis experimentando un estado de energía incompleto que añora un cambio, que espera un desplazamiento potencial. ¿Existe alguien que se complazca en ese estado? No creo que pudiéseis permanecer sentados en vuestras butacas o leyendo estas líneas si así fuese. No. ¡Queréis cambiar!

En este momento, contáis con toda la libertad para dar vuestra intención de cambio. Vuestro cuerpo reacciona a la verdad y se encuentra en un estado de transición. El temor y el odio son cosas temporales deseosas de cambiar y preparadas para un potencial desplazamiento. La paz, por otro lado, es feliz en sí misma, al igual que el amor, porque tiene intención pura y porque posee la energía *activa* de la luz. No existe nada, queridos míos, como estar sentado en esa butaca como un Ser Humano o como leer estas palabras y ser conocedor de que, aunque el mundo parezca que se hunde a pedazos alrededor de vosotros, os encontráis en paz con todo. La clave está en el ángel interior, y el catalizador es vuestra sabiduría. Algunos lo han querido asemejar al avestruz que esconde su cabeza en la arena para ignorar los problemas, pero ésos no entienden que tener paz en medio del caos es un rasgo divino que ilustra con ejemplos vuestra visión general y muestra que comprendéis que existe un equilibrio en todas las cosas y que habéis optado por equilibrar vuestras vidas con luz.

La parábola de Mobie

¡Ah! Hay algo más que tengo que decirte ahora, socio mío, y que constituye la respuesta a una pregunta que llevas haciendo desde hace una semana. Se ha pronunciado una palabra que tú no has comprendido y que no has compartido con nadie, en espera de que se te diese la solución. ¿Qué significa eso? ¿Por qué razón debería de darse para que tú reflexionases? La palabra está compuesta por dos: *paso libre*, y ahora paso a relataros una parábola sobre un Ser Humano que se llamaba Mobie.

Mobie era miembro de una tribu. No conocía el mundo moderno, aunque era listísimo. Por toda la tribu corrían rumores de que existía otra civilización con tecnologías mucho más maravillosas de lo que nadie se podía imaginar. En una tribu en la que apenas habían llegado a hacer uso de la rueda, le dijeron a Mobie que había en la costa una ciudad increíble, llena de gente que parecía diferente y que tenía cosas imposibles de imaginar. Hablaban también otro idioma y actuaban de forma completamente distinta.

Mobie también oyó que había en su tribu piedras y tejidos corrientes para él, aunque se valorasen muchísimo más en aquella ciudad tan adelantada que había en la costa. Le dijeron: «Si llevas suficientes piedras y tejidos, ¡podrás tener lo que desees!». Mobie tenía que ver aquello por sus propios ojos.

Tomó la decisión de abandonar su tribu y buscar aquella civilización más elevada. ¡Oh! Ya sabía que eran diferentes y que hablaban otro idioma, pero tal vez consiguiera asimilarse en ella. Y se fue. Como era natural, cuando llegó a la costa, ésta estaba habitada por gentes totalmente diferentes a él, pero se quedó. Se preguntaban de dónde procedería, pero, por supuesto, eran inteligentes y le dieron la bienvenida, porque traía piedras y tejidos raros y daba la impresión de que era rico en ellos.

Así que aceptaron a Mobie, aunque no entendieran su lengua. Él tampoco entendía la de ellos. Vivió allí durante un corto período de tiempo, dándose cuenta de que quedaba todavía mucho por descubrir. Le dijeron que al otro lado del inmenso océano ¡existía una civilización todavía más importante! También le dijeron que podría llegar hasta ella en un barco grande que salía a menudo, así que se dijo a sí mismo: «voy a ir para allá».

Mobie no tenía ningún problema, aunque no entendiese su idioma ni, tal vez, lo llegase a entender nunca. Tenía lo necesario para comerciar y colmar sus necesidades, así que buscó un barco grande y ¡vaya si lo era! Mobie subió por la pasarela de aquel enorme trasatlántico ¡del tamaño de un edificio! ¡Era inmenso! Sin embargo, algo no funcionó cuando llegó a la entrada. Quienes recibían a los pasajeros no permitieron que Mobie subiera a bordo. Ofreció sus piedras y sus tejidos, las cosas que le habían dado paso libre en todas las tiendas y almacenes, pero ellos sacudieron sus cabezas y no le dejaron pasar.

Intentó varias veces. Después, esperó mirando cómo hacían los demás. Tal vez lo entendería si podía ver lo que los encargados querían para dejarle embarcar. Daba la impresión de ser fácil. Los que embarcaban daban a los empleados algo y entraban, pero cada vez que Mobie lo intentó, con independencia del momento en que lo hiciese, ellos sacudían sus cabezas y le señalaban en una dirección determinada. No entendía nada. Intentaron proporcionarle información, pero Mobie no les podía entender. Era obvio que necesitaba algo y que carecía de ello.

Se encontraba por allí un hombre sabio que había estado observando todo el proceso desde el muelle y que, por fin, decidió ayudar a Mobie. Aunque el hombre no hablaba tampoco la lengua de Mobie, le señaló una pequeña choza en la que se estaba produciendo cierta actividad. Algo ocurría allí. Algún negocio. Mobie era listísimo y comprendió que el hombre le estaba intentando hacer comprender que la choza contenía la respuesta que andaba buscando.

Así que Mobie se fue a examinar la choza en que estaban teniendo lugar aquellos negocios. Vio el intercambio con algo a lo que él, más tarde, aprendió a llamar «billete». Mobie entró en la choza e intercambió algunas de sus gemas y ricas telas por un trozo de papel. Mobie volvió a la escala, la subió y, muy orgulloso, enseñó su trozo de papel a los que tantas veces habían sacudido la cabeza al tiempo que le decían *no*. Le acogieron con una amplia sonrisa y le condujeron por todo el enorme buque. Mobie ocupó su camarote de primera, y el barco zarpó hacia nuevas tierras.

Mobie había aprendido muchísimo acerca de esta nueva cultura. Aunque estaba muy capacitado y tenía artículos de gran valor, le faltaba cambiarlos por algo específico que parecía pequeño, pero que representaba un gran tesoro, para conseguir paso libre. Constituía el paso final que identificó su intención de obtener paso libre y realizar el viaje.

Queridos, váis a descubrir que lo que funcionó bien en una energía puede no funcionar en otra. Mobie necesitaba un billete para tener paso libre, y he aquí a algunos de vosotros que habéis venido a esta Nueva Era con un equipo que está iluminado y que siempre ha funcionado. Este equipo representa determinadas energías que habéis empleado así como ideas que habéis tenido junto a poderes específicos, grandes meditaciones y formas de hacer las cosas en la Nueva Era. Sin embargo, algunos os estáis encontrando con que ninguna de esas cosas os está dando los resultados que os había dado antes. Es como si os diéseis con ellas de golpes contra una pared, y el «paso libre» os fuese denegado una y otra vez. Ya no lográis obtener los resultados de antes.

Os diré dónde está el billete. Tal y como Mobie había descubierto, tenía que ir a otro lugar en busca del billete. Os diré cómo se llama ese lugar. Se trata de un lugar que no podéis ocultar al Espíritu. Se llama **intención pura, combinada con la** *propiedad* **de la autovaloración.** Así de sencillo. Deberíais ir a ese sitio, tan diferente de cualquiera a los que estéis acostumbrados. Con intención pura, decid a Dios: *«Muéstrame qué es lo que necesito saber. Estoy prteparado con mi intención pura para obtener el paso libre. ¡YO SOY, YO SOY!».* Después, ¡deberíais estar preparados para recibir el billete habiéndolo solicitado de manera tan pura!

No es mediante vuestros trabajos como se os dan los ritos del paso libre. Tampoco es mediante nada que hayáis aprendido. ¡Procede directamente del conocimiento del Ángel Dorado que lleváis en vuestro interior! Se trata de la intención y de la seguridad de vuestra esencia espiritual, y nada existe más poderoso en este momento y en este Universo que ¡el poder de la concienciación de los Seres Humanos y su sacrosanta intención! Cuando lo dáis, se os concederá ese billete en un abrir y cerrar de ojos, y subiréis danzando esa escala hasta que os conduzcan a vuestro camarote de primera. Es entonces cuando estáis en el camino correcto, y ¡nosotros os decimos que existe una enorme cantidad de amor en ese proceso! Es absolutamente nuevo. Hasta ahora, no ha existido nada parecido en el planeta. Os encontráis en medio de una Edad con una energía mucho más especial que las anteriores, y contáis con asombrosos dones.

Así que, ¿qué es lo que causó la diferencia? El conocimiento de que os merecéis encontraros aquí. ¡Quienes temen a la oscuridad como si fuese maligna todavía están en medio de ella! Quienes gritan «¡ay de mí!» cuando llega el problema se retiran a su propia oscuridad. Por muy espirituales que sean, no han descubierto el «billete». No han descubierto dónde se encuentra la luz –el ángel que llevan dentro–, la chispa de divinidad que constituye el Ser Humano.

Todos los que hoy abandonen este lugar deberán llevarse consigo un billete ¡porque os amamos! Es un billete de primera y en él hay escrito: «¡Bienvenido a casa!» ¡Eso es lo que significa vivir esta Nueva Era! ¡Es la razón por la que os encontráis leyendo estas páginas!

Ahora, echad una ojeada a las letras pequeñas impresas en el billete. Son palabras tales como *sanación, prolongación de la vida, paz, amor* y *auténtica y suprema felicidad*, todas ellas susceptibles de ser obtenidas ahora mismo con sólo reivindicar el poder del que sois portadores, por reclamar el billete del que sois merecedores.

Así llegamos a otro final. Son los ojos preñados de lágrimas de mi socio los que véis reflejando los sentimientos que tenemos hacia vosotros. ¡No existe momento más grandioso que aquél en que venimos a sentarnos y a hablar con los corazones de los Seres Humanos! ¡Es tan especial! Reconoced la sensación de *hogar* en vuestro interior. ¡Sentíos protegidos porque lo estáis! Sabemos por lo que habéis tenido que pasar. Sabemos cuáles son vuestros contratos. Sabemos dónde está el billete. Lo sostiene el revestido de oro que lleváis dentro... y sólo tenéis que alargar la mano.

Y así ha de ser.

Kryon

Humor

«El humor engendra alegría. No podéis
tener alegría en vuestras vidas sin que el
humor esté conectado con ella. Imagináos
una vela en la que la cera represente a la
alegría, y la mecha, a *vosotros*. La vela está
ahí, de pie e inactiva. A la cera (la alegría)
no le pasa nada. Está suspendida en una
caña que no va a ningún lugar, aunque se
mantenga firme y preparada. Entonces, la
luz y la llama del **humor** son aplicadas a la
mecha (vosotros), y ésta empezará a fundir
la alegría y a activarla. Podéis oler su per-
fume, y la alegría se hace dócil y flexible.
Arde, produce luz, está viva, y sólo por el
humor que le ha sido aplicado. El humor
es un agente catalizador de la alegría. La
alegría engendra paz y hace que el corazón
humano se derrita. ¿Comprendéis lo que
pretendemos decir?

¡Empleadlo! ¡Empleadlo en todo!»

Kryon

Extraído del Libro Kryon VI
«Paz y poder en la Nueva Era»

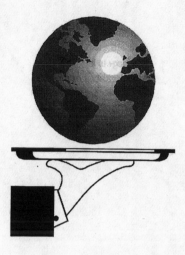

«¿Cómo hace que os sintáis el saber que lo que tan desesperadamente intentáis co-crear y averiguar ya ha sido
obtenido? Se encuentra en el almacén de un lugar en el
que estáis y al que siempre habéis tenido acceso. ¡Ya ha
sido resuelto! Está depositado en la bandeja de oro, y es la
mano del ángel dorado que vive en vuestro interior quien
lo sostiene.»

Kryon

«LA BANDEJA DORADA»

Canalización en Directo
Banff, B.C. – Canadá

La siguiente canalización en directo ha sido editada con palabras e ideas adicionales que permiten la aclaración y mejor comprensión de la palabra escrita.

Saludos, queridos. Soy Kryon, del Servicio Magnético. ¡Ah!, mi querido socio! ¿Verdad que uno se siente bien al volver a esta energía? Hemos aprendido mucho en ella, y, en este momento, tiene en su interior la intención de amor del Espíritu ¡para llenar todas y cada una de esas butacas con el amor de Dios!

Como sois muchos lo que ya estáis preparados para ello, esto no va a ser difícil. El tema de esta noche es sumamente práctico y trata de los Seres Humanos, de sus reacciones y de sus interacciones. ¡Ah, queridos míos! Y, además, de uno de los temas favoritos de Kryon, cual es cómo Dios y los Seres Humanos trabajan juntos. Permitiremos unos momentos para que nuestra energía se abra camino entre vosotros con el séquito que ha llegado con Kryon para amaros. El séquito o cortejo es lo que traemos para intensificar la intención de los que os encontráis aquí, porque hay aquí gente sentada en esas butacas que intenta cambiar, que intenta transmitir información de gran valor tanto para ellos como para vosotros. Se está produciendo aquí una gran broma, broma que es personal para cada uno de vosotros y que consiste en que todo el mundo conoce la voz que escucháis o leéis en este momento. Porque algunos de los que aquí estáis presentes escucháis o leéis las palabras que pronuncia mi socio, aunque lo que sintáis sea la energía del Espíritu que se está dirigiendo a vuestro corazón. La energía procede del hogar.

Os solemos decir que conocemos todo lo que conocéis, que lo conocemos todo sobre vosotros. Lo único que descono-

231

cemos es lo próximo que vais a hacer, porque, queridos, en eso consiste este planeta, este planeta de libre elección y establecido de antemano por vosotros y con vuestra autorización. A través de miles de años, ha llegado el momento en que recojáis los beneficios mientras estáis ahí sentados en medio de la energía de la Nueva Era y escucháis y leéis estas palabras con que un Ser Humano os canaliza la energía de la divinidad, una energía que se da la mano con la energía divina que portáis en vuestros corazones. Permitid que el séquito que hay ahora pase por vuestras filas y pasillos y lleve a cabo su tarea. ¡Abrid vuestros corazones a lo que esta noche puede llegar a ser vuestro! Queridos, míos, no hemos venido aquí para manteneros informados, sino para transmitiros una energía que hace cambiar la vida.

Es tremendo el grado de asociación que hemos desarrollado con algunos de vosotros. Nos habéis permitido entrar, y ahora ya sabéis cómo se siente uno al crear su propia realidad, ¿verdad que sí? Sin embargo, todavía son numerosos quienes dudan de que puedan suceder cosas como caminar de la mano con el Yo Superior, reivindicar ser socio de la mismísima «chispa divina», despertarse por la mañana sin saber lo que va a suceder ni de dónde van a llegar las provisiones y, sin embargo, sonreír y tener paz en un corazón que canta la canción del amor. Ésa es la puesta a prueba, ¿verdad?

Una vez más, nos acercamos a vosotros para excusarnos de que el paradigma de la nueva energía vaya a veces en contra de la antigua naturaleza del Ser Humano. Algunos de vosotros os estáis dando cuenta de que vuestras necesidades están cubiertas, pero no de antemano, sino en el último segundo. Quienes estáis atravesando por esa experiencia ya sabéis un poco cómo se siente uno al estar en el ahora. Sin embargo, ésa es la manera en que funciona Dios, quien suele dar las respuestas en el momento exacto en que las necesitáis y, por regla general, no antes. ¿Existe alguna duda acerca de que sepamos quiénes sois? Ahora me dirijo a los corazones de cada uno de vosotros. Llegáis aquí, os sentáis en vuestras butacas o leéis estas palabras, y no sabéis cómo los de este lado nos congratulamos de ello, y lo hacemos porque esa entidad que lleváis en vuestro interior tiene unos maravillosos colores que giran a toda velocidad; nos congratulamos de ello porque esa entidad que lleváis dentro tiene unas «alas» ¡que pueden alcanzar una envergadura de hasta 9 metros! Nos congratulamos de ello ¡porque la energía que lleva consigo cada uno de vosotros cuando no se encuentra aquí es enorme! Sabemos qué apariencia tiene vuestro Merkabah. Conocemos qué colores lleváis. Sabemos a qué linaje pertenecéis. ¡Sabemos dónde habéis estado y nos congratulamos por ello, porque quienes estáis en esta sala y en estos momentos podéis cambiar la energía del planeta! Ése es el poder aquí encerrado.

Si no fuera por la dualidad, explosionaríais en un laberinto de colores y de energía que dejaría perplejo al Universo. Todos los que han vivido en este planeta alguna vez están vivos de alguna forma. ¿Lo sabíais? Algunos han realizado el tránsito, pero vuelven muy deprisa porque saben que esta vez es cuando se va a producir la gran diferencia. Todos están preparados. Miran y vigilan. Hay una energía que procede de muchísimas y diversas fuentes. Está por todas partes ¡Por todas! La Humanidad al completo, en el nivel celular, sabe de qué se trata.

¿Creéis que desconocemos los sentimientos de quienes estáis aquí? ¿Vuestras preguntas, la intranquilidad, el aparente desequilibrio y los problemas? De eso queremos hablar esta noche, de los problemas.

La silla de oro

Fue hace un año. Nos sentábamos en este mismo lugar, rodeados por la energía de las montañas de Banff, en Canadá. Hablamos de la «silla de oro». Sugerimos un tema del que nunca habíamos hablado antes y que estaba relacionado con la asociación con Dios, para exponerlo con todo detalle y para llevarlo con nosotros por todas las ciudades del globo. Se ha transcrito, por supuesto, y publicado, pero se tocó por primera vez en este lugar en que os encontráis sentados, porque éste fue el lugar en que sucedió en su origen y delante de gente igual a vosotros. Incluso estábais entonces algunos de los que estáis aquí ahora, que sabéis perfectamente de lo que estoy hablando. Os hablamos del gran ser de oro que se sienta en esa silla del interior de vuestro corazón. Dentro, está algo a lo que denomináis el «Yo Superior». Tratamos del tema de la autovaloración que podéis reivindicar y llevaros con vosotros. Os invitamos, de manera metafórica a sentaros en la silla con aquella entidad dorada para saber quiénes érais. Os invitamos a que sintiéseis cómo el amor empapaba todas vuestras células. Os invitamos también a ver el concepto de la asociación con Dios de que disponemos en esta Nueva Era. Os invitamos a uniros a vuestro Yo Superior y os dijimos que ése sería el primer paso para muchos.

Os dijimos que, si así lo hacíais, todas las cosas empezarían a seros dadas por añadidura, porque los regalos y las joyas del Espíritu que necesitáis para caminar hacia adelante como Seres Humanos por este planeta son, sin duda alguna, muy especiales y totalmente diferentes a las del pasado. No les quedaba más remedio que serlo. No existe **ninguna** herramienta de la antigua energía que os sirva para vuestra existencia diaria en este planeta mientras os dirijáis a una vibración más elevada. De esta forma, el ser un Ser Humano vivo y encontrarse «en el camino» se convierte en un paradigma totalmente diferente, en una nueva escuela, siéndoos dados los regalos uno a uno. Muchos de vosotros no sabéis en qué consisten esos regalos. Os encontráis ahí sentados y en plena confusión y, sin embargo, con todo el amor y congratulación, habéis dado vuestra intención de seguir hacia delante. ¡Esa intención constituye el agente catalizador de la acción!

Preparación para el mensaje

Nos gustaría hablaros esta noche de algo tan radical y diferente como la silla dorada lo fue para vosotros ahora hace un año. Antes de que oigáis nada más, deseamos que entendáis que todos y cada uno de vosotros contáis en este momento con el

234

derecho a reivindicar esa silla. Os voy a dar un ejercicio para que os ayude con lo que viene a continuación. Se trata de un ejercicio que mi socio ha empleado muchas veces con grupos, aunque nunca en una canalización. Os hemos dicho muchísimas veces, amados míos, que hemos venido y que estamos aquí para lavaros los pies. Lo que sigue se os da con gran amor y honra para la Humanidad. Si, a lo largo de esta noche, no conseguís nada más que eso, será suficiente; «eso» es sentir cómo el amor de Dios empapa vuestro corazón y sentir cómo os lavan los pies, a todos, con las lágrimas que nuestra alegría brinda para tal fin.

¡Existen entidades que, al igual que Kryon, lo darían todo por poder estar sentadas ante vosotros de esta manera! Parece ser que, en el amor perfecto de Dios, fue a mí a quien le tocó contribuir a montar el emcuadrículado magnético, vigilar este gran momento vuestro y ver lo que habéis hecho en la Tierra, ver la esperanza además de los cambios y del gran amor. ¡Permitid que os lave los pies en apreciación y afecto por vuestros esfuerzos! Aceptadlo y enteráos de que nos congratulamos por todos vosotros.

Todos y cada uno de vosotros llegáis aquí cargados con los problemas de la vida humana. Existe un sólo escenario para cada persona, que es como debe ser, especialmente con aquéllos que están indagando en esta Nueva Era. Hay fracasos. Las cosas no son siempre lo que parecen. De repente, os véis bruscamente arrebatados de un lugar en que os sentíais cómodos. De repente, algunos de vosotros os encontráis con temas que nunca se os habían presentado, como la salud, la abundancia o la supervivencia. Algunos tenéis problemas con vuestras familias, tanto con la biológica como con la cósmica.

Aquí os presento el ejercicio preparatorio. Veréis como encaja perfectamente con lo que os voy a decir. Deseamos que veáis y os imaginéis ahora mismo el problema que os aqueja ante vuestra mente en este momento en que escucháis o leéis estas palabras. Algunos de vosotros tendréis más de uno, y os rendimos homenaje por ello. No existe mayor amor que el de un Ser Humano que haya sido elegido para venir a este planeta a caminar biológicamente por él con su verdadero Yo Superior oculto a vosotros —con el fin de ver si lográbais encontrarlo— y experimentar así la debilidad de la carne y las molestias de envejecer y de ser sometido a pruebas. Por eso os amamos tanto, si no os lo hemos dicho ya. Ésa es la razón por la que seáis merecedores de recibir mensajes de iluminación dados de esta manera, y también la de que merezcáis que se transmita energía a vuestras vidas —absorbida por esa silla dorada— a fin de que podáis seguir caminando hacia delante con el poder que os confieren vuestros nuevos dones.

Visualización

Queremos que visualicéis este problema de vuestra vida. ¡Sacadlo del horrible lugar que ocupa y colocadlo en vuestro regazo! Como si fuese una feroz pequeña alimaña, horrorosa y ennegrecida de pavor, queremos que la sentéis ahí, frente a vosotros, viva y llena de inseguridad. La razón por la que queremos que actuéis de esta manera es la de que váis a tener la posibilidad de hacer con ella algo dentro de un instante, porque, en esta noche, o el problema que os presenta esa horrible alimaña va a resolverse o tendréis que devolverla al lugar en que estaba. Esos bichos no se pueden tirar, ¿sabéis? No desaparecen. Os *pertenecen*. Existen fracasos que provocáis vosotros mismos. Son vuestros y llevan vuestro nombre grabado. Los acordásteis vosotros. Sacáos esos problemas insolubles y colocadlos sobre vuestras rodillas. Metafórica y figuradamente, se van a quedar durante los próximos segundos donde sólo vosotros podáis verlos y, también, van a oír el mensaje.

Os vamos a decir algo ahora. Antes de que podamos describir este nuevo concepto, tenemos que trasladarnos a un escenario histórico. Desearíamos deciros lo que hacen los Seres Humanos normalmente con el tipo de problemas que ahora tenéis encima de vuestras rodillas. En primer lugar, vamos a tratar de la *antigua energía*, porque tenéis que tener claro que la diferencia estriba en lo que solía ser antes y lo que es ahora.

En la antigua energía, había cinco cosas. Los Seres Humanos venían con problemas del tipo de los que vosotros tenéis ahora. No sois los únicos en el Departamento de Problemas, ¿sabéis? En tanto que individuos iluminados, vuestros problemas son con frecuencia parecidos a los que aquejan a los demás. Lo que convierte a los problemas en únicos es el hecho de que seáis *vosotros* quienes los sufráis ahora, no los demás. Tal vez os encontréis a vosotros mismos individuos iluminados. El simple hecho de saber cómo funcionan las cosas y de saber quiénes sois no os exime de alguna de esas cosas. Describamos por un momento lo que el antiguo método energético hacía en lo relativo al tratamiento de problemas intensos. Ello os probará una cosa: que la auténtica dualidad del Ser Humano existe. ¡Como si necesitárais ese tipo de pruebas!

Correr

Lo primero que un Ser Humano suele hacer cuando se le plantea un gran problema es echarse a correr en dirección contraria. *«Si corro lo suficientemente lejos, cuando vuelva no estará ya»*, se han dicho muchos al echarse a correr de un lado para otro. Lo habéis visto infinidad de veces. Pues así se comienza a correr, pero hay muchas maneras de hacerlo. Unas consisten en mantener ocupado el cerebro. Existen los movimientos físicos. También está el procedimiento de ignorar el problema. *«¡Oh, ya se marchará! ¡Ya se marchará!»* Pero se queda, ¿verdad? Ahí está y, poco a poco, va empeorando. A veces llega a infectarse y, a veces también, la propia energía de la carrera hace que se intensifique. Es imposible librarse de él.

En el antiguo paradigma, lo primero era echarse a correr. Y ahora os pregunto: ¿Constituiría un hecho tal algo de naturaleza espiritual perfecta? ¿Por qué el miedo y los problemas son tan abominables para una raza tan inteligente? La respuesta, amados míos, es espiritual, porque esas alimañas que tenéis sobre vuestro regazo ¡poseen energía espiritual! Son fracasos. Cada vez que ocurre algo de naturaleza de suma importancia, algo que crea temor y ansiedad e interrumpa vuestra vida, es un fracaso. Y lo primero que un Ser Humano desea hacer ante un fracaso ¡es alejarse lo máximo posible de él! Algo raro –¿verdad?– para una raza tan inteligente. En vez de hacer eso, ¿por qué no os enfrentáis a ello y lo solucionáis? La respuesta es porque existe ahí una enorme capa espiritual. En cada problema, existe «un trozo de hogar». Por ello, la primera reacción es la de salir huyendo. *«No quiero ir ahí»*, dice el Ser Humano. Sin embargo, forma parte del contrato. Es parte de la dualidad. A veces, es incluso difícil de aceptar. Vuestra dualidad es la que crea el temor.

Menor resistencia

Al huir, aunque os déis cuenta de que el problema no desaparece, muchos encontráis que el camino de menor resistencia es el de la solución. *«De acuerdo. Voy a actuar. Creo que voy a tomar la acción más fácil»*, dice el Ser Humano, y es ahí donde nos encontramos con la dicotomía. Con frecuencia, esa solución de «menor resistencia» no tiene que ver en absoluto con el problema. Es, por decirlo así, algo para salir del paso. *«¿Qué es lo más fácil de hacer»*, se pregunta el Ser Humano, *«para librarme de esto? Quiero hacer algo al respecto, de acuerdo, pero ¿qué es lo más fácil?»*.

Al llegar aquí, nos acordamos de la parábola de «Sara y el Zapato Viejo», parábola que ya os dimos con anterioridad y que no tiene nada que ver con ningún zapato. El zapato viejo no es sino una metáfora para significar que los Seres Humanos tienen siempre una tendencia a ir hacia lo que les es más cómodo y menos problemas les proporciona. Escuchad, queridos: Hay muchas veces en que ¡lo más cómodo es la antigua energía! La historia de Sara era fácil: no paraba de rezar para que le diesen el trabajo de su vida, para estar en su «punto dulce». Todo lo que deseaba en el mundo era esa maravillosa ocupación que tan bien podía ella llevar a cabo. Constituía su pasión, y rezaba por conseguirlo hasta que, por fin, se la dieron. Lo único malo era que tenía que ir en metro hasta su lugar de trabajo. Pero Sara había venido a este mundo con una buena capa de claustrofobioa. ¡Odiaba aquel medio de transporte! Cada vez que entraba en un vagón, empezaba a sudar, se sentía nerviosa, tenía miedo y casi le era imposible aguantar los minutos que tardaba en llegar a su destino para salir de allí. Había co-creado, espiritualmente hablando, el trabajo de su vida, pero tenía que hacer frente a una capa kármica que, al parecer, lo obstaculizaba.

Por fin, Sara decidió presentarse ante Dios y decirle: «*Esto no funciona, guías, ángel dorado, querido socio. No funciona*». El ángel dorado le preguntó: «¿Y qué quieres hacer?», a lo que ella repuso: «*Buscar otro trabajo*». El ángel le dijo entonces: «Ese trabajo es el que creaste y pediste. Se trata de tu pasión, de tu regalo. ¿Por qué no te decides a cambiar en vez del trabajo tu capa de claustrofobia?», a lo que Sara respondió: «¡*Porque llevo 50 años con claustrofobia, y, con este trabajo, sólo tres meses!*».

Sara se fue derechita en busca de la solución más fácil. «*Búscame un trabajo en la casa de al lado*», dijo. «*Es más fácil*». Muchos de vosotros sabéis que esta historia auténtica tuvo un final extraordinario. Sara decidió, finalmente y por medio de la intención, deshacerse de su atributo kármico del miedo a los espacios cerrados y conservar el «perfecto» trabajo que ella había creado. Lo hizo. A propósito, cuando lo consiguió, la Tierra también cambió un poco. Los Seres Humanos suelen buscar con gran frecuencia la avenida con más posibilidades de conducirles al éxito de la manera más rápida, aunque no sea ése el modo de hallar la solución.

Organizar/compartir

Otra de las cosas que hacen los Seres Humanos con los problemas del paradigma de la antigua energía es lo que denominamos organizar. Existen Seres Humanos con problemas ante sus propias narices que deciden que, si los comparten con suficiente cantidad de gente, ¡desaparecerán! Así que se organizan, junto con sus amigos en lo que llaman «grupos dramáticos». Llaman a varios amigos y les cuentan sus problemas. Repiten sus cuitas una y otra vez, en la creencia de que, si hacen eso, tal vez algún día sus problemas lleguen a desvanecerse. Creen que, al conseguir más cantidad de gente involucrada en el problema, éste se diluirá. De hecho, no buscan sugerencias ni soluciones; ¡lo que quieren es transmitir sus problemas al grupo! Pues eso no funciona. Implicar a los demás de esa manera hace compartir la energía de forma poco adecuada, ya que hacer eso es como volver la espalda a la responsabilidad que se encuentra en la base del problema. Es muy sencillo, no hay nadie que pueda asumir o resolver problemas que lleven grabado encima vuestro nombre kármico.

Preocupación

¡Ah! ¡Éste es un tema que algunos de vosotros conocéis perfectamente bien! A veces, en la antigua energía, lo primero que desea hecer un Ser Humano es crear energía en forma de preocupación. Ya hablamos de ello antes. La preocupación es energía. Es la energía del intelecto sin amor. ¿Lo sabíais? El intelecto con amor es algo maravilloso. El intelecto sin amor genera preocupación y ansiedad. De alguna forma, el Ser Humano cree que la preocupación y la energía que ésta genera disminuyen el problema. Con frecuencia y cuando, en la Nueva Era, se presenta a un Humano la elección entre «paz o preocupación» aquél ¡opta por la preocupación! Es como volver a lo del zapato viejo, ¿no? Por supuesto que la preocupación genera energía. ¡La concentración en el problema con frecuencia lo intensifica y profundiza!

Han sido muchas las veces en que os hemos hablado de la bifurcación que se ve venir en la carretera. Cuando véis que un problema se cierne sobre vosotros, os es más fácil sentaros y poneros a preocuparos por él que aproximaros a él para intentar resolverlo de cerca. Muchas veces, la señal viaria de la solución se encuentra en la misma bifurcación. Tenéis que adentraros hasta el centro del problema para encontrar la respuesta. No está colocada en ninguna señal anterior a él. La preocupación constituye una reacción humana sumamente corriente, porque forma parte de vuestra *dualidad*. Pensad en la cantidad de cosas que hacéis en lugar de enfrentaros directamente a un problema. ¿Es ésta la reacción de un ser espiritual, lógico e imparcial? No. Se trata de la reacción de un Ser Humano que ha llegado al planeta con una parcialidad, con una dualidad que genera reacciones ilógicas a los planteamientos hechos. Queridos míos, ¡por eso hemos llamado «trabajo» a lo que hacéis!

Cierre

Cuando todo fracasa, en vez de hacer cara a los problemas con que se enfrentan, muchos Seres Humanos simplemente «echan el cierre». Con el cierre, llega el desequilibrio, y con este desequilibrio abrí el camino a la enfermedad y a los problemas de salud. Con muchísima frecuencia, en vez de enfrentarse a un problema en la vida, la persona se sume en una crisis biológica, que no es sino una forma de cierre. ¿Dónde está escrito en el cerebro de un Ser Humano sabio el cartel de: *Mejor abandonar el planeta que enfrentarse al problema*? Os diremos dónde. ¡En la dualidad de los Humanos! ¿No es eso la prueba de que algo ocurre? Y, ¿qué es, en cualquier caso, la «naturaleza humana»? ¿Una forma de conducta ilógica y que da la impresión de ser cómica, común a toda la Humanidad? No. Se encuentra en el establecimiento de la dualidad, que no es sino un atributo espiritual de cualquier alma normal y ungida en vuestro planeta. Es común a vuestra búsqueda.

Con el problema colocado sobre vuestro regazo, algunos de vosotros ya habéis recibido uno o más de esos atributos que pueden sonaros familiares. Incluso aquéllos que se autodenominan «iluminados» y que vibran a un nivel superior tendrán la tentación de recurrir a una respuesta de la antigua energía, hasta que, de repente, se den cuenta y se den la vuelta para buscar una que funcione mejor. ¿Por qué os decimos esto? No sólo para enseñaros cómo funciona la dualidad, sino, además, para mostraros la belleza de lo que está por venir, porque todas esas cosas de la antigua energía a las que llamáis reacciones normales de la dualidad ¡pueden ahora ser transmutadas espiritualmente!

Vosotros, en tanto que Seres Humanos, y nosotros, en tanto que Espíritu, si cooperamos formando una asociación, tendremos control sobre todas esas cosas de vuestra vida. ¡Os decimos que ya va siendo hora de eliminarlas todas! No existe razón para salir corriendo y huir ni razón para preocuparse ni para encontrar el camino más fácil ni para darse por vencido.

¿Qué es, entonces, lo que la Nueva Era hace con uno de esos problemas como los que tenemos sentados sobre nuestras rodillas? Estudiémoslo durante un momento. Aquél que está completamente iluminado, el que sabe quién es, el que se encuentra sentado en la silla dorada, el que vibra a un nivel más elevado, hará tres cosas que constituyen la fuente de tantísimas canalizaciones que os hemos comunicado. El Ser Humano de la Nueva Era tiene un paradigma totalmente diferente.

1) Lo primero que harán los Seres Humanos es analizar de manera metafórica el por qué de la existencia del problema. Serán dignos de felicitación, porque ésa es la clave a lo que sigue. Mirarán el problema y se dirán: «¿Por qué me ha caído esto a mí? ¿Querrá decir algo?». Se pondrán a meditar frente al Espíritu y, sin decirle a éste nada en absoluto, harán esta pregunta: «¿Qué necesito saber sobre esto?», y, a continuación, solicitarán no la solución sino paz sobre el asunto. Inteligente. Inteligentísimo. En primer lugar, el equi-

librio y la paz, y, a continuación, revelación y total solución. ¡La preocupación dominada por la paz constituye una necesidad absoluta para la co-creación! ¡Hay tantos de los que me escucháis aquí y me estáis leyendo en vuestros hogares que caéis en esta categoría de Seres Humanos! Me refiero a la forma que tenéis para conducir vuestros problemas.

2) La segunda cosa que estos Seres Humanos iluminados harán en el nuevo paradigma será responsabilizarse del problema con independencia de su importancia o de lo que haya ocurrido o de si aconteció por casualidad o no. Se dirán: «En algún nivel, ha sido planificado por mí. Soy yo el responsable de ello. Es mío y, por lo tanto, puedo resolverlo». Nada de «es algo que me ha pasado» ni de «¡ay de mí!». Nada de victimismos.

3) La tercera cosa será tomar alguna clase de acción. Comenzarán el proceso de co-crear la solución. Ya hemos hablado de ello miles de veces, y son muchas las canalizaciones pronunciadas sobre el tema de la co-creación, pero hay algo más que tenéis que saber. Se trata de un concepto que os vamos a hacer saber hoy y que no se ha dicho nunca antes. Es un concepto que podría cambiar vuestro modo de pensar en tanto que Seres Humanos de la Nueva Era; un concepto que os va a hacer pronunciar un «¡ajajá!»; una entrada experimental de nuevos datos, algo sobre lo que pensar, algo que reivindicar y que visualizar ¡que es verdadero y real! Algo que tiene lógica espiritual.

Para poder yo abordar el tema, tendré que referirme a cosas interdimensionales. Es difícil porque me las tengo que ver con Seres Humanos que son criaturas de dimensión unidigital, y el Espíritu trata con dimensiones múltiples. Algunos de los conceptos sobrepasan vuestra comprensión mientras os encontráis

243

aquí, en la Tierra, debido a vuestra dualidad. Permitidme que os presente un ejemplo ahora mismo, un ejemplo del que nunca hemos hablado antes. Probablemente tendrá la misma falta de significado ahora para vosotros como dentro de diez años, cuando vuestra Ciencia se dé cuenta de la gran verdad que encierra. Un dato científico: la actividad de rayos gamma que véis que se os acerca desde miles de millones de años luz, ¡está justo al lado! Si pudiéseis crear una autopista que fuese como una cinta –una autopista bidimensional– y viajárais por ella durante miles de millones de años a la velocidad de la luz hasta llegar a la misma fuente de la actividad de los rayos gamma, cuando diéseis la vuelta en esa autopista bidimensional, ¡veríais vuestro propio sistema solar! Parecería como si no hubiéseis salido nunca. ¿Qué os parece esto como cripticismo? Pues es así como funciona la cosa. Se trata de un concepto interdimensional, de un concepto que no estáis capacitados para comprender. ¿Sabíais que vuestro increíble Universo «en expansión» no es sino un sistema cerrado? ¿Podéis entender que pudiese no tener principio? Imagináoslo. A vuestro cerebro humano le cuesta entenderlo; sin embargo, podéis estar seguros de que el tal principio no existió. El Espíritu de Dios, que incluye a todos y cada uno de vosotros, sencillamente ha estado «siempre». Constituye un accesorio del Universo que ha existido siempre, que siempre seguirá haciéndolo y del que todos y cada uno de vosotros formáis parte.

Nos referimos al *ahora,* que es de lo que vamos a hablar. El concepto de «ahora» es incomprensible dentro de vuestra cronología lineal. Hablamos del tiempo real como si se tratase de un círculo. La realidad del tiempo está en el ahora, que también crea un Universo cerrado. El tiempo que ha sido creado para vosotros es lineal. ¿Os dáis cuenta de que no existe ni un sólo Ser Humano en el ahora? Mientras estáis ahí sentados, es o el futuro o el pasado. Al moverse hacia delante vuestro reloj lineal, es pasado lineal o futuro lineal. Jamás os está permitido deteneros y *estar* donde estamos, en el ahora. En el ahora, que consiste en un concepto interdimensional, Kryon, Dios y todos los guías y ángeles se han acostumbrado a una situación en la que tanto el pasado como el presente y todas las «cosas potenciales que puedan sobrevenir» existen simultáneamente. Lo que os voy a decir es importantísimo para vosotros: os digo que vuestros *potenciales existen ahora* en la realidad dimensional interior del plan de Dios. Ya sé que os es difícil ver este almacén de *tiempo de ahora* cuando lo que siempre hacéis es mirar al pasado o al futuro. Vuestro tren está en una vía que se traslada continuamente, y todo lo que podéis ver, al volver vuestras cabezas, es dónde estaba y dónde va a estar. Sin embargo, nosotros vemos vuestro tren como en un círculo. Es muy diferente, y, también, sumamente difícil de explicar.

Querido socio, es de vital importancia que seas claro como el cristal en esta parte de la canalización, porque su lógica debe llegar correctamente a los oídos de quienes están escuchando estas palabras. La realidad del tiempo espiritual es que todas las cosas existen al unísono. Todo aquello cuyo potencial de realizar tenéis ha ocurrido ya, pero no tiene nada que ver con la predestinación. Como dijimos antes, sois vosotros quienes estáis a los mandos de vuestro propio tren, aunque os digamos que los potenciales para vuestros problemas existen, de hecho, ahora.

Os daré un ejemplo. Algunos de vosotros habéis dicho que estar en la Tierra es como ir a la escuela. Os hemos hablado de lecciones y de experiencia, y ésa es la razón por la que estéis aquí. Por lo tanto, los problemas que tenéis sentados en vuestras rodillas son las pruebas, ¿no es así? Ahora quiero que volváis a la escuela por un minuto. Atrasaros en el tiempo hasta la época en que íbais a la escuela y aprendíais las cosas que los Seres Humanos habían dicho que teníais que aprender. Supongamos por un momento que las pruebas estuviesen encima de vuestro pupitre y que vosotros estuviéseis allí sentados y preparados para escribir las respuestas a ellas lo mejor que pudiérais. ¿Rememoráis algo parecido a esta escena?

Escuchad: en aquella escuela a la que solíais ir, en algún rincón de un cajón, en algún rincón de un archivo, en algún rincón de la tarima del profesor, se encontraban todas las soluciones a todas las pruebas que estábais realizando. ¿Estáis de acuerdo? Porque, en aquella escuela, no os podían poner las pruebas sin tener también las soluciones. Esas soluciones os iban a ser entregadas a vosotros para que pudiéseis compararlas con vuestro proceso de aprendizaje. Lo que os vengo a decir con esto es que, en vuestros tempranos años académicos, las soluciones a vuestras pruebas ya habían sido encontradas y estaban listas para que las viéseis vosotros a pesar de estar sentados en vuestros pupitres tratando de hallar sus soluciones, soluciones, por otra parte, que se os escondían pero que existían. ¿O no?

Ahora volvamos durante unos instantes a mí y hablemos del problema que tenéis encima de vuestro regazo o de vuestras rodillas. Hablemos sobre el socio interdimensional que tenéis. Hablemos de los cajones y archivos del espíritu, porque me encuentro aquí para daros un concepto ungido llamado «La Bandeja Dorada», que os regalo con todo mi amor, como antes hice con aquel otro denominado «La Silla de Oro». En esta bandeja dorada, queridos míos, se encuentras las soluciones ¡a todos los problemas que tenéis encima de vuestras rodillas en esta sala! Existe ahora y está en el ahora. El problema ya ha sido resuelto. No es que esté en proceso de solucionarse, ¡es que ya está resuelto! ¿Cómo os sentís al saber que lo que tan desesperadamente estáis intentando co-crear e imaginar ya ha sido logrado? Está en el almacén de un lugar en el que os encontráis y al que siempre habéis tenido acceso. Mirad a esa cosa horrible que tenéis encima de vuestro regazo, a esa cosa que tanto miedo inspira. ¡Ya está resuelta! Se encuentra encima de la bandeja dorada, y es la mano de esa entidad dorada que se sienta ahora en vuestas rodillas la que sostiene la bandeja. Aquí hay también un invitación tácita.

¿Qué váis a hacer con esto? Si las soluciones existen ya, debo deciros algo acerca de cómo funcionan las cosas, ¿no os parece? No hay nada que sea demasiado difícil y nada existe cuya solución no se encuentre al alcance de vuestra mano. Puesto que están ahí para tomarlas, permitidme que os dé algunas instrucciones acerca de este nuevo concepto. Lo que os queremos decir es que, en vez de tener que véroslas con la co-creación, podéis alargar la mano y coger algo que siempre ha estado allí. ¿Sabéis por qué está allí, queridos míos? ¿Conocéis las cuidadosas manos que lo prepararon? Esto tendrá sentido para algunos de vosotros, aunque, para otros, carezca de él. Debe existir equilibrio en todo. La pregunta fue formulada antes por alguien que se había introducido en la energía de Kryon y descubrió la sensación del hogar. Este alguien preguntó: *«¿Adónde va el karma una vez que uno se libra de él y carece de poder?»*. Es una gran pregunta, porque muestra una comprensión del equilibrio de energía. Os diré adónde va. Derechito a la Tierra. ¡Y todavía os preguntáis por qué se mueve la Tierra! Es la alquimia de que hablábamos antes. ¿Adónde va la concienciación de la antigua energía? Al planeta, en donde es transformada en energía del cambio. El planeta se desplaza, cambia y gira, transmutando la antigua energía de los Seres Humanos. Es sabia la persona que comprenda que la energía siempre permanece ahí. Cuando cambiáis, en tanto que Seres Humanos, en esta Nueva Era, se produce –¡cómo no!– un proceso que facilita el cambio planetario en razón a vuestras razones espirituales. Se llama equilibrio.

Cuando el Hale Bopp atravesó los cielos, envió una enorme cantidad de energía a vuestro planeta, al polvo mismo de la Tierra, para que esos procesos humanos pudiesen transmutarse adecuadamente. Era energía necesaria, e informamos de ello en su momento. Ahora ya sabéis de dónde procedía y por qué era necesaria. El desplazamiento de energía es complicado, y la Tierra la absorbe incluso cuando uno sólo de vosotros lleva la intención de moverse hacia adelante y de abandonar las antiguas maneras, el antiguo paradigna y el antiguo Karma. Los cambios terrestres forman parte del gran plan y del equilibrio de la Nueva Era, de modo que no debería constituir sorpresa alguna para vosotros el hecho de que cada una de las pruebas que existan en esta sala esté ya resuelta. El equilibrio de las pruebas consiste en las soluciones depositadas sobre la bandeja. Se encuentran en el ahora, al igual que vuestros problemas. Están en vuestro nuevo potencial, listas para vosotros. Sin embargo, deberíais conocer la existencia de algunos atributos porque no es tan sencillo. Permitid que os nombre algunos.

247

El primero es éste: al ver y reconocer el hecho de que la solución existe, aunque no podáis verla, **visualizad la solución**. Mirad la bandeja e imagináos la solución. Una cosa muy importante: no os imaginéis ni visualicéis lo que creéis que necesitáis para crear la solución. Dejad que ése constituya el trabajo de vuestro socio el Espíritu. Hagamos eso. Si un Ser Humano va a correr una carrera por la mañana y quiere ser uno de los pocos que lleguen a la meta, aunque no sepa cómo se las arreglará para subir por esa agotadora cuesta o por aquella curva tan cerrada, puede rezar a Dios para que le ayude tanto con la curva cerrada como con la cuesta tan empinada. Lo que intentamos decir es que, en vez de hacer eso, lo que debería hacer es visualizar simplemente cómo cruza con toda facilidad la línea de llegada. Imaginémonos la tan agotadora cuesta y la tan cerrada curva. Ésa es nuestra misión.

Examinemos por un momento la parábola que os fue dada en relación con «Henry y el Puente que Faltaba». Algunos de vosotros recordaréis que se trataba de una historia acerca de un hombre que iba a toda velocidad hacia un puente que él sabía que no estaba allí. El Espíritu le dijo: «Sigue corriendo, Henry, que las cosas no son siempre lo que parecen. Alguien se ocupará de ti, Henry». El puente que faltaba no era más que una metáfora para lo que los Seres Humanos no pueden desentrañar ni ver en el futuro, y de lo que Dios ha tenido ya debida cuenta.

Esta parábola, amados míos, está relacionada con la bandeja dorada, porque la solución al problema que Henry tenía con el puente que faltaba había sido ya resuelta. Si volvéis a leer esta parábola, porque ha sido publicada, os daréis cuenta de algo que conlleva en su interior este nuevo concepto de la bandeja dorada. Al acercarse Henry a la zona donde se suponía que debería estar el puente, abrió sus ojos y se dio cuenta de que seguía sin estar allí. Su temor aumentó. ¡Era el último momento! Necsitó reunir todos sus esfuerzos y voluntad para detenerse allí mismo, pero el Espíritu le dijo: «Sigue, Henry. Sigue». Así que Henry, lleno de fe, siguió corriendo más que antes, confiando en Dios y en su asociación con Él. Justo en el momento en que creyó que su vehículo iba a desplomarse por el acantilado hacia una muerte segura, vio que unos obreros que trabajaban en la zona le guiaban hacia un lugar que no había visto jamás, un sitio completamente escondido que jamás había visto con anterioridad. Y allí, elevándose en plena gloria, ¡un bellísimo puente nuevo! Era un puente tan tremendo y grande que Henry pensó que debía haber estado construyéndose mucho antes de su llegada. Extasiado, lo atravesó, dándose cuenta del poder de su asociación con Dios.

Queridos, ésta es la clave de la parábola. ¡Esa bandeja tiene encima problemas que todavía no se os han presentado! Para cuando lleguéis a pedir al Espíritu sus soluciones, ¡ya se habrán construido! Forma parte del equilibrio. Deben existir soluciones para las pruebas con las que os habéis mostrado de acuerdo. Y las hay.

Henry no visualizó la forma en que el dilema de su puente se iba a resolver. La idea de que, así de repente, se hiciese un milagro ante sus ojos le parecía idiota y sobrepasaba su realidad humana. Lo que hizo, en cambio, fue simplemente visualizar el traslado al otro lado, el resultado final. El corredor visualiza la ruptura de la cinta de llegada. ¿Y en lo concerniente a vuestro problema? Visualizad que ya está todo en manos de alguien, y dejadnos los detalles a nosotros. ¡Realizad, sin embargo, vuestra visualización energética con frecuencia!

Por lo tanto, el segundo atributo es el de que «**las cosas no son siempre lo que parecen**». Las respuestas pueden llegar de muy variadas y asombrosas formas. A veces, la energía milagrosa os asombrará. Otras veces, las respuestas dan la impresión de ser complejas. Haciendo una retrospección, podríais decir: «*Hace tiempo, si una persona A hubiese hecho ésto, y una persona B, ésto otro, mi solución no hubiera jamás sido posible*». Existe algo en vuestro interior que se apercibe de que la persona A realizó su movimiento antes de que hubiérais tenido necesidad de él. Qué complejo era esto, podríais decir. ¡Qué perfecto y elegante! Y no sólo eso, sino que, en vuestra solución, por compleja que sea la interacción con otros, da la impresión de que, de alguna manera, ¡todo el mundo parece salir ganando! Queridos míos, ésa es la señal de una solución espiritual. Visualizad, por lo tanto, a la solución como si alguien se hubiese ya ocupado de ella. Está en la bandeja.

El tercer atributo es **no limitéis a Dios**. Vosotros ignoráis lo que hay en esa bandeja, pero nosotros, no. ¡Hay en este momento aquí tantísimos de vosotros que andáis pidiendo un matojo mientras el Espíritu viene con ¡todo un bosque en la bandeja! No os lo esperáis porque no sentís la autovaloración del hecho. ¡La solución a vuestro pequeño problema puede contener todo el bosque como regalo para vosotros! Cosas de las que no conocéis ni su existencia todavía serán resueltas al tiempo que el problema que lleváis sobre vuestras rodillas, algo perfecto dentro de la simplicidad de la Física y el amor del Espíritu y de las complejidades de vuestra humanidad. Así que ¡pongámonos manos a la obra! Ésta es la visión general de vuestro socio el Espíritu, con quien os tenéis de la mano. Es él la entidad dorada sentada en la silla de oro, el que conoce todo sobre vuestros potenciales y vuestros contratos, el llamado ángel dorado o Yo Superior. Posee la energía del Espíritu, pero lleva vuestro nombre. No limitéis al Espíritu.

Aquí viene el cuarto: **esperad sincronicidad**. Es de vital importancia y lo hemos mencionado cantidad de veces. El antiguo paradigma, incluso en la Nueva Era, era el de permitir que Dios hiciese las cosas por vosotros; tal como iba el concepto, si teníais confianza en Dios y dábais de vosotros mismos, de alguna forma, todo funcionaba. Hoy os queremos decir que la asociación que tenemos para vosotros implica una situación de la que ya tratamos la última vez que nos encontrábamos a cierta altura en las montañas, en Breckinridge, Colorado. Al tomar de la mano a la entidad dorada, os levantáis y camináis hacia delante con Dios. ¡Qué lejanos quedan los días en que se os daban las cosas ya hechas y en los que todo lo que teníais que hacer era quedaros sentados y decir «muchas gracias». Ya no váis a poder permanecer sentados en casa esperando que os caigan encima las cosas buenas. La responsabilidad del Yo Superior que lleváis dentro es la que os proporciona la capacidad y el don de levantaros y hacer que ocurran las cosas. Esto es co-creación. No va a ocurrir nada, queridos míos, hasta que no os levantéis y empujéis esas puertas de la vida. Haced los llamamientos que, al parecer, nadie hizo nunca antes, y contemplad los resultados. Uníos a otros Seres Humanos y averiguad qué cosas sincronísticas se producen para permitir que vuestra vida siga adelante.

En esta sala, queridos míos, habrá algunos que se encuentren con otros por primera vez, y, además, hay aquí mucha sincronicidad. Ésta es la razón por la que los Seres Humanos os mezcláis aquí, ya que cada uno tendréis algo para ellos, y ellos puede que tengan, a su vez, algo para vosotros. Sentados aquí se encuentran potenciales para relaciones capaces de durar toda una vida –igual que una bandeja que se os coloque delante llena de soluciones–, aunque jamás se hubieran producido de esta manera a menos que no hubiéseis tenido la intención de estar aquí en este momento y que no hubiéseis llevado a cabo el viaje para venir a ocupar la butaca en que os encontráis. Hay cosas aquí para vosotros que sólo puede traeros la familia. ¡Existen tantas maneras de que se produzca ésto, queridos míos! La sincronicidad, definida por los Seres Humanos, significa «cosas que ocurren como llovidas del cielo». Al parecer, se refiere a casualidades o coincidencias que tienen lugar, con las que vosotros no contábais y que han ocasionado grandes cambios en vuestras vidas. La sincronicidad, amados míos, tal como la define el Espíritu, significa «elementos dispuestos en la bandeja dorada». Forman parte de la solución, ¿sabéis? Y son para dároslas a vosotros con todo amor, pero tenéis que levantaros y cogerlas. Tenéis que empujar las puertas, llamar y mostrar intención.

¡Sanadores! De esto era de lo que mi socio venía hablando cuando dijo que aquél que parece el menos indicado para efectuar el cambio o ser sanado será, con frecuencia, ¡el que constituirá toda la diferencia en el planeta. Sois vosotros quienes tenéis en vuestras manos el agente catalizador. El cliente en vuestra vida al que quisísteis echar –por irritante–, aquél que os hacía desear que nunca volviese, el que siempre se quejaba, ¡ése

251

puede ser el receptor del amor de Dios! Ése es a menudo el que va a realizar el cambio, el que va a tomar la decisión de escribir los libros, de tener los niños todavía no nacidos, de hacer que el planeta sea diferente. Es el manso de quien hablamos hace años quien acabará con los reinos del planeta..., con todo amor..., con total entendimiento de la bandeja dorada. Todo se encuentra en esa bandeja dorada, ya lo véis, aunque la verdad sea que por ahora no podáis verlo. Aquí es donde entra de lleno la fe.

El último punto que os queda es **poseer el concepto** que hemos presentado aquí esta noche. Saber que, para cada problema, por grande que sea su tamaño, existe una solución creada ya, disponible y mucho mayor de lo que os podáis imaginar. Existe, lleva vuestro nombre escrito en ella, y no es asunto vuestro averiguar los detalles. El concepto de la bandeja dorada será, a partir de ahora, diseminado y distribuido durante todo el año que viene y publicado según convenga. Algunos de vosotros, al abandonar este lugar, habréis entendido todo y reivindicaréis las soluciones a esas cosas que tenéis sentadas sobre vuestras rodillas. Con otros, no será así. Así que ésta es la pregunta para ellos: ¿Qué váis a hacer con esa cosa que tenéis en vuestro regazo?

Lo primero que queremos es que no os quite la paz. Por muy fea que parezca, que no os quite la paz y podáis sentir el amor de Dios que se levanta en vuestros corazones diciendo: «Sabemos por todo lo que habéis tenido que pasar! ¡Conocemos vuestro problema! También somos conocedores de su solución, ¿sabéis? Tened paz. Amadnos lo suficiente para tener paz». Ése será el primer paso. El segundo es más duro. Os pedimos que miréis a esa cosa horrible, a esa cosa que constituye vuestro problema y vuestra lección y con la que ignoráis qué hacer, y amadla. Se trata de un trozo empaquetado del contrato con el que os mostrásteis de acuerdo en venir y llegó en el momento previsto. Forma parte del amor que os damos y con el que os mostrásteis de acuerdo que se produjese. ¡Es parte de la razón por la que os lavamos los pies! Porque fuísteis vosotros quienes os mostrásteis de acuerdo en tenerla aquí, en vuestras rodillas. Hace un momento os preguntábamos: «¿quién creó la bandeja llena de soluciones?». La respuesta es: ¡**vosotros**! Del mismo modo y manera en que vosotros planificásteis y os mostrásteis de acuerdo con los problemas, también a vuestro nivel celular os mostrásteis de acuerdo en crear el equilibrio de las soluciones. Por lo tanto, las soluciones tienen para ellas tanta energía como vuestros problemas, un acuerdo de descubrimiento como el de encontrar, cuando érais niños, las perlas que escondíais en una caja mágica en el jardín de vuestra casa. Todas esas cosas os pertenecen.

La pregunta

Todos y cada uno de vosotros os váis a levantar dentro de unos momentos. Cuando lo hagáis, perderéis vuestro regazo, con lo que el problema que ahora está sentado encima tendría que irse a algún sitio. Como Seres Humanos que sois, tenéis la libertad de devolverlo al lugar de donde salió. Tenéis la libre elección y la autorización para salir corriendo lejos de él, para buscar la solución menos energética, para hacer un drama, incluso para cerrar. Podéis hacer cualquiera de esas cosas. También contáis con el permiso para mirarlo y verlo por lo que vale. Algo sumamente pequeño en el tema cósmico de las cosas, algo que tiene una solución encima de una bandeja dorada que preparásteis hace muchísimo tiempo. A veces, está cubierta, de manera metafórica, por las lágrimas de entidades como yo, de guías y de ángeles y de todos aquéllos sobre la Tierra que os aman tanto que nos sentimos capaces de gritar un clamoroso aullido de victoria cuando descubráis el equilibrio.

Si creéis que este concepto encierra poder, ¡esperad a averiguar todo lo que podéis vivir! Podéis mirar en vuestro derredor a estas majestuosas montañas que os rodean. Algunos de vosotros os preguntaréis que cuánto tiempo se os permitirá vivir todavía y seguir viendo cosas tan maravillosas. ¡Menuda pregunta! Nuestra contestación a ella podría ser que: «os podéis quedar todo el tiempo que queráis». Éste es el tipo de regalos que os están siendo dados. Vigilad bien, porque vuestra Ciencia os los traerá dentro de poco. Os encontráis en el borde de ataque de un desplazamiento vibratorio que permitirá que los Seres Humanos permanezcan aquí durante muchísimo tiempo, y nosotros os felicitamos a todos y a cada uno de vosotros por vuestra participación en este gran momento.

Los ojos de mi socio están llenos de lágrimas a causa del amor que se reparte en esta sala. Es terrible, porque algunos de vosotros estáis aceptando este concepto por primera vez. Creará una diferencia durante el resto de vuestra vida. No tiene nada que ver con la canalización de Kryon. Tiene que ver con quienes sois.

Gracias, queridísimos míos, por permitir que exista este tipo de energía. Gracias por ser parte de la familia, de una familia de la que nos sentimos orgullosos, de una familia eterna que es la que ha hecho que todo sea diferente en el Universo.

Así ha de ser.

Kryon

«GUÍAS Y ÁNGELES»

Canalización en Directo
Coal Creek Canyon, CO

*La siguiente canalización en directo ha sido editada
con palabras e ideas adicionales que permiten la aclaración y mejor comprensión de la palabra escrita.*

Saludos, queridos. Soy Kryon, del Servicio Magnético. Como
ya hemos dicho tantísimas veces, volvemos a repetir que, en
los próximos minutos, vamos a traeros un séquito de amorosas entidades a través de la rasgadura que hay en el velo para
que nos hagan compañía. Se trata de entidades que no asustan
ni dan miedo; todas y cada una de ellas pertenece a la familia.
Si pudiérais verlas y tener la mentalidad divina que teníais
antes de hacer vuestra entrada en este gran planeta, las cono-
ceríais por sus propios nombres. Vienen aquí para pasearse
entre los pasillos y filas de butacas, para sentarse junto a cada
Ser Humano presente y para abrazaros a todos. Los pequeños,
y con ello me refiero a los niños y niñas que se encuentran en
la sala, también sentirán su energía, con lo que algunos pueden llegar a sentirse excitados. ¡Es la sensación de «casa» y de
haber estado ya en ella!

Algunos de vosotros os dáis cuenta de que lo que se siente es la sensación de hogar, y, antes de que concluya la noche,
os daréis cuenta de que también vosotros habéis estado allí,
porque todo lo que ante vuestra vista tenéis en esta gran tierra
es sólo temporal. Es, como dice mi socio, un montaje para el
«gran reto», como habéis podido escuchar y leer en la Parte
Quinta de La Familia de este mismo volumen.

Kryon llega con el amor del Universo derramándosele
por todas partes y conociendo cómo se llama cada una de las
personas que se encuentra aquí. No existe situación por la que

255

atraveséis que nosotros desconozcamos. Tal vez creáis, cuando, por ejemplo, os vayáis a dormir, solos, en vuestra mente solamente, con independencia de quienes puedan encontrarse durmiendo a vuestro lado, que sois quizás los únicos que conocéis lo que sabéis. ¿Podéis creer que las dudas que ocurren en vuestras mentes son sólo vuestras? Pues os diremos que no existe pensamiento ni sueño de los Seres Humanos que no sea íntimamente conocido por quienes os rodean con la burbuja de amor en vuestro caminar por el planeta.

La enseñanza de esta noche va a versar sobre aquéllos que caminan con vosotros, y vamos a revelar por vez primera a quienes nos escuchen en este grupo y a quienes nos lean a través de la transcripción de estas palabras algunos de los funcionamientos mecánicos de la energía del amor que todavía no han sido revelados. A pesar de que parte de ello os pueda parecer académica, os diremos que este grupo en particular ha llegado a sentarse en esas butacas y a leer estas palabras con el fin de cursar estudios en la academia del Espíritu. Su intención es saber más acerca del ángel que se sienta en vuestro interior y al que llamáis vuestro Yo Superior.

¡Existe aquí una enorme cantidad de amor! Cada uno de los que aquí os encontráis tenéis una forma diferente a la de los demás, así como distintos colores que giran en vuestro derredor. Hace un rato, mi socio cerró sus ojos durante la canalización porque se sentía distraído por los fogonazos de luz que se producían en su mente y que no eran sino un residuo de la mezcla que tengo ante mí. Ésta es la forma en que os vemos ahora. Estas visitas que tanto hemos esperado, estas visitas que con tan poca frecuencia se producen, nos permiten que atravesemos la rasgadura del velo y que nos sentemos junto a vosotros. ¿Sabéis por qué? Pues porque queremos estar con vosotros. No hay nada más grande ocurriendo ahora en el Universo que lo que sucede aquí, en este planeta. La grandeza y la sacralidad de lo que debe haber al otro lado del velo no sobrepasa el potencial de lo que está sucediendo aquí y en estos momentos.

Mucho después de que hayáis superado esta prueba, mucho después de que tanto vosotros como las células que forman vuestros cuerpos hayáis efectuado vuestro tránsito y os hayáis convertido en simple polvo sobre el planeta, habrá quienes hablen de este momento en el que las piezas divinas del Universo, que eran, por supuesto, grandiosas, decidieron disfrazarse con formas humanas y convertirse en seres débiles desde un punto de vista biológico para venir al planeta Tierra con el amor suficiente para crear algo mucho más grandioso para todos nosotros. Se contarán historias, en que lo mejor será que seréis vosotros quienes las contéis –¿sabéis?– porque cada uno de vosotros es eterno. Vendréis y volveréis a partir multitud de veces, pero la energía que forma vuestro *tú* permanecerá por siempre. Y digo a quienes han perdido a sus seres queridos, a jóvenes y a ancianos (un niño se echa a llorar), también a ti (risas), que las mismísimas energías que se han perdido en la concienciación se encuentran ahora aquí mismo. Tienen la capacidad de actuar así y de estar aquí porque también se encuentran al otro lado del velo.

Lee, mi socio, ha preguntado siempre que por qué no me he dirigido nunca a él de esta manera. Le suelo hablar a su cabeza, pero, por mucho que él lo haya intentado, lo que estáis escuchando vosotros en estos momentos no le ha sucedido a él jamás. Y existe una razón para ello, porque se trata de vuestra intención y del poder que tiene el grupo de Seres Humanos para reunirse e intercambiar energía espiritual. Dice: *«Quiero sentarme en la butaca y saber qué sensación se tiene cuando uno recibe la visita del amor de Dios».* Y nosotros os decimos: «os merecéis estar aquí, en lo más alto». Con una planificación asombrosa, no existe casualidad por la que os encontréis ahora donde estáis ni leáis donde lo estáis haciendo. Así debe ser, que el cortejo que acompaña a Kryon y el propio Kryon vengan a miraros como idiotas, a papar moscas ante las estrellas que sois para nosotros. ¿Sabéis una cosa? Somos nosotros los que esta noche hemos estado esperándoos.

257

El equilibrio de energía espiritual

Esta noche, nos gustaría hablar de la transmisión de energía. ¡Suena aburridísimo! A mecanismo o proceso del Espíritu. Tal vez revelemos algunas cosas que no se han abordado nunca antes. Nos gustaría hablar sobre lo que ocurre con la energía durante el proceso de transmutación de antigua a nueva. ¿Qué ocurre con los milagros? ¿Adónde se va su energía? ¿Qué productos residuales quedan? ¡Qué tipo de mecánica es la que se ve involucrada en ellos? Este conocimiento os ayudará en vuestra vida práctica, en vuestra vida de todos los días. Esta información, para concluir, es capaz de ser dicha, en una energía que promueve tales cosas y en la que nos encontramos sentados, a un grupo de personas cuyo deseo es el de vibrar a un nivel más elevado. Hay muy pocos de vosotros, y me refiero a quienes estáis en esta sala, que hayáis venido sólo para mirar. Vuestra intención genera una energía que adopta en sí misma una postura de contar con posibilidades y potencial de conseguir más información.

Me gustaría deciros algo sobre vuestros guías; algo que no sabéis. Quizás, en canalizaciones anteriores y en escritos y transcripciones, recordáis parábolas sobre guías y Seres Humanos. A lo mejor, recordáis una parábola en la que los guías permanecían quietos. Existían, pero no hacían ruido y empujaban muy poco. ¡Oh, claro! Estaban allí para abrazar a los Seres Humanos, aunque no pudiesen hacer mucho más por el Humano que no estuviese dando en ese momento su intención espiritual pura. Quizá os acordéis de que en alguna de esas parábolas –y fueron muchas–, y cuando el Ser Humano daba su intención de hallar al Espíritu que llevaba en su interior, los guías entraban en actividad. Era cuando se activaban. Habían estado siempre ahí, esperando a que actuáseis.

La Trinidad (El poder del tres)

Estamos en este lugar para proporcionaros información sobre la antigua espiritualidad y sobre la forma en que se mezcla con la nueva. Mi socio os ha revelado el poder de los «tres». Ha existido desde siempre. No constituye misterio, casualidad ni secreto alguno que los triángulos que se transforman a sí mismos en diferentes formas para convertirse en otras tienen tres vértices. Forman parte de la energía de la Geometría sagrada, y el poder de la forma se os suele dar con frecuencia en treses. Cuando contempláis el tres de la divinidad, hasta las religiones de este continente le dan credibilidad. Lo llaman Trinidad. Pues estamos aquí para explicaros, antes de adentrarnos en la enseñanza de la energía, lo que, de hecho, representa la trinidad.

El Padre

La combinación espiritual del *tres* es intuitiva y no sólo ocurre aquí. Mirad las trinidades de otras creencias, porque ahí está. En este continente, le llamamos Padre, Hijo y Espíritu Santo. Permitid que os diga qué es lo que representa el Padre. El Padre es el ángel, la fuente, el familiar, el que está conectado con el hogar, el que se sienta en el interior de cada uno de vosotros. El Padre es lo representativo del ángel interior, cuyo estudio acabáis de concluir (taller de *El Viaje a Casa,* estudio sobre el libro), ése cuyo rostro es el mismo que tenéis vosotros. Se trata del pedazo de Dios que lleváis dentro.

El Hijo

El Hijo que se representa pertenece al linaje del Padre. El Hijo es el Ser Humano que camina por el planeta con su dualidad a cuestas. Jesús, el Maestro del Amor, se refería a ésto una y otra vez, y, en sus mensajes, solía decir: «Podéis ser como yo. Soy el Hijo de Dios, y vosotros podéis ser Hijos de Dios». Buscadlo. Está ahí. La referencia es clarísima. Así que, metafóricamente hablando, el Hijo es el Ser Humano, con independencia de sexo, que está conectado a la imagen del Padre, quien, a su vez, está conectado a la Fuente, que no es sino el ángel interior.

El Espíritu Santo

Ahora, la revelación: en cualquier fe o creencia, aquello a lo que denomináis Espíritu Santo jamás ha constituido entidad alguna. Sea el que fuere el sistema espiritual al que os refiráis, todos os explicarán que el Espíritu son muchos. Siempre tiene el contexto de «más de uno». Pues nos encontramos en este lugar para comunicaros que el Espíritu Santo representa a los guías o ángeles que están con vosotros desde que nacéis. Ésta es la trinidad con la que venís al mundo, la cual consiste en la divinidad del triángulo contenido en otro triángulo, si nos referimos a la forma divina del Merkabah. Quiero que tengáis bien en cuenta una cosa, algo que no quiero que os perdáis. Al salir de este lugar, ¡*cada uno de vosotros* lleva consigo a los tres! Vayáis adónde vayáis, irán con vosotros. No se trata de ningún poder ilusorio que caiga de los cielos y no sólo se produce en grupos. *Lo lleváis cada uno de vosotros en vuestra propia persona.*

Hemos hablado anteriormente del poder de los grupos y ahora os vamos a decir por qué tienen poder. Consiste en lo que vosotros llamás el «Espíritu que es Santo», que es el que representa la reunión de los guías que generan la fuerza de los muchos en vez de la del uno. De modo y manera que vuestro cortejo, del que, a lo mejor, creíais que había venido sólo para abrazaros, agarrarse a vosotros y amaros, se explica ahora como «agente catalizador del amor».

Papel representado por los guías

Permitid que os cuente algo que se produce en la alquimia de la energía. En toda energía debe existir siempre un equilibriio, incluso en la espiritual. Me encuentro aquí en tanto que Maestro de Magnetismo para haceros saber que siempre existe un equilibrio. Hasta en el mismísimo centro de vuestras estructuras atómicas, en el interior de vuestros átomos; todos los físicos se han preguntado por qué el núcleo es tan pequeño y por qué la neblina del electrón se encuentra tan alejada de él. ¿Véis? Carece de lógica intuitiva que la masa central genere una situación física de tanto espacio. Ésta es la razón por la que hayamos estudiado la Cuadrícula Cósmica en el Capítulo Séptimo, la fuerza que se encrespa y que siempre está en equilibrio a vuestro alrededor. No tiene nada de diferente, amados míos, con lo que experimentáis con vuestra espiritualidad en vuestro caminar por este planeta, porque, cuando una energía se transforma en otra, se produce un desplazamiento del equilibrio. Cuando transmutáis una energía a otra, se genera un residuo espiritual. Os diremos de qué se trata en términos espirituales, aunque no en términos mecánicos o físicos.

Vuestros guías son vasijas que contienen el residuo energético generado por vuestra intención. Esa energía es transportada por los guías. Porque quienes de vosotros habéis dado vuestra intención de desprenderos de vuestro antiguo karma y de moveros por otro camino, estáis a punto de ascender por una escala de desplazamiento vibratorio que encierra transmutación tras transmutación, alquimia tras alquimia. Lo que hacéis es tomar el *era* y convertirlo en el *será*. Cada vez que lo hagáis, se genera un residuo energético, creado de la nada, a través de vuestra *intención*, y es tan grande ese residuo que ¡con frecuencia, se os tiene que añadir otro guía durante el proceso! Ahí es donde entra en juego el tercero, del que ya hablamos hace casi diez años.

Creación de energía

Ahora ya estáis enterados. Los guías existen, entre otras razones, para facilitar la energía que creáis, al perecer, salida de la nada, lo que constituye parte del equilibrio de lo que ocurre cuando tomáis decisiones de índole espiritual. Vamos a hablar del primero de ellos. Lo correcto será que hablemos sólo de esos tres.

261

Intención

El primero no va a sorprender a nadie porque nos pasamos el tiempo hablando de él y ya estamos en él. *Intención* es su nombre. Existe una energía creada con la intención que transmite el karma. Creo que vale la pena deciros que todos los que estáis aquí comprendéis la energía que se oculta tras la transmutación del karma. Se trata de algo profundo, alejado de vosotros a través de la intención, la cual lo transforma en algo diferente. En otras canalizaciones os dijimos lo que ocurre con esa energía, ya que su potencial, por razones de equilibrio, tendrá que irse a alguna parte. La energía del karma potencial ¡representa el potencial de toda una vida humana! Cuando la cambiáis, lo que *era* energía tendrá que irse a otro lugar en el proceso de la transmutación. Como ya hemos escrito, se va a Gaia, al mismísimo polvo del planeta, donde éste absorbe la energía, con lo que se transforma a sí misma de un aspecto espiritual del Ser Humano a un contenedor espiritual al que denomináis Tierra. Ahí está. El producto residual de esa alquimia constituye el cambio en la Tierra, que es la razón por la que ésta se mueve como lo está haciendo en estos tiempos y de que los océanos se estén calentando tanto. Éstas son las cosas que están ocurriendo en la actualidad, y ya predijimos que ocurriría así si os tomábais la molestia de fijaros. La aceleración de los sistemas meteorológicos y atributos geológicos de vuestro planeta constituye una consecuencia directamente relacionada con la iluminación de los Seres Humanos.

Algo distinto sucede cuando se da la intención de que el Ser Humano siga hacia adelante. Crea una *nueva* energía. Al parecer, como salida de la nada, se crea otra energía, una energía que se da la mano con la Cuadrícula Cósmica, una energía que, después, es almacenada por los guías de quien tomó esa decisión, lo que explica el *poder* de la intención, como ya hemos dicho antes. La intención pura extrae energía de la Cuadrícula Cósmica para generar un cambio vital. Durante ese proceso, esa *nueva energía* es tomada por la trinidad que existe en el interior de todo Ser Humano, con lo que el cociente energético humano es más elevado que antes.

Otros Seres Humanos, en especial, los videntes, se dan cuenta repentinamente del incremento en vuestras vibraciones y en vuestro poder. ¡Vuestro aura cambia, y vuestra luz brilla como nunca lo hizo antes! ¿Os habéis preguntado alguna vez qué es lo que se «ve» cuando sois portadores de vuestra luz? Os diré qué es. Es el hecho, hablando en metáfora, de que vuestros guías son portadores de «vasijas de energía *nueva*» y de que esas vasijas de energía representen la NUEVA energía que se creó cuando tomásteis la decisión de caminar espiritualmente hacia adelante por el sendero de vuestra vida. Hay una razón para que esos guías sean portadores de esa vasija. Antes de que concluyamos con el tiempo que nos queda de estar juntos, os vamos a decir cuál es la mecánica de ello y el por qué de la misma.

¿Qué ocurre si un Ser Humano no adopta ninguna decisión de índole espiritual en toda su vida? Ya os dijimos antes, amados míos, que no se pueden elaborar juicios sobre ello. Al Ser Humano se le honra por su viaje, por el papel que representa en la obra, y, cuando cae el telón, el elenco entero celebra el final, incluso los que hicieron de malos o quienes murieron en la obra. Pero, además, hay mucho más. Quienes dan intención espiritual durante esta Nueva y Más Poderosa Era crean energía de la nada. ¡Es alquimia pura! Ahí es donde se encuentran la acción y el cambio de vida. Ahí es donde está esa «activicidad» de la luz de que ya hemos hablado. Es el momento en que al Ser Humano que permite que se produzca la co-creación comienzan a sucederle cosas. Así es como el Ser Humano abre un nuevo camino, un camino en el que él será el encargado de su propio futuro de una manera que jamás fue posible antes. Es uno de los tres. Intención.

Lo físico

Hablemos de lo físico. Algunos creéis que existen muchas Tierras, con sus futuros y sus caminos. No deja de ser una idea esotérica ésa de que fuese posible que existieran realidades que se produjeran simultáneamente. «¿Y qué si fuera así?», podríais preguntaros. No andáis demasiado descaminados. Hemos hablado ya a otros grupos como éste sobre los potenciales que se alinean partiendo de «instantáneas» de energía en un momento específico de vuestro tiempo lineal. ¿Véis? Esos potenciales del planeta son «registrados». Y tiene que ser así, amados míos, porque *nosotros* nos encontramos en el ahora. Tanto vuestro pasado como vuestro futuro están *ahora* aquí; por lo tanto, el potencial de este planeta no es sino una «instántanea» de *ahora*, pudiendo nosotros deciros cuál será vuestro futuro basándonos en vuestras decisiones *ahora* y en la energía de *ahora*. Está registrado y es indeleble. Jamás se borra. Todo ello forma parte del equilibrio, lo que significa que existe un lugar interdimensional en el que se almacenan todos esos potenciales –como muchas Tierras simultáneas–, aunque sólo sean almacenados en él los potenciales de energía medidos en diferentes tiempos lineales.

La Física de la Tierra es asombrosa. Vuestra realidad cambia, y vuestro futuro continúa siendo una página en blanco. Casi cada mes se ve revisado por lo que hacéis aquí. Los milagros del cuerpo y del planeta físicos no son sino ejemplos de transmutación. No hay magia alguna; es la sabiduría espiritual y la física normal las que hacen que sucedan esas cosas. Vosotros seguís absorbiendo energía de la Cuadrícula Cósmica y creando energía NUEVA para el planeta, el cual cambia vuestros potenciales futuros.

La última vez que Lee, mi socio, estuvo aquí, en Coal Creek, Colorado, sufrió ante vosotros un malestar que no quiso compartir. Contó con la ayuda de aquéllos a quienes fue dirigido, pero se trataba de una aflicción física, real y que tendía a convertirse en algo de mayor importancia. Él lo sabía y pidió que le fuese extirpado, dando su intención para que así fuese. Incluso al comenzar las lecciones la primera vez que estuvo aquí, esa aflicción seguía acompañándole. Al acabar la velada, el cuerpo se había equilibrado a sí mismo. Cualquier secuela de aquella situación había desaparecido, y él se alegró del hecho de que la concienciación de su intención hubiera cambiado la física de su cuerpo.

264

Permitid que os explique qué sucedió, porque en aquel milagrito, en el que algo muy real y doloroso daba la impresión de haber desaparecido, existía una alquimia, una transmutación, y la energía necesaria para ello era enorme. Aquella energía se transmutó de una cosa a otra. Su proceso se sanó a sí mismo y creó una *nueva* energía espiritual al mismo tiempo en que ésta era almacenada por sus guías. Parte de la alquimia de la energía todavía le acompaña; la otra parte ha sido almacenada en la Tierra, pero no espero que éste sea todavía el momento para que lo comprendáis.

Había un potencial generado en el *ahora* y relacionado con el «lo que podría haber sido» que él lleva consigo todavía. Parte de su dualidad consiste en su temor a que se reproduzca, de modo que, cuando se coloca frente a vosotros y os habla de estas cosas, sabe que las ha experimentado en su propia carne. Ahora acababa de darse cuenta de lo que había experimentado para acumular él mismo la sabiduría suficiente para impartiros a vosotros esas sensaciones. Gran parte de lo que a él le damos es exactamente con este fin, y él había dado su permiso para que así fuese.

¡Oh! Pero todavía hay más. Hace unas semanas, en febrero de 1998, vuestros más importantes científicos os informaron de que, basados en sus mejores ordenadores, íbais a colisionar con un asteroide no dentro de demasiados años. ¿No encontráis curioso que los mismos científicos, con los mismos instrumentos, volviesen dos días después y dijeran: «No os preocupéis. Cometimos de alguna forma algún error, y no va a suceder nada de lo predicho»? Amados míos, ¿se os ocurrió pensar que, tal vez en esos dos días, el planeta se hubiese trasladado a otra «pista» de potencial? El potencial energético con que la Tierra contaba hace cinco semanas vive ahora en un lugar llamado «El Futuro Que Iba a Ser». Para algunos, ésto os sonará a pura fantasía, aunque, para los sabios, sea así.

Las Matemáticas hablan por sí mismas. Los mecanismos orbitales son absolutos y, sin embargo y por algún tipo de misterio, hace sólo unos días, se volvieron a hacer números, y las respuestas fueron diferentes. Los científicos adujeron que no se hicieron bien a la primera, aunque, de todas maneras, los hicieran públicos. Hemos venido aquí a deciros que se trata de una transformación milagrosa de energía y que está originada por la *intención* de la Humanidad, a la que hemos llamado masa crítica. Mientras se produce esa alquimia, se creó una energía que empezó a ir de un lado a otro. Todavía se mantiene en el planeta y sigue constituyendo un potencial, aunque la energía que era el producto residual del milagro está sujeta ahora por los guías de todos los Seres Humanos que dieron su intención para cambiarla. Todos los que viven en el planeta deberían fijarse. No es ésta la primera vez en que veáis este tipo de, al parecer, «falsa alarma». ¡La *intención* puede alterar la realidad!

Emocional

Dejadme hablaros de la tercera clase de alquimia, la más profunda. ¿Creéis que la sanación del cuerpo humano y el equilibrado de éste son algo especial? Permitid que os diga algo sobre las emociones humanas. Se trata del milagro de los milagros, ¿sabéis? Es el milagro que se hace con las preocupaciones y ansiedades y, mediante la alquimia de la intención, las convierte en paz. Hemos hablado de ello centenares de veces. Mirad la energía que se necesita para generar preocupación y ansiedad. Miradla bien. ¿Qué ocurría con vuestro cuerpo cuando os sentíais preocupados y teníais ansiedad? Que cambiaba. Cambiaba fisiológicamente. Las células –todas y cada una– se daban cuenta de la ansiedad y de la preocupación. Podíais haber perdido peso, cambiado el tono de vuestra piel, cosas todas ellas que respondían a la emoción que sentíais. Cuando dísteis vuestra intención de vibrar en un nivel más elevado, las convertísteis en paz a través del conocimiento y de la preparación de lo que puede ser vuestro. Hay personas aquí que han hecho esto mismo una vez tras otra. ¡El Espíritu ama tanto a todos los que han aprendido a actua de esa manera!

Quisiera preguntaros: «¿sabéis adónde se fue esa energía?». Dejad que os diga lo siguiente. Se genera en secreto la misma cantidad de energía creando paz para vosotros que cuando se crearon la ansiedad y el temor. Sin embargo, en la transferencia de una zona a la otra, se creó una energía a la que denominaremos «tercera energía». Era espiritual, y los guías la recogieron como a cualquier otro de los colores que giran en vuestro Merkabah, porque tenía el color de la victoria. Ya os hemos contado lo que sucede cuando camináis a través de las burbujas del temor y os enfrentáis al tigre. Ya lo sabéis. Los guías se hacen con el anillo de oro que se genera con la victoria y lo introducen metafóricamente en su tinaja. Algunos de vosotros os habéis hecho con el dolor y la tristeza y los habéis transformado también en paz. Todos los que os encontráis presentes y todos los que leéis estas líneas sabéis de qué os estoy hablando. Habéis dicho: *«Es milagroso saber cómo me sentía antes y cómo me siento ahora»*. La situación está todavía ahí, pero la energía del dolor y de la tristeza ha desaparecido. La transmutación es completa, y la energía de la victoria pasó a vuestro guía, quien la guardó para vosotros. Por eso estáis aquí, queridos, por eso estáis aquí.

La medición

Os vamos a contar ahora qué es lo que sucede con esas tinajas que los guías transportan de manera metafórica para vosotros. Lo que ocurre representa el equilibrio, la mecánica de la espiritualidad y una clave más profunda para saber cómo funcionan las cosas cuando los calibradores gigantes de medidas descendieron metafóricamente sobre la Convergencia Armónica para ver qué tal le iba al globo. Algunos preguntaréis: *«¿De qué medida se trata? ¿Qué significa la frase 'la vibración del planeta'? ¿De qué tipo de medición se trataría? ¿Es demasiado interdimensional para que lo entendamos? ¿Qué es lo que se medía? Kryon, nos has dicho que habrá otra medición en 2012. ¿Qué es lo que se medirá entonces? ¿De qué se trata?»*.

Os diré de qué medición se trata: *de las tinajas de nueva energía que conservan los guías*. Eso es lo que se mide. A eso es a lo que denominamos nivel vibratorio del planeta, y, queridos míos, existe una relación entre lo llenas que estén esas tinajas y lo que el polvo del planeta haya recibido y aceptado en lo que a energía se refiere, porque las dos cosas están unidas. A no ser que creáis que no tenéis nada que ver con el polvo del planeta, enteráos bien de que ambas cosas están unidas. Por lo tanto, la medición constituye una correlación de lo que transportan los guías y lo que la Tierra haya aceptado, lo que constituye otro concepto difícil de explicar.

Así que, tanto en la Convergencia Armónica de 1987 como, por fin, en 2012, se medirá lo que haya ocurrido, y sólo existe una manera equilibrada de hacerlo. Vamos, en combinación con la Tierra, a medir al Espíritu Santo, es decir, a los guías y a lo que transportan en esas tinajas de energía. Se trata, por lo tanto, de la proporción o razón existente entre el planeta y los Seres Humanos y la energía que éstos crearon. ¿Os preguntáis todavía por qué venimos a lavaros los pies con las lágrimas de nuestro gozo? ¿Os admiráis de que hagamos cola al otro lado del velo para saludaros cuando mi socio se siente y diga, «Saludos, queridos»? ¡Hemos esperado llenos de amor a que ocurra así! Porque, ¿sabéis?, queremos estar aquí y sentarnos a vuestros pies. Sabemos muchas cosas que a vosotros se os ocultan. ¡Sabemos quiénes sois y lo que hacéis!

Con cada uno de vostros existe un equipo de guías electrificados, magnetizados, polarizados y de maravilloso color azul cobalto. Sonríen porque sostienen tinajas llenas, cada una de ellas, de energía nueva creada con la alquimia de la intención. Por esta razón es por la que ahora nos encontramos lavándoos los pies. ¿Quéreis saber dónde está el auténtico «suelo sagrado»? Aquí. Aquí es donde está, ¡exactamente donde pisáis vosotros, exactamente donde leéis estas palabras!

Existe una casa espiritual que contiene muchas cajas para vosotros (La Casa de los Regalos y Herramientas del Libro Kryon *El Viaje a Casa)*. Algunos de vosotros habéis hecho saltar las tapaderas de algunas de esas cajas y cogido los regalos. Unos han aceptado los regalos, ¡aunque no comprenden que hayáis levantado la tapa para hacer uso de ellos! ¡Se necesita acción! Algunos de quienes os encontráis en esta sala y leyendo estas líneas tenéis un rompecabezas ante vuestros ojos, aunque viváis confiados día a día con el rompecabezas en espera de la transmutación de energía que se producirá al dar vuestra *intención*. ¡Hemos venido a deciros que os habéis elevado ante los ojos de Dios por vuestra confianza! Es a vosotros, así como a los demás también, a quienes queremos recibir con nuestros cuencos llenos de lágrimas para lavaros los pies como diciéndoos «aquí hay un regalo para vosotros. Seguid adelante, tened confianza y comprended la adecuación del reto, y todo se aclarará a su debido tiempo».

¿Sabéis la clase de energía que se necesita para que tengáis confianza en lo que no hayáis visto? ¿Para, por un momento, saliros de vuestra línea cronológica y sentir el *ahora* del Espíritu? Es asombroso que hayáis llegado tan lejos, porque los obstáculos que coloca la dualidad son numerosos. Incluso todavía ahora habrá quienes no comprendan y prefieran ser absorbidos en los brazos de la dualidad de la antigua energía a serlo en la nueva energía de los guías. Es vuestra elección, y por ella misma sois encarecidamente amados.

Sabemos quiénes sois. Todos y cada uno de vosotros. Como mi socio dijo antes, el Espíritu no existe en el vacío. Todas las noches, al iros a dormir, sabemos lo que pensáis, conocemos vuestros sueños y tristezas. Estamos allí. Parte del Universo gira alrededor de lo que sucede aquí, en la Tierra, razón por la que ésta es el centro de atención. Ésa es la razón por la que os veáis a vosotros mismos de una manera tan monoteísta. Ésa es incluso la razón por la que vuestros antiguos científicos, muy al principio, pensasen que sólo había una sola Tierra y que todo giraba a su alrededor. ¡Tenían toda la razón!

Éste es el mensaje por esta vez; a vuestra disposición solamente a causa de la intención de las personas que hay en esta sala y que están leyendo estas palabras. No podemos decir que sea nuestro momento favorito el de recoger nuestros cuencos de manera metafórica y abandonar este lugar para desaparecer, según parece, por las rasgadura abierta en el velo. Sin embargo, una parte de nosotros se quedará para siempre con vosotros. Tal vez no tan obviamente ni de la manera en que nos habéis sentido durante este breve período de tiempo, pero aquí estaremos. La energía de esta canalización sólo puede mantenerse durante un cierto tiempo. Ello se debe al equilibrio de la energía. Ello se debe a mi socio. Ello se debe a lo que podéis absorber los que os encontráis en esta sala. Eso es lo que regula la cantidad de tiempo que pueda yo permanecer aquí con vosotros. Y, si alguna vez llegáseis a planificar estas cosas y a conocer cuáles eran esos parámetros cronológicos, os encontraríais con que existe correlación y semejanza ordinal en esos números. De nuevo, es el equilibrio.

Tal vez creáis que es trivial que, al marcharnos, os digamos que «os amamos profundamente» porque ya lo hayáis oído con anterioridad. Pues de forma todavía más trivial, al igual que Michael Thomas en la historia que habéis estudiado hoy que aparece en el Libro Kryon *El Viaje a Casa,* al separarnos de vosotros ahora os decimos «no todo es lo que parece».

Es entonces cuando lo trivial se convierte en profundo...

Así ha de ser.

Kryon

Capítulo Cuarto

LA TIERRA,
VUESTRO SOCIO PARA EL MILENIO

«La Tierra y Tú»

Canalización en Directo
Sunnyvale, CA

Esta canalización en directo ha sido editada con palabras e ideas adicionales que permitan la aclaración y mejor comprensión de la palabra escrita.

Saludos, queridos. Soy Kryon, del Servicio Magnético. Que desde este momento se sepa, amados míos, que esta rasgadura en el velo ha sido creada en este lugar por vosotros y por vuestra intención, así como por quienes están leyendo estas palabras. El amor fluirá en esta sala a través de esa grieta y, más que eso, se os presentarán amorosas entidades para llenar este recinto con un tremendo poder. En estos momentos, la Humanidad se da la mano con el otro lado del velo, y de eso nada más es de lo que se trata. ¡Qué bien que nos volvamos a ver! ¿Verdad?

¡El potencial para cambios en la Humanidad que existe entre quienes se encuentran en esta sala y los que están leyendo ahora estas palabras es tremendo! En los instantes que siguen, permitid que se forme el puente que una la intención y la manifestación; la intención de aclarar los atributos kármicos que fueron vuestros y la realidad de la nueva encarnación que habéis planificado. Que se forme el puente que permita tal milagro y que se forme con la fuerza que reunamos vosotros y nosotros, que es como debe suceder en la Nueva Era.

El séquito de Kryon llega en estos momentos lleno de emoción debida a la sensación de rememoración de *familia*. Os dijimos que os explicaríamos esta relación que existe entre vosotros y nosotros, que, dicha con toda simplicidad, no consiste

273

sino en que la familia se reúne. Me conocéis y os conozco. Sé cómo os llamáis, que no es de la forma que vosotros creéis. Los que estamos en el otro lado de esta rasgadura sabemos perfectamente bien por todo lo que habéis pasado así como en qué momento de vuestro crecimiento os encontráis ahora.

Me gustaría, a medida que transcurre el tiempo, que os diéseis cuenta de lo que valen estos preciados momentos. Es el momento en que hemos pedido lavaros los pies. ¡En todas y cada una de las canalizaciones de Kryon y cada vez que hemos venido de visita a este recinto, con permiso de los Seres Humanos, solemos hablar de lo preciados que son los momentos en que podemos, de hecho, lavar los pies de la Humanidad que realiza todo el trabajo!

Y así es como, de nuevo, váis a lograr experimentar la relación que existe entre vosotros y yo. Aquí está de nuevo. Se trata de *familia* y se trata de honrar y de respetar a quienes se encuentran en este recinto y a quienes están leyendo ahora estas líneas, a todos aquéllos que hayan encontrado tiempo para sentarse y para saber algo más de sí mismos.

Permitidme que os cuente más cosas sobre vosotros mismos.

Vuestra dualidad os dice que existe una grandeza de Dios y, también, una pequeñez de los Seres Humanos. Os tiene siempre mirando hacia arriba en busca del Espíritu. ¿Creéis que habéis hecho hoy planes para venir a sentaros en esas butacas o a leer estas líneas? ¿Creéis que habéis estado esperando a que se llevara a cabo esta presentación o se produjera toda esta energía que llena esta sala? ¡Podemos llamaros por vuestro propio nombre! Podemos invitar a que el puente se complete. Son Kryon y su séquito quienes llevan conociendo desde hace algún tiempo vuestra llegada a este estadio. El potencial de que estéis ahora en esas butacas o leyendo estas páginas lleva sabiéndose desde hace mucho tiempo. Ya sé que es algo difícil de entender para algunos de vosotros el hecho de que conozcamos quiénes serán en vuestro futuro los que vayan a leer esto y a quienes también habremos esperado. Todo está en el *ahora*, y lo que es vuestro futuro hoy para quienes escucháis estas palabras será el presente para los que las lean.

274

Con anterioridad, os proporcionamos datos e información acerca de cómo co-crear vuestra realidad. Os hemos contado ya otras veces cómo podéis sanar vuestros cuerpos por muy en malas condiciones que se encuentren. Os hemos dicho también que vuestro estado actual no es definitivo. Conocemos los problemas de este grupo y de quienes leen estas palabras. Antes de que el tiempo que pasemos juntos hoy haya acabado, queremos recordaros de que **aquí no existe ni un sólo problema sin una solución adecuada** por decisión vuestra. En el equilibrio de lo divino, el Ser Humano se olvida de que, en las etapas de la planificación, no solamente estaban los problemas y los retos creados por las lecciones, sino también sus soluciones. Éste es el equilibrio divino del que os tenéis que acordar.

Hay mucho que decir, queridos míos, acerca de las maneras en que podéis influir en vuestras vidas. Es información nueva, y hemos elegido este momento y área de San Francisco para dárosla. Vamos, metafóricamente hablando, a depositar ahora mismo un paquete encima de vuestras rodillas. Incluso antes de que comience el mensaje de enseñanza, ese paquete cerrado es al que más tarde se os permitirá echarle una ojeada cuando sea abierto. No os podréis quedar con él porque se trata de una visión; de una visión que desaparecerá de vuestro regazo al final de esta energía, aunque se trate de una visión que podáis manifestar, si así lo deseáis, de forma colectiva.

La información que os va a ser presentada hoy es intuitiva. Se trata de la Humanidad y del polvo de la Tierra. Para algunos de vosotros, constituirá un recuerdo; para otros, una revelación, y para todos, una información que os proporcionará poder. ¡Nunca jamás en la historia de la Humanidad, ha sido esta asociación con el planeta tan real y tan íntima! ¿Os extraña que os amemos tanto?

La unicidad de todas las cosas

Todas las cosas que hay en este planeta están hechas con los mismos elementos comunes a aquél. Sin embargo, los Seres Humanos que caminan por la Tierra tienden a creer que son diferentes al polvo de ésta. Se pasean por ella, contemplan su grandiosidad y se sorprenden por su belleza. También temen su fuerza, pero creen que son seres completamente distintos y separados de ella.

Queremos recordaros una cosa muy especial. Los elementos contenidos en vuestro cuerpo representan también a los elementos que contiene el planeta. Como en un sistema medioambiental cerrado, todo lo que hay aquí pertenece a la Tierra y, muy especialmente, al cuerpo humano. Todas las cosas que participaron en el crecimiento del Ser Humano a partir de lo que llamáis Madre fueron recogidas de la Tierra y luego ingeridas por la madre, permitiendo a ésta crecer al mismo tiempo que el niño ¡y dando como resultado el que estéis aquí! Es, por lo tanto el polvo de la Tierra el que absorbió el alimento de la madre, permitiéndoos así vuestra existencia.

De la misma manera que conocéis el ciclo de la vida, conocéis también lo que ocurre al final. El Ser Humano retorna a los elementos básicos, ¿no es así? El ciclo se completa. Sin embargo, los Seres Humanos creen ser algo diferente. Lo que les dice que son diferentes, intuitivamente, es algo de lo que queremos hablaros ahora. No obstante, antes de hacerlo, deseamos hacer hincapié en recordaros que formáis parte de los elementos de este planeta.

Ya hemos hablado de la «concienciación de Gaia», o sea que os hemos dicho ya que la Humanidad y el planeta se contemplan como una unidad. No podéis separarlos jamás. Así es este equilibrio y así permanecerá por siempre. ¿Os acordáis de vuestra historia? Los pueblos indígenas de vuestra tierra se dieron cuenta de la conexión. Incluso hicieron algo más. La recalcaron mediante celebraciones, honras y ceremonias. ¡Que éste sea el momento en que oigáis una vez más que la ceremonia es adecuada para ganar terreno, uniros y anclaros al polvo de este planeta! Servirá para intensificar lo que se os avecina en vuestro futuro, y lo que se os avecina puede ser en verdad grandioso. Además, está relacionado con ese paquete que sostenéis en vuestras rodillas y que os enseñaremos dentro de unos minutos.

Los pueblos indígenas incluso de esta misma zona comprendieron la necesidad de dedicar celebraciones a los elementos. Si contempláis su historia, encontraréis las ceremonias relacionadas con cada uno de los elementos de la Tierra. Aplicaron esos elementos a sus ceremonias de forma y manera en que ¡reconocían el hecho de que el Espíritu formaba parte del suelo! Reconocían que ellos, en tanto que Seres Humanos, eran también de granito e incluso de árboles y otros tipos de vida. Si estudiáis con más detenimiento lo que hicieron, os daréis cuenta de algo sorprendente. De alguna manera y en algún nivel, ¡aquellos pueblos indígenas también reconocieron el magnetismo! ¿Lo sabíais? Porque rindieron homenaje a los cuatro puntos cardinales, trazaron líneas en las rocas de los montes, líneas que estaban destinadas a los sistemas de la cuadrícula magnética. ¡Sí! ¡Lo hicieron! Y allí están esas líneas para que podáis verlas. Y ello, porque contaban con conocimientos intuitivos sobre cómo la Tierra estaba relacionada con los humanos que por ella caminaban y los siguieron.

Para concluir, también rindieron honores a la vida que les mantenía. Vieron el ciclo que permitía consumir búfalos en su beneficio y en el de sus semejantes, y el que hacía que el caballo pudiese transportar sus cargas. Les rindieron honores en sus ceremonias y en sus dibujos y los consideraron a todos parte de su vida al igual que el polvo de la Tierra. Os queremos recordar esto porque parte de vuestro descubrimiento e iluminación constituye un retorno al conocimiento de que la concienciación del planeta es vuestra. Éste será el siguiente tema.

La concienciación humana del planeta

Si no lo hemos abordado con anterioridad, queremos deciros ahora que existe algo que deberíais saber acerca de la concienciación del planeta. La separación que sentís entre el Ser Humano y el planeta es falsa. El planeta constituye un sistema –un equilibrio– y funciona en un marco cronológico que soporta a la Humanidad. Fue creado para vosotros y estuvo esperando hasta que llegáseis a él para ayudar a conducirlo a la Nueva Era. Nos encontramos aquí para deciros que la mente de Gaia forma parte también de la concienciación de la Humanidad.

Ya os dijimos con anterioridad lo que ocurre con la energía espiritual que se transforma con la intención. ¡Se va a tierra! (Capítulo Tercero, «Guías y Ángeles»). Os dijimos que es compartida con la Tierra y que forma parte del sistema espiritual equilibrado. Os dijimos que muchos de los avances en las pautas meteorológicas cíclicas que tenéis ahora no son sino parte del resultado de vuestra intención. Preguntad a vuestros meteorólogos y científicos si ha existido nunca en la historia de los estratos geológicos algo que explique lo que sucede en la actualidad. Este ciclo no puede reconocerse a través de la historia pasada ¡porque vosotros habéis cambiado la Historia! Es otra. Sin embargo, podríais decir: *«Está bien, Kryon, pero hay algo aquí que no encaja. La Tierra lleva aquí mucho más tiempo que los humanos. Da la impresión de que no somos más que una ocurrencia tardía».* Dejad que os explique algunas cosas.

Existe un autoequilibrado automático en este planeta que lo mantiene hacia adelante, que lo alimenta. Se trata del equilibrio en la naturaleza de que os habéis enterado hace poco tiempo y que, en muchos casos, intentáis corregir. Comenzáis a reconocer que ese equilibrio es sagrado y precioso. Tenéis razón. Seguro que habrá quienes pongan en tela de juicio este guión cinematográfico de la «mente del planeta» y pregunten: *«Y ¿qué pasa con todos esos eones de tiempo anteriores a los Seres Humanos? ¿Dónde estaba entonces 'su mente'?».* Os lo diré. Aquí estriba la sacralidad del tema, así que escuchad atentamente. Al igual que una comida para un Ser Humano que tomase días y días en ser preparada para ser consumida luego en 15 minutos, la Tierra ha sido preparada cuidadosamente para vosotros. Muy cuidadosamente. Ha sido creado un equilibrio de una manera sumamente específica y única con el fin de que os encontráseis protegidos y a salvo, con el fin de que pudiéseis vivir vuestras vidas en una atmósfera tranquila y equilibrada y con el fin de que pudiéseis vivir sin sobresaltos en un planeta hecho sólo para vosotros.

Cuando todo era perfecto y estaba en su sitio, cuando la biología seminal os fue dada, llegásteis tal como estaba previsto. Ya hemos hablado de ello. Así que ahora, mientras váis adquiriendo fuerza, que es el siguiente paso en el plan general que tenéis con Gaia, queremos pasar a explicaros el milagro de esta combinación que la mayoría de vosotros negáis todavía. Puede que algunas de estas cosas suenen a misteriosas, extrañas y, de hecho, hasta increíbles, pero llegará el momento, amados míos, en que la Ciencia proporcionará respuestas sobre cuál es vuestra relación con el planeta que escuchásteis por primera vez hoy y aquí.

El sistema de equilibrado automático del planeta es muy metafórico con respecto a lo que ocurre en vuestro cuerpo. Existen en éste sistemas que parecen funcionar sin que tengáis que pensarlo. Carecéis, por ejemplo, de control sobre la conciencia, sobre la digestión, la respiración, pulso, circulación o sobre el proceso natural de rejuvenecimiento de la nueva división de células que se está produciendo. Sin embargo, existe una mente consciente en lo más alto, en vuestro cerebro, que, en particular, os ha sido revelada por medio de los yoguis y chamanes, porque su capacidad de alterar todo lo que os acabo de mencionar parece producirse de forma automática.

Son, por lo tanto, la práctica, la experiencia y el conocimiento y revelación de los poderes ocultos con que contáis los que os permiten controlar esos sistemas que tenéis en el interior de vuestro cuerpo y que vosotros creísteis que eran automáticos, así que ¿existe o no una centralización de concienciación que pueda afectar a todas esas cosas en vuestro propio beneficio? Lo habéis visto ya. Se trata de la razón por la que, si os sentís tranquilos en vuestro corazón, éste no late tan aprisa. Se trata de la razón por la que, cuando os encontráis enfadados, ansiosos o temerosos, vuestro corazón late más deprisa. Este órgano, al parecer tan automatizado, responde a la concienciación del sistema central. No existe tanta diferencia entre la conciencia colectiva de los Seres Humanos que habitan el planeta y el mismísimo polvo de la Tierra. Os daremos algunos ejemplos.

La información que sigue desarma un temor muy corriente. Se trata de una información que puede proporcionaros una perspectiva diferente sobre aquello que, quizás, más teman los Seres Humanos. Los Seres Humanos tienen miedo de lo que *no pueden controlar*, y, de manera instintiva, temen a la muerte. Es muy frecuente que hasta lleguen a conectar ambas cosas. ¡Oh! Ya sé que habrá quienes entre los aquí presentes y los que estén leyendo estas líneas que digan: *«Yo no tengo miedo a morir. Estoy preparado. No temo a la muerte»*. Con todo el amor, queridos míos, os voy a decir una cosa: ¡vuestra dualidad proporciona y presenta un enorme miedo, aunque vuestra parte espiritual no lo reconozca! Cuando os encontréis en el lugar en que vayáis a realizar vuestro tránsito, os daréis cuenta de a qué me refiero, porque está siempre allí. Ésta es una de las razones por la que os amamos tanto, porque ese temor ha sido diseñado por vosotros mismos para ser exactamente lo que es –aterrador y desconocido–, y ha sido diseñado así para que no os déis sólo un ligero paseíto por vuestro tránsito. ¡Ha sido diseñado para que os quedéis aquí!

Que la Naturaleza termine con nosotros de una manera fuera de nuestro control es, tal vez, uno de los mayores temores que aquejan a los Seres Humanos, que contemplan a la Tierra como algo imprevisible. Muchos Seres Humanos dicen: *«El poder de la Tierra es así y eso es lo que hay»*. Ven a esa «Naturaleza» como si no tuviesen nada que ver con ella y que, a veces, es sobrecogedora. Nunca se dan cuenta de en qué consiste el sistema o qué pretende crear. Quisiéramos explicaros vuestra participación en el planeta en dos frentes diferentes.

La asociación (física)

El primero es físico. El sistema atmosférico al que denomináis tiempo es, con toda probabilidad, una de las cosas más corrientes que véis a diario. Es poderoso y, al parecer, poco previsible, diríais algunos. Pues nosotros estamos aquí para deciros que ¡sí contáis con algún tipo de control sobre él, queridos! Habrá entre vosotros quienes pregunten: «*Kryon, ¿me vas a decir a mí que podemos controlar el tiempo?*». No. Lo que os voy a decir es lo siguiente: podéis controlar la energía de *vuestro* entorno, y el tiempo *os responderá*. Yo sólo digo eso.

Vosotros no podéis, deliberada y directamente, controlar vuestro pulso. Sin embargo, los maestros os han enseñado que, si vuestra concienciación se ve alterada, el corazón responderá en consonancia. Lo mismo ocurre con la Física del planeta, porque la Tierra ¡reconoce la energía de la *intención* del Ser Humano! No le queda más remedio. ¡Fue creada para vosotros!

Otra semejanza. Supongamos que estáis nadando en el océano, en medio de un terrible oleaje, y que os entra el miedo. De repente, os dáis cuenta de que, con sólo pensarlo, podéis levantar una plataforma de rocas lo suficientemente elevada como para manteneros alejados de la amenaza de los elementos. Ahí estáis, con las olas estrellándose a vuestro alrededor. Ahora os pregunto: «¿Fuísteis vosotros quienes controlásteis las olas?». No. Están ahí todavía. ¿Qué habéis hecho? Sólo cambiar su efecto sobre *vosotros*. De eso es de lo que hablamos, y de lo que no habéis estado del todo conscientes era del principio de la concienciación.

Os daremos un ejemplo. Os vamos a decir cómo se hace en vuestra vida cotidiana. Lo que os queremos decir, queridos, es que vosotros podéis influir en la energía que os rodea. Y cuando decimos *vosotros*, nos referimos al *vosotros colectivo,* es decir, a los Seres Humanos con un pensamiento colectivo. Hablamos de lo que ¡un grupo de trabajadores de la luz y de personas particulares podría hacer para cambiar una zona del planeta en que las condiciones meteorológicas fueran rigurosas!

Mediante vuestra fuerte asociación con Gaia, podéis crear situaciones en las que el tiempo meteorológico dé la impresión de «girar» alrededor del lugar donde os encontréis, igual que las olas alrededor de la roca. Respondiendo a la energía que se crea en un torbellino de co-creación –de sacralidad–, el equilibrio meteorológico permanecerá igual, aunque se vaya alrededor de esas áreas de concienciación creadas por el grupo. ¿Os dáis cuenta? ¡Gaia sabe quiénes sois! Ya os dije que esto os podría parecer increíble, aunque, sin embargo, haya entre vosotros quienes ya han experimentado lo mismo.

La concienciación del planeta, de forma muy parecida a la de la concienciación sobre vuestras vidas, es tal que podéis cambiar determinados atributos aunque el sistema parmanezca inmutable. Podéis sanar y liberar de energía determinadas zonas que lo necesiten, aunque el sistema se quede donde estaba. Existen, por lo tanto, algunos lugares que serán sanados, y otros, que no, a causa de lo que hagáis en vuestras vidas tanto de forma particular como colectiva.

Hablemos ahora de algo relacionado con esta zona, sobre la forma en que la Tierra se mueve aquí, en el área de San Francisco. ¡Ah, queridos míos! Vivís en un sitio que tiembla, cosa que sabéis tan bien como mi socio Lee, que vive en el Sur de California. Permitidme deciros una cosa. Algunos de vosotros parecéis atraídos hacia zonas que parecen peligrosas, y en ellas os quedáis a vivir vuestras vidas. Algunos os preguntaréis la razón por la cual os habéis visto arrastrados a zonas con atributos peligrosos. Tanto es así que algunos profesores de metafísica y algunos trabajadores iluminados han sido atraídos hacia lugares de esta costa que tanto se mueve y agita. Existen fallas en la tierra que se encuentran en posición de moverse y que, de hecho, se mueven por esta zona. Forman parte de la Geología del planeta y del equilibrio automático que siempre ha existido aquí para que pudiérais observarlo. Sin embargo, ¡aquí es donde vivís! Os diré por qué, y comprenderéis así lo que ocurre y el lugar que ocupáis en ello. También entenderéis el poder generado por la concienciación de grupos de trabajadores de la luz que saben cómo producir *intención*.

Tal vez tengáis la impresión de que os encontráis aquí por casualidad y que algún día podréis llegar a libraros de la ansiedad que producen esos inesperados movimientos de tierra. ¿Se os ha ocurrido pensar en precisamente lo contrario? ¿Que vuestra presencia aquí se deba a lo que nosotros denominamos «trabajo»? ¡Existen trabajadores de la luz que, mediante sincronicidad y amor, han sido llamados a asentarse en estos lugares tan llenos de temblores! Lo que sucede es lo que sigue, queridos, míos: me encuentro aquí para hablaros de la Tierra física, para hablaros de la cosa que más temen los Seres Humanos, que es ser aplastado por una enorme roca mientras duermen o que la Tierra tiemble de tal forma que la familia se vea en peligro o que se produzcan en las montañas explosiones volcánicas. Estoy aquí para daros una revelación. Ésta es: tan sólo con la gente que llene una habitación, vibrando a un nivel elevado, al que vosotros llamáis estado de ascensión, y habiendo dado intención, lo que ocurre en vuestra zona puede cambiar por completo. Puede cambiar algo profundo y con potencial en algo pequeño sólo con la intención de la concienciación, porque Gaia responderá. ¡Gaia responderá! Gaia es una parte de vosotros, igual que un latido de vuestro corazón.

El funcionamiento es como sigue: en primer lugar, deben estar los que llamamos los de «primera línea» y, luego, detrás de ellos, un grupo de apoyo. Nada tiene que ver que nos refiramos al tiempo meteorológico, a un terremoto, a una erupción volcánica o a una próxima inundación. Os diré cómo funciona: ¡lo hacemos todo el tiempo! Los de la primera línea son los trabajadores de la luz que han decidido estar en el punto en que vaya a suceder. Son los trabajadores de la luz quienes dicen: *«Tengo mi espiritualidad y conozco mi trozo de divinidad; por lo tanto, sé a qué lugar pertenezco, así que voy a anclar mi zona con mi energía. Me voy a quedar a vivir aquí y voy a llamar a este lugar mi casa. Enviaré un rayo de luz al centro de la Tierra para equilibrar al planeta. Y yo, junto con otros trabajadores de la luz y gente de primera línea, vamos a hacer lo mismo».* Esos son los de «primera línea», los que son llamados a vivir en zonas en las que se encuentran los focos de los cambios previstos, sabiendo perfectamente bien que su concienciación constituye un ancla, pero que, además, cuentan con apoyo.

Permitid que os hable sobre ese ancla. Ese ancla tiene una cadena, y esa cadena, en sentido figurado, está conectada a los millares de trabajadores de la luz que le van a proporcionar fuerza mediante la energía de su *intención*. Algunos de vosotros ya venís haciéndolo, y os diré que ¡funciona! ¡Funciona! ¿Podéis hacer que cambie el tiempo? ¡Claro que sí! Allí en la zona que se está tomando en consideracón y sobre la que se está meditando, el tiempo –así de sencillo– cambiará. ¿Véis? Gaia responde a la energía del Ser Humano individual y de los Seres Humanos agrupados.

¿Habéis escuchado a mi socio decir que la «concienciación cambia la Física»? Pues sí lo hace. La concienciación cambia la materia. La concienciación cambiará la función y el equilibrio planetarios, y seréis *vosotros* los encargados de ello. ¡El planeta fue hecho para vosotros! ¿No os parece lógico que podáis hacer esas cosas?

Así que ya contamos con los de «primera línea» y con el grupo de apoyo. Habrá quienes pregunten: *«Kryon, ¿no podemos realizar el anclaje sin que tenga que vivir allí ningún Ser Humano?»*. La respuesta es no. Es vuestra propia energía la que hace que se produzca. Sabéis si sois llamados a ser anclas, pero muchos otros, no. La mecánica del tema, queridos míos, es la siguiente: *debe* existir *intención* en el Ser Humano de primera línea que se encuentre en la zona afectada para que existan las cadenas que sujetan al grupo de apoyo. Que esas cadenas se extiendan a las decenas de miles de vosotros que podéis cambiar el planeta, porque es necesario que así se haga en aquellas zonas a que nos referimos de este entorno, cual es la costa occidental de los Estados Unidos.

La asociación (espiritual)

Os hablaremos ahora de la segunda fase de esto, siendo perfectamente lógico que pasemos, ahora, a revelaros una cosa más: el planeta tienen un aspecto espiritual. No debería sorprenderos, porque ya deberíais saber que la Tierra responde a la concienciación de los Seres Humanos como siempre lo hizo. Aquí viene a lo que responde: ¡responde a ser amada! Y vuestros pueblos indígenas lo sabían.

¿Cuántos de vosotros podríais explicar a esos otros que parecen que pueden plantar cualquier cosa con buenos resultados? Están en contacto al nivel del corazón, y la vida del polvo de la Tierra les responde. Saben que están conectados a Gaia. ¿Sabéis? Gaia responde al *amor*. No debería chocaros ni sorprenderos que Gaia responda asimismo a la guerra entre los Seres Humanos, a la muerte de éstos, a las hambrunas, a la injusticia y a la concienciación del miedo y del terror. Al tiempo que afectan a los Seres Humanos, esos acontecimientos altamente energéticos ¡también cambian la energía del polvo! Ésa es la forma en que Gaia os responde a *vosotros*.

Entonces, ¿qué tiene que ver con ésto ese aspecto espiritual del planeta? ¿Qué se puede hacer con él? Os vamos a proporcionar algunos ejemplos de lo que podéis cambiar y, además, os vamos a lanzar un reto. Hemos dicho que la Tierra responde a la guerra y a las zonas en que ésta ha tenido lugar. Es más que eso. Mientras la concienciación de la Humanidad responde espiritualmente a acontecimientos y potenciales que ocurren, vosotros podéis cambiar esos potenciales mediante vuestro consenso espiritual. Ahora, existen métodos con los que podéis limpiar la tierra de energías pasadas. Os diremos de qué manera se puede llevar a cabo, aunque, más allá todavía que eso, permitid que os hable sobre la limpieza de potencial. Se trata de un concepto interdimensional y está relacionado con estar en el *ahora*.

Cualquier Ser Humano que libere energía de ideas y ore por conseguir este objetivo puede unirse espiritualmente con las anclas existentes en la zona, aunque no haya entendido su mecánica. Con muchísima frecuencia, los Seres Humanos parecen creer que sus gobiernos lo controlan todo y que lo único que tienen que hacer ellos es quedarse repantingados en sus butacas y esperar a que las cosas vayan bien. También creen que su economía y calidad de vida son regidas por fuerzas externas que se encuentran lejos de su control. *«¿Qué pueden hacer?»*, preguntan. Os diré que la concienciación de un grupo con intención puede cambiar todo eso, ¡todo! No existe nada que no podáis conseguir y, si os habéis dado cuenta de ello, algunas de vuestras últimas victorias fueron logradas a través de la opinión pública ¡y no por procedimientos de un gobierno! La opinión mundial constituye otro de los términos significativos del intento humano colectivo.

Pensad en vuestra Historia pasada y comparadla a las décadas de los 50 y 60. ¿Qué es lo que falta? A través de nada más que su intención, un grupo de Seres Humanos abatió a toda una estructura política poderosa en extremo. Ningún gobierno lo hizo. Fuísteis vosotros. Ningún gobierno organizado cuenta con posibilidades de supervivencia en la nueva energía sin la participación y consentimiento de su pueblo. Podéis hoy en día daros cuenta exactamente de este atributo al ver cómo las cabezas de los gobiernos de la antigua energía han sido puestas de un lado por sus propios pueblos. Vigilad bien, porque ese hecho se irá repitiendo una y otra vez a través de los años. La diferencia será que los gobiernos puestos de lado mostrarán ahora una tendencia a mantenerse en paz en vez de ponerse a organizar otros liderazgos carentes de estabilidad.

Pasemos ahora a hablar del potencial de intranquilidad que existe en la actualidad en este planeta. Permitid que os proporcione información acerca de dónde pueda encontrarse el foco espiritual para una mayor ayuda a la Tierra. ¿Escucháis, trabajadores de la luz? Ahora que ya sabéis cómo hacerlo, ¿queréis llevar a cabo un nuevo cambio en el planeta? Os diré adónde tendréis que enfocar vuestro amor: enfocadlo al corazón, y ese corazón metafórico es, en este momento y será durante los próximos años, ese pequeño país tan lejano de aquí que se llama Israel. Ya va siendo hora de que los trabajadores de la luz se vayan anclando allí y vayan lanzando sus cadenas para ello. Ya va siendo hora de que ese conflicto y ese rompecabezas espiritual vaya encontrando solución. ¿No os parece raro que el mayor potencial de peligro para la Tierra en la actualidad esté basado en la espiritualidad y en reivindicaciones de carácter tribal? Es como os dijimos que sería cuando, en 1995, hablamos ante las Naciones Unidas (transcripción publicada en el Libro Kryon VI pág. 58 y en *www.kryon.com*)

¿Deseáis conocer el auténtico potencial para esa tensión? Existe ahora más que nunca entre las creencias religiosas del planeta. Es ahí donde se encuentra. Mucho más allá de tribalismos, ¿no parece irónico que las tensiones parezcan mayores entre aquéllos que no se muestran de acuerdo en su Dios? ¡Existe tanto amor del Espíritu para *vosotros*! ¡Existe tanta uniformidad entre lo que creéis colectivamente y tanta verdad universal! ¡Ya es hora de crear comprensión y de darnos cuenta de estas cosas! Ésta será, sin duda alguna, la meditación más importante que debáis realizar, ¿no os parece? ¿Meditar sobre la tolerancia y la paz?

Contemplad lo que habéis venido realizando hasta ahora en ese tema. Es un ejemplo más al que mirar cuando os refiráis al poder de los Seres Humanos para generar soluciones en esta nueva energía. En otros lugares de este mismo planeta, han venido produciéndose durante decenios guerras y muertes en un pequeño país. Ese país es al que llamáis Irlanda. En la actualidad se está produciendo un intento como nunca con anterioridad para encontrar una solución definitiva al conflicto a causa del consenso de los Seres Humanos del planeta, y en esas zonas comienza a decirse: «*Estamos hartos de luchas. Hagamos que esto funcione. Tengamos paz de una vez*». ¿Qué podéis hacer *vosotros* por ayudarlos? ¡Unid vuestro eslabón a su intención! Sed una pieza de ese todo que contribuye a la energía por la paz en esa zona! Contad con vuestro propio poder para hacerlo.

Existen trabajadores de la luz que ya están anclando esa tierra, que os están lanzando sus cadenas, que os están enganchando con sus eslabones para apoyar al grupo. Escuchad a quienes se encuentran en primera línea, a los que saben lo que hacen. La prueba de la espiritualidad se encuentra ahí, porque *poseen* el hecho de ser piezas de la divinidad ancladas a esa tierra y saben que todo irá bien. ¡Ése es el poder con que contáis! ¡Bienaventurados sean, por supuesto, quienes hayan creado tan enorme posibilidad! Después, deberéis daros cuenta de que no se producirá jamás un mejor momento que éste para disensiones potenciales, porque la antigua y la nueva energía están chocando en estos momentos como nunca lo hicieron hasta ahora. La antigua energía no dará facilidades para desaparecer. Vuestra luz será la que haga que las cosas sean diferentes.

Limpieza de las antiguas tierras

Permitid que os diga cómo se limpia la tierra. En primer lugar, están los que forman la primera línea y, a continuación, el grupo de apoyo. ¿Sorprendidos? La tierra puede ser limpiada, queridos míos, por la *familia*, y me refiero a los trabajadores de la luz. Existe un grupo de éstos que tienen que ser *de* esa tierra, lo que, en realidad, significa que su origen o nacimiento esté en la tierra en que se encuentran. Vosotros, en tanto que trabajadores de la luz de esta zona –los Estados Unidos de América–, podéis enviar vuestra energía en apoyo de aquéllos para limpiar zonas especialmente oscuras y sucias e impregnadas por la guerra y la ansiedad de los siglos. Sóis vosotros, por lo tanto, el grupo de apoyo para quienes proceden del polvo de la tierra y cuentan en sus cuerpos con elementos procedentes del suelo. Éstos son quienes deben comenzar la limpieza y convertirse en anclas.

Hemos esperado hasta este momento para decir a mi socio y a su socia, Lee y Jan, que vayan a esas tierras. Necesitan vivir personalmente la experiencia para poder proporcionar esta información a quienes se encuentran en primera línea. O sea, que no existe error cuando determinadas personas, en determinados lugares y con determinado grado de iluminación sacrifican sus rayos de luz y dicen: *«vamos a limpiar esta zona»*. Amados míos, la limpieza de que hablamos no es difícil. Igual que limpiáis una habitación de energía, simple y rápidamente, mediante la ayuda de quien sabe hacerlo, la Tierra también puede limpiarse. ¿Es ésa la tarea o no? Limpieza de cada centímetro cuadrado de la Tierra. Y se está llevando a cabo en estos momentos.

Coordináos con quienes se encuentran en primera línea en esas zonas y especificad los momentos para dedicar a la meditación y enviar energía con idéntica *intención*. Imagináos y «ved» la Tierra limpia de la energía de la guerra y de la disensión. Imaginad cómo el amor se vierte sobre el polvo como si fuera el jabón espiritual que Gaia necesita para «respirar». La Tierra no tardará mucho tiempo en reaccionar a esta gran profusión de esfuerzos por vuestra parte. ¡No os sorprendáis si sentís cómo os devuelve su amor!

El gran potencial

Permitid que os hable sobre un potencial que existe en estos momentos. Hablemos acerca de los paquetes metafóricos que tenéis sobre vuestros regazos. Recordad que os los dimos un poco antes en este mismo mensaje. Tenéis sobre vuestras rodillas una visualización; una visualización que no podéis seguir manteniendo sobre vuestras rodillas porque, como si dijéramos, flota; una visualización de uno de los potenciales de este planeta. Pasaremos ahora a abrir los paquetes que recibísteis antes. Nunca hasta hoy hemos presentado esta visualización a ningún grupo.

La apertura del paquete revela que tenéis un globo ante vosotros. No es grande. Como si lo contemplaseis desde el espacio, podéis ver esta brillante y esplendorosa joya llamada Tierra. Se trata de la futura Tierra. No podéis tocarla ni ir a ella. Flota ante vosotros como el potencial de la Tierra ya *graduada* y existe en el *ahora*. Se va manifestando lentamente en vuestro marco cronológico, transmutando con parsimonia un potencial en una realidad, razón por la que os mostramos esta visualización.

Queremos que *sintáis* la energía que rodea a ésto, a esta visualización que tenéis encima de vuestras rodillas. Vosotros, desde algún lugar del espacio, desde la entidad que sois, contempláis allí abajo a esta Tierra ya graduada. Esta visualización, ésto que os estáis imaginando, podría tener lugar no dentro de muchos años. Consiste en una Tierra libre de violencias. Es una Tierra que está equilibrada entre Gaia y la Humanidad. Se trata de una Tierra que entiende que la Humanidad sea necesaria para cooperar y comerciar entre todos. Es una Tierra ya graduada que prepara una energía universal, una energía que dice: «estamos preparados para reunirnos con los otros. Estamos listos para que se produzca el relevo». Se trata de una Tierra cuyo suelo ha sido limpiado por los trabajadores de la luz. Es un planeta en el que los Seres Humanos llegaron por fin a comprender el lugar que ocupaban en el polvo y su efecto sobre éste. Una tierra en la que los Seres Humanos han hallado la paz.

¿Cómo se siente uno sabiendo que ésto es una posibilidad real, tan real como cualquier otra visión que haya podido producirse, y que no os la vamos a arrebatar? No. Vamos a pediros que os llevéis esa visión con *vosotros*. ¿Lo véis? Quitáosla de vuestro regazo y colocadla en vuestro corazón. ¡Creedme! ¡Podéis! ¡Váis a tener que hacerlo, ¿sabéis? Es la única forma de ponerla de manifiesto. Tenéis que *tenerla*. Sentid la autovaloración dentro de vosotros. Hemos llamado Tierra graduada a eso que véis y de la que alguna vez habéis oído hablar, y habrá entre vosotros aquí y entre quienes estén leyendo estas palabras que entiendan de historia espiritual y que sepan lo que significa ese nombre, porque no es otro que el de «Nueva Jerusalén».

Habéis, en los últimos meses, cambiado vuestro futuro. ¿Lo sabíais? A través del amor que sentís por la Humanidad y de la comprensión en lo relativo a la iluminación y al poder con que contáis en este momento, son muchos los que entre vosotros estén comenzando a comprender lo que están haciendo aquí. Se trata de que el equilibrio de lo físico y lo espiritual y el conocimiento de cómo hacer que funcione son los que van a hacer que eso que os habéis imaginado –esa visualización– se haga realidad. Y, durante ese proceso, amados míos, no os sorprendáis si os sentís conectados al planeta de una forma diferente. Y, durante ese proceso, no os sorprendáis si os encontráis con nuevas pasiones, nuevas pautas alimentarias y nuevos horarios para dormir. Hay aquí, entre vosotros y entre quienes están ahora mismo leyendo estas palabras, personas que se ven a sí mismas contemplando la nueva situación que se presenta en sus vidas y que tan diferente es de cómo eran las cosas hace unos años. ¡Es el *nuevo* vosotros, dotado con la *intención* de seguir adelante con sabiduría y comprensión de la vista general del papel que representáis en la Tierra! ¡Lo que sentís es vuestro espíritu rejuvenecido!

Eso es lo que sucede cuando un Ser Humano se sitúa ante Dios y le dice: «*¡Ahora te reconozco! Eres mi mejor amigo. Sé dónde está mi Hogar. Sé quién SOY YO y dónde estoy, y que los dos conceptos —Dios y Ser Humano— se están mezclando*». Y así es como la Tierra graduada se convierte en el nuevo hogar. No hay más.

Nos vamos de aquí, queridos míos, deseando que sepáis y comprendáis que hoy vino a visitaros un trozo de vuestro hogar. Mantened vuestra visión de la Tierra graduada en vuestros corazones y en vuestras mentes. Nunca, jamás, había sido dada en una reunión como ésta con anterioridad. Se trata de una visualización completamente nueva que ha sido creada en los dos últimos años. No os sintáis deprimidos ni os alarméis por algunas de las cosas que deberán salir a la superficie antes de que termine la limpieza. La antigua energía se sacude para transformarse en nueva, tras lo que llega la sanación. No os sintáis deprimidos por las ominosas predicciones de los adivinos. No todo es como parece.

Llevad vuestra luz bien en alto y recordad este momento, cuando vinimos a reunir durante un breve instante de vuestra vida este lado de la familia con el vuestro. Sentid el amor que os profesamos a causa de lo que hacéis por todos nosotros.

Así ha de ser.

Kryon

«La cuadrícula estructural cristalina del planeta es algo que no llegaréis a ver jamás, del mismo modo que jamás veréis la funda cristalina de vuestro ADN. Es interdimensional. Muestra la postura del potencial del planeta y también «habla» al sistema de emcuadrículado magnético. ¡Contiene la memoria y el potencial del planeta! Contiene la rememoración asociativa del hecho de que ésto –es decir, ahora– es el fin de las pruebas. Mientras el planeta se desplaza y mueve, existe todavía uno de sus atributos que quiere tirar y empujar al planeta hacia delante y hacia atrás, muy en especial, en este año de 1999. Gran parte de ese tira y afloja, de ese yin y yang, de esos últimos estertores de lucha los estáis sintiendo ahora».

Kryon

«LA CUADRÍCULA DE CRISTAL
Y EL FIN DE LAS SOMBRAS»

Canalización en Directo
San Luis, MO

Esta canalización en directo ha sido editada con pala-
bras e ideas adicionales que permitan la aclaración
y mejor comprensión de la palabra escrita.

Saludos, queridos míos. Soy Kryon, del Servicio Magnético. Este lugar está llenándose hasta rebosar de «familia», de una familia mucho más amplia que el número de personas que os encontráis reunidas aquí. Tal vez seamos dos, tres o incluso cuatro veces más que vosotros. Hemos estado esperando a quienes amamos, a quienes reconocemos y a quienes queremos. Sentiréis cómo caminamos por las filas y pasillos donde estáis colocados y os daréis cuenta de hasta cómo pasamos por detrás de vosotros y nos arrodillamos para lavaros los pies. Habrá incluso hasta quienes os abracen. Os encontráis sentados aquí porque habéis sido citados para ello, y añadimos que lo habéis sido para que podamos informaros de que conocemos, una por una, todas vuestras vidas. Sabemos qué es lo que os trajo aquí y estamos enterados de la sincronicidad implicada en ello. Nos dirigimos a aquéllos que justo se enteraron de esta reunión el día antes y que, a pesar de ello, vinísteis. Nos dirigimos también a aquéllos de vosotros que hace sólo unas semanas se vieron empujados a acudir a escuchar este mensaje familiar que lleva siendo transcrito más de diez años. Está claro que la oportunidad en el tiempo es clave en vuestras vidas.

La «familia» os esperaba. ¿Lo sabíais? Así es y así es como lleva siendo desde siempre. Ha sido sólo en los escasos últimos

293

años cuando la energía ha permitido este tipo de contactos tan íntimos entre nosotros, de estos contactos en que habéis podido sentir la familia como ahora lo estáis haciendo. Os queremos decir que este lugar tenía escrita una «cita» por todo él. Las butacas en que os encontráis sentados y los lugares que ocupáis en el suelo, hasta el sitio en que estáis leyendo estas líneas, sabían de vuestra venida. Conocemos vuestros nombres espirituales, que no son necesariamente como creéis que os llamáis. ¿Por qué hemos de saber tanto sobre vosotros? ¡Pues porque todos y cada uno de vosotros sois familia! Jamás estáis solos. Tenéis un cortejo con vosotros formado por entidades que saben quiénes sois y que os aman allí adonde vayáis. Algunos de vosotros habéis tenido un camino muy, muy difícil en estos últimos años. Ya hablaremos de eso, queridos míos. Otros tenéis el camino difícil ahora y, al parecer, todo lo que sabéis hacer es retorceros las muñecas y decir: *«¿Por qué a mí? ¿Por qué en este momento? ¡Duele mucho!»* Es a vosotros a quienes decimos: «¿Os creéis que no nos damos cuenta de ello?».

Para aquéllos de vosotros que hayáis venido por esa razón y que la entendáis, ¡dejad que comiencen ahora los abrazos! ¡Que empiece ahora el lavado de vuestros pies! Que el honor de esta visita empape vuestras butacas. Sentid la burbuja de energía amorosa que os envuelve, que se aprieta contra vosotros en diferentes partes de vuestros cuerpos y que os dice: «somos de verdad. Igual que tú». Se trata de la familia, y ésta está formada por la unión de todos nosotros. Es la familia la responsable de la generación de los cambios en este planeta. ¡Imagináoslo! Sois, de hecho, responsables de los cambios que suceden en la Tierra y entre los que os paseáis todos los días. Es eso de lo que queremos hablar. En este momento, existe nueva información; información de la que algunos de vosotros ya estáis enterados en vuestro nivel celular, aunque otros de vosotros tengáis que oírla para afirmarla en su lugar.

Hay quienes entre vosotros han calificado a estos mensajes de *«Canalizaciones del Milenio»*. Tienen razón. Ésta es la información que queremos que conozcáis específicamente en este momento. Ésta es la información relacionada también específicamente con la energía que se está produciendo en este instante. Nos estamos dirigiendo ahora a los miembros de la familia, a todos los miembros de la familia que están atravesando por un desplazamiento. Estáis en mitad de una lucha, y esta lucha no va a amainar durante los próximos meses ni años. Existen un yin y un yang, aunque se encuentran en los últimos estertores de su equilibrio. Existe una razón que os vamos a explicar con toda sencillez por la que las cosas están llegando ahora a un punto decisivo. En primer lugar, tenemos que daros un pequeño repaso a una información que mi socio Lee ha explicado ya y de la que parte ha sido transcrita. Sin embargo, no toda esa información ha sido entendida bien por la parte humana de la familia.

El paradigma de la existencia en el planeta –desde los puntos de vista físico, mental y espiritual– está, de manera literal, cambiando debajo mismo de vuestros pies. Ya os dijimos que también vosotros estáis sufriendo cambios. Os hablamos ya de que la Tierra está cambiando a través de vuestra iluminación y vuestro desplazamiento de la concienciación. Os hemos proporcionado información sobre la vida diaria y sobre la manera de vivir el día a día. Os hemos dado validaciones relativas a estas cosas, aunque muchos de vosotros todavía no hayáis llegado a comprender bien en qué consiste todo eso. Lo que experimentáis en estos momentos, amados míos, constituye el final de una larga prueba, de una prueba que vosotros mismos creásteis. Muchos de los que entre vosotros profetizaban os mostraron la escena del «fin del mundo». Han reivindicado una y otra vez las fechas en que ocurriría o los espacios de tiempo en que se produciría. Los indígenas las conocen, los que viven en la actualidad las conocen, los que ven en la lejanía las conocen, y, por regla general, existe consenso en ellas. Nos referimos al año terrenal 2012.

Sin embargo, el nuevo mensaje que la familia os está aportando en estos años es el de que habéis cambiado vuestro futuro, que la prueba ya no va a acabar con vosotros. Hasta ahora, el fin lo habíais decidido vosotros mismos. Lo decidísteis por

295

considerarlo un final apropiado, una forma de volver todos juntos a casa. Sin embargo, hemos comenzado a vislumbrar una nueva vibración en la Tierra que revela los secretos; una revelación en la que no contábais estar y que se basa en potenciales procedentes de hace muchísimos años. Consiste en una energía vibratoria que permite llegar hasta el final de la prueba y seguir más allá trabajando como Seres Humanos. Así que desde este momento hasta el año 2012 **no se producirá el final del planeta**, sino que será el comienzo de una nueva existencia. Con toda la lentitud que proporcionarán todos esos años, veréis, año tras año, los cambios potenciales de que hablamos. Se trata de un momento fundamental para vosotros. Esos deslizamientos en el tiempo os llevarán a un período difícil que abarcará desde 1999 hasta 2012. Hasta el final de ese último año y un poco más, tendréis que véroslas con una lucha entre la vieja y la nueva energía, aunque sepamos bien que no os estamos diciendo nada que muchos de vosotros no sepáis o sintáis ya.

Libros de texto del pasado

Tal vez no os hayáis dado cuenta todavía de lo profundamente que habéis cambiado las cosas. Permitidme que os ponga un ejemplo. Mirad en vuestros libros espirituales, en aquéllos ya antiguos que describían las tareas de la espiritualidad. Id a los que se escribieron hace unos 50 años, los que contribuyeron al asentamiento de la mismísima nación sobre la que camináis, a los que fueron denominados «secretos de la metafísica». Estos libros describían la maquinaria de la forma en que son las cosas, el funcionamiento espiritual de la manera en que las cosas espirituales se producían. Algunos de sus principios son todavía reverenciados, y otros, contemplados como si las cosas fuesen absolutamente así.

Permitidme ahora deciros lo que hacer con ellos. Dejad que os diga qué es lo que podéis hacer con lo que esos libros contienen. ¡Quitadlos de en medio porque ya no son exactos!

«*Pero, Kryon, esos mensajes describen cómo funcionan las cosas. Describen las leyes del Universo y también a los Seres Humanos. Tienen capas y capas de descripciones de las entidades e inteligencias que habitan en nuestra historia espiritual. Nos dicen la forma en que las cosas funcionan a nuestro alrededor. Y ahora vienes tú y nos dices que los quitemos de en medio. ¿Es que ya no sirven esos mensajes?*».

Permitidme daros un ejemplo de lo que queremos decir. Haremos un esfuerzo para que la explicación coincida con alguna analogía que os pueda ocurrir en este continente. Hablaremos de América por primera vez. Nunca hemos hablado de América con anterioridad a hoy, como tampoco lo hemos hecho de ningún otro sistema político. La razón para ello es que es cosa de vosotros los Seres Humanos el crear y gobernar, cosas que no son sino un sistema pasajero que contribuye a hacer más fácil vuestra puesta a prueba en la Tierra. Sin embargo, Lee, mi socio, puede sentarse en medio de esa cultura y hablar sobre el sistema que tenéis, porque utiliza sus conocimientos y una sabiduría que reside a medio camino entre su Yo Superior y yo. A propósito, ésa es la razón por la que podéis oír. La energía emitida no procede de que mi socio preste su cuerpo para que yo pueda ir soltándola. Se trata de una preciada mezcla, de una asociación, y de algo que también *vosotros* podéis hacer siempre que lo queráis. Nos gustaría hablaros de América. Va bien con el ejemplo explicativo.

Quienes fundaron este país y escribieron su Constitución fueron grandes en su forma de completar su misión en la Tierra. Se trata de un país que puede elegir y que coincide como una imagen en el espejo con el planeta de la libre elección. También fue asentado en la sacralidad y fue creado con el honor de Dios en la mente. Si visitáis algunos de esos lugares históricos y leéis las palabras que escribieron aquellos grandes hombres (y mujeres, ya que el género es sólo relativo en una vida) que configuraron la unión de este país, os encontraréis con que la palabra *Dios* aparece muchísimas veces. Os reto a que volváis a leer las palabras de nuevo ¡porque están canalizadas! ¿Lo sabíais? Por eso han durado lo que han durado. Los principios de libre elección y de honor para cada uno de los miembros de la familia constituyen ideas sagradas y se acogen bajo el manto (sabiduría espiritual) de los Seres Humanos. Son conceptos iluminados.

El linaje de vuestro joven sistema es, por supuesto, enorme, y aquí viene la razón por la que queramos hablar de él. Queremos hacerlo porque habéis creado un sistema que, con flexibilidad, ha funcionado durante cientos de años. Se trata de un sistema de frenos y equilibrios, pero ya conocéis los libros en que se os explica la forma en que funciona el sistema. Contáis con una forma de devolver –de forma literal– al sistema a través de lo que denomináis impuestos. Contáis con un sistema de elegir a vuestros funcionarios por vuestra propia opción. Contáis con un grupo de hombres y de mujeres que han sido elegidos con libertad, que ocupan determinados puestos y que toman decisiones por vosotros. Son numerosísimos los libros escritos durante esos centenares de años acerca de cómo funcionan las cosas con vuestro gobierno, además de los libros sagrados de los principios, de las reglas a las que habéis puesto el nombre de «Constitución Americana».

Supongamos durante unos instantes. Dejad que os lleve 50 «años de suposición» a un supuesto futuro. Esto es lo que veréis en vuestra imaginación: dentro de 50 años, América todavía está aquí y sigue siendo amada por sus ciudadanos. Funciona bien. Digamos que todavía existe un gran amor de país. ¡Ah! Pero mirar en vuestro derredor. Las cosas han cambiado en este supuesto futuro. Digamos que la concienciación de los Seres Humanos de América, a trevés de cambios introducidos en vuestra Constitución, a través de las leyes terrenales, ha colocado a los ciudadanos americanos en un paradigma de vida completamente diferente. Pongamos, por ejemplo, que ya no tenéis elecciones nacionales o que existen menos funcionarios designados por elección. Supongamos, por ejemplo, que se ha producido un desarrollo tecnológico y energético que permitiría registrar todos los votos de los americanos en un momento, incluso ¡a diario! Supongamos que los antiguos y elaborados procesos legales y de instauración normativa o las elecciones a los puestos más altos del gobierno ¡se hagan ahora en un instante! La concienciación de los ciudadanos ha variado considerablemente, y éstos se encuentran sumamente bien adaptados a las necesidades cambiantes del país. Vamos a ver lo que ocurre.

Digamos que, en este supuesto futuro, se ha producido una tremenda reforma de incluso la manera en que los americanos devuelven sus ganancias al gobierno. Supongamos por un momento que ¡hasta es eficaz! (pausa para las risas). Supongamos durante otro momento que no se parezca en nada a lo que tenéis hoy, porque hayáis elevado vuestra concienciación. Digamos que ésta es la imagen que dará América dentro de 50 o más años. ¿Es la misma América? ¡Pues claro que lo es! Sigue siendo el gran país, el país de la libre elección, el fundado por tareas canalizadas, el que trabaja y es flexible en sus procedimientos y normas. Se trata de una América aerodinámica, de una América que se ha cambiado a sí misma a través del proceso de montaje de su mismísimo núcleo y que se ha concedido a sí misma permiso para evolucionar.

Retornemos ahora al libro de texto del gobierno americano, tal vez a aquél que, en 1963, describía su funcionamiento. ¿Qué váis a hacer con él? ¡En 50 años ha quedado anticuado! Los principios son los mismos, pero han cambiado las normas. La concienciación es otra. El antiguo libro ya no sirve, y lo que vosotros hacéis es quitároslo de en medio. ¿Era bueno? ¡Buenísimo! Pero ya no vale, porque os habéis separado de las antiguas formas.

Todo lo dicho fue una suposición. Una analogía. Se trata sólo de un ejemplo de aquello por lo que váis a tener que pasar en un nivel espiritual. Esto es lo que os queremos decir, queridos: no sólo habéis cambiado el futuro de vuestra Tierra. También habéis cambiado su forma de funcionar actual. Los que mantenían sus puestos se marcharon por la puerta 12:12, y ahora, quienes lo planifican todo, haciendo uso de sus propios poderes, son los particulares. Se necesita un menor grado de organización y de compartimentación. Todos y cada uno de vosotros sois portadores de un manual de instrucciones de vuestra divinidad, como si fuese un libro que lleváseis dentro, tal como os ha dicho ya mi socio. Se registra vuestro voto personal ¡a diario! Continuáis concediendo vuestro permiso para el cambio. No existe control central de la familia en la Tierra. ¡Pensadlo! «*Y quién es quien se encarga de ello?*», podríais preguntar. ¡Vosotros! Colectivamente. Se trata de la familia y se trata del tiempo.

Por lo tanto, muchísimos de esos libros «sagrados metafísicos» a los que os habéis abonado y que tanto os maravillaron están pasados de moda. Podéis echarles una ojeada y preguntar a continuación: *¿Y qué pasa con ése y el otro? Estaban ungidos y fueron canalizados».* La respuesta que os damos es que todos ellos constituyen energía antigua, y que la energía que tenéis ahora es nueva. ¡Ésta es la forma en que habéis afectado al mismísimo tejido de la espiritualidad de vuestro núcleo en este planeta! Las cosas ya no son como eran y cambian todos los días. ¿Habéis leído algún libro acerca del linaje del gobierno espiritual? Tiradlo. Ahora sois *vosotros*. ¿Habéis leído algo sobre cosas que solían funcionar? Tiradlo ahora mismo. Ya es hora de que se escriba el *nuevo* libro de texto, el que refleje lo que *está* sucediendo; no lo que ya ocurrió.

Hay algo que pocos de vosotros entenderéis. ¿Qué ocurriría si vivieseis en un mundo mágico, en un mundo cuyo marco cronológico no se moviera en absoluto linealmente? ¿Qué sucedería si no pudiérais poner fecha a nada? ¿Cuál sería el resultado si todos los contratos fuesen siempre medidos por la intencionalidad del presente? ¿Raro, decís? ¿Imposible de llevar a cabo? Pues en la Tierra, todo va a ir pareciéndose a eso cada vez más. ¿Qué ocurriría si, a medida que vayáis cambiando vuestra forma de pensar, vuestros libros de Historia fuesen adaptándose por sí mismos a una Historia diferente? Este ejemplo constituye el epítome de cómo funcionan las cosas en el «ahora».

Fin de las sombras

Os vamos a hablar de algo que tal vez muchos de vosotros estéis experimentando. Acabamos de pasar por una revisión y contamos con un nombre para algo que ocurre en este planeta. Siempre os hemos hablado de los potenciales que solía haber. Algunos de vuestros profetas más importantes os han hablado de una imagen del fin de los tiempos llena de tristeza y muerte. Sin embargo, os acabamos de decir que tenéis un paradigma espiritual para la forma en que funcionan las cosas que podéis ir colocando ya en el cuarto trastero porque se ha quedado anticuado. El futuro potencial no sólo ha cambiado, sino que permanece sin haber sido escrito, y todo ello ha sucedido durante el espacio de tiempo que lleváis viviendo la mayoría de vosotros.

Os vamos a decir ahora otra cosa distinta, un hecho que muchos de vosotros habéis sospechado y sentís en la actualidad. Se denomina «fin de las sombras». Quisiera hablar acerca de los Seres Humanos, acerca de su ADN. Queremos ser otra vez muy concretos para que comprendáis todo lo relacionado con este «fin de las sombras» que está teniendo lugar. Queridos míos, no podéis tomar eones y más eones de potencial y cambiarlo a ultimísima hora sin sentirlo. No podéis tomar una generación de Seres Humanos –de miles de millones de ellos–, colocarlos sobre la Tierra, hacerles entrega de un contrato celular que dice «Fin Fin Fin» ¡sin que sientan algo en la fecha de la cita! Hasta aquéllos que se encuentran en los grados de «ascensión» deberán sentir algo cuando llegue el momento en que se «suponía» que iban a suceder las cosas.

Por vuestra misma sabiduría, habéis realizado cambios en vosotros mismos y sois muchos los que entre vosotros habéis, de hecho, ido ascendiendo hasta sobrepasar esos potenciales que os hubiesen eliminado (por vuestra propia elección). Recordad, sin embargo, que os dijimos que toda la Humanidad sabe, en su nivel celular, que el «fin» está aquí mismo. ¿Qué efecto creéis que ese hecho tendrá en los Seres Humanos? ¿Contempláis algún profundo enfrentamiento entre lo antiguo y lo nuevo? Sí.

Se llama «Fin de las Sombras». En muchos, muchísimos niveles, la Tierra resuena, quienes os rodean resuenan, *vosotros* mismos resonáis con lo que «pudo» haber sido. Permitid que abunde sobre ésto.

Amados míos, llegará el día en que el genoma humano haya sido trazado por completo y en su totalidad. Cuando llegue ese día, la Ciencia se regocijará con ello porque podrá ayudaros a *todos vosotros* con el descubrimiento. Se producirá la desaparición de muchísimas enfermedades, el examen de todos los genes y numerosas revelaciones que contribuirán a la prolongación de vuestras vidas, a que os quedéis aquí durante más tiempo. Y este suceso –el trazado del genoma–, que tendrá lugar durante los escasos años próximos, será comparado a muchos de los grandes acontecimientos del pasado. Será aclamado como una de las piedras miliares relacionadas con el control sanitario de la Humanidad. Todo ello será adecuado y, aunque no constituya exactamente un acontecimiento espiritual, será uno que entre en los esquemas de la nueva energía. Sin embargo, cuando esté totalmente concluido y tengan ante sus ojos todo el mapa del genoma, los científicos dirán que incluso con los miles de millones de piezas que conforman esta maravillosa química, faltará todavía algo. Habrán dado a conocer todos los manuales de instrucciones para la vida. Sabrán cómo funciona la genealogía específica. Verán los potenciales de la herencia desde puntos de vista químicos y biológicos, pero todavía les faltará algo.

Lo que no habrán levantado será el secreto del «núcleo de memoria», el punto de que hablamos hace cuatro meses. Lo que vosotros denomináis ADN, y nosotros el sistema de las 12 hebras, cuenta con una «vaina» o funda **cristalina**. Aunque, hasta cierto punto, metafórica dado que su completa explicación consiste en una combinación de Ciencia y Espíritu, existen partes de esta metáfora que son físicamente correctas si logramos describíroslas de forma sencilla.

Se trata de la memoria que «habla» a los juegos de instrucciones. Les habla de predisposiciones, contratos y capas kármicas. Les habla de la manera en que fueron *diseñados* para funcionar así como de la divinidad que contienen. También dice a los juegos de instrucciones la forma de funcionar, pero los científicos no la encontrarán. Es una memoria nuclear y se encuentra literalmente en el centro de la información espiritual, transferida a vuestras células, sobre la razón por la que vinísteis a la Tierra.

¿Sabéis lo que hay en esa memoria nuclear? Os hemos dicho muchísimas veces que no podéis separar lo físico de lo espiritual, pero vuestros científicos llevan intentándolo desde el principio. De hecho, se vanaglorian del empirismo de su método científico, el cual nada tiene que ver con algo espiritual. Lo divertido estriba en que, en el corazón de toda la Física y de toda la Biología, se encuentra el plan espiritual de materia y vida. Está oculto en el interior de la estructura atómica, así como dentro de la Biología de cada Ser Humano. Sin embargo, hay algo en él que deberíais saber. ¡Está completamente saturado de potencial de finalización!

Me estoy dirigiendo a los lémures aquí presentes así como a aquéllos que resuenan a la Tierra y a la energía de los potenciales. Muchos de vosotros no pasáis demasiado tiempo en «casa», ¿sabéis? Todos habéis estado aquí muchas veces, incluso los más jóvenes de la sala. Construido en el interior de vuestra estructura celular, existe un residuo de finalización. Me diréis: *«¡Bueno, Kryon! Dí mi intención de pasar de ese punto y ahora me encuentro en la luz. Soy, literalmente, diferente a lo que era antes. Como acabas de decir, he cambiado mi futuro, así que ¿poseo esa misma memoria de la finalización?».*

Sí, la posees.

Queridos míos, tenéis algo de lo que los niños carecen. Con independencia de vuestra nueva intención o de vuestro nuevo camino, seguís teniendo una memoria nuclear que recuerda el por qué de vuestra venida. Recuerda el final de la prueba. Se trata de una sombra de lo que podíais haber sido y ¡tiene un reloj que sabe que os acercáis al momento! Ahora, permitidme que os explique lo que eso quiere decir.

Desde la estructura política de la vida en el planeta hasta el objetivo de quienes os rodean y hasta la propia Tierra, existe una parte de vosotros que todavía «os está pegando golpecitos en el hombro» para recordaros que se acerca el momento de la antigua finalización. Incluso si habéis concedido vuestra intención para la vibración ascensional, la memoria de lo antiguo todavía está ahí. Deja que te pregunte una cosa, trabajador de la luz: cuando diste tu autorización para pasarte a un camino nuevo, ¿te olvidaste de repente de dónde habías estado? ¿Desapareció tu dualidad como por arte de ensalmo? No. Lo que, por el contrario, ocurrió fue que te fueron concedidos sabiduría y dones para trasladarte más allá de la antigua planificación, aunque su existencia como potencial se encuentre todavía contigo. Pero bien, se trata de una parte de la dualidad de la que ya hemos tratado. Es, por lo tanto, adecuada, pero he aquí lo que hace: crea literalmente atributos físicos en vuestras vidas.

Este planeta va a tener un mal año 1999. ¿Queréis observar los resultados planetarios reales de esta información de la memoria nuclear en su tira y empuja? El empujón dice: «ésto no es más que cháchara de la antigua energía, ¿recuerdas? Terminemos ya». El tirón dice: «no, se trata de una nueva Tierra. Es un paradigma nuevo y ¡ni hablar de terminar! Lo que, por el contrario, vamos a hacer es caminar hacia el futuro, con lo que las cosas van a ser muy, pero que muy diferentes. Tenemos una nueva misión, y el antiguo plan va a pasarse de largo (el antiguo plan de finalización)».

Estas energías de carácter opuesto tirarán y empujarán una a otra constantemente. Si queréis verlo, no tenéis más que echar una ojeada a vuestros mundos de la política y de las finanzas. Bolsas de antigua energía saltarán constantemente a primera línea y darán la impresión de arrastrar consigo cualquier posibilidad de paz. Al igual que cualquier monstruo que se agite en la agonía, lo que os digo es totalmente verdad y ¡está ocurriendo ahora mismo! Esta memoria nuclear está realizando todos los esfuerzos posibles por echaros hacia atrás en el recuerdo de lo que pudo haber sido. Podéis decir que se trata de una batalla entre las tinieblas y la luz, pero no es así. No. La realidad es que se trata de una batalla entre un antiguo potencial y una nueva planificación, en la que lo antiguo no va a desaparecer así como así.

Amados míos, todos estos empujones y tirones se encuentran relacionados con la estructura que vosotros mismos montásteis, con amor, para esta puesta a prueba a la que llamáis Tierra. No se trata sino de «ángeles que comprueban la vibración», ¡y sois vosotros esos ángeles! Todo existe por una razón grandiosa que ya os dimos con anterioridad en el Capítulo Segundo de este mismo volumen, «El Significado de la Vida». ¿Creéis que lo que estáis viendo que ocurre entre las tribus de la Tierra constituye algo nuevo? Repensadlo. Ya hablamos de este mismo potencial en 1989, en uno de los primeros mensajes que os dio Kryon. Ahí lo tenéis para que lo veáis. ¡Es sumamente concreto acerca de los gobiernos de la antigua energía en 1999! Buscadlo para que entendáis que los cambios que veis en la actualidad están ocurriendo en el tiempo previsto (ver página 330).

El fin de las sombras constituye un auténtico atributo físico, aunque ahora se os pida que os enfrentéis al hecho de que, aunque sepáis lo que hace la intención y aunque estéis convirtiéndoos en receptores de la nueva Ciencia y comprendáis lo que está teniendo lugar en lo relativo a la nueva energía en vuestro nivel celular, todavía hay una parte de vosotros que clama «¡Finalización!». ¿Cómo se manifiesta? Echad una ojeada a quienes os rodean, no sólo a la Tierra, sino a quienes os rodean. Es un momento de terminación. La pérdida de parientes y de amigos de formas poco frecuentes comienza a notarse. Se trata con frecuencia de aquéllos que no entienden los nuevos potenciales energéticos y que han decidido que, ocurra lo que ocurra con el planeta, ha llegado el momento de «largarse». ¡Y se largan!

Algunos os dirán que piensan marcharse y, por mucho que les digáis, carecerá de efecto sobre ellos. Podéis decirles «¡pero si ni siquiera estás enfermo!». Pues enfermarán para encontrar una excusa para marcharse. Y se irán. Éste es el potencial de lo que la memoria nuclear puede llegar a hacer sin el conocimiento de la divinidad de lo que está sucediendo. Éste es el profundísimo poder de la memoria del fin de la sombra. Y, queridos, míos, ¡hay que honrarlo! Y hay que hacerlo porque ¡se trata de las almas de los miembros de la familia que volverán en poco tiempo y se convertirán en los niños índigo! Mirad este año y el año pasado. Encontraréis un montón de gente decidida a marcharse. Se marcharán en grupos desde todo el planeta y recibirán honores y comprensión porque éste es el momento del fin o, al menos lo que ellos «recuerdan». Os repito, ¿recordáis lo que os dijimos sobre este tema hace diez años? Aquí lo tenéis. En este mismo momento. Habrá quienes entre vosotros conozcan a parientes y amigos que entran en los hospitales con males de menor cuantía y que, sin embargo, salen para ser enterrados. Así de fuerte es.

Por mucho que se le diga a alguien que «no tiene por qué irse», es imposible forzar a un Ser Humano a cambiar de concienciación. A menos que no lo sientan y «tengan» en sus vidas, no cambiarán. Se trata de la elección y de la capacidad de cada Ser Humano de decidir por sí mismo. No os creáis fracasados por ser incapaces de convencer a un miembro de vuestra familia que esté enfermo a que se recupere y recobre la salud. Cuando celebréis sus vidas en una ceremonia tras su muerte, ¡celebrad también el hecho de que hayan vivido! Después, celebrad el hecho de que, casi antes de que vosotros continuéis con vuestra vida, ellos estarán de vuelta en el cuerpo de un precioso niño índigo. ¡Creedlo! ¡La muerte no es más que un círculo de vida!

Hablemos sobre la Tierra. Presentemos una información que todavía no habéis recibido acerca de cómo se está abordando el tema en el planeta. Os hemos dicho ya que el planeta, por supuesto, está vivo, y sabéis perfectamente que los indígenas también lo saben. Lo que muchos contemplaron como simple superstición se está convirtiendo ahora en vuestra verdad. Como ya hemos dicho, la Tierra está atravesando por una época de sobresaltos y cambios porque vosotros también lo estáis haciendo. ¡No podía ser menos! Ésta es la razón por la que las cuadrículas se estén desplazando, ya que el planeta se desplaza con vosotros.

Nunca habíamos tratado con vosotros sobre el tema de una estructura cuadriculada cristalina y etérea, pero ha llegado el momento. La estructura cuadriculada cristalina de este planeta no será jamás vista por vosotros, de igual manera que nunca veréis la vaina cristalina de vuestro ADN. Es astral, aunque, mucho más que eso, es interdimensional. Muestra el potencial del planeta y también «habla» al sistema de la cuadrícula magnética. ¿A que no os imagináis qué hay en esa estructura cristalina? Ese sistema cuadriculado que es cristalino ¡encierra la memoria y el potencial del planeta! Contiene el recuerdo asociativo del hecho de que éste es el final de la prueba. Como en el caso de vuestro ADN, esa memoria ¡también habla de «finalización»! A medida que el planeta va deslizándose y trasladándose, hay un atributo suyo que quiere tirar de él y empujarle hacia delante y hacia atrás, muy en especial a comienzos de este año de 1999. En esta época estáis sintiendo gran parte de esos tirones y empujones, de ese yin y yang de los últimos estertores de la lucha.

Queridos míos, al comenzar el cambio al nuevo milenio, veréis un desplazamiento que es casi como si la memoria nuclear hubiese sido quitada de en medio y la nueva memoria pudiera empezar a llegar más de lleno. Es el fin de lo antiguo y el principio de lo nuevo. Cuando pintáis el exterior de una casa grande, las semanas que lleva hacerlo no es que haga muy bonito a los ojos del espectador. ¡Si se separa uno un poco, incluso podía llegar a preguntarse que cuál pintura es la nueva, y cuál, la vieja! ¿Cuál es la que ganará? Sin embargo, cuando uno se acerca al final, el nuevo color va haciéndose dominante hasta que lo llena todo, y la casa adopta una nueva energía. ¡Oh! El desplazamiento de vuestra Tierra no va a producirse en un instante, como tampoco lo hizo el proyecto de repintar la casa, pero váis a contemplar un desplazamiento gradual de la concienciación humana que se separa del antiguo «tirón», y la lucha se hará dramática durante los próximos años a medida que os acercáis a 2012. Habrá incluso quienes se echen atrás maravillados preguntándose qué color es el nuevo. ¿Cuál «ganará»?

Me gustaría deciros cómo el emcuadrículado o cuadrícula cristalino se ancla al planeta. Es información nueva de este canal, aunque antes haya sido dada a la Humanidad. El emcuadrículado cristalino tiene dos anclas. Estas «anclas» son metafóricas a la forma en que el emcuadrículado se comunica al planeta y responde al polvo de la Tierra y a los océanos. Las anclas del primer tipo están enterradas en el planeta y están constituidas por estructuras cristalinas programadas que hablan a los emcuadrículados o cuadrículas, siendo esta programación conocida ya por los antiguos. ¡Adivinad quiénes eran éstos! Muchos eran lémures: aquéllos de vosotros que participásteis en la Atlántida y Lemuria antes de que os acabáseis. Antes de acabar, era necesario que programáseis esas anclas, cosa que hicísteis. Esas anclas encierran información sobre las pruebas y sobre la línea cronológica. Esa información habla de las cosas por las que estáis pasando ahora. Contiene también Historia y una completa explicación del funcionamiento del Universo físico. Incluso hablan de la terminación potencial de éste más o menos en esta época.

Algunas de esas anclas han sido encontradas y arrancadas del suelo. Quienes las encuentran se quedan maravillados ante su energía y, a menudo, las exponen, regocijándose en su sacralidad. Permitid que os hable, sin embargo, de uno de los atributos de esas anclas «encontradas». Cuando se encuentra una de éstas y se arranca del suelo, deja de funcionar. Ya no consiste en un ancla, sino en un simple objeto histórico dotado de energía. Al ser esa energía espiritual, se trata de un objeto muy especial. Sin embargo, los Seres Humanos las buscan y las extraen sin saber que están destinados a permanecer en el suelo. Muchas de esas anclas adoptan la forma anatómica de la caja que encierra al cerebro humano, y esta forma no es metafórica. Aquí, la única metáfora es la de que tanto la inteligencia como la memoria pueden adoptar muchas formas, aunque la única que vosotros comprendáis sea la del cerebro. Por lo tanto, esta «cápsula del tiempo» es fácil de reconocer por su aspecto. Querido trabajador de la luz, si te encuentras con una, déjala. Honra aquello en lo que consiste y déjala donde esté. Existen muchas más de las que han sido halladas, por lo que no existe peligro de que las extraigan todas. También hay muchísimas a las que es imposible llegar. Sin embargo, ahí queda el consejo.

Existe un segundo sistema de anclas. No se trata de un sistema de refuerzo, ya que encierra la semilla de su supervivencia

¡y es biológico! Esas estructuras cristalinas programadas y enterradas reciben el nombre de «núcleo absoluto del conocimiento». Existe, sin embargo, otro sistema que también habla a la cuadrícula cristalina. Se trata de un sistema que contiene las «variables» que modifican el núcleo absoluto. ¿Recordáis cuando hablamos de la metáfora de la Constitución Americana? Existen varios atributos de aquel documento canalizado. Uno de ellos posee una estructura absoluta que describe la forma en que las cosas se diseñaron, y el otro constituye una descripción sobre cómo cambiar las normas si ello llega a hacerse necesario, Por lo tanto, uno es el núcleo, y el otro, el modificador, circunstancia ésta que permite cambios. Los dos atributos son necesarios para la creación de un sistema flexible que honre la «elección del Ser Humano». Por lo tanto, existe una facilidad para lo absoluto así como para los cambios.

Lo mismo sucede con la estructura cristalina que habla al sistema del cuadriculado magnético. Ya sé que no todos váis a comprender esto, pero, de todas maneras, os lo voy a decir: hay un «ancla» librería viviente que se encuentra asociada a la absoluta. Existe en el planeta un sistema de  librería viviente muy parecido al que está enterrado, sólo que, en este caso, ¡responde a la concienciación cambiante de la Humanidad! ¿Empezáis a daros cuenta de qué va la cosa?

Las anclas librería vivientes, las que hablarán al emparrillado cristalino, las que facilitarán el cambio, las que permitirán que la Tierra pase de una era a otra sin que se produzca terminación, ¡son los **mamíferos** oceánicos!

Todas las naciones del mundo se reunieron hace algunos años para salvar a estas ballenas. Es el único mamífero que haya gozado jamás de tal distinción en todo el planeta. ¿Sabéis por qué? ¿Por qué suponéis que se reúnan tantos países para asegurarse de que este grupo tan especial de mamíferos no se extinga? Todos y cada uno de los Seres Humanos saben, en un nivel celular, por qué. Llegará el momento en que esas librerías se «expongan a sí mismas» y se abran.

Y hablando de ballenas y de animales en general, existen más pruebas del deslizamiento magnético que podéis constatar en vuestro entorno, en la vida que os rodea. No solamente en la Física, sino en la vida biológica que tenéis a vuestro alrededor. Contemplad de cerca las migraciones de esos mamíferos. Mirad tambien de cerca las migraciones de las aves del cielo, porque todos esos animales poseen sensores magnéticos sumamente sensibles a las líneas magnéticas de la cuadrícula del planeta. Así es como «encuentran» el lugar al que deben dirigirse cuando llega el momento de partir. Ese sensor magnético constituye un atributo biológico que les guía de un lugar a otro mientras ellos surcan las aguas y los cielos por las líneas magnéticas del planeta. Por eso no se pierden. A propósito, algunas aves, famosas por su capacidad para «encontrar» su camino de vuelta a casa, se encuentran sumamente confusas en este momento. Buscad por qué, también. ¿Alguno de vosotrros se ha dado cuenta de las nuevas pautas migratorias de las aves? ¿No véis a esas aves en lugares donde jamás habían sido vistas con anterioridad? ¿Por qué? Además, podéis preguntaros por qué algunos de los mamíferos del océano parecen ir a varar a propósito a muchas playas. ¡Grupos enteros de ellos que deciden ir a tierra!

Queridos, cuando el magnetismo cambia, no altera la masa terrestre. Como ésta se ha movido, esos mamíferos y aves no hacen sino seguir las líneas del emcuadrículado como siempre venían haciéndolo. Tanto la dirección como las instrucciones de «partida» les son dadas a través de sus memorias nucleares. Con el tiempo, su herencia –el aprendizaje de las nuevas generaciones– hará que se desvíen de esas playas, aunque, durante algún tiempo, todavía seguirán apareciendo grupos que, sencillamente, seguirán las líneas magnéticas alteradas y terminarán en nuevas playas que no estaban allí antes de que se deslizase la cuadrícula. Cuando sean remolcados fuera de esas playas, volverán a ellas. Existe una profunda memoria nuclear en pleno funcionamiento.

Ésta es una Tierra que está sufriendo cambios dramáticos. Permitid que os hable un poco más sobre esa sombra a la que hemos denominado «fin de la sombra». Durante cierto tiempo, posee el potencial de minar vuestras energías, aunque seáis trabajadores de la luz. ¿Sabéis? Algunos de vosotros andáis por ahí con un contrato antiguo que dice que ¡ya no deberíais estar aquí! Y, sin embargo, seguís. La razón es que, hace algún tiempo, dísteis vuestra intención de saliros de ese antiguo camino y de alcanzar el estado ascensional mediante el incremento de vuestras vibraciones. Ahora mismo, en este año, muchos de vosotros os sentís casi vacíos de energía, vacíos de fuerza vital. Queridos, no va a durar mucho. ¡Comprended, reconoced y, después, celebrad de qué se trata! Escuchad: se llama «fin de las sombras» ¡porque ya no está en vuestra realidad! Se trata solamente de una sombra de lo que fue. Sois portadores de una energía con una nueva fuerza vital que nunca fue en su origen diseñada para vosotros. No formaba parte de la vaina de la memoria nuclear. ¡A medida que andáis por ahí, estáis volviendo a escribir la memoria! No es de extrañar que os sintáis raros. De hecho, lo que estáis haciendo es cambiar los enegramas del mismísimo núcleo que habla a vuestro ADN sobre la prolongación de la vida. ¿Y os preguntáis todavía por qué no tenéis energía? Festejad lo que escribáis de nuevo. Borrad lo antiguo y programad lo nuevo. Después, comenzad a sentir como os váis llenando de energía mientras lo nuevo va ganando a lo antiguo.

Algunos de vosotros podéis tal vez sentir pequeños malestares que cada vez ocurren con más frecuencia. Os dejan hechos polvo y os preguntáis qué os ha sucedido. Forma parte de vuestra estructura celular y representa un trozo de «sombra». Ésta era la época en que teníais que partir, ¿recordáis? Se supone que la puesta a prueba de la Humanidad ha concluido ya, y, sin embargo, ¡aquí estáis vosotros! Este atributo del fin de las sombras adquirirá su grado mayor de intensidad en este año de 1999, repartiéndose, después, en unos pocos años más. A continuación, comenzará a desvanecerse.

Queridos, muchos de vosotros váis a sentir inquietud sobre lo dicho, y también habrá quienes no sepan qué hacer con ello. En el nivel celular, esta vaina, esta vaina del núcleo que habla a vuestro ADN, va a estar orientada hacia el conflicto. La inclinación del yin y el yang en el planeta y en el interior de la estructura política de los países de la Tierra es hacia la paz. Todas estas cosas se introducirán en lo más profundo de vuestras células y se dedicarán a pegar empujones y tirones, empujones y tirones. Estos empujones y tirones os preguntarán: «¿deberíais estar aquí? ¿Tal vez, no?». La verdadera respuesta es: ¡Merecéis estar aquí!

Algunos preguntarán: «*¿Por qué me ocurre a mí todo esto?*». ¡Echad una ojeada a la terminación que os rodea! Algunos de vosotros tendréis amigos y familiares muy cerca de vuestro entorno, porque, si no, morirán. Algunos sólo acercarán su afiliación a vosotros. Son una energía antigua, y vosotros sois la nueva, y ya no desean vuestra presencia. Sabéis a quiénes me refiero, ¿verdad? Éste es el año de la terminación y eso es lo que estáis atravesando.

Hay aquí una familia que os está lavando los pies y que camina entre los pasillos e hileras de asientos profundamente interesada en vosotros. Hay aquí una familia que se da la mano con otros miembros de la familia a quienes vosotros no podéis ver aunque os rodeen. Tanto esta sala como la estancia en que os encontráis leyendo estas líneas están llenas a rebosar de entidades que os aman. ¡El espacio que tenéis alrededor de la butaca donde estáis leyendo está ungido! Hay una actividad aquí que ni siquiera os podéis imaginar. Se están concediendo cosas en este momento y a través de la intención que son un reflejo de la razón por la que vinísteis a este lugar u os decidísteis por este libro. Podéis marcharos del lugar en que estáis ahora sentados con un principio de energía sanatoria y de cambio vital. Al igual que hicísteis con el antiguo libro de Historia, podéis devolverlo a la estantería. ¡Ya es hora de que se escriba el nuevo libro!

A través de la comprensión del fin de las sombras y en virtud del hecho de que carece de poder sobre vosotros, podréis levantaros de vuestras butacas sintiéndoos diferentes a como os sentásteis en ellas. Muchos de vosotros lo harán, porque habréis dado vuestra intención para asimilar por completo la información que os hemos proporcionado. El conocimiento revela siempre la verdad. Por supuesto, la acción es inevitable tras la revelación de la verdad, y la acción, a través de vuestra intención, hará que transmutéis la totalidad de los atributos del fin de las sombras por muy incómodos que sean. El cambio está dentro, queridos míos. Con la comprensión, llega la sabiduría, y con la sabiduría, la solución.

El año de la terminación no durará siempre. Dejad que pasen estos tiempos y veréis que algunas de las cosas que dieron la impresión de constituir desastres pasarán tan limpiamente. Acercáos a ellas y buscad ese punto dulce del que ya hablamos. Enteráos de que, en este momento, puede constituir el fulcro o punto crucial de la prueba. Sois los que estáis en la primera línea de quienes están cambiando en estos momentos, y ésa es la razón por la que os llamemos «Guerreros de la Luz».

También es la razón por la que os llamemos «familia».

Y así ha de ser.

Kryon

313

Capítulo Quinto

CANALIZACIÓN
EN LAS NACIONES UNIDAS
1998

«Jamás ha existido un mejor momento para que pongáis en práctica un Consejo de la Sabiduría, un consejo de Seres Humanos indígenas del planeta en el que no se vote. Os añadiremos que la concienciación de este edificio lo soportará. La concienciación de la gente lo soportará. La concienciación del planeta os va empujando a ello. Se trata del siguiente paso lógico y, cuando lo déis, enseñádselo en primer lugar al público. Él hará lo necesario para que se ponga en práctica».

KRYON EN LAS NACIONES UNIDAS, 1998

Canalización en las Naciones Unidas, 1998

Canalización en Directo
Nueva York, NY

Dice el autor...

Al contemplar este acontecimiento tan extraordinario, tenemos la sensación de que donde empezó en realidad fue en New Hampshire. La canalización que tuvo lugar en Bedford el 21 de noviembre de 1998 alcanzó gran profundidad. Ante más de 300 personas, Kryon envió un mensaje denominado «La Cuadrícula Cósmica, Segunda Parte». Se trataba de una continuación de una explicación de física no newtoniana, a la que él denomina la energía del Universo. Su modo de funcionar fue presentado en términos para legos en la materia, incluyendo su forma, tamaño, medios de acceso y algunas metáforas que permitieran su mejor comprensión. Esa canalización fue en realidad la que preparó el escenario para toda la semana que seguía, porque, ante todos nosotros, se presentaba el día siguiente con un viaje a Manhattan; a continuación, una conferencia de Kryon y una reunión con canalización para cada uno de los próximos cuatro días, culminando todo con la reunión en las Naciones Unidas el día 24.

Sois muchos los que ya conocéis lo que yo quiero a Nueva York y a Manhattan. Si conocéis la historia completa, recordaréis que mi primer viaje a la Gran Manzana ¡fue para la canalización en las Naciones Unidas! Entonces la ciudad me daba miedo y sólo acudí a ella «para cumplir con mi contrato» de aquel año. Pronto me di cuenta de que mis temores no eran más que un fantasma. Cuando llegué, «supe» que todo lo que había a la vuelta de las esquinas me era familiar. Para mí, se trata de un chiste metafísico que me hace reír cada vez que vengo. Y vengo un par de veces al año.

Jan y yo habíamos hablado en las Naciones Unidas en 1995 y en 1996 y esperábamos con impaciencia esta invitación para 1998. Nos sentíamos nerviosos por volver y dispuestos a ponernos «en plan solemne», (cosa que, como somos de California, rarísimas veces hacemos), para respetar el protocolo obligatorio en las reuniones que tienen lugar en las Naciones Unidas. Me puse mi traje negro, que sólo utilizo cuando voy a funerales, bodas y a las Naciones Unidas. Me miré en el espejo y me pregunté que quién sería aquel funcionario de Pompas Fúnebres. Jan también se vistió de negro. Me imagino que era nuestra manera de respetar la seriedad del acontecimiento. Pedí perdón a mi corbata antes de ponérmela por llevarla sólo una vez al año, con la esperanza de que, para vengarse, no me estrangulase en mitad de la reunión. Me encontraba cansado por toda la actividad de la semana, pero emocionantemente energizado.

Para quienes no lo sepan, la S.E.A.T., conocida como Sociedad de la Iluminación, consiste en una organización dotada de estatutos que existe en el seno de la zona de trabajo de las Naciones Unidas en Nueva York. A través de los años, se ha venido convirtiendo en el lugar en que tanto los delegados como sus invitados se reúnen y experimentan los conocimientos y energías de lo que venimos en llamar la Nueva Era. Escritores, canalizadores, conferenciantes, músicos y líderes espirituales han sido convocados allí durante todos estos años con el fin de dar muestras de su sabiduría en esas reuniones. No se invita al público, y solamente quienes trabajan en las Naciones Unidas o pertenecen a esta sociedad pueden asistir a los actos.

Desde la última vez que Jan y yo estuvimos allí, la seguridad se había intensificado de manera considerable. A pesar de saberlo, pedimos lo imposible. Intentamos introducir a 12 invitados propios, entre los que se incluían Robert Coxon ¡y todo su aparatoso sintetizador electrónico! Robert Coxon es un músico canadiense que pertenece a la Nueva Era. No tenemos ni idea de cómo ocurrió, pero, sencillamente, a la hora exacta de nuestra cita, aparecimos ante la entrada para visitantes de las Naciones Unidas. Allí permanecimos sentados en grupo, en un rincón, esperando el milagro. El tiempo transcurría y no ocurría nada. Entonces, dije a nuestros amigos que concederíamos 5 minutos más al Espíritu o tendríamos que hacer otros planes en 3D para conseguir entrar.

Jennifer Borchers es la Presidenta de la Sociedad para la Iluminación en el seno de las Naciones Unidas y vino a reunirse en el vestíbulo con nosotros y todo nuestro séquito. Sé que tuvo que hacer un verdadero esfuerzo para tragar saliva cuando nos vio a todos, ya que el protocolo es el jefe supremo entre las paredes del establecimiento, y nosotros íbamos con un montón de gente y equipos, algo diferente a lo que sucede con los escritores a quienes se invita. Pero Jennifer había hecho bien todos sus deberes así como algunos arreglos de los que yo no tenía ni noción. Justo en el momento en que yo daba mi intención de esperar cinco minutos más, conseguimos el milagro, consistente en la aparición de nuestro «ángel» Fernando, guardia de seguridad de las Naciones Unidas que, al mismo tiempo es un devoto de Sai Baba y el que, en un principio, fue el responsable directo de proporcionar información sobre Kryon a la atención de las Naciones Unidas. Fernando sólo tuvo que hacer una seña al cuarto de seguridad del FBI y, al cabo de alrededor de media hora, nos introdujo a todos en el interior del «sancta sanctorum» del edificio, ¡incluido todo el equipo de Robert Coxon! Todo fue cronometrado a la perfección, y Robert había montado por completo su tinglado cuando empezamos la reunión.

¡Tendríais que haber estado allí para comprender lo difícil que todo esto hubiera sido sin la ayuda de Fernando y de Jennifer, ambos trabajando con su luz del modo en que lo hicieron! Nuestra anfitriona original, Zehra Boccia, se encontraba también allí manteniendo su energía como siempre ha hecho. No se permitían vídeos durante la reunión; sólo grabaciones de audiocassette. Por lo general, suelen tomarse toda una semana para inspeccionar y dar el visto bueno a equipos como el de Robert Coxon. Nosotros veníamos con todo eso y pasamos con toda sencillez, como si flotáramos en el aire, a través de la entrada principal. Como es natural, todos tuvimos que pasar por los tan sensibles detectores de metales, los «olfateadores» y por la comprobación de nuestras identidades, aunque la mayor parte de los controles más severos nos fue evitada como si las cosas se fuesen quitando de en medio.

Los invitados que llevamos pertenecían en su mayoría al «estado mayor» de Kryon, además de algunos de los facilitadores que solemos llevar cuando viajamos, como Robert Coxon y su mujer, Chenier, ya mencionados; Linda Benyo y Geoff Hoppe, creadores de la Revista Kryon; Peggy y Steve Dubro, autor de la técnica de equilibrio EMF; Mark y Martine Vallé+, editores canadienses de la versión francesa de los Libros Kryon; Sarah Rosman, transcriptora y grabadora de Kryon, y unos cuantos amigos personales y ayudantes de Kryon, entre los que estaban Bonnie Capelle, Pliny Porter y Guitanjali.

Jan y yo ya conocíamos el edificio. Ya habíamos estado dos veces antes, aunque este año daba la impresión de ser más cómodo, y, además, no nos sentíamos nada nerviosos. Todo estaba en su sitio exactamente a la 1:15 P.M. del martes, 24 de noviembre, en la Sala de Comités B, no lejos de la Asamblea General, donde en aquellos momentos se encontraba reunido el Consejo de Seguridad. Había periodistas rondando por todas partes –cosa habitual allí– en busca de algo que contar. Era un típico día laboral en las Naciones Unidas, con gran actividad en los pasillos, y con muchos delegados yendo y viniendo de un sitio a otro. Nuestra sala estaba llenándose de delegados y de empleados de las Naciones Unidas así como de nuestros invitados, y a la hora en punto dio comienzo la reunión.

Comencé por dar a los asistentes una breve rendición de cuentas, de, aproximadamente 15 minutos, sobre el trabajo llevado a cabo por Kryon hasta el momento y saqué a colación el nuevo documental sobre HAARP, que no era sino un afloramiento de los mensajes dados por Kryon en aquel mismo edificio en los años 1995 y 1996. Felicité a Paula Randol Smith en medio de aquella energía por los esfuerzos realizados por dar a conocer este tan importante programa televisivo sobre HAARP. Era asombroso pensar en todo lo que había ocurrido desde nuestra primera visita de 1995, en la que Paula no estaba presente, pero sí su energía.

Hice mención de otras cuantas cosas relacionadas tanto con Kryon como con las Naciones Unidas y, de esta manera, llegó el momento en que debía comenzar mi conferencia. Fue entonces cuando Jan dio un chakra de 20 minutos para equilibrarse y sintonizar y ¡ya lo creo que sintonizaron! Era maravilloso oír aquella incomparable energía espiritual y escuchar cómo aquellas voces llenaban la sala del edificio de las Naciones Unidas. Jan realizó un excelente trabajo comprimiendo su información y dándola en el tiempo que tenía prescrito. Robert Coxon, quien no sólo montó sus aparatos, sino que llevó a cabo una prueba completa de sonido, todo en diez minutos, fue absolutamente insuperable en la manera en que sentó las bases para que se produjese la energía. ¡Imagináos al músico más vendido de la Nueva Era de Canadá tocando después de la meditación y de la canalización! Lo último que Robert ha editado musicalmente se titula «El Sendero Silencioso». Los dos sabíamos que esta reunión había sido cronometrada al segundo y que teníamos que concluir en el tiempo prefijado. Jan acabó, y todo estaba ya preparado para Kryon. Robert siguió tocando. Me dí cuenta de que también él estaba canalizando su música. Toda la sala estaba llena de sacralidad, y la música parecía de lo más apropiado para lo que estaba por venir.

El poder de la canalización de aquel día fue mayor que el de cualquier cosa que hasta entonces yo hubiese experimentado. ¡También era la canalización más corta conocida! La información, dado que nos estábamos acercando ya al cambio de milenio, fue muy diferente. El sabor, como podréis leer más abajo, era de celebración.

Muchos de vosotros habéis estado ya en seminarios de Kryon y conocéis cuál es su auténtico mensaje: hemos cambiado nuestro futuro, y la concienciación del planeta se encuentra en plena transformación. Se ha llegado a alcanzar ya la masa crítica espiritual, cosa que podéis comprobar en todo lo que os rodea. La visión general lo prueba, aunque sean muchos los que no puedan verla por no presentarse con suficiente frecuencia en las noticias. Kryon nos había dicho una y otra vez que habíamos llevado a cabo algo sorprendente. Frecuentemente, se sienta a nuestros pies y nos ama. Suele repetir mucho que los Seres Humanos somos como ángeles que pretenden ser Seres Humanos. ¡Incluso nos ha llegado a dar el mensaje de que nuestros hijos llegan ahora con una nueva generación de herramientas espirituales que nosotros no tuvimos nunca! Este mensaje a las Naciones Unidas fue, por lo tanto, un mensaje de felicidades y de honor, aunque realizado de manera diferente.

La sala estaba preparada. Los delegados se encontraban respetuosamente listos para la escucha. Todo estaba en silencio, excepto la ungida música que Robert Coxon seguía tocando al fondo. Fue en ese momento cuando Kryon comenzó:

Canalización en las Naciones Unidas (3ª)

Saludos, queridos. Soy Kryon, del Servicio Magnético. Por supuesto, es la voz de mi socio Lee la que estáis escuchando ahora, aunque la energía existente en esta sala proporciona la prueba de que, en estos mismos momentos, estáis siendo visitados. No, no por una entidad, sino por todo un cortejo que entra flotando en este espacio y que sólo quiere caminar entre los pasillos y filas de butacas con un talante congratulatorio y deseoso de lavaros los pies. La razón para ello es que esta comunicación en particular va a ser diferente a todas las anteriores.

Querido socio: has dicho que estar aquí, en el edificio de las

Naciones Unidas, era un poco como encontrarse en la propia «casa». La razón de ello es la de que ése es tu contrato –siempre ha sido así–, y que queremos llenar esta zona de amor a lo grande. No sólo esta sala, queridos, sino todo un cortejo que inunda todo el edificio, esta ciudad e incluso el lugar en que estáis sentados porque habéis decidido escuchar desde él este mensaje. Éste será un mensaje completamente diferente a los que os podíais haber imaginado. Mucho más corto, además, que ninguno de los que hayamos pronunciado con anterioridad. Éste va dirigido muy en especial a quienes se encuentran en esta sala y en el edificio. Sin embargo, queremos que os enteréis bien de que esta transcripción es para todos, para los oídos de quienes oyen y los ojos de quienes leen. Es para todo el planeta.

No es éste el momento en que hayáis venido a deleitaros en una energía sólo por curiosidad. Se trata de una reunión en esta sala, una reunión con una energía que os fue prometida, y una energía que os fue prometida mediante designación cuando decidísteis volver de nuevo a este planeta. Nos sentamos frente a ángeles –cada uno de vosotros–, designados como ángeles y con la finalidad de ángeles. ¡Nos estamos refiriendo a todos los que se sientan en esta asamblea con la pretensión de ser Seres Humanos! Porque sabemos perfectamente quiénes sois (Kryon continúa enseñando que todos formamos parte de la familia angélica). Somos perfectos conocedores de vuestro valor. Conocemos vuestro contrato. Sabemos por lo que habéis tenido que pasar. Conocemos las debilidades de vuestros cuerpos. Sabemos el desplazamiento que estáis experimentado y conocemos todas estas cosas porque somos *familia*. Y esta familia quiere ahora presentarse ante vosotros y hacer algo que jamás hasta ahora hemos hecho.

Ésta es la primera vez, amados míos, que se da esta clase de mensaje, y vamos a hacerlo ahora mismo y con toda rapidez. Os prometimos algo en el pasado. Os prometimos que el Espíritu no volvería jamás a presentarse ante los Seres Humanos con un mensaje basado en el temor. ¡Nunca! Que se sepa esto bien, en caso en que os viéseis ante alguna entidad que dijese que representaba

323

al Espíritu y obtuviéseis de ella un mensaje chorreante de fechas ominosas, ¡que no es el Espíritu quien tenéis ante vosotros!

Lo que, por el contrario, venimos a hacer es celebrar la nueva capacitación de los Seres Humanos, en especial, en estos momentos. ¡Jamás ha existido un tiempo como el actual! Sois vosotros mismos quienes lo habéis hecho y deberíais saberlo. Cuando os déis cuenta de lo que habéis hecho, podréis salir de este lugar sintiéndoos más altos que cuando entrásteis en él. Os lo voy a decir ahora mismo de una forma mucho más gráfica que hasta ahora. Éste no es un mensaje de temor. Tenéis que comprender la totalidad del mensaje antes de que dejéis de escuchar o de leer. Que este mensaje os sea presentado en su totalidad y que nunca sea citado fuera de su contexto e intención. Quienes desearían hacer trozos de él en su propio beneficio no son representativos de la nueva energía que existe en el planeta.

El futuro

Os vamos a llevar a una Tierra futura. Puede que esta información os deje algo asombrados, pero os pedimos que esperéis hasta el final de este mensaje antes de juzgar lo que se os está diciendo.

Vamos a pintar una imagen vívida de vuestra futura Tierra. Os aseguro que os va a desconcertar.

(Pausa)

En esta mismísima tierra de los Estados Unidos, existen aguas que cubren ambas costas, y varias ciudades importantes yacen bajo aquéllas. Hay enfermedades y confusión, las tiendas están vacías. Esta gran tierra padece una guerra civil y, dentro del contexto de ésta, una más pequeña entre cuatro razas. Se ha producido un alejamiento de cualquier tipo de control central. Fuerzas policiales rodean las ciudades e intentan mantener orden en sus propias zonas. El retorno a la «ciudad—estado» se encuentra a un paso, y no se permite entrar ni salir a nadie. Las líneas que separan los estados ya no son líneas que separan los estados. Es el caos. En los océanos, submarinos que transportan grandes armas, gracias a la integridad de sus propios comandantes, se han hundido a sí mismos por no saber en qué puerto atracar. Cada puerto tiene sus propias prioridades. Esta tierra, este país, está envuelto en el horror y la desesperación.

Éste es uno de los futuros de la Tierra.

Si camináis un poco más al Norte, os encontraréis con el gran país de Canadá, que está completamente dividido en dos y empezando a armarse. Dos grandes culturas con diferentes idiomas se encuentran casi en guerra, incapaces de decidir cuál de ellas es la que se va a hacer con las otras partes del país. Los recursos más importantes se encuentran en uno de los lados, y el otro debe compartirlos para subsistir. Al igual que el país que tienen al Sur, el control central ha desaparecido por completo. Se encuentran divididos por la concienciación cultural y tribal.

Éste es uno de los futuros de la Tierra.

Os llevaremos a unos cuantos continentes para que veáis lo que ocurre en ellos. Nos encontramos con que, en el continente africano, se ha producido una marcha atrás total en cuanto a la concienciación, una vuelta a las guerras tribales, igual que sucedía hace muchos, muchísimos años. El lugar que fue la cuna de las civilizaciones comienza a ser el lugar donde éstas serán enterradas.

En el Polo Sur, la cornisa de Larson se ha desprendido, enviando una enorme ola a barrer la zona meridional del gran continente australiano y sumergiendo ciudades enteras, matando a millones de personas y sumiendo al país en un inmenso dolor y caos.

China, el Gran Dragón, permanece tranquila. Una cuarta parte de la población de la Tierra ni se mueve, pero vigila cuidadosamente dónde se formarán los vacíos de poder para penetrar en ellos e implantar su cultura. La mayor parte de sus habitantes se lo esperaban porque estaba incluido entre sus profecías y había sido previsto por sus antepasados.

Éste es uno de los futuros de la Tierra.

¡Ah! Pero no es esto lo peor. Os llevaremos a lo que denomináis Oriente Medio. Escuchad con atención: allí, queridos míos, en medio de la energía de lo más Santo de los Santos, ha llegado

325

la **bestia**. Y la bestia, con sus abrasadores ojos, se ha alzado a 15.000 metros de altura, ha plantado firmemente ambas patas en los dos lados de las antiguas tierras tribales y está allí para gobernar durante 4.000 años, lo que representa la mitad de su vida.

La metáfora de la bestia, amados míos, en el contexto al que nos estamos refiriendo, consiste en la guerra nuclear –es ahí donde dará comienzo–, con la que los Seres Humanos decidieron destruirse unos a otros.

Éste es uno de los futuros de la Tierra.

Voy a deciros en qué consiste todo esto. Os dijimos que escucháseis atentamente todo el mensaje, ¡porque lo que viene es profundo! Voy a daros la fecha de ese futuro, la fecha del futuro que acabamos de describiros.

(Pausa)

¡La fecha en que se producirá todo lo dicho será el mes de octubre de 1998!

«¡Kryon, debes haberte equivocado! Esa fecha ya ha pasado. Ya estamos en el siglo XXI!», diréis algunos de vosotros.

Ya lo sabemos. Es verdad, la fecha ya ha transcurrido. Queridos, lo que acabo de daros es la profecía de las Escrituras. Os acabo de dar la profecía que, hace 400 años, dio Nostradamus. Os he dado incluso la profecía de los maestros de la Nueva Era, quienes tuvieron visiones de una «instantánea» de la Tierra tal como había sido medida y predicha en 1962, con una medición espiritual muy parecida a la de la Convergencia Armónica de 1987. ¡Y lo que os he dicho es real!

Ése era, entonces, el potencial de la Tierra. Como podéis ver, nada de ello ha sucedido. Ninguna catástrofe, ninguna guerra étnica ni ninguna guerra nuclear. La Bestia ha sido eliminada, y yo me encuentro sentado en el mismísimo lugar responsable de tanto desplazamiento de la conciencia. Escuchad esto, queridos, escuchad: cuando el cocinero se encuentra en la cocina, no tiene ni idea de lo agradable y relajada que transcurre la comida en la sala contigua (metáfora dirigida a quienes, en las Naciones Unidas, solamente participan en las disensiones, facetas negativas y tensiones de la existencia diaria sin ser capaces de contemplar la visión general de lo que ya han logrado).

¡Tanto la Tierra como quienes la habitan deberían encontrarse en una celebración masiva! ¡Y deberían comenzarla aquí, lavándoos los pies! Nos dirigimos a quienes, trabajando aquí, tienen que tratar con los niños de las naciones del mundo y con los temas de las deforestaciones. Nos dirijimos a los responsables del control de las enfermedades. ¡Ha funcionado! Y, sí, nos dirijimos a quienes optan por la paz en vez de por la guerra y a quienes exigen un planeta en el que todos nos responsabilicemos del prójimo.

La concienciación del planeta actúa de soporte a lo que hacéis. Este planeta, del que pensáis que está lleno de disensiones, es la cocina de la metáfora. La mayor parte del planeta se repantinga en su sillón y goza con la importancia del desplazamiento y, tal vez, sin darse cuenta de él; goza con la visión general de un planeta lanzado hacia un nuevo paradigma de coexistencia en vez de catástrofes y guerra total. ¡Oh! Se producirán complicaciones y habrá disensiones, pero ¡mirad ese desplazamiento de la concienciación! El énfasis, ahora, está en tratar de resolver conflictos y de aportar una completa finalización en vez de tratar de averiguar «quién tiene razón» o «quién se merece tal cosa». Consiste en la responsabilidad de *todos* los Seres Humanos de la Tierra y no sólo de la de los escasos buenos de un determinado lugar. El énfasis mundial está en crear finalmente una coexistencia pacífica entre *todas* las tribus. Consiste en que el planeta se reúna para, por fin, atravesar un milenio que tenía previamente el estigma del *fin*. Justo al contrario, me encuentro aquí sentado diciéndoos que, a medida que se acerca el milenio, se está produciendo en la actualidad un potencial espiritual de graduación y de sabiduría en vez del de los horrores que os acabo de describir. Ahora, el potencial es el de la Nueva Jerusalén ¡y está en vuestras manos!

Todos y cada uno de vosotros llegásteis a este planeta con el pleno conocimiento del potencial de 1962. Todos y cada uno de vosotros era conocedor también de los posibles cambios así como del potencial de que el año 2000 se enfrentaría a noticias mucho más pacíficas que la de la catástrofe profetizada.

¡Mirad a vuestro alrededor! ¡Ninguna de esas profecías os amenaza! Incluso quienes entre vosotros intenten todavía forzar la antigua energía contra la nueva concienciación fracasarán. Llamarán la atención como energía antigua, pero serán rechazados por el consenso del planeta.

Jamás se ha producido antes un mejor momento para que pongáis en práctica un Consejo de la Sabiduría, un consejo, sin derecho a voto, de Seres Humanos indígenas de este planeta que residan en este edificio. Y os decimos que la concienciación de este edificio prestará finalmente su apoyo a esta idea. La concienciación de la gente también la apoyará. La concienciación del planeta os empuja hacia ello. Se trata, en pura lógica, del siguiente paso, y, cuando lo déis a conocer, hacedlo al público en primer lugar. Éste hará lo necesario para que podáis ponerlo en práctica.

Esta reunión está a punto de finalizar, y esta familia que ha venido a lavaros los pies lo está haciendo dándoos las gracias. Esta familia, venida a lavaros los pies, os dice: «Vamos todos a atravesar un gran desplazamiento milenario a causa de lo que vosotros lleváis a cabo aquí». ¿Puede nadie ser más claro? ¿Puede ser más claro el por qué de que os amemos tanto? Éste es el mensaje de hoy, desde este lado del velo, para todos vosotros.

Que salga ya esta transcripción para que todo el mundo sepa lo que ocurrió hoy aquí. Que todos sepan lo que pudo haber sido y lo que es. Nada de lo descrito ha tenido lugar. Nada está planificado ni nada lo estará mientras trabajéis aquí como lo venís haciendo.

Así que el séquito se retira. Sólo ha estado unos minutos, pero han sido unos poderosos minutos de amor. ¡Salís de este lugar sabiendo quiénes sois! ¿Pensábais acaso que érais un trozo de un todo en el que nadie se había fijado? Os lo diré, ¡la «familia» sí que se fijó! ¡Nunca estáis solos! Cuando lleguéis a vuestras casas esta noche, miráos al espejo. Os retamos a que os miréis directamente a los ojos y digáis en voz alta, «SOY LO QUE SOY», porque, sin duda alguna, eso es lo que sois.

Y así ha de ser.

Kryon

Dice Lee:

Kryon concluyó a las 2:15, quedándonos todavía 15 minutos para Ruegos y Preguntas. Respondimos a algunos, y llegó la hora de irnos. ¡Sucedió todo tan deprisa! Fuimos, acto seguido, acompañados desde la Sala de Comités, a toda prisa para que el siguiente grupo de trabajo de las Naciones Unidas pudiera entrar, hasta la cafetería de las Naciones Unidas, donde todos nosotros fuimos agasajados junto a muchos de los delegados que asistieron.

De nuevo, quiero expresar mi agradecimiento a Jennifer Borchers por su trabajo en conseguir que hablásemos en las Naciones Unidas en 1998. La mayoría de vosotros desconocéis que Jean Flores, secretaria de la Sociedad para la Iluminación, fue quien nos invitó hacía ya unos meses. Al morir Jean repentinamente, Jennifer recogió el testigo. Fue una gran anfitriona.

Sé que Jean, de alguna manera, está todavía entre nosotros, y todos la sentimos en aquella sala aquel martes, junto a tantos que nos contemplaron, nos amaron y nos tomaron de la mano mientras Kryon nos lavaba los pies.

La energía creada aquel día en las Naciones Unidas fue enorme. Todos pudimos sentirla, y, en reuniones posteriores que celebramos en Manhattan, entre las que se incluía una meditación con la Sociedad para la Iluminación, se dijo que había resultado completamente diferente a la de las veces anteriores. Gracias a tantos de vosotros por vuestra energía. ¡Aquel día os sentimos también con nosotros!

Postdata: La verdad es que Kryon nunca hace predicciones, aunque nos da cuenta de ciertos potenciales. No puedo sino recordar algo que dijo en 1989 en el Libro Kryon I, *Los Tiempos Finales* y que ahora cobra un importante significado:

> «Mi proceso tardará en cumplirse de diez a doce años de la Tierra. Desde este momento hasta el año 2002, se irá produciendo el cambio gradual. Alrededor de 1999, deberíais daros cuenta exactamente de a qué me estoy refiriendo. Los Gobiernos son dirigidos por hombres poderosos..., no todos ellos iluminados. Su incapacidad para vérselas con la alteración de la conciencia puede desequilibrarles con un resultado caótico». [1]

Raras veces me refiero a sucesos actuales ya que ello tiende a «poner fecha» a los libros. Sin embargo, en este momento, mientras acabo este Libro Kryon, nos vemos envueltos en una lucha entre la antigua y la nueva energía con un dictador. Me refiero a Kosovo. No se trata de una guerra en un país con fronteras, sino de una guerra entre la antigua y la nueva concienciación, una competición bélica para averiguar cuál es la mejor forma de tratar con un líder de un gobierno de la antigua energía que ha creado un caos por razones tribales y por sus soluciones de limpieza étnica. En su canalización de 1989, Kryon nos dijo exactamente que esto era algo que podría suceder en 1999. Aquí estamos, diez años después, con su pie en nuestro umbral.

---

1. *Los Tiempos Finales* Libro Kryon I; Lee Carroll, Ediciones Obelisco, 1997.

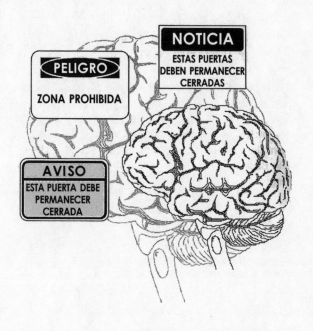

331

Capítulo Sexto

SEPARACIÓN

Dice Lee Carroll...

Supongo que debía habérmelo imaginado. Kryon había hablado de ello, pero no le entendí. Ahora, las separaciones están empezando, e incluso quienes reivindican que tienen al amor como base de su existencia están comenzando a dividirse en los campos de «quién creen que es malo» y quién no.

El Capítulo que sigue comienza a abrir un atributo que pertenece tanto a la naturaleza humana como a una dramática predicción, la de la lucha entre la antigua y la nueva energía incluso entre las filas de una Humanidad que se está despertando. Lo que en realidad busca la espiritualidad de la antigua energía es estructura y se siente incómoda y amenazada por los cambios que se acercan. Lucha por mantener los antiguos conceptos que dicen que la espiritualidad debe contar con el castigo como parte de su mismísimo núcleo, que el mal debe existir para equilibrar al amor, que los Seres Humanos son unos inútiles y que deben buscar alguna fuente más elevada a la que adorar que, por lo tanto, les confiera fuerzas, y que la verdad espiritual requiere una jerarquización de hombres y mujeres organizados, edificios, textos y un largo rosario de obligaciones y prohibiciones por las que guiarse.

La espiritualidad de la nueva energía es, por supuesto, muy diferente. Empieza por decir que «somos Dios». Nos dice que la única estructura de que tenemos necesidad está en nuestro interior, pero que hay que buscarla. Habla de un plan en el que una existencia basada en el temor a un eventual castigo se ve sustituída por un despertar a la autoresponsabilidad; una responsabilidad que da realce a la sabiduría y que genera moralidad desde su interior. Para sustituir ese temor al castigo, tenemos el gozo de crear una finalidad divina. Esta filosofía de la nueva energía crea asimismo autoestima además de una existencia llena de alegría. Se regula a sí misma, sin ninguno de los jaeces que implican la organización, los edificios, las normas o los sacerdotes. Honra, en su fuero interno, a Dios y reivindica que la propia esencia de Dios está disponible ahí –todas las obligaciones y prohibiciones–, así como que toda la fuerza espiritual se encuentra en el interior. Confiere a cada Ser Humano el potencial de un sacerdote.

El abismo entre los dos conceptos es enorme y, en el proceso del tira y afloja entre ambos, se produce el drama. Kryon nos dijo que habría quienes denominasen a la nueva energía... Mal, y, desde luego, es lo que ha sucedido. Le pregunté: *«Kryon, ¿qué puedo decir a la gente en este momento sobre criterios? ¿Cómo pueden distinguir la verdad del engaño?».* Y él me repuso: «Busca el amor. Síguelo, porque donde hay amor, encontrarás la verdad».

Supongo de debería haberme imaginado esa división. Muchos de vosotros sabéis que Kryon fue calificado de «maldad cósmica» por un eminente trabajador de la luz, hace algunos años. Este profesor cree que también la cuadrícula magnética es mala. Una arremetida evangélica de millares de panfletos que proclamaban esta opinión basada en el temor recorrió todo el mundo, dirigida en especial a aquéllos que iban a asistir a los talleres de Kryon. Os preguntaréis: *¿Cuál fue el resultado final de aquel drama?».* ¿El resultado final? ¡El ataque perdura en nuestros días, aunque el trabajador de la luz responsable del mismo se dedica a enseñar ahora el mismo mensaje que Kryon! *«Hemos cambiado nuestro futuro. Podemos trasladarnos a la nueva concienciación. Somos la Divinidad».* Imagináoslo si podéis. ¿Por qué fue necesario? ¿Qué se consiguió? Era parte de lo que se esparaba. Forma parte de la intensa lucha entre lo antiguo y lo nuevo, como os mostrará la siguiente canalización.

Apoyados en otras canalizaciónes también basadas en el temor, algunos han calificado de «malvada» a la propia Nueva Era, y a Kryon, como al mismo Lucifer, el engañador. Supuestas entidades antiguas están canalizando que la Nueva Era constituye nada más que un montaje para capturar almas. Algunos, creyéndolo, han devuelto sus libros y me han pedido que me convierta a su nueva antigua filosofía. Pretenden que Kryon nos ha **engañado** a todos y, como prueba, ¡me aportan otra canalización!

¿Mi verdad? Kryon es un amantísimo miembro de la familia, un mensajero que nos proporciona información. Dios –la familia– jamás os aportará un mensaje basado en el temor. La canalización con intención y amor puros es sagrada y proporciona poder. Utilizadla como información para vuestra vida. Aplicadla sólo a las cosas de las que «os hacéis eco». No la convirtáis en evangélica. No forcéis vuestra verdad a nadie. No sigáis a ninguna entidad humana o de otro tipo ni os unáis a grupo alguno con el fin de generar iluminación. **Vosotros** estáis capacitados e iluminados por Dios y amados por Él porque constituís un trozo de Él. No cedáis jamás vuestra fortaleza, porque sois fuertes por vosotros mismos. Por lo tanto, tampoco os convirtáis en «seguidores». Controlad vuestras propias vidas haciendo uso de las nuevas e increíbles herramientas espirituales que están siendo concedidas ahora a la Humanidad. Descubrid al Dios que lleváis «dentro». Tened paz. Vivid una vida profundamente interesante y sana con vuestro propio poder. Contribuid a crear paz sobre el planeta mediante vuestro propio desplazamiento de la concienciación. Nos encontramos todos en medio de una profunda transición energética.

Jamás Kryon os ha solicitado que os unáis a nada. No existe nada en sus palabras que diga que los Seres Humanos «tengan» que hacer algo. Él rinde homenaje a nuestras vidas y a nuestros sufrimientos. Nos incita a buscar las verdades ocultas de Dios. Nos invita a mirar a nuestro alrededor y a distinguir todas las filosofías. Honra a todas las religiones por su «búsqueda de Dios». Posee una increíble cantidad de amor y viene haciéndolo desde hace más de diez años. No es excluyente e invita a quien desee canalizarle a hacerlo. Jamás ha solicitado que se le siga o rinda culto.

Nos llama «familia», nos ama como a hermanos y hermanas y lava nuestros pies cada vez que viene a vernos. ¿Su única advertencia seria? «¡Amáos los unos a los otros!».

¡Menudo engaño!

«CINCO ABISMOS DE LA NUEVA ERA»

Canalización en directo
Indianápolis, Indiana

Estas canalizaciones en directo han sido corregidas y aumentadas con más palabras e ideas con el fin de aclarar y hacer más comprensible la palabra escrita.

Saludos, queridos. Soy Kryon, del Servicio Magnético. ¡Oh! ¡Qué grandioso es oír cómo la voz humana se eleva de esa forma! (Kryon se refiere a la entonación por parte de un grupo de la gran cantidad de oyentes inmediatamente antes de su entrada en el recinto). Os decimos de nuevo que no existe mayor honor que el que se debe dar al Ser Humano que concede su intención de estar en un lugar de autodescubrimiento como éste en que os encontráis.

Como otras veces, vamos a llenar vuestro espacio libre con un séquito que os va a aportar amor de una forma que nunca antes hayáis sentido. Os vuelvo a repetir que, al igual que una burbuja de amor –como una tapadera que pusiéseis sobre algo que estuviese hirviendo en vuestra cocina–, vamos a cercar la energía y la vamos a secuestrar para vosotros durante el tiempo que vayamos a estar juntos.

Os vuelvo a decir una vez más que, quienesquiera que seáis, se os ama tanto como a la persona que tenéis a vuestro lado. Sois amados tanto como quien acepta esta experiencia y cambia por ello. Sois amados exactamente igual que quien sale de esta sala con una prolongación de vida porque dio su intención para ser sanado. No hay juicios en tu viaje, querido. Lo que hagas en él constituye la puesta a prueba del equilibrio energético por el que viniste. Lo que se honra es la forma en que solucionas tu reto, ¡jamás el juicio! Llegará el día en que tú y yo nos volvamos a conocer, porque desde ahora te digo que no existe

339

ni un sólo preciado Ser Humano que se encuentre recibiendo este mensaje que no me conozca. Os he visto a todos y sé cómo os llamáis todos.

Permitid que, mientras llenamos con amor el lugar en el que os encontráis y mientras aumenta la vibración, os diga esos nombres para que el mensaje sea mejor comprendido. Vuestros nombres constituyen algo más que meros sonidos en el aire. Fueron creados a partir de las energías del Merkabah que poseéis. Han sido creados partiendo del sonido, de la luz y del color, de vibraciones que ni siquiera podéis llegar a concebir. Y, cuando todos ellos se poner a girar juntos, **cantan** un nombre en mi dimensionalidad que «veo» y conozco como a «vosotros». Toda esta belleza os dejaría atónitos. Consiste en una parte interdimensional de quien en realidad sois. Os veo a cada uno de vosotros como a una gigantesca entidad de amor, como parte de un todo y conocedora, en el nivel celular, de quiénes sois.

Os voy a decir otra vez que llegará el día en que nos encontremos en la Sala del Honor y que, durante ese tiempo, nos diremos unos a otros, «recordamos aquella vez en que el velo se rasgó ligeramente, y el amor fue liberado para expanderse por los pasillos y filas». El séquito de Kryon es el del Arcángel Miguel y se encuentra en el «ahora». Ése es el séquito que recorre las filas e hileras de butacas de quienes están recibiendo este mensaje y rodea el sillón donde se sienta quien esto lee. Ése es el cortejo que abraza a cada uno de los guías/ángeles y que os conoce tan íntimamente. ¡Ah, queridos! Al envolveros, os queremos decir que no existe un sólo Ser Humano aquí o leyendo estas líneas que no nos sea conocido. Os repetimos una vez más que no existe ni una sola prueba por la que tengáis que pasar que no nos sea conocida. Cualquier problema que se os presente ahora en vuestras vidas, creando, tal vez, una situación que os genere problemas, nos es perfectamente conocida. Os estamos haciendo una afirmación que encierra en sí la semilla de la verdad más que nada que os hayamos dicho antes: *¡No hay nada en vuestras vidas que no se pueda resolver! ¡Nada!*

¡Oh, queridos! ¡Si os pudiérais imaginar el potencial para sanaciones que existe ahora! Ya os hemos mencionado antes que, en sentido figurado, nos sentamos ante vosotros con un cuenco en nuestras manos lleno de nuestras lágrimas de alegría y deseando lavaros los pies con ellas. Porque es así la manera en que os ve el Espíritu. Antes de que demos comienzo a la enseñanza, queremos que os déis bien cuenta de cómo os ve el Espíritu. Mi socio mencionó los potenciales que existen en el planeta en una conferencia previa a esta canalización. De la misma forma en que existen potenciales para el futuro de los Seres Humanos del planeta, existen potenciales para el futuro particular de cada uno de vosotros. Antes de que acabe el tiempo en que vamos a estar juntos aquí, se producirá una invitación metafórica para que alarguéis la mano y ¡os hagáis con el potencial que vosotros mismos planificásteis! Existe un potencial que lleva vuestro nombre y es portador de las soluciones a todos los problemas de vustra vida. Este hecho no constituye en absoluto ninguna casualidad ni es un «regalo de Dios». Tampoco es algo que Kryon os haya traído, sino que constituye algo que vosotros mismos habéis traído a la Tierra y que forma parte de la razón por la que os encontréis aquí.

El mensaje de cómo funciona esto es de gran profundidad y ha sido dado para ser leído ahora —en este momento— y para que lo oigáis ahora. Quienes estáis aquí presentes podréis preguntar: «¿Y cómo puede ser eso?» Sabréis cómo es en el momento en que este mensaje en directo sea transcrito y podáis leerlo (¡como ahora mismo!). Porque, para vosotros, en este mismísimo segundo, estas palabras audibles se encuentran en el ahora (me dirijo a las personas presentes ahora mismo en esta sala). No existe el *tiempo* para el Espíritu. Para nosotros, la experiencia de lo que denomináis tiempo es circular. Y *ahora* mismo, existe el potencial tanto para el lector como para el oyente, y todo ocurre al mismo tiempo, simultáneamente. Vemos las cosas de una manera muy diferente a la vuestra, razón por la que podemos mirar al grupo aquí reunido y ver también al que está leyendo estas palabras. Podemos deciros a todos: «¿Sabéis

quiénes sois?». Algunos de vosotros sois portadores de las semillas del cambio planetario, aunque, antes de que se lo facilitéis
al planeta, deberéis cambiar vosotros mismos. Ésta es la razón
por la que existe tanto amor en este mensaje.

Hablamos con frecuencia de la *familia*. Hemos dicho
a mi socio que volveremos a hablar de ella ahora. Nos emo-
ciona sumamente hablar de este tema porque existe un linaje
que nos une a todos los que recibís en estos momentos este
mensaje. La genealogía del Espíritu es enorme. Fijáos bien,
cuando salgáis de la sala, en aquéllos a quienes tenéis la impresión de no conocer. Algunos de vosotros habréis entrado
ya en contacto, desde enormes distancias, con quienes, a partir de este momento, habrán de representar algún papel en
vuestras vidas. Fue la *intención* la que os trajo aquí a sentaros
en esas butacas o a leer estas líneas, ¡por designación! El Espíritu rinde homenaje a ello trayendo a otros con la misma intención para que, juntos, creéis una energía que cambie vuestras vidas mediante la generación de conocimientos y energía.
¡Oh, querido mío! Refrena tu impaciencia. Recibes esto por
una razón, ¡y sé perfectamente a quién me estoy dirigiendo!
Llevo tiempo esperando a tus ojos y oídos en este tiempo del
«ahora». Relájate, date cuenta de que estás bien y de que todo
va a ir sobre ruedas.

En este momento, me encuentro hablando a muchos que se
preguntan que cómo van a ir las cosas en sus vidas, porque
aportan a esta realidad problemas que no pueden compartir con
nadie; problemas, algunos, de gran profundidad. Unos llevan el
potencial energético de la propia muerte. Ésta es la razón por la
que nos encontramos aquí, rodeando vuestras butacas, sentán-
donos sobre la energía a la que denomináis regazo mientras leéis
estas palabras, envolviéndoos con el amor del propio Dios y diciéndoos estas palabras: «Aquí no existe ningún problema que
sea insuperable! ¡Con las soluciones viene la alegría! ¡En las soluciones existe sanación y desplazamiento planetario!». Ésa es la
razón por la que nos encontramos tan emocionados sobre quiénes están «aquí», escuchando y leyendo.

Hay también, escuchando este mensaje, facilitadores que este mismo año van a encontrar y a dar la bienvenida a Seres Humanos que no parecen encontrarse en el buen camino. Esos Seres Humanos buscarán a estas personas tan queridas para que les encuentren soluciones y respuestas a sus malestares y problemas. Facilitador: de algún modo y en algún lugar, la sincronicidad les llevó a presentarse a vosotros. Y se producirá la tentación entre vosotros de agarrarles y decirles: «*Éste es uno que nunca, jamás, aprenderá. ¡Oh! Haré lo que pueda y, durante ese proceso, le daré mi amor, pero sé que partirá sin haber sido tocado y que jamás volveré a verle*».

¡Os pedimos que rindáis homenaje a la sincronicidad! Es ella la que os ha sido dada por designación. El proceso de plantar las semillas de la iluminación ha de comenzar en algún sitio en los Seres Humanos, y aquí los tenemos ahora. Han sido atraídos por vuestra luz, y su preparación consitirá en que les digáis cómo responsabilizarse de sus propios cuerpos. Acostumbradles a que expresen verbalmente lo que desean, con lo que, por primera vez en sus existencias, tendrán esa experiencia. Mediante su intención y vuestros conocimientos y cooperación, la sanación es posible. Con ella, queridos míos, se producirá un cambio en el corazón, y, con este cambio, amados míos, abriréis el hueco que crea a un trabajador de la luz que ¡podría no haber despertado jamás si no hubiera sido por vosotros! ¡Así es como cambiáis el planeta!

¿Cómo os sentiríais si os dijese que, quizás, vuestra finalidad no sea enteramente la de sanar, sino la de plantar semillas? Algunos pueden venir disfrazados de dualidad e incredulidad. A veces, son lacónicos y superficiales en los asuntos del Espíritu. Vigilad bien, porque ésos serán los mismos que os serán enviadoa por designio. ¡Por designio! Para que no penséis que se supone que os tengáis que rodear solamente por quienes piensan como vosotros, para que no creáis que sólo deseáis incorporar a vuestras vidas a quienes piensan y vibran en un nivel elevado, ya va siendo hora de que empecéis a pensar sobre estos temas de forma diferente. Porque, adentrándose en vuestras vidas, queridos míos, vendrán quienes no tengan ni idea de nada de esto, que os mirarán y a quienes reconoceréis de aquella vez que os dije que vendrían. Es así como comenzamos la preparación de algo sobre lo que hemos querido tratar desde hace tiempo. Es de lo que hablamos ya a un grupo de menor tamaño que éste no hace mucho tiempo, aunque ahora lo vamos a repetir con más énfasis porque queremos que sea transcrito esta misma noche.

Los cinco abismos de la Nueva Era

Nos gustaría daros a conocer los cinco abismos de la Nueva Era y de los Seres Humanos de la Nueva Era. Sabéis ya –¿verdad?– que váis a tener que inventar otra denominación que sustituya a la «Nueva Era». La *Nueva Era* lleva aquí demasiado tiempo y lo que ha pasado es que habéis perdido cuenta de la *«novedad»* que lleváis en vosotros. De lo que vamos a hablar ahora es de la *nueva* Nueva Era. ¿No sería tal vez un nombre apropiado para ella el de Era de *Ahora*? Hay en la actualidad un potencial para la Humanidad como no ha existido nunca antes de ahora. La semilla de esa graduación es transportada en el interior de aquéllos que reciben este mensaje con el deseo de saber más acerca de quiénes son. ¡Si pudiéseis ver el esplendor del ángel que se asienta en vuestro interior, os quedaríais boquiabiertos ante la divinidad que está en la misma butaca en que os sentáis! Todas las cosas que proceden de esta plataforma sobre la que me encuentro desmerecerían, y el verdadero resplandor y luz vendrían de donde estáis sentados vosotros. ¡Ésa es la razón por la que se os honre tanto! Necesitáis saber qué es lo que va a tener lugar, lo cual está relacionado con un Ser Humano que vibra en un tono elevado y con algo a lo que, en un tiempo, denominábais *El Estado Ascensional*. Está relacionado con *vosotros*. Si optáseis por dar vuestra intención para tal cosa, para quedaros en este planeta ahora con la energía de esa intención, esa opción sería respetada, queridos míos, al pie de la letra. Además, no podéis mostraros demasiado sorprendidos porque vuestras vidas cambien a causa de ello. Y ese cambio de vida también aportará retos de nuevo, aunque esta vez procedan de un nuevo contrato, del contrato que estáis co–creando para vosotros mismos a medida que camináis hacia adelante. Está relacionado con la apertura de un abismo de fe, comprensión y reacción entre vosotros y quienes no han adoptado el desplazamiento vibratorio. Por supuesto, empezaréis a vislumbrar y experimentar una fisura que, en algunos casos, no os esperaréis. Existen cinco categorías sobre las que queremos ilustraros esta noche.

Creencias

La primera y más importante es la de las creencias. Una dramática diferencia separará a quienes creen como vosotros y quienes no lo hacen. Algunos de vosotros diréis: «*¡Oh, ya sé de dónde viene eso! Siempre hemos tenido problemas con algunos que no creían como nosotros. Son los de los edificios y las organizaciones. Los que llevan ya mucho tiempo por aquí. Creen de manera diferente, y siempre les hemos parecido raros o malvados. De ahí es de donde vendrán los problemas*».

Queridos míos, no es de ahí de donde procederá la fractura. No. Algunos la llamarán una disensión interna, y yo os voy a decir de dónde vendrá. La razón por la que os animamos a cambiar el nombre de Nueva Era ¡es porque esa fisura se producirá en el mismo seno de quienes creen en la Nueva Era!

Habrá quienes no se muestren de acuerdo con vosotros en las siguientes cosas que os voy a mencionar: en que vosotros, en tanto que Seres Humanos, podáis haceros con todo el poder de la entidad (el Yo Superior), que se asienta en el trono dorado que tenéis dentro. No se mostrarán de acuerdo en que contéis con el poder para adoptar el Estado Ascensional. No se mostrarán de acuerdo en que podáis vivir el doble de años que ellos esperan vivir. Y cuando comencéis a vivirlos, tanto ellos como los otros os calificarán de algo *diferente*, porque os tendrán miedo. No están preparados para despertarse. Todo lo que han estudiado en «su» Nueva Era –sea a través de cometidos físicos, sea a través de tareas energéticas– les es preciadísimo, pero en la forma en que lo aprendieron. Considerarán todo lo que hacéis como una amenaza, queridos, porque, de repente, seréis capaces de hacer cosas por vosotros mismos que ellos tardaron años en hacer. Lo que ellos hicieron como facilitadores de la Nueva Era está siendo hecho ahora particularmente por Seres Humanos que reciben su poder de la Era de *Ahora*. Podréis hacer cosas que, en el pasado, sólo ellos podían hacer *por vosotros*.

Así que llamaremos a esa fractura «la fractura de las creencias». Mi querido socio, tú ya has pasado por eso. Entonces, os dábamos la sensación de esa experiencia –la de ser atacados por un trabajador de la luz aparentemente bienintencionado– para que pudiéseis compartirla y comprobáseis que el abismo de las creencias es auténtico. Os fue dada para que pudiéseis relacionarla con quienes se acercan a vosotros y os preguntan: *«¿Qué hacemos con nuestros amigos de la Nueva Era que ya no nos hablan?».*

Éste es el primer abismo, que, en algunas partes del país, puede ser sumamente profundo, y, en otras, no producirse en absoluto. Como con tantos otros atributos de índole espiritual, existirán polaridad y equilibrio. No os diríamos nada de esto sin daros, además, su solución, que es fácil. Quiero que la escuchéis, porque la **solución** es la **misma** para cada uno de los abismos.

La solución es como sigue: sois amados sin medida, y ese amor tan particular que sentís es vuestra *luz*, que debéis llevar bien alta. No debéis permitir que ningún otro Ser Humano os la rebaje ni en una mínima porción, porque es auténtica y os hará un buen servicio con la energía de su divinidad. Está ungida, ordenada y es vuestra. Los cambios en vuestra vida tienen lugar cuando os acercáis a esa energía que lleváis dentro y a la que denomináis «ángel interior». Ese *ángel interior* asusta a muchos porque encierra un asombroso nuevo poder. Quienes se resistan a vuestra nueva energía y creencia os verán como raros, diferentes y extraños y no comprenderán cómo podéis haber sufrido tan profundo cambio dentro de la energía que os rodea. No reconocerán el cambio como parte del plan en que habían creído. Os temerán y rechazarán. La solución estriba en continuar llevando la luz tan alta como podáis. Que nada la haga disminuir. No permitáis que el que duda, incluso entre vuestras propias filas, haga disminuir el manto del Espíritu que lleváis puesto, lo que se ha convertido en la parte vuestra del YO SOY. Practicad diciendo «YO SOY un pedazo del todo; por lo tanto YO SOY perfecto a los ojos de Dios. Ninguna palabra o acción humana podrá cambiar el YO SOY».

Familia

El siguiente abismo es la familia. No os vamos a decir nada que no sepáis ya sobre el abismo con la familia, pero, queridos míos, ese abismo se intensificará, y os voy a decir por qué.

¿Podéis imaginaros ahora teniendo que decidir convertiros en grandes artistas? Tal vez creáis que carecéis por completo de cualquier capacidad artística, aunque, en vuestro fuero interno, ¡os gustaría tanto! Así que váis a tomar algunos cursos y clases. Gracias a las nuevas técnicas, tecnologías y descubrimientos en el campo de la enseñanza, de repente, os véis capaces de pintar, a lo mejor ¡tan bien como cualquier artista consagrado! Sagrada, por supuesto, es la energía de esa aptitud. Imagináos lo que podáis hacer con ella. Los colores ya no constituirán problema alguno, porque los «veréis» por adelantado y los plasmaréis con habilidad gracias a la nueva tecnología y preparación. Habrá gente en vuestro entorno que os alabe tanto a vosotros como a vuestras espléndidas obras sólo porque os decidísteis a hacer uso de los nuevos dones que permitiron que se manifestase esa aptitud que llevábais oculta.

Ahora, permitid que os pregunte qué es lo que haríais con esa tan maravillosa nueva aptitud. ¿La convertiríais en una afición? No. ¡Se convertiría en vuestra pasión! Porque, en este recién descubierto mundo, tendríais resultados asombrosos. Llenarían vuestra vida de belleza. Sería como una creación propia que se convertiría en vuestra nueva vida. Durante casi todas las horas que pasáseis despiertos, tendríais un pincel en la mano y estaríais creando obras maestras sin parar por haber descubierto lo que érais capaces de hacer. ¡Podéis hacerlo!

Queridos míos, éstas son la intensidad y pureza de lo *nuevo*. El sistema de creencias de la Nueva Era, porque, cuando comenzáis con intención pura, se creará en vuestras vidas una pasión espiritual que os cambiará para siempre, y, cuando empecéis a atisbar los resultados de vuestra intención y de vuestra capacidad co–creadora, no os veréis capaces de abandonarlos. Y, al igual que quienes descubrieron que podían crear obras maestras, cuando antes no sabían ni cogen un pincel, tendréis un cambio de pasión. De repente, la Tierra tendrá Seres Humanos, con la capa de dualidad con que llegaron a ella, que se transformarán y cambiarán con la realización de la divinidad en que se han convertido. Junto a ello, llegará una pasión por la búsqueda espiritual. Y la familia de que hablábamos –quienes se mostraron de acuerdo en venir con vosotros como familia de sangre– podrá retirarse.

Mientras antes podían haber pensado de vosotros que érais raros y extraños, ahora dirán que estáis «como cabras». Algunos de vosotros sufriréis por ello, pero permitid que os diga que habrá una parte de la familia de sangre que reaccionará de otra forma. Será la formada por los niños, porque, en su nivel celular, verán lo que hacéis y, en su nivel celular también, exclamarán estas palabras: «¡Ya era hora!». Así, formaréis una alianza con los niños, pero, simultáneamente, os separaréis de los demás: hermanos, hermanas, tías, tíos, primos y primas, padres y madres. Ellos no se hacen eco de vuestras nuevas creencias y no están preparados para seguirlas. Éste es el segundo abismo.

Amistades

El tercer abismo concierne a determinado tipo de relación, y nos estamos refiriendo especialmente a la de pareja. Si recordáis, en las tribus de vuestros pueblos indígenas, existía la persona que recibía el nombre de «hombre–medicina», aunque no siempre se tratase de un hombre. Este Ser Humano poseía un «status» sumamente elevado entre los miembros de la tribu porque –él o ella– podía sanar a los demás. Estas personas poseían encantos y pociones y utilizaban energía, y ellos lo sabían. Sin embargo, existía un atributo acerca de este hombre-medicina al que queremos que prestéis especial atención. Ese atributo era el de que siempre vivía en las afueras del poblado. El hombre-medicina estaba siempre solo, y ello era porque, por razón de vibrar al nivel en que lo hacía, de poseer aquel conocimiento intuitivo y de contar con tanta concienciación y energía, en aquellos tiempos le era casi imposible encontrar una pareja que pudiese convivir con él o ella. Además, incluso con todo su poder de sanación, a este individuo se le veía diferente a los demás.

Nos estamos refiriendo en estos momentos a cosas de las que ya hemos hablado antes. Desde luego, va a ser difícil para aquéllos que decidan adoptar el estado de ascensión y tener la pareja que le corresponda o que le iguale. Algunos han preguntado lo siguiente a Kryon: «*¿Me será posible emparejarme de forma desigual con alguien, creyente o no? ¡Oh, sí! Mi pareja me ama profundamente y me concede espacio para hacer lo que yo quiera, y yo (le, la) amo y quisiera permanecer con (él, ella). ¿Está bien esto?*».

Al decidir vosotros reivindicar el estado ascensional, el abismo se hará aún mayor. Existe la posibilidad de que vuestra pareja tenga miedo, lo cual constituye un reto difícil, ¡ya lo creo! Todos los casos son diferentes, pero os tenemos que decir con toda franqueza que habrá algunas parejas –sumamente comprensivas ahora– que no podrán soportar el cambio. Si no fuese así, queridos, no os lo diríamos. Por eso os hemos pedido que tengáis sumo cuidado con vuestra intención y con lo que deseáis que suceda en vuestra vida.

Hay veces en las que, al sostener vuestra luz, vuestra pareja se dará, de hecho, cuenta de que os habéis transformado en mejores personas, de lo que se alegrarán y les hará renovar la promesa que hicísteis juntos, incluso a pesar de estar «a cierta distancia» de vosotros. Muchos trabajadores de la luz se esperaban lo peor, sólo para encontrarse con que *«las cosas no son siempre lo que parecen»* y con que la pareja mejora en el proceso, ¡transmutando el temor en amor! Todos somos diferentes, pero debéis tener claro que el cambio afectará vuestra relación.

Otros dirán: *«Como el hombre-medicina, llevo solo años enteros. ¿Existirá de verdad alguien ahí afuera para mí?».* Estamos aquí para deciros que ¡sí! Dado que hay cada vez más personas de ambos sexos que, por fin, han decidido ponerse a vibrar a un nivel más elevado, disponéis de más sincronicidad. Repito que se trata de una solución que habéis diseñado vosotros mismos. Es en lugares como éste (los seminarios de Kryon), en los que concedéis vuestra intención de buscar en vuestro interior el ángel que lleváis dentro, en donde se producen con mayor frecuencia esta clase de sincronicidades. Por eso es por lo que os hemos dicho: «¡No dejéis pasar la oportunidad de saber quién ha venido! ¡No la dejéis! ¿Estáis preparados para buscar *familia* otra vez? No sólo aquí, sino en todas las reuniones a las que, *por designación*, hayáis decidido asistir y aprender más sobre los ángeles interiores. Así que, al contrario que el hombre–medicina, ¡id y buscad! Buscad reuniones de personas de mentalidad parecida y preguntad por ellas!».

Negocios

El cuarto abismo es el que vosotros denomináis negocios. Las vocaciones en vuestra sociedad son sumamante interesantes desde el punto de vista espiritual, aunque el interés no se deba a las razones que pensáis. Por designación, se trata del lugar en el que sois arrojados a un caldero con gente a la que jamás hubiérais elegido como familia. Ahí es donde se planta «la arenilla en la ostra». Ahí es donde, la mayor parte de las veces, se concentra la irritación. Afortunadamente, no tenéis que llevaros esa gente a casa, sabemos que esto os alegra (risas), pero que quede bien claro, queridos, que no es la casualidad la que, con vuestras vocaciones, os haya introducido en la mima olla con aquéllos con quienes jamás hubiéseis elegido estar. Claro está que ellos se encuentran en vuestras vidas *por designación* vuestra, y ellos en las de vosotros, por su propia *designación*. Algunos de ellos están rodeados por una energía negra que os crea problemas. Enteráos de que, cuando os ocurra esto, tenéis, en vuestro nivel celular, ¡un acuerdo que debéis agitar!

Incluso con este atributo de interacción vocacional, las cosas pueden no dar la impresión de ser lo que en realidad son ¡porque el abismo en el lugar de trabajo va a comenzar a cerrarse! Miradlo bien. Así como vuestra familia os contemplará y decidirá distanciarse de vosotros, con frecuencia, las personas con quien compartís el trabajo os mirarán –mirarán a vuestro *nuevo* yo– ¡y decidirán que quieren ser amigas vuestras! Ello se debe a la búsqueda por parte de los Seres Humanos, ya que comienzan a ver la luz que lleváis. ¿Lo véis? Empiezan a ver en vosotros un semblante pacífico. Por vuestra parte, os mostráis dispuestos a tratar de problemas con quienes trabajáis de los que nunca hablaríais con vuestra familia. ¡Algunos de ellos os conocen mejor que vuestros propios parientes! Y, cuando comienzan a ver soluciones en vuestra vida personal o vuestra tranquilidad ante situaciones aparentemente caóticas, comenzarán a preguntaros: «¿por qué? ¿Cómo?» Será entonces cuando comencéis a compartir con ellos vuestra marca específica de rareza (más risas) en cuanto a la responsabilidad ante los retos, así como una visión general que no deja lugar a victimizaciones, y os convirtáis en participantes activos de todo los que les sobrevenga «a» ellos.

La ironía estriba en que, como no tienen que ir a casa con vosotros y tampoco tienen por qué *cargar* con vuestros problemas, están dispuestos a escucharos. Ellos se ponen en la situación del «lo tomas o lo dejas», como les venga bien. Desde el momento en que comenzáis a trabajar con ellos, todos los días, uno tras otro, se irán dando cuenta de los cambios que acontezcan en vuestras vidas. Muchos de ellos desearán en secreto vuestra compañía a causa de la estabilidad de vuestra condición. Os diré que es un lugar en que la sincronicidad también brilla, no necesariamente por su potencial asociativo, sino ¡por el

351

potencial de que, al ser vosotros quienes sois portadores de la luz, afectéis y cambiéis a otros!

Aquí viene otro atributo de la vocación humana en vuestra cultura visto desde el ángulo de un Ser Humano que muestra su intención para el estado ascensional: muchos de vosotros habréis mostrado toda vuestra vida pasión por una determinada vocación. Os educásteis desde pequeños a seguirla y os entrenásteis para ella ya de adultos, encontrándoos ahora ejerciéndola para ganaros la vida. Todo eso está muy bien... hasta ahora. No os sintáis sorprendidos ni confusos si llega el día en que echáis una ojeada a vuestro alrededor y os decís: «*¿Qué es esto? Ya no quiero esto. ¡Ya carece por completo de significado para mí!*». Y os váis. Os repito que no tenéis que ser todos los que paséis por esta experiencia, aunque la tengáis los suficientes para que llegue a ser considerada como un atributo común a todos los que han decidido conceder su intención de seguir un nuevo camino espiritual.

Biología humana

El abismo número cinco constituye otra de nuestras especialidades y recibe el nombre de Biología Humana. Se trata de uno de los temas que más hemos repetido en nuestras canalizaciones, y mi socio ya os ha dicho que vuestro ADN bien está cambiando, bien permitiendo que lo cambiéis vosotros. Contáis con las pruebas que os han aportado hoy mismo, en este seminario, quienes representan la corriente más importante de las tendencias en medicina e investigación, quienes están descubriendo lo que hace que funcione el ADN. En tanto que Seres Humanos, os hemos invitado a «descubrir» los nueve elementos causantes del envejecimiento y de la muerte antes del período de 95 años para el que están diseñados vuestros cuerpos. El año pasado, encontrásteis tres, aunque todavía no os hayáis dado cuenta de las implicaciones de uno de ellos. Científicos e investigadores, os invitamos a que descubráis uno más este año. Es uno de los que siguen haciéndoos envejecer y al que hemos dado en llamar el cronógrafo del cuerpo.

El cuerpo cuenta los días. El cuerpo cuenta la luz y la oscuridad y el cuerpo coordina esas contabilizaciones con el magnetismo del lugar donde se encuentra la Tierra en el sistema solar. Vamos a comenzar a daros algunas pistas relacionadas con el por qué de que la ciencia de la Astrología funcione de la manera en que lo hace. La Astrología está relacionada con el magnetismo. Está relacionada con el ADN y con el reconocimiento por parte de la estructura celular del magnetismo del sistema solar en el que nacísteis. Por eso esa ciencia funciona tan bien.

Existe una parte de vuestro cuerpo que, haciendo uso del magnetismo, procede al recuento de las revoluciones de la luna. Lo dicho no debe ser demasiado difícil de aceptar por quienes, entre vosotros, pertenecéis al género de aquéllos que venís sufriendo durante todas vuestras vidas cambios biológicos en vuestros cuerpos con cada ciclo lunar. ¿Y podéis dudar de vuestra conexión con Gaia? ¡Oh, queridos! Siempre ha estado ahí, pero no es esto de lo que queremos hablaros en relación al abismo en el ADN.

Se trata de lo siguiente. Por vez primera en la Humanidad, van a existir remedios que se os presentarán para vuestra alegría e iluminación y que funcionarán para vosotros ¡y no para los demás! Escuchad atentamente, porque esto os va a explicar gran parte de lo que, sobre este tema, pueda suceder en vuestro futuros potenciales. Muchos Seres Humanos podrán dedicarse a esta práctica haciendo uso de idéntica Química y de los mismos procedimientos, ¡pero obtendrán diferentes resultados que los otros! Según sea la intención del que lo recibe, la propia esencia del remedio se verá alterada. Los dicho constituye la prolongación natural del mensaje que mi socio os ha dado sobre el hecho de que *la concienciación altera la Física.* Por primera vez, los científicos llevarán a cabo experimentos en los que se encontrarán con que el método científico no funcione con la energía adicional de la *intención* del Ser Humano. El método científico se basa en la creación de pruebas que, a su vez, crean reacciones comunes y repetidas a los experimentos o acciones. Los resultados de los experimentos permiten, en consecuencia, a la Ciencia la creación de un modelo lógico alrededor del que siempre se encontrarán esas reacciones. Todo ello se verá profundamente desquiciado con la aparición de la nueva energía de la intención, una energía con la que deberá contarse, ya que altera la física del experimento.

Aquí viene cuál es el potencial de la reacción de los Seres Humanos y el abismo que la rodea. Habrá un grupo entre vosotros que comprenda perfectamente lo que acabamos de decir y que comience a vivir vidas más duraderas a causa de su intención, si la combina con las nuevas substancias de esencia vital. Sin embargo, habrá otros que crean que se lo saben todo sobre Dios y el Espíritu y que eleven sus manos al cielo mientras ruegan a Dios que les diga cómo pueden suceder tales cosas como que vosotros podáis hacer algo que ellos no. Porque no comprenden la mecánica de la nueva asociación con Dios. Se han encerrado en un paradigma de espera de que Dios haga algo *a* ellos y *por* ellos, lo que no sucederá.

Así que se abrirá una grieta entre los que vivan vidas más prolongadas, y los que, no. Esa grieta hará que seáis calificados de malvados. Habrá entre vosotros quienes viváis con amor en vuestros corazones, con intención pura, con la energía crística de los maestros del amor de la Nueva Era, con la luz blanca brillando sobre vuestras cabezas y que, sin embargo, seáis llamados «obras del demonio» y «productos de una Maldad cósmica», lo que no es sino una dicotomía de primera clase. Y todo ello, porque habéis comprendido y aceptado la *intención* dentro de la Biología humana. Porque viviréis largas vidas llenas de abundancia y con semblantes felices, trabajando con soluciones y retos y llevando vuestra luz bien alta. Los otros no lo verán nunca así, y esto, queridos míos, tal vez constituya el peor de los abismos porque se extenderá a los otros cuatro, el de la fe, el de la familia, el de las relaciones y, sí, también el de los negocios.

Os volveremos a repetir que no hablaríamos de todas estas cosas si no fueran verdad. Ya es hora de que sepáis, como dice mi socio, «que ésa es la razón por la que lo llamáis trabajo», trabajadores de la luz. Parte de la tristeza y pena de los retos que tenéis ante vosotros estará constituida por esos abismos abiertos entre quienes, simplemente, no se avendrán a amaros por lo que sois, sino que, por el contrario, se edherirán como lapas a lo que se les ha dicho y a sus doctrinas, en lugar de miraros a los ojos y ver el amor que éstos encierran.

Nos gustaría proponeros un ejercicio metafórico. Una buena imaginación es muy importante aquí. Tenéis una caja sobre vuestras rodillas llena de regalos consistentes en las soluciones a los retos con que os habéis encontrado aquí y allá. También contiene potenciales de energía para vuestro futuro. Existe un cambio de vida. El Espíritu sabe quiénes sois, y nos encontramos en el *ahora*, como ya sabéis. Vemos lo que sois capaces de hacer y, para nosotros, los potenciales que hacen uso de esas soluciones son tan reales como vuestra realidad cronológica lo es para vosotros.

Hay una caja sobre vuestras rodillas con las soluciones a vuestros problemas, y fuísteis vosotros mismos quienes la hicísteis. Lleva vuestro nombre escrito encima. La invitación para quienes recibís este mensaje es la de que podéis abrirla con gran facilidad y ver cómo salta la tapadera. Fluirán al exterior soluciones espirituales que brillarán con su diamantino resplandor y Divinidad al asirse a vosotros. Son antiguas y llevan mucho tiempo esperando a ser activadas a través de la intención. Representan una energía amistosa, una energía que habéis estado esperando como si se tratara de una sanación, una energía que solicitásteis cuando pedísteis instrucciones sobre la siguiente cosa que teníais que hacer.

Tal vez haya entre vosotros quienes se encuentren con problemas al levantar la tapadera por estar todavía atascados en el fango del miedo a la antigua Nueva Era, ¿sabéis? *¡Hacéos con el* catalizador que haga que salte la tapadera! Os lo pondré en una palabra: *¡autoestima!* ¡Enteráos de quiénes sois! Nunca jamás seáis víctimas de lo que el planeta os tiene preparado para vuestro día a día. Nunca lo fuísteis, aunque la dualidad hace que esa percepción sea fuerte. Cuando *reconozcáis* el hecho, igual que hacen los niños, de que *pertenecéis* a aquí, la tapadera saltará, y, de hecho, os *reconoceréis* a la persona que es una creación espiritual en este planeta. Podréis sujetar bien alta vuestra luz y decir: «*YO SOY un pedazo del todo; por lo tanto, YO SOY perfecto a los ojos de Dios*».

Así que ésta es la imagen que os habéis representado, y éste es el lugar en que el Espíritu puede o no asociarse con vosotros. Porque sois vosotros quienes debéis poseer una autoestima que os pertenece sólo a vosotros. ¿Podéis empezar a comprender por qué el Ángel «está ahí»? ¿Ese Ángel que lleva vuestro rostro y vuestro nombre? ¿Podéis comprender que la dualidad sea casi, como la llamaríais vosotros, «una farsa en espera de ser descubierta»? Al reivindicar vuestra autoestima, vuestra vida comenzará a cambiar, una vez que el factor alegría co-mience a entrar, cuando la paz se pegue a vosotros porque la merezcáis, con independencia de cualquier problema en el que podáis encontraros.

¡Oh queridos míos! Hemos pasado un felicísimo tiempo juntos. Un tiempo en el que os hemos abrazado con la energía del amor de casa. Mientras nos vamos retirando de este espacio, somos perfectamente conscientes de que nunca tendrá lugar otro momento exacto a éste. Es único. Único. Relleno hasta los topes de un amor que proviene tanto de quienes se encuentran al otro lado del velo como de mí mismo.

Así que recogeremos nuestros cuencos, aquéllos con los que os hemos lavado los pies y empezaremos a retirarnos de este lugar en el que seguís sentados. Si pensábais que esta hoche os iba a rendir honores la presencia de las entidades que procedían del otro lado del velo, os voy a dar una noticia: éramos nosotros quienes os esperábamos para oír y leer. Para eso nos pusimos en cola. Es lo que queríamos hacer esta vez.

La energía del honor que va desapareciendo a través de esa rasgadura en el velo no se perderá en vosotros. *Sois* amados con toda la ternura.

Y así ha de ser.

Kryon

Postdata...

Anne K. Hudec se graduó con una Licenciatura en Dirección de Empresas. Durante los últimos 25 años, viene combinando sus aptitudes organizativas con estudios de concienciación multidimensional. La Psicología transpersonal y junguiana le llevó a obtener un certificado en PNL y en TT, siendo en la actualidad una practicante de E.M.F. Anne lleva dando conferencias y organizando talleres sobre cómo pensar de forma positiva tanto en los Estados Unidos como en Canadá y Europa. La integración de las sutiles energías y conocimientos adquiridos a través de la intuición y experiencia constituyen un proceso continuo que lleva a cabo en el seno de su familia, en la comunidad y allí adonde va. Anne K. Hudec asistió a la canalización que tuvo lugar en Indiana, que los lectores acaban de leer. ¿Os habéis preguntado alguna vez si son esos mensajes susceptibles de ser aplicados a la vida real? ¿Quién más reacciona ante lo presentado? ¿Es real?

Anne nos ha solicitado dirigirse a los lectores de Kryon.

Puede que no te dé lo que crees querer. Revisión de los cinco abismos de la Nueva Era, un año después de su presentación.
Por *Anne K. Hudec*

«Ciertamente, os daré lo que necesitéis. También, os lo daré en el momento exacto apropiado. Todo lo que se os pide es que lo reconozcáis por lo que es. Aun así, os asistiré. Tened confianza en mí».

¿Se os han ocurrido alguna vez ideas semejantes? Ahí están esas palabras tan tranquilizadoras. Allí, en el interior de vosotros, las oís. Son como un eco de la llamada que lleváis oyendo todas vuestras vidas. No hay heraldo alguno que anuncie a ningún reconocido maestro o ángel o entidad procedente de otra estrella. Es así, sencillamente, y es vuestro. La llamada es real y nos la merecemos, porque ha sido ordenada y ungida, y se supone que tenemos que comprender la forma en que actúa el Espíritu en el interior de nuestros corazones y mentes. Nuestra forma de pensar en el día a día, las palabras que empleamos a diario, son para transportar a la divinidad que siempre estamos descubriendo.

Los seres espirituales aterrizan con gran sabiduría y amor en numerosos foros públicos y en muchísimas páginas impresas. Existe, dentro de nuestro propio ser, una respuesta, y enseguida nos damos cuenta de quién es quien nos habla.

Dejando de lado un desfile de semblantes y de nombres, nos quedamos esperando al eco que se dirige a nuestros corazones y a nuestras mentes. Cuando aparece el maestro, ya sabemos. Estamos listos, porque hemos pasado mucho tiempo esperando.

Hace ocho años, me encontraba yo –como muchos de vosotros– sumida en una búsqueda del Espíritu. Fui atraída por Kryon desde las páginas de *Connecting Link* Magazine. Busqué su primer libro sin serme posible encontrarlo, así que escribí a Lee. Me contestó instándome a que continuara pidiéndolo para que las librerías lo incluyeran. El que hablaba era el hombre de negocios, aunque se ofreció a enviarme el libro, pagándolo, si no tenía éxito.

Como todos aquéllos de vosotros que acudía a un seminario por vez primera, vine, con un amigo, a «ver de qué iba esto». Viajamos en coche al primer seminario de Kryon del que Terry y Jim Coddington fueron anfitriones. No éramos muchos. Tuvo lugar en la St. Vincent Marten House, de Indianápolis, Indiana. Jan y Lee parecían «críos» en estas lides, y recuerdo que nos reímos muchísimo. Lo que más me gustó de todo aquello fue la honradez, sencillez y confianza que emanaban de Kryon. A través de los años, esta unión al mensaje universal se ha hecho más sólida. Kryon ha hecho que todos crezcamos en concienciación universal.

En estos primeros seminarios a los que asistí, me sentía llena de curiosidad. Al igual que una niña, me quedaba sentada y permitía que el amor del Espíritu me bañase y me sanase. Sí, me sentía como en casa. ¿Sabéis que todavía hoy me es difícil prestar material Kryon a nadie? Guardo como tesoros tanto los Libros Kryon como la revista *Kryon Quarterly*. Cada uno de los libros que sale de mi casa lleva unas cintas invisibles unidas a ellos. A los pocos días, comienzo a tirar de ellas. Una vez realicé la generosísima oferta de prestar tres libros a la vez a un nuevo contacto. ¿Sabéis? Somos como la mujer de las Escrituras que, feliz al encontrar una aguja en su pajar, fue a contárselo a todas sus amigas. En fin, los meses pasaban y tuve que pedirle que me devolviese los libros. Ella me los devolvió, aunque contra su voluntad, por lo que le dije que, si tanto le gustaban, ¿por qué no se los compraba? Posteriormente, me enteré de que ahorraba todo su dinero para irse de «safari» a África. Siempre estamos eligiendo. Estamos constantemente optando entre las vidas física y espiritual que nunca vivimos, sin darnos cuenta de que, una vez que cumples con la espiritual, el placer es continuo, no temporal y residente sólo en el recuerdo.

¿Cuántas veces habréis oído a Kryon decir que se nos conoce a todos por nuestro nombre? ¿Que somos conocidos todos en todas nuestras conexiones multifractales? ¿Que todos hemos venido juntos con un fin? Los componentes adecuados siempre se encuentran presentes en cada una de las canalizaciones dadas por Kryon a las mismísimas entidades que se sientan en esas butacas. Somos nosotros quienes somos responsables de los mensajes dados y recibidos. ¡Oh! El Espíritu sabe bien de antemano quién vendrá a tal seminario o leerá tal mensaje. ¿Sabéis? El Espíritu conoce nuestras debilidades, fortalezas y proyectos sobre los probables actos que realicen los Seres Humanos. Con que estemos allí, la enseñanza está dada.

El 14 de marzo de 1998, se dio una canalización en Indianápolis que hizo que nos irguiésemos en nuestros asientos. Trataba sobre «Los cinco abismos de la Nueva Era». Lo que tenía de diferente, al menos para mí, era que se nos pedía seguir creciendo y enfrentarnos a las responsabilidades anejas a la designación de lo que «un trabajador de la luz» deba hacer. Como suele ser costumbre en mí, comencé a tomar notas. Para entonces ya me había dado cuenta de que, más pronto o más tarde, aquella canalización se publicaría en letra impresa, por lo que, de momento, bastaría con unos pocos apuntes. Al cabo de un rato, tanto mis amigos como yo dejamos de escribir. No podíamos hacernos con la idea de qué era lo que se nos pedía.

No parecía que aquello fuese a ser fácil. Se nos retaba a que siguiésemos adelante y a que esperásemos encontrarnos con dificultades. Cuando uno habla de negocios y de implicaciones externas, uno se dice a sí mismo, «me enfrentaré a eso cuando me toque», aunque, cuando se trata de estructuras familiares y de creencias personales, las respuestas tienen un cierto modo de ajustarse a antiguas y ocultas pautas de conducta. ¿Van a llegar más cambios? En fin, en aquel momento, dejé de escribir. Era demasiado. También debió haber sido demasiado para Lee. Su grabadora dejó de grabar. Buscaron entre los asistentes y encontraron a alguien cuya grabadora lo había recogido todo.

Con muchoo cuidado, recogí aquel guante. ¿Sabéis? Yo había ya pasado por los cambios de «implante» mucho antes de que Kryon se refiriese a ellos y pensé: «*de momento, me siento cómoda con esta información. Nada de volver atrás*». Se trata de una pasión espiritual en la propia médula de nuestros huesos. Al mismo tiempo, tuve confirmación de que me encontraba justo en medio de mi contrato. Sólo esperaba un poco de alivio. Aquí no se dejaba de exigir más. Era necesario más autodesarrollo.

«Os repetimos una vez más que no existe reto alguno en vuestras vidas que no nos sea conocido». De acuerdo. Estaba llena de retos, así que no estaba nada mal saber que Kryon también los conocía. En todo caso, aquí, «olía» a ayuda. «¡No existe nada en vuestras vidas que no se pueda resolver! ¡Nada!». Gran suspiro interior de alivio. Escuché con más atención.

«No existe el *tiempo* con el Espíritu. Para nosotros, la experiencia de lo que vosotros llamáis tiempo es circular. Existen entre vosotros quienes sois portadores de las semillas del cambio planetario, pero antes de que se lo facilitéis al planeta, deberéis cambiar vosotros mismos, y ésa es la razón por la que este mensaje contiene tanto amor». Algunos de vosotros, los que ya lleváis algún tiempo con Kryon, sabéis a qué se refiere con eso. Las cuerdas cordiales del tiempo son rasgadas a conciencia. La energía del amor rezuma por todos vosotros, y os quedáis llorando sin saber qué hacer.

No hay necesidad alguna de señalaros que hemos sido avisados y que nos han dicho que el amor es una ciencia.

Esas energías conocen bien su papel, saben de nuestra magnificencia y también que, con un poco de entrenamiento, lo haremos. «Relajáos y dáos cuenta de que os encontráis bien y de que todo marcha sobre ruedas». ¡Ah, claro! «Existe hoy en día un potencial para la Humanidad como nunca lo hubo antes. Las semillas –o el potencial, si recogemos el guante– de esa graduación son transportadas en el interior de los receptores de este mensaje que quieren saber más acerca de quiénes son. Si pudiérais ver el resplandor del ángel que tenéis dentro, ¡os quedaríais asombrados ante la divinidad que se encuentra en la butaca en que os sentáis!». Si vosotros y yo lo permitimos, el resplandor y la luz procederán de allí donde estemos. ¡Uau! Menudo poder de seducción.

Cuando concedemos nuestra intención dentro del contexto del estado de ascensión para asumir los cinco abismos que se abren ante nuestros ojos, esa intención será respetada al pie de la letra. Kryon nos dio los abismos en una visión general, aunque ellos se desarrollarían de una manera diferente para cada uno de nosotros. No sabríamos a lo que nos enfrentaríamos hasta que no nos encontráramos ante la situación, pero se nos aseguraba que, en cada uno de los casos, contaríamos con el amor que es nuestra luz.

Los ávidos y alegres buscadores espirituales no se pusieron demasiado contentos después de esta andanada en particular. Si deseáramos continuar aplicando los principios espirituales y decidiésemos adoptar el estado de ascensión, nuestra propia fe, familia, amistades, negocios y biología humana se sentirían tensos. Perdonadme. Nos dijeron que nos enfrentaríamos a fisuras. Sin embargo, en el siguiente aluvión de palabras llegaba una promesa de amor y de ausencia de victimización. Se nos dejó optar por lo que quisiéramos. Bienaventuradamente, se nos concedía algún tiempo.

¿Habéis escuchado la frase «a la miseria le encanta ir acompañada»? Pues bien, tengo la maravillosa suerte de contar con amigos que siguen caminos parecidos al mío. A lo largo de los años, hemos venido caminando senderos paralelos, y, cuando las situaciones se volvían demasiado incómodas, nos poníamos a hablar durante horas y horas hasta conseguir aclararnos. En aquellos casos en que esto no funcionaba, asistíamos a «talleres» en busca de nuevas herramientas e información. La verdad es que era muy bueno, porque nos permitía mantenernos abiertos y ser receptivos. Estábamos siempre en un continuo camino de evolución. Ni mis amigos ni yo hablamos, durante semanas, sobre los cinco abismos. No queríamos ni mirarlos. Queríamos saber en qué otra cosa podíamos ocuparnos. Existe cantidad de actividades «mundanas» en las que involucrarnos. No, no queríamos hablar de creencias, pero –¿sabéis?– «allí a lo lejos» sentía que no lo «había logrado». No existía punto de retorno. No nos gustaba el limitado alcance de ideas del que habíamos salido.

La verdad es que no había otra salida que la de seguir adelante. Dije que sí a todo. En fin, eso era todo lo que necesitaban el Espíritu y los guías. La condición era salirme de mi zona de comodidad y dejar de dirigir el cotarro. Me encontré en situaciones que jamás supe que formaban parte de mi imaginación ni de mi visión. Era como si la mente y el corazón jugasen al tira y afloja. Gracias al Espíritu y a los amigos con mentalidades amplias, evalué, acepté los riesgos, volví a evaluar y auné mis recursos. Con todo esto, fui desarrollando mi valor y mi confianza, mi confianza en la ayuda que llegaría cuando yo misma me introdujese en un rincón o muro de resistencia.

Me encontré con que mi sistema de creencias estaba presente en todos los abismos. En ello es en lo que se basan mis decisiones. Es mi actuación–base. No me extraña nada que Kryon hablase de «creencias» en primer lugar. A menos que cambie algunas suposiciones básicas, continuaré caminando en círculos. Yo quería una escalera de caracol, lo que implicaba que necesitaría ascender a nuevas estructuras de fe. Para ello, no sólo tendría que escuchar consejos con buena atención, sino, además, asimilarlos. Existe el conocimiento interior y existe el conocimiento exterior. Hay un corazón y hay una cabeza. Existe la subjetividad y existe la objetividad. Existe la primavera, y yo me encontré en medio de ella y ampliando mis horizontes. Existe el invierno, y contemplé las interacciones en las relaciones. Vi cómo funcionaba la compatibilidad y aprendí a bajar mi guardia. Hablé de ambiciones secretas que no eran sólo mías. En esta época, tenía la compañía de muchos de los miembros de la mesa de mensajes de Kryon. Cuando toqué el corazón de mi corazón, sentí el desplazamiento de mi concienciación. Para mi gran sorpresa, sentí cómo mi fe en mí misma iba en aumento a medida que me iba desprendiendo de lo antiguo y me abrazaba al *ahora*, al ahora que «carecía de juicios» y que contaba con tanto amor incondicional como mi trampolín para tomar decisiones. La solución para llevar la luz tan alta como sea posiblemente correcto.

El amor incondicional constituye el factor transformador que, hasta ahora, faltaba en nuestras ecuaciones. Ésta era la parte del mensaje sobre los abismos más difícil de asimilar. Ésa es la razón por la que se nos pide a todos que nos asimilemos a cada abismo con que nos encontremos. Hasta el momento, hemos tenido cantidad de condiciones basadas en el amor, condiciones que nosotros mismos establecemos o que otros establecen para nosotros.

Robert Kegan, en su última obra, *In Over Our Heads,* señala que «los que tomamos como sujeto y objeto no han sido, necesariamente, fijados para nosotros. No son permanentes y son susceptibles de cambiar. De hecho, la transformación de nuestas epistemologías, el convertir al sujeto en objeto para que podamos 'poseerlo' (la 'imposibilidad de perder' de Kryon) en vez de 'ser poseídos' por ello, constituye la forma más poderosa que yo conozca para conceptualizar el crecimiento mental. Se trata de una forma de conceptualizar el crecimiento de la mente fiel a la auto–psicología occidental y a la 'literatura de la sabiduría' oriental». Todo está claro, pensamos, hasta que llegamos a «casa» con Kryon, y nuestro corazón se ve barrido por un amor incondicional.

Muchos de nosotros hemos estudiado Psicología y la fenomenología de la concienciación en estados anormales. Hemos llegado a darnos cuenta de que ninguna dosis de LSD, respiración holotrópica, hipnosis —o la incapacidad de ser hipnotizado— experiencia chamánica, rituales, ritos de paso o trabajo físico de gran intensidad descubrirá las estructuras morales, culturales, lingüísticas (PNL) y sinctácticas en las que y a través de las que surgen nuestras experiencias subjetivas. El crecimiento siempre involucra un proceso de distinguir entre la emergencia de una forma de ver la vida y las cosas y otra forma de verse a sí mismo. Se nos pide que nos deshagamos de conceptos limitativos y que nos contemplemos como co–creadores con el Espíritu. ¡Ésto sí que constituye una noticia! ¿Qué ocurre? Cuando el polo subjetivo (nosotros) atraviesa por una diferenciación a través de la extracción del ego de las estructuras organizadas del pasado, se produce un salto de fe y de confianza en el Espíritu que es lo que da lugar a ello. ¿Conocemos lo suficiente sobre co–creación con el Espíritu? Francamente, no. Consiste en una especie de «volar desde tu asiento». Quedándonos fuera de las estructuras organizadas del pasado, se nos solicita que nos guste todo lo que nos sea servido, lo que solamente puede conseguirse mediante un nivel más elevado de estructura organizativa. Cuando experimentamos el amor del Espíritu a través de acontecimientos sincronísticos, comenzamos a aprender más sobre los niveles más elevados de las estructuras organizativas en que se incrustan nuestras vidas.

¿Existen los abismos? Sí. ¿Tiene lugar el desplazamiento? Sí. ¿Somos nosotros los responsables? Sí.

Una vez que nos mostramos de acuerdo a co–crear con el Espíritu, contamos con toda la ayuda de que tengamos necesidad. No nos veremos obligados a hacer nada que no queramos. Jamás. Tenemos opciones libres en todo lo que hagamos. Si decidimos tener intención, seremos guiados hasta nuestro destino. El hecho de desincrustarnos a nosotros mismos de las antiguas estructuras realiza cambios exactos en todos los abismos mencionados; eso ni se discute, pero –¡ah!– las bendiciones que hayamos ido reuniendo durante el camino nos permitirán que crezcamos de formas misteriosas. ¿Cómo podría ser de otra manera si todo sucede realmente sólo en el ahora, y todo lo que tenemos que hacer es enamorarnos de lo Divino que llevamos en nuestro propio interior?

Ann K. Hudec

Capítulo Séptimo

CIENCIA

Dice Lee Carroll...

En libros anteriores, éste era el Capítulo en que yo presentaba las noticias científicas para las que Kryon nos recomendaba que tuviéramos los ojos bien abiertos. En el Libro Kryon VI, *Asociación con Dios,* cubrimos los temas de los rayos gamma, el desplazamiento de la cuadrícula magnética, la física de la velocidad superior a la de la luz, círculos grabados en el suelo, principios de sanaciones y otras cosas de las que Kryon había venido hablando en los últimos años. He intentado mostrar que, con mucha frecuencia, Kryon acostumbra a darnos pistas sobre temas que seguimos encontrando interesantes o que se convierten en el centro de atracción tres años más tarde, como Kryon indicó que lo harían.

No soy ni científico ni me aproximo a ello, de modo que estos capítulos orientados hacia la Ciencia suelen ser por lo general casi los últimos en los libros de Kryon y constituyen mi postdata personal. Nunca hemos querido que nadie cuelgue la física y ciencia que aquí se exponen en la misma percha que la profunda energía de amor existente en las obras de Kryon. Sólo presento la parte científica porque me emociono cuando Kryon nos dice que existen potenciales de descubrimiento ¡y se producen! Se trata de que mi «cerebro de hombre» se pone en funcionamiento, y me da la impresión de que sería negligente de mi parte el no compartirlos con vosotros.

En este libro, el capítulo destinado a la ciencia será ligeramente diferente. Dado que Kryon canalizó temas específicamente científicos en los dos últimos años, la información principal estará basada este año en las transcripciones sobre energía tituladas «La Cuadrícula Cósmica», en lugar de sobre el tipo de temas que aparecían en el Libro Kryon VI. Antes de proceder a la presentación de la canalización de Kryon, deseo, sin embargo, compartir una sorprendente comprobación relacionada con los residuos nucleares. Una vez concluídas las transcripciones, quiero que veáis cómo la información sobre la energía de «la cuadrícula cósmica» se ve puesta en práctica por un nuevo proceso que es algo realmente profundo –la técnica EMF de equilibrio– y tan poderoso que hasta la NASA y las industrias privadas quieren conocer más sobre ello. También queríamos que lo supiéseis vosotros.

Residuos nucleares

Uno de los potenciales menos corrientes que Kryon nos dio a conocer en lo relacionado con nuestra Ciencia fue tratado en una respuesta a una pregunta sobre residuos nucleares que apareció en el libro Kryon II, *¡No Piense Como Un Humano!*, editado por Ediciones Obelisco en 1997. Kryon respondía a la siguiente pregunta sobre residuos nucleares.

Extracto del Libro Kryon II
¡No Piense Como Un Humano!

Pregunta: *En obras anteriores, decía usted que nuestros residuos nucleares constituían uno de los más importantes peligros que nos amenazaban. ¡El material es indestructible y eternamente volátil! ¿Qué podemos hacer?*

Respuesta: Vuestros residuos atómicos activos son, en efecto, el mayor de los peligros a que os enfrentáis. Ya os habéis dado cuenta de cómo una enorme parte de tierra puede ser envenenada para siempre por un simple accidente nuclear. Pensad en la tragedia de perder parte de vuestro país por algo así, por algo tan sencillo como ignorar las cosas enterradas tan profundamente y que tan amenazadoramente van concentrándose hasta llegar a un punto crítico de actividad. En este momento, mientras leéis estas palabras, existe una pequeña población en vuestro mismísimo continente americano, cuyo nombre empieza por «H», que cuenta con casi todas las papeletas para esa rifa. No hay duda de que se producirá el desastre si continuáis ignorándolo, y ello, por simple Física básica. Sin embargo, no hay razón por la que tengáis que esperar a que se produzca la catástrofe para empezar a actuar.

La verdadera respuesta para la eliminación debería ser obvia. Esos residuos deben ser neutralizados. Hablé ya de ello en una canalización anterior, aunque volveré a repetirlo ahora. Hay múltiples maneras de neutralizar esos residuos, pero la que hoy en día es posible dentro de vuestra tecnología es sencilla y está a la mano. ¡Deberíais volveros inmediatamente a la Biología de la Tierra! Buscad los microorganismos que ya conocéis capaces de devorar esas sustancias activas y convertid éstas en inofensivas. Desarrolladlos con vuestra Ciencia para aumentar su número y eficacia y ¡que se coman vuestros residuos!

Os preguntaréis que por qué no se está haciendo eso ya, dado que esos microorganismos ya han sido descubiertos. Volved los ojos a vuestros gobiernos terrenales para encontrar las respuestas. ¡Exigid que las investigaciones sean conducidas hasta su fin y que comience el proceso! Comprended las políticas terrenales de las razones por las que no os lo hayan expuesto así ni hayan concedido los fondos para ello. Organismos como éstos son pequeños, de fácil transporte y crecimiento y no les importa si su alimento proviene de residuos armamentísticos o de basura común.

Ya es hora de que los líderes de la Tierra arrojen de sí los temores a tecnologías que pudieran alterar el equilibrio armamentístico. Constituye una ironía de la Ciencia que, con muchísima frecuencia, se produzcan nuevos descubrimientos susceptibles de ser empleados en la guerra o en la paz, siendo vuestra iluminación la que determine a cuál de las dos aplicarlos. Os encontráis en el momento actual preparados para una de las más eficaces herramientas medioambientales que hayáis

369

jamás desarrollado, incluyendo la de que os he hablado, para reducir vuestros residuos nucleares. Además, sois los primeros en recibir grandes cantidades de tecnología útil para aumentar vuestra longevidad, mejorar el control de las enfermedades y afectar a vuestra salud en general. Que el miedo de unos pocos no detenga el bien de muchos.

* * *

Lee otra vez...

Hay dos puntos principales a tener en cuenta que Kryon ha mencionado:

1. Hay un organismo que ya existía cuando esto fue canalizado (1994) y de cuya existencia la Ciencia ya tenía noticias, aunque no lo reconociese (o fuese censurado). Este organismo podía, de hecho, alimentarse de residuos nucleares.

2. Existe una población que deberíamos buscar entre las que cuyo nombre comienza por una «H», que cuenta con un gran potencial para problemas atómicos (posteriormente, identificada como Hanford, Washington).

El el Libro Kryon I, informé acerca de la cosa más parecida a lo que Kryon dijo que buscásemos. Presentamos un artículo científico que mostraba que cierto tipo de plantas especialmente cultivadas estaban siendo empleadas en Chernobyl, localidad en la que tuvo lugar un accidente nuclear en Rusia, para limpiar las aguas de Cesio-137 y de Estroncio-90 (materiales altamente radioactivos). Se trataba de Biología, y pensé que era a lo que se había referido Kryon. Aunque coincidía, debía haber esperado a la veta principal –exactamente aquello de lo que había hablado Kryon–, un microorganismo que se alimenta de residuos nucleares y que era ya conocido.

Más abajo aparece un artículo del *Science News,* volumen 154, página 376. Desde un punto de vista metafísico, la fecha de esta publicación es muy interesante: 12 de diciembre de 1998 = 12:12). Echad una ojeada a lo que se acaba de descubrir: un microorganismo que come residuos nucleares, que ya era conocido en la década de 1950, que fue redescubierto en 1988 y del que ahora se empezaban a conocer sus posibilidades. ¿Os habéis dado cuenta también de la foto? Es de la Reserva Nuclear de Hanford.*

> *«Buscad entre los microorganismos ya conocidos el que pueda alimentarse de esas sustancias activas (residuos nucleares) y convertirlas en inofensivas. Desarrolladlas empleando vuestra Ciencia para aumentar su número y eficacia y ¡se coman vuestros desperdicios!*

KRYON – 1994
LIBRO KRYON II

*   Revista *Science News*; John Travis; «Hallado el supermicrobio: bacteria resistente a la radiación que puede limpiar los lugares más peligrosos de la nación». Volumen 154, Número 12; 12 de diciembre, 1998, pág. 376; publicada semanalmente por Science Service, Washington, DC.; (http://www.sciserv.org)

El organismo es conocido por el nombre de *Deinococcus radiodurans,* cuyo significado es el de «extraña baya que soporta la radiación». ¿Es nuevo? No, pero incluimos aquí una acotación del artículo: «'Me fue difícil creer que podía existir nada parecido', dice John R. Battista, de la Universidad de Louisiana en Baton Rouge. Los científicos están impresionados: nuevamente impresionados».

Ésto es algo que también relataba el artículo citado: este organismo no sólo se autoprotege de la radioactividad; tiene la capacidad de *¡reparar daños genéticos!* ¿Qué os parece eso, Humanidad? ¿Interesados? Esta bacteria puede almacenar su código genético hasta un espesor de diez capas. Al igual que las hileras de dientes de los tiburones, cuando la primera capa se ve destrozada por la radiación, sencillamente hace que la segunda la sustituya ¡y así sucesivamente! Quienes trabajan con ella y la hacen objeto de sus manipulaciones son Michael Daly, Kenneth Mintos y sus asociados de universidades de Maryland y Minnesota. Están en el proceso de modificar al bichito con la intención de hacerlo más poderoso todavía.

Otra parte interesante de este artículo trata del hecho de que, si existiese un microorganismo capaz de soportar el viajar por el espacio de forma natural y de ser transmitido de un lugar a otro mediante cometas o asteroides, ¡sería éste! Así de fuerte es él. Un auténtico superviviente.

¿Cuál es la conclusión que extrae este artículo científico de una revista tan conservadora? «El empleo de microbios como equipo de limpieza constituye una estrategia que recibe el nombre de «bioremedio». Un estudio reciente, en el que se hacía que el *D. radiodurans* degradase una toxina orgánica corriente en lugares donde existan ese tipo de residuos, está produciendo excelentes resultados».

Mostramos aquí una acotación de otra revista, *Nature Biotechnology,* de octubre de 1998 y traducida del francés: «La Versión 98 del *Deinococcus,* después de ser alterada, tiene la posibilidad de oxidar tolueno e ingerirlo. Michael Daly y su equipo tienen la esperanza de que, en breve plazo, esta bacteria sea capaz de ingerir y de oxidar tolueno y tricloroetileno radioactivos, en cuyo caso, el *Deinococcus radiodurans* podría además fagotizar productos radiotóxicos peligrosos, como el uranio, y consumirlos antes de penetrar en el suelo en el que se depositan y contaminarlo para siempre».

Yo, personalmente, me sentí estremecido por la emoción de ver en las principales revistas de Ciencia exactamente lo mismo que Kryon nos indicó que buscásemos, pero hay mucho más que eso. La simple idea de formas seguras y prácticas de limpiar el planeta de residuos nucleares es cautivadora, pero... ¿cómo lo hace el *Deinococcus radiodurans*? ¡Esto sí que constituye rejuvenecimiento al más alto nivel! ¿Hay algo más que podamos sacar en limpio de esto? Si un organismo unicelular puede hacer algo como esto, ¿qué no podrá hacer un organismo pluricelular denominado Ser Humano?

Me siento feliz de compartir estas líneas con vosotros.

La cambiante concienciación de la ciencia...

«En 1977, el premio Nobel de Física Steven Weinberg, de la Universidad de Texas, lanzó un famoso grito de desesperación: cuanto más extenso se ha vuelto el Universo gracias a la cosmología —escribía—, menos útil parece. Sin embargo, en la actualidad, la misma Ciencia que «mató» a Dios está, ante los ojos de los creyentes, restaurando la fe. Los físicos han tropezado con signos de que el cosmos está hecho a la medida de la vida y de la concienciación».[1]

1. Revista *Newsweek*, Sharon Begley, «Science Finds God»; 20 de julio, 1998; página 46; (http:/www.newsweek–special.com)

«La Cuadrícula Cósmica»
Primera Parte

Canalización en Directo
New Hampshire

*Las siguientes canalizaciones en directo, dadas con un
año de separación, han sido editadas con palabras e
ideas adicionales que permiten la aclaración y mejor
comprensión de la palabra escrita. Además, han sido
combinadas entre sí con el fin de facilitar su lectura.*

Dice el autor...

Me acerco ahora a mi décimo año de canalizaciones públicas y
me veo constantemente sorprendido cuando el Espíritu decide
que ha llegado el «momento» de comunicar nueva información.
La que sigue puede dar la impresión de tratarse de información
científica, aunque no constituya sino información espiritual en
el más elevado de los sentidos. Se trata del principio de la revelación de cómo la energía cósmica se encuentra relacionada con
la Física y con Dios. Aquéllos que se han venido facilitando de
sus trabajos energéticos metafísicos se encontrarán aquí con
explicaciones que coincidirán en su totalidad con lo que han
venido observando y aprendiendo durante años.

Saludos, queridos. Soy Kryon, del Servicio Magnético. ¡Oh,
qué bien encontrarse uno de nuevo dentro de esta energía y
frente a vosotros! Esta noche será diferente de la última, porque,
en este lugar, con permiso, va a haber corazones que cambien.
Algunos de vosotros veréis por primera vez lo que, en realidad,

375

es el amor de Dios y de cómo «se da la mano» con la parte espiritual de vuestro interior que constituye un trozo de la totalidad. Esta noche os serán revelados algunos profundos principios para los que estáis preparados, siendo este grupo de Seres Humanos aquí presentes perfecto para escucharlos.

¡Oh, familia! ¡Oh, queridos! Nos hemos reunido los pocos que somos esta noche para sentir el amor del *hogar*. Además, queremos deciros que algunos de vosotros váis a encontrar difícil durante algunos momentos comprender que la voz que escucháis y que leéis ya no constituye la concienciación de mi socio, que durante tantas horas ha venido dirigiéndose a vosotros en este seminario. ¡Ah, no! Porque, desde este momento, lo que oís es la voz y la concienciación de quien os ama con tanto amor, de ese ser de la propia *esencia de Dios*, de quien conoce todo acerca de vuestras vidas, de quien os quiere más que nadie en el Universo, de quien conoce vuestros más íntimos secretos, de quien no os juzga en absoluto. ¡Oh! Escuchad esto: benditos sean los Seres Humanos que se autosacrifiquen como entidades del Universo y vengan de manera voluntaria a este planeta aceptando la fragilidad de la Biología, ocultando sus magnificencias, sus Merkabahs y sus colores para vivir con otros Seres Humanos e intentar recordar quiénes eran en realidad. No existe mayor amor que éste de sacrificaros vosotros mismos hasta un grado tal como el de venir aquí y ¡llevar a cabo un cambio en el propio tejido del Universo! Lo habéis oído bien. Porque lo que hagáis en este planeta durante vuestro periplo por él cambiará la forma en que las cosas funcionan en un lugar del que no os podéis ni imaginar cómo es.

Vamos a utilizar este tiempo (pausa) para lavaros los pies. El lema y la manera de trabajar de Kryon dicen que «entre las enseñanzas, se encuentra el amor». Así que, de nuevo, hablaremos de cosas que tal vez hayáis oído antes, como que, en sentido figurado, nos encontramos aquí esta noche para hacer que esta energía vuelva a familiarizarse con vosotros, para alargar nuestras manos y para tomar, uno a uno, cada pie de los Seres Humanos y lavarlo con nuestras lágrimas de alegría. Caminando por los pasillos y entre las hileras de butacas, para quienes os encontráis aquí presentes y para quienes leéis estas líneas, vienen esas entidades a las que ya conocéis. Antes de que el tiempo de esta enseñanza transcurra, sentiréis cómo os rodean y os abrazan mientras os dicen que os aman. Ese séquito espiritual que hay aquí es varias veces mayor que el número de personas que hay en esta sala, y, mientras continuamos con la sesión de enseñanzas de esta noche, os diremos que ese grupo se irá aproximando todavía más a vosotros. Habrá entre vosotros quienes en ese momento den permiso para que sus vidas prosigan hacia adelante con intención pura y para comprender lo que se les ofrece. El mensaje de esta noche puede, al principio, dar la impresión de impersonal, aunque, a medida que vayamos profundizando en él, iréis comprendiendo por qué se da en este momento y lo que significa.

Os vamos a hablar de algunas cosas que todavía no han sido dichas nunca. Vamos a abordar un tema, querido socio, que es en parte científico y que se va convirtiendo luego en personal. Dado lo que se va a decir, quiero, mi querido socio, que prestes particular atención a la forma en que lo traduces. Hazlo tan despacio como te sea necesario, porque se trata de información nueva. El proceso de transcripción terminará, e incluso podemos ver *ahora* mismo quienes pueden leer esto. Será su «ahora», aunque esté en vuestro futuro cuando lo oigáis. Este mensaje será profundo desde el punto de vista de la Ciencia, pero, como muchas otras cosas científicas de que os hemos hablado, queridos, aunque pueda comenzar dando la impresión de universalidad, pronto se convierte en personal, así que ¡atentos al mensaje!

Nos encontramos en este lugar para revelar por vez primera algunas de las formas en que funcionan algunas cosas que no hemos contado nunca. De hecho, es adecuado revelarlas aquí, porque la concienciación en este lugar es la del amor, la del ansia de conocimientos, la de la seriedad. ¡Me dirijo a los trabajadores de la luz que mantienen bien alta su luz! Me dirijo a vosotros, queridos míos que escucháis y leéis estas palabras. Conozco vuestros corazones y la pureza que encierran. Sé por qué estáis aquí. Este mensaje es personal para vosotros así como para los científicos y los metafísicos de todo el mundo. Que así sea para que llegue lejos. Comencemos.

377

La cuadrícula cósmica

Esta noche, queremos hablaros de un tipo de energía muy específico. Esta noche, desamos hablaros de lo que muchos de vosotros creeréis que se trata de un objeto, pero no; es un fenómeno. Es algo tan corriente que se encuentra siempre alrededor nuestro y es tan misterioso que pocos lo conocen. Se trata del trozo de energía que lleváis tanto tiempo buscando. Se trata de la energía del amor. Se trata de la energía del Espíritu. Se trata de la energía del Universo. Nos referimos esta noche a algo que, en inglés, llamaríamos la «cuadrícula cósmica». Iré soltando esta información a mi socio cuidadosa y lentamente para que podáis entender de qué se trata y cómo funciona. Antes de que esta reunión concluya esta noche, entenderéis de qué forma esta información puede seros aplicada.

Es sumamente corriente en las enseñanzas de Kryon que comencemos por lo grande y vayamos discurriendo hacia lo pequeño para que así comprendáis la visión general y la forma en que afecta al corazón de los Seres Humanos. La Cuadrícula Cósmica, queridos, es **el denominador común de la fuente unificada de energía del Universo.** Decimos denominador común porque significa que todas las cosas emanan de la Cuadrícula Cósmica. Como es difícil definir todo esto de una sola vez, os iremos diciendo sus numerosos atributos poco a poco durante esta noche. La Cuadrícula Cósmica se encuentra en todas partes y por todo el Universo. Todo lo que abarque vuestra vista, y aquello que no podáis ver contienen a la Cuadrícula. En las más diminutas partículas de vuestra Física y hasta en la neblina de los electrones, la Cuadrícula Cósmica está presente. Aquéllos de vosotros que estéis relacionados con la Física comenzaréis a comprender y, enseguida, empezará a pareceros lógico.

El tamaño de la cuadrícula

Comencemos por su tamaño. Es lo más adecuado, incluso antes de pasar a definiros cómo funciona y de qué se trata. La Cuadrícula Cósmica constituye **la mayor energía que jamás**

378

hayáis podido imaginaros. Abarca a todo el Universo y aún más. Está presente en cualquier parte. No existe lugar que se os pueda ocurrir, ni tampoco dimensión, en la que no se encuentre la Cuadrícula. La Cuadrícula Cósmica es tal vez lo que vosotros denominaríais la *concienciación de Dios,* aunque, sin embargo, consista en *física,* consista en *energía* y lleve en su interior *amor* consciente. Lo que, por lo tanto, queremos deciros es que lo impregna todo en todos sitios e incluye a todo el Universo, incluídas todas sus dimensiones. ¡Podéis haceros la idea de algo tan grande? Tan lejos como podáis alcanzar con vuestros ojos en los cielos, tan lejos como cualquier astrónomo alcance a reunir luz sobre nuestro firmamento en una placa fotográfica, la Cuadrícula Cósmica estaba ya allí, aunque, sin embargo tenga al mismo tiempo una sola concienciación, siempre al mismo tiempo. La distancia no tiene significado para la Cuadrícula Cósmica, y aquí es, querido socio, cuando las cosas se ponen más difíciles de explicar.

Imagináos por un momento que vuestra mano fuese mayor que el propio Universo y que, al extenderla, toda la materia conocida que existe cupiera en ella como si se tratara de una pelota. Seríais, no hay duda, ¡inmensos! ¡Tendríais las dimensiones de Dios! En el interior de esa pelota que tenéis en la mano hay miles de millones de estrellas y distancias tan inmensas como insuperables para las entidades que habitan en ella. Dentro de esa pelota, que no es otra cosa que el Universo, daría la impresión de que una entidad de las que en ella viven a la que se le ocurriese ir de un extremo al otro tardaría una eternidad, ¡aunque la pelota os quepa perfectamente en vuestra propia mano! Así es la Cuadrícula Cósmica, porque la verdad es que no existe ninguna distancia insuperable entre vuestro pulgar y cualquiera de los demás dedos, y la concienciación de vuestra mano es singular. Su estructura celular es única, aunque entrelazada con una concienciación que reacciona como única. Y, aunque, en esa pelota a la que podríamos denominar el Universo en vuestra mano, pareciese que existían millones de años luz y de espacio y tiempo por conquistar, mientras la sostenéis en la mano, no es así. Todo lo que hay en ella, los miles de millones de estrellas, se encuentran en vuestro «ahora».

De este modo os podéis ir haciendo una idea del tamaño de esta energía, aunque también os hagáis otra de la *unificación* de la Cuadrícula Cósmica. La parte más lejana de ésta sabe perfectamente lo que hace la parte que se encuentra aquí, en esta sala. La porción de ella que se encuentra entre las células de vuestra biología, a la que hemos denominado amor, sabe lo que se está produciendo ¡a 11 mil millones de años luz! La Cuadrícula Cósmica carece de tiempo, de lo que pasaremos a hablar en unos momentos.

Forma – Orden – Luminiscencia

El primer atributo es el tamaño, y éste es inmenso. Se trata de la mayor energía jamás conocida. Hablamos de su forma, y, esto, querido socio, se va haciendo cada vez más difícil. **No es una parilla.** La Cuadrícula Cósmica **tiene simetría,** aunque no se trata de un emcuadrículado. Si su forma pudiera seros revelada, os asombraría, porque mostraría algo que parecería estar relacionado con vuestro tiempo humano. Ya existen pruebas de la existencia de la Cuadrícula Cósmica, y os voy a decir cómo buscarlas. Vuestros astrónomos miran desde la Tierra dando la impresión de que tuvieran un ojo cerrado. La verdad es que no han contemplado todavía una vista estereoscópica de lo que tenéis a vuestro alrededor que sea clara. Por el contrario, miran desde la Tierra de forma monocular, sin percepción de profundidad de lo que os rodea, razón por la que no hayáis podido ver las *cuerdas de la oscuridad.* Éste es uno de los atributos de la Cuadrícula Cósmica que podéis ver siempre que lo deseéis. La palabra *oscuridad* está traducida aquí por mi socio como si significase «carencia de luz» y se encontrase en oposición a cualquier significado espiritual. Es como si miráseis por la noche al cielo estrellado y viéseis que muchos de los grupos de estrellas tenían estrechas «carreteras» de nada entre ellas, sino de una pauta o forma muy clara.

Os dijimos hace algunos años que vuestro Big Bang jamás se había producido. Os dijimos que carece de toda lógica tener un Universo que explosiona desde un punto creativo central para no ser dispersado por igual. Os dijimos que buscáseis el efecto de agrupación como prueba de que no hubo ningún punto central de explosión. Pero ahora hay más, y os vamos a decir de qué se trata. Llegará un día en que podréis poner vuestros «ojos» y telescopios en lugares muy lejanos y diferentes. Uno de ellos podrá estar incluso en otro planeta, y, al mirar juntos al universo de forma estereoscópica, como vuestros dos ojos miran el mundo a su alrededor, podrán por fin ver ante ellos la imagen tridimensional. Y lo que verán será como carreteras de, al parecer, oscuridad entre las agrupaciones de material estelar. Se verán bien claramente líneas rectas de oscuridad que proporcionarán *dirección* al Universo, que le darán *simetría* y que permitirán que se genere un misterio acerca de cómo pueda ocurrir nada parecido a esas, al parecer, carreteras de una aparente nada entre las diferentes acumulaciones de estrellas. Mirad bien, porque va a ocurrir.

La Cuadrícula Cósmica carece de luz visible, aunque sea la esencia de la luz. La energía de la Cuadrícula se encuentra en un equilibrio *nulo*, de lo que pasaremos a hablaros inmediatamente. La energía se encuentra en un estado equilibrado llamado de equilibrio nulo, en el que la polaridad de sus atributos más poderosos está equilibrada a cero. Esta energía nula posee un poder fantástico, aunque, en su estado de descanso común, parece estar vacía gracias a su equilibrio nulo. Es cuando desequilibráis la polaridad cuando se libera la energía, ¿comprendéis? Vuestros astrónomos han contemplado el Universo y el cosmos con sus medios de medir la energía que allí se produce. Miran a los cielos y miden toda la energía. De lo que, con buen grado de frustración, se han dado cuenta es de que ¡existe mucha menos materia y luz que energía medida! Lo que ocurre a vuestros científicos es una cosa muy conocida. Preguntadles por qué tiene que ser así, y os vendrán con todo tipo de razones, entre las que incluirán la «materia negra».

Queridos míos, lo que en realidad ven es la *energía nula*. Lo que miden es la Cuadrícula Cósmica. La energía de la Cuadrícula Cósmica se encuentra en todas partes, y, una vez que haya terminado con este mensaje, sabréis lo que la dispara y sabréis cómo se usa. Sabréis cómo reacciona ante otras energías y sabréis por qué existe.

Como ya dije, en su forma nula, esta energía de tan increíble actividad nos parecería que daría cero como medición; sin embargo, esta Cuadrícula es potente en todos los puntos y zonas. Nos hemos referido a ella en las más minúsculas partículas de los átomos. Cuando os hablamos de la distancia del núcleo a la neblina del electrón, nos referíamos al principio de la Cuadrícula Cósmica. Cuando os dimos la fórmula práctica para hallar la distancia entre los elementos de la neblina del electrón y el núcleo, os hablábamos de la interacción de la energía procedente de la Cuadrícula Cósmica. Cuando hablábamos de la actividad de los rayos gamma desde una distancia de 11 mil millones de años, nos referíamos también a la Cuadrícula Cósmica. Desde lo más grande hasta lo más pequeño, la fuente de esta energía es inmensa y está en reposo. Sólo cuando es solicitada y desestabilizada de maneras previstas es cuando proporciona su fuerza. Es el común denominador y el estabilizador de todas las energías y materias existentes, y cuando su Física sea conocida por los Seres Humanos, se os abrirá todo tipo de cosas, no sólo en las comunicaciones, sino en poderes ilimitados en todo. *¡Poder ilimitado!*

Tiempo–velocidad

Permitidme que os diga algo acerca de la Cuadrícula Cósmica. Responde al *tiempo*. He aquí otra cosa para que vuestros científicos la sometan a estudio: cuando os encontréis en el Universo con un acontecimiento del que sabéis que posee un potencial susceptible de alterar el tiempo cronológico, observad cómo la energía física que despliega se dobla. Todo parece girar en el

Universo, ¿no es verdad? Según las leyes de la Física algunas de las partículas que saltan al girar deberían formar un ángulo recto con el giro, y otras, colocarse perpendiculares a él. Eso pasa con la Física normal. ¡Mirad que ocurre, sin embargo, con las que no hacen nada de eso! Ésas son las que se alinean con la simetría de la Cuadrícula Cósmica. Son las que «señalan» a la energía pautada por la Cuadrícula, y nos estamos refiriendo a sucesos tales como la aparición en el Universo de agujeros negros y de otros fenómenos que parecen expeler una enorme energía en forma corriente. Vigilad cómo esas corrientes señalan una dirección parecida, aunque no necesariamente se alineen siguiendo el sentido del giro del objeto que las crea, como sería de esperar. Vuestros científicos se preguntarán: «*¿Por qué existe nada parecido?*». Finalmente, tendrán que dar por sentado que exista otra fuerza que alinee ese «señalamiento», como si se tratase de un gigantesco imán cósmico. Lo que ven es el señalamiento de la energía y su doblegamiento a la simetría de la Cuadrícula Cósmica.

Ya sabéis que el tiempo es relativo. Vuestros científicos os lo han dicho, y nosotros os decimos que este hecho en particular va a representar un importante papel en el conocimiento de los atributos de la Cuadrícula Cósmica. El marco cronológico en el que os movéis va a cambiar antes o después, como ya os dijimos en anteriores canalizaciones, aunque esté relacionado con la Cuadrícula Cósmica. Os hemos dicho ya que la energía de este común denominador cósmico está relacionada con el tiempo, y ahora os decimos también que ese tiempo está cambiando para *vosotros*. ¿Qué creéis que quiere decir esto? Permitidme que os lo diga. Quiere decir que la Cuadrícula Cósmica ¡responde a la concienciación humana! Cuando mi socio os dijo que la concienciación altera la Física durante la conferencia anterior al seminario, ¡se quedó corto! En el momento actual, todo en este planeta es posible con la intención de los Seres Humanos, porque tenéis un control literal de la Cuadrícula, que es universal. Dejadme que os diga de nuevo que la Cuadrícula que se encuentra en la otra punta del Universo ¡conoce cómo os llamáis! Ya os hemos dicho que vuestra concienciación ha elevado a este planeta a una vibración completamente nueva. Esta concienciación, de hecho, ha «tirado hacia arriba» de la Cuadrícula para que la Tierra pueda comenzar un desplazamiento en el tiempo que puede que para vosotros resulte relativo, pero que será clarísimo para otros que no se encuentran en el planeta. Lo que esto significa es que puede que vosotros no veáis o sintáis nada, pero que, antes o después, debéis mirar cómo determinados atributos del cosmos parecen ralentizarse, lo que será indicativo de que vosotros os estaréis moviendo o vibrando en un marco cronológico distinto. También os enseñamos en el pasado la Física que regula estos hechos, aunque ahora os vayamos a enseñar la razón mecánica en que se apoya, y es la de que la que realiza el trabajo es la Cuadrícula Cósmica. Vuestra concienciación, por lo tanto, ha cambiado la Física de vuestra propia realidad.

¡Oh, queridos! Escuchad esto con atención. Algunos –muchos– de vosotros sois conocedores ya de esa comunicación entre Seres Humanos que sobrepasa a cualquier velocidad conocida por el hombre. Gemelos idénticos –como llamas gemelas–, compañeros del alma, uno encontrándose en un extremo de la Tierra, y el otro, en el otro extremo, pueden, con frecuencia, tener comunicaciones instantáneas, de lo que existen informes y testimonios. Tal vez, uno de los gemelos sienta cierta ansiedad, y el otro ¡sienta lo mismo en el mismísimo momento! Se llaman y uno de ellos pregunta al otro: «*¿Qué te acaba de ocurrir hace un ratito?*». Ambos se dan cuenta de que sienten idénticamente en el mismo instante. ¿Cómo concuerda esto con vuestra idea física del tiempo? ¿Qué os dice sobre el poder de la concienciación de los Seres Humanos para transformar distancia y tiempo? Os diré qué es lo que hace que así suceda: es la Mecánica de la Cuadrícula Cósmica. Estáis interconectados instantáneamente mediante la Cuadrícula Cósmica. Se trata de vuestra fuente de poder Espiritual. También se explica en Física.

Si pudiéramos tomar a un Ser Humano en este momento y transportarlo como por arte de ensalmo al otro extremo del

Universo conocido, a una distancia que no podríais ni imaginaros, increíblemente lejos, podemos aseguraros que la Cuadrícula permitiría una comunicación común instantánea con él, ¡a pesar de la distancia! Mucho después de que haya terminado esta canalización, algunos de vosotros váis a pasaros gran cantidad de tiempo componiendo los trozos y piezas de esta comunicación, con lo que llegaréis a daros cuenta de por qué algunas cosas son como son en Física. El común denominador de esta energía cuadriculada carece de luz sólo porque la energía y el tiempo son nulos.

Hemos hablado ya del tiempo *del ahora*, un punto pluridimensional en el que se halla el Espíritu y en el que todas las cosas del pasado y los potenciales del futuro se encuentran en un sólo lugar, que es el tiempo *del ahora*. La Cuadrícula Cósmica no está en el tiempo *del ahora*, sino en tiempo *nulo*. Tiempo *nulo*, queridos míos, es el tiempo igual a cero, mientras que el tiempo *del ahora* se mueve en círculo. La Cuadrícula Cósmica está en un estado de equilibrio contante y, en esa energía equilibrada, está potencialmente preparada para recibir una señal de entrada que la permita liberar energía, y esa señal de entrada, queridos, está disponible para cualquier concienciación de Ser Humano. «Ve» todo el tiempo como «cero» –sin movimiento alguno–, a pesar de que existan numerosos marcos cronológicos en el interior de esa energía. Éso es por lo que, con independencia de cuál sea el marco cronológico de vuestra realidad, la comunicación es instantánea entre todas las entidades conocedoras de la Cuadrícula. Se trata de un concepto que os debe resultar de difícil comprensión, ya que ni siquiera creéis todavía que estén presentes numerosos marcos cronológicos cuando miráis a través de vuestros instrumentos la demostración de «Física imposible» que véis en el cosmos, como ya afirmamos en canalizaciones anteriores. El tiempo es como el aire que respiráis. Véis tormentas increíbles, en las que el viento sopla con diferentes fuerzas y direcciones y, sin embargo, vosotros seguís respirando con normalidad y toda suavidad, aunque estéis en medio del huracán. Por lo tanto, el aire que respiráis

385

en vuestros pulmones se encuentra, nominalmente, tranquilo, aunque el aire que os rodea esté agitado. Así es la Cuadrícula Cósmica.

La Cuadrícula Cósmica, queridos míos, es lo que permite la mecánica de la co–creación, de la sincronicidad, de lo que llamamos amor. La Cuadrícula Cósmica encierra los mecanismos que permiten que ocurran milagros en el planeta. Responde a la Física y responde a la concienciación. De esta forma, comenzamos a ver la mezcla que, para vosotros, ha tenido lugar en el Universo.

¡La Cuadrícula Cósmica no es Dios! Sin embargo, como ya hemos dicho, Dios –el Espíritu– hace uso de la Física natural para la mecánica de los milagros. Algunos separáis la Física de Dios y decís: «*No convirtáis la Ciencia en Dios. ¡No le quitéis la magia!*». Nosotros decimos: «vuestro tiempo está limitado donde penséis de esa manera, porque, cuando finalmente descubráis alguna de las mecánicas físicas que utiliza el Espíritu, no váis a ver disminuida ni en un ápice la magnificencia de todo ello, porque ya llevamos ocho años diciéndoos que la elegancia de Dios ¡reside en las mismísimas células de vuestros cuerpos!». Dios hace un completo uso para su poder de la «fisicalidad» normal de la energía que existe en el cosmos, y os invita a hacer lo propio. ¡La comprensión de la Física del Espíritu no elimina el amor! Por el contrario, proporciona a todas las cosas unas bellísimas simetría y lógica, y estas cosas se os harán más claras a medida que vayáis introduciéndoos en la vibración en la que también podáis utilizar la energía de la Cuadrícula. Por lo tanto, la Cuadrícula no es Dios, aunque, hoy por hoy, constituya una de las más poderosas herramientas con que cuente el Espíritu y contenga gran parte de lo que habéis dado en llamar magia inexplicable o caminos de Dios. ¿Os produce sorpresa que el Espíritu haga uso de la misma Física que creó para hacer que las cosas funcionen? ¿Por qué crear herramientas y olvidarse de que existen? No. Para vosotros, ésto es una revelación sobre *cómo* funciona Dios en el cosmos.

Así que os hemos contado cómo funciona. Pero éso no es todo, porque la Cuadrícula Cósmica está respondiendo en la actualidad a algo a lo que nunca jamás respondió en este planera. Se está creando energía, y el tiempo está siendo alterado, todo ello mediante la intención de los Seres Humanos. No existe mayor poder en el Universo que el de la intención y el amor de los Seres Humanos, cosa que ya os hemos dicho cantidad de veces desde la llegada de Kryon. ¡Y ésta es la noche en que, por fin, tenemos que correlacionar y equiparar ese poder con la Física del amor!

¡Oh, queridos! ¿Comprendéis ahora que, cuando dáis vuestra intención, no se trata de una energía misteriosa que parece que flota en el éter y que, de alguna manera, manifiesta algo que queréis o necesitáis? ¿Podéis ver ahora que tiene simetría, tamaño, finalidad y concienciación y que existe a su alrededor un atributo mecánico de Física y amor llamado intención humana? ¡Ahora es cuando comenzáis a daros cuenta de *por qué* los facilitadores de energía de la Nueva Era pueden hacer tanto! Lo «chupan» de la Cuadrícula Cósmica. Ya no existe ningún misterio que rodee este tema. Por el contrario, llegará el día en que será sustituido por Ciencia seria... impartida por Dios y universal.

No seré yo el único canalizador que introduzca este principio. Será conocido por múltiples nombres y se convertirá en fuente de un tremendo poder –poder físico real– que podréis emplear para viajar y como energía, de un poder que podréis utilizar para sostenimiento de vuestras vidas. Los recursos de vuestro planeta de los que habéis venido haciendo uso para crear poder tienen un límite. No existe en el momento actual poder más limpio que el de la Cuadrícula. Ésto es Física y es sabido hasta por los iluminados que viajan de aquí para allá por el cosmos y que, de hecho, muchas veces «cabalgan» por las cuerdas de la Cuadrícula.

Cada uno de vosotros es portador de una luz, queridos, que todas las entidades del Universo ven con toda claridad. Existen entidades que están tan alejadas que ni siquiera podéis imaginaros que conozcan vuestra luz. Sin embargo, sí saben que aquí se está produciendo un cambio y se preparan para los cambios que les afectan a causa de lo que hacéis. Os envían amor, amor que os llega en un instante, por todo lo que lleváis haciendo. Vuestra tarea en este planeta es universal y poco tiene que ver con la Tierra, ¿lo sabíais? Porque lo que aquí ocurra, nos afectará a todos, Kryon incluido.

¿Tiene algo de extraño que lleguemos, nos sentemos a vuestros pies y os amemos tanto? ¿Tiene algo de extraño que nos maravillemos ahora de que se haya alzado el velo y podamos haberos dado toda esta información? Os diremos que algunos físicos ya han oído hablar de parte de la Cuadrícula, y que los que están descubriendo que la concienciación altera sus experimentos son los mismos que saben que algo se va a producir. Va a ocurrir. Esperadlo. Nos gustaría deciros muchas cosas más, y ya habrá tiempo para más información, aunque ahora lo único que queramos es sentarnos a vuestros pies y amaros.

(Pausa)

Y así ha de ser.

Kryon

«La Cuadrícula Cósmica»
Segunda Parte

(Un año después)

¡Saludos, queridos! Soy Kryon, del Servicio Magnético. El año pasado, por esta época, os dimos una información que entonces era completamente nueva. Hoy lo vamos a volver a hacer. Durante al próximo rato, hablaremos de Física, energía, formas, tiempo y Mecánica. No os sorprendáis si, durante este proceso, la información se vuelve, como si se enrollase, hacia atrás, retornando así a vuestra Biología y a vuestros corazones de Seres Humanos. Sólo existe una razón por la que queramos hablaros de esto: al Espíritu le importa poco la Física. Lo que al Espíritu le importa es que entendáis la manera de permanecer aquí el tiempo más largo posible y en los mismos cuerpos que ahora mismo se encuentran sentados en esas butacas, leyendo estas líneas o que lleváis encima como ángeles mientras os hacéis pasar por Seres Humanos. Ésa es la razón por la que, a través de la explicación y su posterior transcripción, se crearán conocimientos que encajarán con otros no procedentes de este estrado, y que, de esta forma, se autoverificarán.

Esta información se abrirá, antes o después, camino hacia zonas que, en potencia, serán las que os vayan a mantener vivos, porque es la única manera en que vuestros cuerpos –perfectos en su potencial– encuentren la perfección en vuestra realidad. Se han acabado los días de retornos rápidos y vidas breves. No existe razón alguna para que continuéis siguiendo ese ciclo. ¿Me escucháis? No existe razón. Habéis llegado al final del tiempo vital. Ahora estáis sentados aquí y sabéis muy bien que no es ninguna casualidad la que os ha traído a esa butaca para escuchar o leer esto. Ha sido casi como una cita. ¿Tal vez os enterásteis sólo ayer de esta reunión? ¿De verdad? ¿Decís que habéis venido porque alguien os trajo? ¿De verdad? Bienvenidos a la familia, queridos. ¡Bienvenidos a la sincronicidad! Desde este momento en adelante, podéis hacer lo que os venga en gana con esta energía y esta información, aunque, si todavía no creéis en ellas, a nosotros no nos importa. La bienvenida sigue siendo válida porque sabemos quiénes sois y porque nuestro amor por vosotros es tan grande como el que sentimos por la persona que tenéis al lado.

Váis a tener que comprender mejor la energía si queréis que la vida sea más fácil en este planeta. Váis a tener que comprender mejor la energía si queréis que la Biología sea más fácil en este planeta, así que, dentro de unos momentos, os vamos a dar a conocer un tratado al que denominaremos «La Cuadrícula Cósmica, Seguna Parte». No es ninguna casualidad que la primera información sobre la Cuadrícula Cósmica fuese dada en el interior de esta misma energía también, es decir, en New Hampshire, en noviembre de 1997. Muy preciada tiene que ser esta energía para que sea adoptada también en esta información. Po reso os la daremos ahora.

Esta canalización ha sido designada para ser transcrita, razón por la que me dirijo ahora a quienes están leyendo estas palabras. Puedo deciros a quienes leáis esto: «Estamos en el *ahora*. No leéis nada que ocurrió un rato antes. Estáis leyendo sobre una energía que puede verterse en vuestras vidas ahora mismo, igualito que puede hacerlo con quienes la escuchan con sus oídos. Aunque no vemos el futuro, medimos los potenciales de vuestra línea cronológica y sabemos quién ha tomado este libro en sus manos. Sabemos quién lo está leyendo 'ahora' mismo con la misma seguridad que sabemos quiénes son los que escuchan este mensaje».

Os dijimos muchas cosas sobre la Cuadrícula Cósmica la última vez que nos reunimos. Os dijimos que la Cuadrícula constituía una energía que invadía el Universo y que era consistente. Os dijimos que era capaz de atravesar cualquier material y que se podía disponer de ella en todo momento. Os dijimos que es un elemento físico básico de la forma en que las cosas funcionan en todo el Universo susceptible de ser visto. Os dijimos que la luz es lenta en comparación con la velocidad de comunicación de la Cuadrícula y que, aunque exista un atributo mecánico de la Cuadrícula —del que ahora hablaremos—, la comunicación es casi instantánea en toda ella. La velocidad de la energía de un extremo del Universo al otro es casi instantánea. De hecho, no existen *extremos*.

El suceso protagonizado por la energía cósmica que véis que tuvo lugar hace 12 mil millones de años luz no ocurrió hace 12 mil millones de años luz. Existe un atributo de la comunicación que indica que está ocurriendo en estos momentos para corresponder con el desplazamiendo que tendrá lugar con el milenio. No se trata de nada que ocurriese hace 12 mil millones de años luz (ver página 144).

Os proporcionamos ya información elemental sobre la forma que tiene la Cuadrícula. Vamos ahora a rellenar las grietas informativas que os dimos la última vez. Os vamos a decir cuál es la verdadera forma de la Cuadrícula. Os diremos cómo está hecha, o qué tipo de construcción tiene, de la mejor forma en que podamos con terminología no científica y que pueda traducir mi socio. También vamos a hablaros de varios de los atributos de la Cuadrícula, indicándoos cómo hacer uso de ellos. A continuación, os diremos cuál es el verdadero milagro, pero tenemos que compartir la Física en primer lugar.

Esta información se vinculará con la ciencia de los facilitadores que se encuentran en esta sala, los cuales tienen un proceso que podría parecer dicotómico, y con ello me refiero a la Física del Dr. Todd Ovokaitys y a los trabajos sobre energía con Técnica de Equilibrio EMF, de Peggy Dubro, ambos asistentes a esta reunión. Para concluir, podréis comprender por qué, sin duda alguna, la Cuadrícula Cósmica constituye la propia esencia de la energía de la sanación.

Os repito que puede que no os sorprenda que vayamos de lo más enorme de lo grande a lo más diminuto de lo pequeño cuando hablamos de los Seres Humanos. En estos momentos en que hablamos de Física, también lo hacemos del amor. Algunos de vosotros sentiréis sus presiones durante este rato y, aunque no lleguéis a comprender nada sobre la Ciencia, podréis sentir la presión física y el lavado de pies, la presión de los abrazos, algunos en la cabeza, y otros, en los hombros. Algunos hasta sentiréis cambios de temperatura y la energía existente en esta sala mientras esta nueva información os va siendo dada con todo el amor. Os vamos a dar estos momentos de descubrimiento porque así lo queréis y porque os los habéis ganado. Ésa es la razón por la que estéis sentados en esas butacas.

Más sobre la forma de la cuadrícula

La Cuadrícula Cósmica no es una red. No es singular. No tiene una sola dimensión. Si invade todo el Universo, como ya dijimos, tiene que estar en todas partes y, por supuesto, lo está. Queremos revelaros su forma: de hecho, la forma de sus células consiste en compartimientos cerrados, lo que no debería sorprenderos o extrañaros. Es una imitación de vuestro cuerpo. De momento, llamemos a sus células, «células energéticas». Están dispuestas en forma de colmena, y su forma –la de cada célula– tiene doce caras. Cada una de las células de la Cuadrícula Cósmica que os rodean permanece invisible, aunque, antes o después, lleguéis a poder medir su energía. Esta Cuadrícula constituye una estructura cuyas partes no entran en contacto entre sí. Ninguno de los doce lados de esas células energéticas en forma de panal y que se encuentran por todas partes toca a otro. Incluso da la impresión de que lo hacen, pero no es verdad, porque existe algo que los mantiene separados.

Existe un atributo de la Física Mecánica que se encuentra en el interior del núcleo del átomo. La mismísima «ley» de la Mecánica que mantiene separadas a las células de la Cuadrícula es el atributo responsable de que trozos de estructura nuclear atómica polarizados de forma desigual se mantengan también unidos. Es muy importante que os déis cuenta de que estas células de la Cuadrícula jamás se tocan entre sí. Existe una razón para que no lo hagan, formando parte de la comunicación existente en el interior de la Cuadrícula. La transferencia de energía que se produce entre los límites de la Cuadrícula también imita a la Física en su más mínimo nivel, haciéndolo en forma de estructuras atómicas que no entran en contacto. También imita a la parte más elegante de vuestro cuerpo, esa parte responsable de vuestros pensamientos, de vuestra memoria, de vuestros recuerdos y de vuestras reacciones: el cerebro humano. Las partes sinápticas –como, si dijéramos, la alambrada– existentes en dicho órgano tampoco se tocan. Éstas son las formas en que funcionan los atributos físicos que transmiten o difunden la energía. No es nada nuevo. Buscadlo porque está por todas partes. Además, constituye la estructura común de la Cuadrícula.

Vamos a pasar ahora a daros algunos de los atributos que poseen estas células, para lo que os vamos a pedir que nos sigáis. Algunos de vosotros, en particular quienes os sentís atraídos por la Ciencia, lo pasaréis bien. El resto, los que no estéis interesados en ella, permaneced sentados porque vamos a lavaros los pies.

Atributos

La Cuadrícula Cósmica está equilibrada, pero no quieta. La Cuadrícula tiene un poder asombrooso. Posee una corriente energética que no puedo explicaros porque no existe modelo o paradigma para ello ni en vuestro pensamiento, razón por la que os sería difícil entenderla. La Cuadrícula tiene también orificios. La mejor manera de explicároslos es diciéndoos que son necesarios para que la energía fluya por ellos. Así equilibra la ligera desigualdad de la polaridad. Esos orificios están también relacionados con el tiempo, del que os hablaremos con más detenimiento un poco más adelante. Siempre encontraréis dos de esos orificios

—a los que llamaremos «vientos»— juntos. Uno será el principal, y el otro, el secundario. Podéis gráfica y claramente ver uno, aunque también tengáis que mirar con suma atención a su compañero. Siempre son dos. Constituye un axioma o ley física tanto de la energía cuadriculada como del Universo.

Esos vientos se suelen encontrar, por lo general, en el centro de las galaxias. La distancia que existe entre ellos es lo que determina la dirección de giro de una galaxia así como la velocidad de la materia alrededor de su centro. Se trata de un típico caso de tira–y–afloja, y la materia responde a él. Ahora viene algo que no habrá modo de que entendáis.  Los vientos son sumamente necesarios para el equilibrio de vuestra energía universal. Los vientos constituyen también portales para la energía —drenajes, para que lo entendáis— y se encuentran donde la parte frontal de la Cuadrícula se pone en contacto con la trasera. La parte trasera de la Cuadrícula mantiene un Universo cuyos vientos son opuestos. Nota: no se trata de «otro» Universo, de un Universo «alternativo». Es también vuestro Universo. Aunque pueda pareceros paradójico en este momento, quienes, en vuestro futuro —especialmente, quienes lean esta transcripción— posean un buen grado de intuición científica descubrirán la Física que revalidará el significado de esta información.

Por lo tanto, en el centro de vuestra propia galaxia existen un par de vientos, uno de los cuales podéis ver si optáis por ello. El otro está oculto. Sin embargo, esos vientos siempre van por pares. Es algo dramático, es algo lleno de fuerza, es la forma en que la Cuadrícula se equilibra a sí misma.

Vamos a hablaros de un atributo de la Cuadrícula Cósmica y de la energía que encierra que va a ser difícil de explicar. Vamos a hablar de la Mecánica de la velocidad de transmisión de energía en el interior de la Cuadrícula y os vamos a mostrar que la velocidad de ésta es estelar comparada con la lenta transmisión de la luz.

La velocidad de la cuadrícula

La discusión de la velocidad cuenta con una metáfora, con una analogía, en vuestro planeta. Algunos de vosotros sois perfectos sabedores de que si tomáseis algo físico y lo forzáseis contra el agua de vuestros océanos, iría bastante despacio. El agua es densa y ofrece un medio que requiere una gran cantidad de energía para forzar algo a su través. Pensad en las cosas más rápidas que surcan vuestros mares. Probablemente sería alguno de los peces más rápidos o incluso algún dispositivo mecánico, como, por ejemplo, un submarino. Sin embargo, la velocidad de todos ellos palidece si se compara a la de las gigantescas olas oceánicas generadas por la energía de un maremoto.

Hay muchos entre vosotros que conocéis que la velocidad de las olas generadas por un maremoto se acerca a la del mismo sonido. Así de rápido. Tratad de calcular la energía que sería necesaria para empujar a algo del tamaño de una montaña, a la velocidad del sonido, a través de uno de vuestros océanos. Son muchos los que dirán que no puede hacerse, aunque las olas insistan en hacerlo con cierta facilidad.

La razón es la de que la ola no constituye el transporte de *materia* de un lugar a otro, como un pez, un submarino o el material de que está hecha la montaña. La ola no es sino el transporte de *energía* de un lugar a otro. Como sabéis ya, las moléculas del agua tropiezan unas con otras. Una choca contra otra y contra otra más, y la velocidad de la transmisión de esos choques es elevadísima.

Aunque la metáfora tenga sus límites al hacer la comparación, básicamente éso es lo que tiene lugar en la Cuadrícula a una escala mucho, muchísimo mayor. La luz es el transporte de la materia, de los fotones del espacio. Puede dar la impresión de parecerse a una ola, pero su velocidad está limitada debido a la masa, y esa velocidad es *relativamente* lenta. De modo semejante al pez o a un artefacto mecánico en el agua, la luz constituye el medio de transporte de la materia a través de una substancia. Es cuando las células de la Cuadrícula chocan entre sí cuando crean formas –olas– debido a su entrechocar a una velocidad que es casi instantánea a través de miles de millones y más miles de millones de años luz. No sólo la luz es lenta, sino que, además, tiene que penetrar otra materia, no sólo el vacío espacial. Hay polvo, gas y magnetismo, todos los cuales la bloquean y doblan. La transmisión de energía de la Cuadrícula es limpia, rápida y casi instantánea a través de su inmensidad. Ello se debe a que el medio energético es uniforme y transmite mediante un sistema que reconoce con facilidad lo que *pasa* por su interior, de manera parecida a lo que hace el agua con sus propias moléculas. Bien, pues os acabamos de enseñar uno de los atributos mecánicos de cómo se transmite la energía en el Universo real.

Reglas de la energía

Existen tres leyes físicas relacionadas con la Cuadrícula universal, aunque ninguna de ellas responda a lo que habéis dado en llamar Física Newtoniana o Física de la Relatividad, de Einstein, porque las Físicas de Newton y de Einstein tratan principalmente de cómo se conduce la materia. Las reglas físicas que os voy a dar yo tratan sobre la energía y son diferentes. Muy, muy diferentes.

1) *Primera regla.* La velocidad de la energía que se traslada por la Cuadrícula es siempre la misma. No varía nunca. Consiste en una constante ley de Física Energética. Se trata de la velocidad a la que las células de la Cuadrícula entrechocan, creando oleadas de energía cuya velocidad es siempre la misma. Ésta es la primera. Aquí viene la segunda, que es un poco más complicada.

2) *Segunda Regla.* La energía siempre tarda lo mismo en atravesar la distancia interior de una de las células de la Cuadrícula (un período de tiempo absoluto para ir de un extremo a otro en el interior de una célula de la

Cuadrícula). El segmento de tiempo es siempre el mismo y nunca varía.

3) *Tercera Regla.* Las células son de diferentes tamaños. Es decir, que existen zonas en el Universo en que las células energéticas de la Cuadrícula son grandes, y otras en las que son pequeñas.

«Un momento, Kryon», podréis decirme. *«Acabas de decir que requiere una cantidad de tiempo conocida el recorrer la distancia de una célula. Si unas son grandes, y otras, pequeñas, ¿no será diferente el* **tiempo** *que tome? Al fin y al cabo, ¡ha cambiado la distancia!».*

No. El tiempo siempre es el mismo.

«Entonces» diréis, *«algo no va. No tiene lógica alguna tardar lo mismo en recorrer una distancia corta que una larga si la velocidad ha de ser la misma».*

Tenéis razón. Aquí os donde os retamos a comprender que la paradoja de todo ello es que los elementos del *tiempo*, tal como se miden, ¡deben cambiar! Por lo tanto, cuando os trasladáis a una zona en la que las células son de menor tamaño, váis a recibir una medición de tiempo diferente que la de cuando son más grandes. Ello os explicará lo que os dijimos en el pasado: por qué vuestros astrónomos ven una «Física imposible» a través de sus telescopios, una Física que no puede ocurrir si se tienen en cuenta las supuestas reglas. Miran a la Física en un marco cronológico que cuenta con células de mayor o de menor tamaño que las vuestras.

Por lo tanto, la Tercera regla es sólo variable y está constituida por el *tiempo*. Las unidades de tiempo tienden a cambiar según lo haga el tamaño de las células de la Cuadrícula.

Física básica de la cuadrícula

Hablemos ahora del empleo de la Cuadrícula Cósmica en su contexto físico, no en el biológico. Queridos míos, ya os dijimos anteriormente que la energía nula de la Cuadrícula está equilibrada en cero. Os dijimos también que cada una de las células cuenta con un tremendo poder, poder que se encuentra equilibrado por otro que tiene a su lado y que posee una polaridad diferente. Ello «anula» el potencial aparente de forma que os parezca invisible, con lo que la energía da la impresión de equivaler a cero.

Es cuando la Cuadrícula se ve desequilibrada de manera expresa cuando podéis realmente llegar a ver su poder. Si pudiéseis sólo comprender cómo manipular la nulidad para crear un ligero desequilibrio, el resultado sería la liberación de una enorme cantidad de energía. Digamos de nuevo que una de las razones por la que ésto lo podríais realizar sin peligro alguno es la de que ninguna de las células se encuentra en contacto con otra. No toparéis con una reacción en cadena como lo haríais con vuestra Ciencia de materias nucleares. De esta forma, cuando aprendáis a manipularlas, podréis haceros con la energía de una, dos o tres o más células, según os convenga.

Algunos han hecho preguntas sobre la nulidad, sobre la polaridad. ¿Qué clase de energías son ésas que se oponen mutuamente con tanta eficacia? Os daremos una respuesta que, de momento, puede que os sea difícil de comprender, pero que, con conocimientos y tiempo, os parecerá lógica. Los atributos energéticos opuestos que crean la nulidad no son sino energías polarizadas y constituyen imágenes especulares que, juntas, generan una tranquila nulidad de cero. En eso consiste parte del equilibrio del Universo, y se encuentra en todas partes. Así ocurre también con la luz y con la materia. Sin embargo, también es verdad que la «imagen especular» de la energía, de la luz y de la materia no está perfectamente equilibrada. Debido a esta subjetividad de vuestro «tipo» de Universo, al que podéis denominar «positivo» si así lo preferís, la «antienergía» o imagen especular de lo positivo es sólo un poco menos potente. Este ligero desequilibrio es el que genera los vientos a que nos referíamos antes. Los vientos son necesarios para que pueda mantenerse el equilibrio. Si no, la principal posición «nula» no duraría, con lo que la Cuadrícula estaría en constante desequilibrio. Por lo tanto, los vientos drenan el ligero desequilibrio de la tendencia.

Constante cosmológica

El último atributo físico es uno que solamente vamos a insinuaros. La Cuadrícula constituye, por supuesto, la constante cósmica que la Ciencia viene buscando desde siempre. Algunos han preguntado: *«¿Cuál es la verdadera conexión mecánica entre la Cuadrícula Cósmica y la materia?»*. Mencionemos solamente que es la característica de esta constante la que «afina las cuerdas» de la música de la materia. Fija las frecuencias para las piezas menores, variando éstas según donde se encuentren en el cosmos.

Nos encantaría que, tarde o temprano, aprendiéseis a manipular la Cuadrícula para aprovecharos de su energía. Entended que ello puede hacerse en cualquier lugar y momento, en la Tierra o en el espacio. Se lleva a cabo total y completamente por medio de magnetismo, de magnetismo activo. Se realiza mediante la creación de patrones cuidadosamente colocados de grandes campos magnéticos que deben ser activos, es decir, creados por medio de energía; no existentes por sí mismos. Cuando descubráis cómo funciona, os encontraréis al mismo tiempo que este proceso en concreto del planeta no es nuevo, y que vuestros experimentadores lo habían, de hecho, realizado antes.

Durante las veces en que fue realizado con anterioridad, nadie comprendió lo que sucedía. El proceso iba mucho más lejos que vuestra capacidad de control, y vosotros ni siquiera conocíais los principios, aunque, a pesar de ello, lo intentásteis. Ahora, contáis ya con la capacidad de controlar el experimento y, por lo tanto, de crear una energía disciplinada y mantenida, surgida, al parecer de la nada o de la nulidad. Sin embargo, como en tantos otros procesos físicos, se va a requerir una tremenda cantidad de energía para desequilibrar aunque sólo sea el atributo nulo de una sola célula, de modo que váis a tener que esperar a ver una enorme cantidad de energía «bombeada» en el experimento antes de que podáis ver sus resultados. Una vez que sepáis cómo «espolear» a la nulidad para producir su desequilibrio os veréis recompensados por una corriente constante de energía muchísimo mayor que la que invertísteis. Y se logra porque creáis vuestro propio y diminuto «viento». Una célula desequilibrada crea una situación en la que las demás células que la rodean intentan «alimentar» con energía a la que está desequilibrada. Ello crea una especie de espita de la que obtendréis la energía de la Cuadrícula indefinidamente mientras vuestro trabajo corresponda a las propiedades que la cuadrícula espera ver. Ya sé que todo esto os sonará a ciencia–ficción, pero, tarde o temprano, se convertirá en *la* fuente de energía para vuestro planeta.

Cómo crear fuerza física desde la cuadrícula

Es así como funciona. Dos campos magnéticos juntos, colocados de la forma correcta –una forma muy tridimensional, en vuestro proceso mental–, creará un «campo magnético diseñado» muy específico. Se trata de uno que jamás habéis visto y que no existe de forma natural. Empezad colocando muchos campos magnéticos uno contra otro, con fuerzas y patrones diferentes y formando ángulo recto. No hagáis suposición alguna. Pensad con plena libertad. Si lo hacéis de la manera correcta, esos dos campos generarán un patrón diferente, que será único y que consistirá en el producto de los dos originales. Este tercer patrón hecho a medida es con el que tendréis que trabajar, siendo éste el que cuenta con el potencial para manipular la Cuadrícula. Una vez lo hayáis creado, conoceréis sus cualidades específicas por la forma dramática en que cambia la Física a su alrededor. No será nada sutil en su exposición, creedme. Os daréis cuenta en cuanto lo tengáis.

Unas palabras de aviso. ¡Mantened el experimento lejos de vuestro cuerpo! Controladlo con métodos científicos. Id despacio. Comprended bien lo que véis antes de dar el siguiente paso. No os expongáis a ningún campo magnético. Realizad todos los experimentos con energías a través de controles remotos. Recordad que el magnetismo representa también un importantísimo papel en el interior de vuestro cuerpo.

Otro. Comprended que, si desequilibráis la Cuadrícula de forma exagerada, os encontraréis con un desplazamiento cronológico, ya que el proceso implica también la propiedad del *tiempo*. Con ello, no queremos decir que tengáis que esperarlo, sino que uno de los jugadores físicos que, de hecho, participan en el proceso creativo de hacer que la Cuadrícula pierda su equilibrio es la manipulación del marco cronológico de la materia, un poco conocido atributo de todas y cada una de las partículas de materia en el Universo. No se trata de viaje de tiempo, sino de desplazamiento de tiempo. Se trata del lugar al que, de hecho, dirigís minúsculas partículas de materia y al que cambiáis el marco cronológico en que os encontráis. Cuando las desigualdades de los marcos cronológicos se encuentran, es decir, cuando la materia se mezcla con atributos cronológicos diferentes, el resultado consiste en un desplazamiento de la distancia. Aunque en este desplazamiento de la distancia no exista un horrible peligro para la Tierra, podrá afectar –y, de hecho, afectará– la situación local del campo en que se lleve a cabo el experimento. En otras palabras, podría generar un efecto distorsionador de la materia que detendría por completo el experimento y dislocaría todas sus piezas. Por el momento, no vamos a decir nada más sobre este tema, aunque las mentes científicas más astutas que lean estas líneas darán el siguiente y obvio paso, cuya respuesta es: «sí»; la Cuadrícula es también la clave para el traslado rápido de objetos físicos de gran tamaño, incluso en distancias cortísimas.

Ha llegado el momento de hablar sobre el milagro, de revelar la razón por la que nos encontremos aquí. Algunos de vosotros ya habéis tratado de este tema científico mientras os lavábamos los pies, sólo para preguntaros a vosotros mismos que qué relación tenía con vuestras vidas personales. ¿Física? ¿Ciencia? ¿Dónde encaja el trabajador de la luz corriente en todo este esquema?

Ésta es la parte en que todos los que os encontráis en esta sala trabajando con la Cuadrícula entenderéis con mayor claridad cómo el cuerpo humano responde a lo que estáis haciendo, porque la Cuadrícula se encuentra realmente en este momento a disposición de cualquiera de los que estéis aquí. Mi socio tiene que tener sumo cuidado en la siguiente afirmación, porque ha de ser sumamente exacta.

La conexión cuadrícula / ser humano

La Cuadrícula Cósmica comunica con la Biología de los Seres Humanos a través de una serie de frecuencias de resonancia magnética que van a caer sobre una estructura cristalina de 12 segmentos. No hemos dicho con anterioridad las palabras «estructura cristalina» para que no fuesen transcritas. No hemos expuesto con anterioridad esta información y ahora lo hacemos porque el conocerla es esencial, permitiéndonos la energía aquí presente que os podamos hablar de ella.

Vamos, por fin, a revelar la estructura cristalina que se encuentra alrededor de la estructura codificada a la que denomináis ADN. Recordad que nosotros definimos al ADN de manera diferente a la que vosotros lo hacéis. Vuestra palabra ADN recibe, de hecho, su nombre de los dos cordones, que son químicos y que podéis ver físicamente. Nuestra definición se refiere al código de 12 cordones del cuerpo humano, de los que sólo dos son químicos. El ADN —con todos sus cordones— es una herramienta codificadora. Sus cordones no son sino juegos de instrucciones, y ya os hemos dicho antes que algunos de ellos son magnéticos. Hay otros que también son lo que vosotros llamáis «espirituales», aunque, para nosotros, tengan propiedades físicas. Esos cordones contienen todos los códigos de vuestras vidas, incluso los que tuvísteis en vidas anteriores a ésta. Pero todavía hay más: la parte de la memoria de vuestro sistema vital se encuentra separada de la codificación. Es el «tallo», la estructura cristalina. Muchos os preguntaréis: «¿Por qué llamarla *cristalina*? ¿Vamos a encontrar algo de cristal en ella?».

El nombre es simplemente metafórico, aunque esté involucrada una Física auténtica parecida a la del cristal. En vuestros trabajos con cristales, incluso a niveles muy básicos, os habréis dado cuenta de que los cristales hacen algo muy especial. ¿Recordáis qué? Conservan energía. Por lo tanto, retienen la memoria con pautas energéticas. Ahora es cuando os empezáis a dar cuenta de cómo trabaja el ordenador en que consiste vuestro cuerpo, porque la estructura cristalina, a la que llamaremos la vaina que rodea la codificación del ADN, constituye la *memoria* de vuestra fuerza vital. Se trata de la memoria de cada una de las vidas por las que habéis pasado. Es la grabación de los contratos presentes y pasados. Representa a todas las cosas por las que habéis pasado. Esa estructura cristalina es, por lo tanto, también espiritual. Es, en lo relativo a la memoria, todo lo que sois. Sin embargo, carece de juego de instrucciones. Las instrucciones vienen con los 12 cordones del ADN, y la información cristalina está «enrollada» alrededor del paquete de ADN como núcleo de memoria –el tallo– preparado para pasar la información necesaria al juego de instrucciones. La estructura cristalina contiene también –también en la memoria– un plano perfecto del Ser Humano.

Ahora, como os estaréis dando cuenta muy bien, existe una comunicación constante entre los 12 cordones del ADN y la memoria cristalina de 12 segmentos, aunque, en el momento actual, esa comunicación no sea todavía demasiado buena. En esta Tierra –en este planeta–, la comunicación entre esas partes tan vitales de vuestro cuerpo tiene una eficacia inferior al 15%, con lo que podemos darnos cuenta de que la Biología no es que sea demasiado «inteligente» en este campo. Existen maravillosos atributos de sanación y de prolongación de la vida en el interior de vuestra estructura celular que jamás se mostrarán sin el eficaz «recuerdo» de la vaina cristalina. La comunicación entre la polaridad del mecanismo codificador y el núcleo-recordador cristalino es muy pobre. Ésto, queridos míos, constituye una limitación cuidadosamente construida para suavizar vuestra dualidad. Así ha sido desde el principio, y es responsable máximo del hecho de que no recordéis casi nada de:

1. Quiénes sois
2. Por qué estáis aquí
3. El hecho de que seáis eternos
4. La prueba espiritual sobre la que os asentáis, y
5. Quién es vuestra auténtica familia.

Y eso no es todo. Además de todos estos puntos espirituales, ¡está la Biología que no se facilita! Ésta mala comunicación que instituisteis para vosotros y por vosotros mismos, además:

1. Tampoco recuerda cómo regenerarse de forma eficaz.

2. Se encuentra absolutamente abierta a cualquier ataque por parte de enfermedades terrenales corrientes porque parte de ella no se acuerda de cómo funciona en su totalidad, y...

3. Tiene una corta vida porque hay partes de ella que se encuentran, de hecho, ahí para detener ese trabajo durante la vida o para frustrarlo químicamente.

¿Qué suponéis que es lo que «habla» a la memoria cristalina? ¿Qué es lo que creéis que contribuye a la colocación de ese equilibrio de la dualidad que hace que las cosas se mantengan ineficaces? ¡Pues el sistema de emcuadrículado magnético de la Tierra!

No nos encontraríamos nosotros aquí para mover el emcuadrículado magnético a menos que vosotros no nos lo hubiéseis pedido, a menos que las mediciones de 1987 no hubiesen mostrado el enorme cambio, queridos míos. Familia, ¡es a vosotros a quienes hablo! ¡Es la comunicación entre esos dos elementos del cuerpo la que constituye el núcleo de cómo podáis acercaros a vuestro Yo Superior! Una rememoración al 100% de la codificación de vuestra Biología crearía un estado ascensional inmediato. Andaríais por ahí cargados con todo vuestro potencial, lo que constituye una terrorífica idea.

Hay quienes en este planeta se encuentran con su potencial casi al pleno. ¿Lo sabíais? Tenían que estar aquí para el equilibrio espiritual del planeta, como ya os dijimos antes. A algunos de ellos los conocéis, y nos referimos a la energía de los avatares que se ve representada en unos escasos y especialísimos Seres Humanos que habitan la Tierra. ¡La comunicación completa de los principios de que hemos venido tratando permite la existencia de milagros! La creación de materia de la nada, el conocimiento de cómo funciona la Física, el conocimiento de cómo funciona el amor. Se trata de una poderosa combinación, ¿lo sabíais? Juntadlos y podréis manifestar cualquier cosa: ¡poder completo sobre lo físico, poder completo sobre vuestra longevidad, poder completo sobre vuestra propia Biología! Observad bien lo que los avatares son capaces de hacer. ¡Éso es lo que sois todos vosotros!

Todos los Seres Humanos que se encuentran en esta sala y leyendo estas páginas cuentan con el potencial de todo tipo de conocimientos. Ese potencial reside en la cristalina, una estructura cristalina de 12 segmentos que se enrolla alrededor del ADN codificador mientras éste no hace sino estar a la espera de una mejor comunicación.

Os hemos dicho numerosas veces a lo largo de esta serie «familiar» de canalizaciones que fuisteis creados iguales, perfectos y eternos. Lo único que os impide ser esas tres cosas es vuestra dualidad y la escasa eficacia de vuestra Biología actual. Todo ello puede cambiar con una mejor comunicación entre la estructura cristalina y el ADN. Al aumentar la transmisión de la memoria a los juegos de instrucciones, el cuerpo reacciona, y, cuando decimos el «cuerpo», nos referimos a todo el Ser Humano.

Queremos deciros de dónde procede esa mejor comunicación. De la nueva posición adoptada por el sistema de emcuadrículado de la Tierra. Para eso lo movimos, siendo ésa la razón por la que nuestro grupo vino en 1989. Ahora ya lo entendéis. ¿Recordáis cuando os dijimos que ningún Ser Humano podía existir fuera de la cuadrícula magnética de la Tierra? La cuadrícula magnética de la Tierra es lo que hace posible la comunicación que posiciona vuestra dualidad y vuestra mismísima iluminación. Sin esa cuadrícula magnética, no existiría comunicación alguna. Algún día comprobaréis lo que os digo mediante vuestros experimentos espaciales. Los Seres Humanos deben contar con un complemento magnético en el que vivir. Sin él y tras cierto tiempo de meses y años, el Ser Humano moriría.

En la Tierra, los elementos vienen juntos y para siempre, ¿sabéis? No tenéis más que echar una ojeada a vuestro planeta.

¿Creéis que podéis, simplemente, llegar a él, vivir en él y esperar que se porte bien mientras estéis en él? Sabe quiénes sois, al igual que lo sé yo y lo mismo que la cuadrícula. Aquí hay inteligencia. Por lo tanto, la Tierra coopera con vuestra misma iluminación. Preguntad a los pueblos indígenas que estuvieron aquí antes que vosotros. En el nivel nuclear de sus creencias espirituales yace el honor del «polvo de la Tierra». Ellos *lo sabían*.

Todavía hay más acerca de la comunicación de las cuadrículas, y ello involucra a una estructura cristalina más. Ya hablaremos de ello en otra comunicación.

Vuestro ADN –el de los 12 cordones– contiene juegos de instrucciones para un tiempo de vida de vuestro cuerpo de 950 años. En la actualidad, gran parte de esa codificación no está en funcionamiento, y no lo está porque no cuenta con información del núcleo de memoria, es decir, de la estructura cristalina. En el interior del núcleo de memoria, existe información que ayudaría a la Química del ADN a «recordar» cómo funcionan las cosas.

En la actualidad, vuestra Ciencia comienza por fin a pinchar y a espolear a vuestra Biología y a estimular vuestro ADN mediante procedimientos artificiales. ¡Lo están haciendo con magnetismo! Esta forma de abordar la salud constituye un retorno muy real a los procesos mecánicos mencionados en el «Templo del Rejuvenecimiento», del que ya os hablamos hace unos años. Tanto el magnetismo como la energía de la Cuadrícula Cósmica ayudan a la correcta colocación de vuestra dualidad y vuestra iluminación, además de contribuir al equilibrio de vuestra memoria cristalina que, en el momento actual, se encuentra en baja forma tal y como lo designásteis vosotros mismos para vuestra prueba en el planeta.

Pero las cosas están cambiando.

Hay algunos en esta sala, y me estoy refiriendo a Todd Ovokaitys y a Peggy Dubro, que poco a poco están descubriendo las «ligaduras» de la Cuadrícula con la Biología Celular. Uno lo está descubriendo a través de la Física, y otra, a través del poder del conocimiento y de la intención. ¡Los dos trabajan con cierto nivel de magnetismo!

406

En ambos casos, lo que cambia es que el ADN ¡comienza a recordar! Se está mejorando la eficacia de la comunicación y, a partir de ahora, comienzan a despertarse partes y piezas del ADN biológico y espiritual que antes estaban ocultas. ¿Recordáis en qué consiste despertarse? Significa que el conocimiento está ahí..., pero dormido. Los mecanismos existen, pero esperan un mejor juego de instrucciones.

Permitidme daros un ejemplo: cada una de las células de vuestro cuerpo está designada por autodiagnóstico. Cada célula está diseñada para saber si se encuentra correcta o incorrectamente equilibrada con el resto. Se supone que todas las células lo saben, aunque gran parte de esta información les esté oculta. La enfermedad a la que llamáis cáncer burla con facilidad esta parte que tan mal funciona de vuestra estructura celular. Si esa parte funcionase correctamente, el cáncer dejaría de exsitir.

Una parte del volverse a despertar constituye el emparejamiento, a través del magnetismo, de la memoria núcleo y de la codificación. Cuando el resto de las intrucciones se conozca, lo que permitirá el conocimiento inteligente total de la célula mediante autodiagnosis, ésta «se reconocerá a sí misma» como desequilibrada y no se reproducirá. Sólo permitirá que lo hagan las células sanas que la rodean. ¡Además, puede llegar a «suicidarse»! Éste es el diseño completo. Buscadlo, porque constituye un rasgo biológico muy conocido. Es el momento de incrementarlo. Pensad en él como en una tremenda mejora de vuestro sistema de inmunización, que constituye uno solo de los atributos de la huella del «Ser Humano completo».

Algunos de los que escucháis y leéis estas palabras creeréis que hablamos solamente de Ciencia. ¡NO! De hecho, hablamos de autosanación, de la prolongación de la vida y de ¡todo un nuevo paradigma biológico para los Seres Humanos que cambia de forma activa! Porque, bien mediante la intencionalidad de la conciencia del Ser Humano, bien a través de la facilitación física mediante Física o Química, vuestro ADN cuenta ahora con autorización para cambiar, y, queridos míos, ¡de eso era lo que trataba el 11:11! Es cuando dijísteis que sí a todo aquello de lo que hablamos ahora.

¡Calebradlo! Escuchad: cuando la estructura cristalina y la del ADN se comunican de cerca, podéis formar huesos donde antes no existía nada. Es nada menos que la creación de materia. ¡Podeis hacer que las enfermedades abandonen vuestros cuerpos! Las células se hacen más inteligentes. Dáis realce a la Biología, ¡y el milagro se produce desde dentro!

Sanadores, ¿estáis escuchando? Todo lo que hacéis en vuestro trabajo concluye en contribuir a unir a esos dos atributos biológicos con la estructura celular de quien se sienta ante vosotros y solicita que le sanéis. ¿Por qué algunos lo hacen, y otros, no?

La respuesta es complicada, aunque uno de los principales agentes catalizadores para las sanaciones milagrosas está constituido por la intención. La próxima vez que trabajéis con alguien, aseguráos de que allí haya intención, convenceos de que de verdad comprenden lo que hacen. Cuando se concede una auténtica autorización y existe intención, se producirá la sanación. Algunas de las sanaciones más magníficas que tenéis en vuestro planeta ahora mismo se producen entre Ser Humano y Ser Humano, sin que tenga lugar en absoluto ningún contacto entre ellos. Encierra una gran profundidad. Posee las propiedades de ser milagroso y de estar relacionado con la Cuadrícula. Ésta es, por lo tanto, la explicación del lugar de donde procede tanta energía, porque es la Cuadrícula la que, de hecho, proporciona todo el magnetismo. Cuando lleguéis a entender por fin de dónde proceden los campos magnéticos, sabréis de lo que os hablo. Constituyen un atributo de la materia y de la Cuadrícula.

Muchos de vosotros recordaréis a Michael Thomas en la historia *El Viaje a Casa*, aparecida en el Libro Kryon V. Os acordaréis de que a Michael le dijeron que se encontraría con el mayor y más bello de todos los ángeles en la casa final de su viaje, y así fue. En aquella Séptima Casa, el gran ángel que se le fue revelado era de oro ¡y tenía su propio rostro! Sentado ante él, Michael apenas podía respirar a causa de la Divinidad que le rodeaba. Dándose cuenta de que la Biología y la Divinidad hacen mala mezcla, lo estaba pasando mal, allí arrodillado. En aquel caso, a Michael le fue concedida una dispensa física para poder seguir viviendo mientras contemplaba a aquel inmenso ser que era su Yo Superior.

Cuando el gran ángel de oro acabó de darle información, le dijo a Michael que ya no iba a haber más enseñanzas. Ambos habían llegado a un punto parecido al que hoy hemos alcanzado juntos. No habrá ya más enseñanzas en este mensaje. Todo lo que habrá a partir de ahora será amor.

En la historia de *El Viaje a Casa,* el gran ángel de oro le pidió a Michael Thomas que se diese la vuelta y que se sentase en lo alto de la escalera que él acababa de descender. Michael Thomas lo hizo así, y el ángel le dijo: «Michael Thomas, esto no tiene nada que ver con impartir enseñanzas. El aprendizaje ha concluido. Lo que voy a hacer ahora es amarte». Como seguramente recordaréis, el enorme ángel –el miembro sagrado de la familia–, el Yo Superior del Ser Humano, tomó en sus manos, uno tras otro, los pies de Michael y se los lavó. Michael se echó a llorar.

¿Véis? Ésta es la asociación entre un Ser Humano y su familia sagrada. Ésta es la asociación entre el Espíritu y el Ser Humano. Éste es el mensaje que os da Kryon. Toda la Física que se ha impartido hoy puede ser dada a la Ciencia. ¡La verdadera enseñanza está en el amor! La familia se encuentra aquí y es una familia que os conoce. Los mensajes os son dados para dar realce a vuestras vidas. Los procesos y los procedimientos os son dados por todo el planeta porque váis a tener una vida mucho más larga para cumplir con vuestra tarea. ¿Y cuál es esa tarea?, preguntaréis. ¡Pues la de mantener alta vuestra luz!

¿Queréis saber cuál es la diferencia entre **vosotros** en este momento y los niños índigo de quienes ya hemos hablado? Que esa estructura cristalina que mencionamos hoy se encuentra un poco más próxima a su codificación que la vuestra. Esos niños vienen del otro lado sabiendo que son como reyes. Esos niños llegan con una evolución espiritual de la que vosotros carecísteis. Por eso parece que son inadaptados a vuestra sociedad. Conocen cosas que vosotros ignoráis y ¡las sienten en su nivel celular! Algunos de ellos están creando su propia cultura porque no les escucháis. No les concedéis el mérito que tienen por haber evolucionado. No les rendís honores, y ¡qué cosa más rara! ¡Los tratáis como a niños!

Ha llegado el momento de lavaros los pies, ¿no es así? La mayoría de vosotros ya sabe que éstos son los últimos instantes de la canalización, aunque continuemos lavándooslos. Hemos vertido energía en esta sala así como sobre quienes estáis leyendo estas palabras. Es la sagrada energía familiar del cortejo la que os ha llegado del otro lado del velo y os ha sido entregada por quienes os aman, por quienes recorren los pasillos y filas de butacas abrazándoos, por ésos que ahora tenéis a vuestros pies.

Levantándonos y llevándonos con nosotros esos cuencos colmados con nuestras lágrimas de alegría, nos retiramos de aquí. Si pudiésemos decir que existe esa sensación en este lado del velo, diríamos que partimos con tristeza. ¡Porque somos familia y queremos quedarnos aquí! Si lo permitiérais, nos quedaríamos durante días en esta sala o en las butacas en que os sentáis. ¡Ésta es la forma en que la familia siente a la familia!

Que estos preciosos ratos que hemos pasado juntos queden grabados como los momentos de una gran reunión, como los momentos en que los Seres Humanos y los ángeles se juntaron y se reconocieron como de la misma familia y se amaron por ello. Llegará un momento en que os vea a todos otra vez en el Salón de los Honores.

Cuando llegue ese instante, me referiré a este día y diré: «¿Recordáis aquella vez en aquel sitio llamado New Hampshire? Fue precioso. ¡Precioso!».

Y así ha de ser.

Kryon

Washington: The Associated Press

«Se trata de un antiguo remedio chino que muchos médicos de los Estados Unidos encontrarán algo excéntrico: calentar hierba artemisa cerca del dedo pequeño del pie de una embarazada para ayudar a que el niño se dé la vuelta y se coloque en la posición debida antes del parto. Sin embargo, cuando millares de médicos abran esta semana las páginas de la revista de la Asociación Americana de Médicos[1], se encontrarán con un estudio científico que señala que esa terapia china funciona de verdad y que las mujeres occidentales deberían probarla».[2]

(The Journal of the American Medical Association)

1. Revista *JAMA*, 11 de noviembre, 1998; ISSN 0098–7484; publicada semanalmente por la American Medical Association, Chicago, IL (http://www.ama.assn.org/jama)
2. *Norwich Bulletin*, «Sección Salud»; The Associated Press; miércoles, 11 de noviembre, 1998

La Técnica Equilibradora EMF ®

La Cuadrícula de Calibrado Universal
Puerta de la Cuadrícula Cósmica

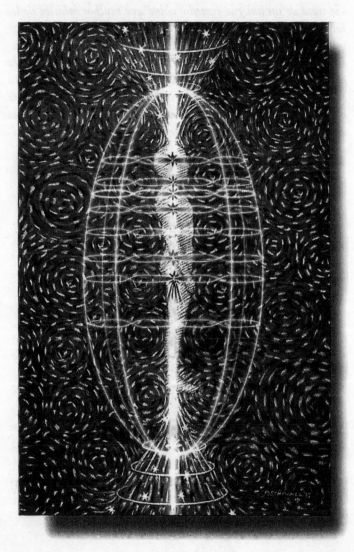

Dice Lee Carroll...

Peggy Phoenix Dubro fue quien canalizó esta exposición sobre la Cuadrícula de Calibrado Universal, un sistema en nuestra anatomía humana de la energía que nos conecta a cada uno a la Cuadrícula Cósmica. Peggy fue también quien creó y desarrolló la Técnica Equilibradora EMF ®. Se trata de un nuevo sistema energético que acelera la integración del Espíritu y de la Biología para que podáis incrementar vuestra buena salud y co-crear el milagro que sois. La Técnica Equilibradora EMF está ideada también para trabajar junto a la Cuadrícula de Calibrado Universal con el fin de dar realce al proceso evolutivo y acelerarlo. La técnica hace uso del efecto humano-a-humano sobre el campo electromagnético y consiste en un procedimiento sencillo y sistemático al alcance de cualquier persona. Canalizado desde el Espíritu, este procedimiento constituye una preciada herramienta que podemos utilizar ya. Éste es el primero de los nuevos sistemas energéticos a los que Kryon se refiere cuando nos invita a que mantengamos toda la carga de nuestro ser. Se trata de una adquisición de fuerza práctica y positiva.

Peggy lleva trabajando una década con información sobre la Cuadrícula y se ha ganado la reputación de ser una de las más importantes autoridades en la naturaleza y beneficios de este don del Espíritu. Dice Kryon que la Cuadrícula Cósmica constituye la herramienta de mayor importancia que haya sido jamás puesta a disposición de los Seres Humanos, como podréis ver en la canalización que acabáis de leer celebrada en New

Hampshire. Extraed energía de la Cuadrícula Cósmica a través de vuestra propia cuadrícula y sumíos en un estado de concienciación celular que os descubra nuevas capacidades. Entre las capacidades activadas latentes, se encuentran la claridad, una profunda paz, mejor salud y rejuvenecimiento. Gentes de todo el mundo se están despertando a su Naturaleza Divina y quieren ayudar a otros a recordar también.

La técnica Equilibradora EMF abre la puerta a la Cuadrícula de Calibrado Universal de forma suave, poderosa y nutriente. Como miembros del equipo de Seminarios Internacionales de Kryon, Peggy y Steve ofrecen talleres de incremento de facultades vitales en esa técnica por todo el mundo. La técnica constituye una iniciación contemporánea de una nueva concienciación de nuestra naturaleza electromagnética. Proporciona una información sobre nuestra anatomía de la energía que establece de forma permanente una poderosa conexión a la Cuadrícula Cósmica y que nos permite hacer uso inmediato de la nueva energía. En efecto, la Técnica EMF nos repara todos los cables para la nueva energía a fin de que podamos aceptar un cambio más profundo en nuestro ser. Peggy ha desarrollado una comprensión única del campo energético humano como compuesto por fibras de luz y de energía. Invito ahora a Peggy a que os hable sobre su labor iniciadora en la Cuadrícula de Calibrado Universal y en la Técnica Equilibradora EMF. Kryon llama a la Cuadrícula de Calibrado Universal «la Puerta a la Cuadrícula Cósmica». La Técnica Equilibradora EMF constituye el trabajo energético que Kryon predijo.

LA TÉCNICA EQUILIBRADORA EMF ®
Un Sistema Energético Evolutivo de Amor

Hace un día espléndido en California. La habitación resplandece y está llena de luz. Miro cómo doce personas, en la misma estancia, trabajan sus energías una con otra. Las fibras doradas que se producen en el campo energético de cada una se calibran siguiendo un método denominado Técnica Equilibradora EMF. Hoy es el cuarto día de un seminario de seis días de duración para entrenar a practicantes de este método, y sus movimientos comienzan ya a reflejar gracia y habilidad. Mientras trabajan con la dorada energía, sus rostros resplandecen de alegría y de reconocimiento del Creador que llevan en su interior. De repente, el calor familiar al que reconozco como Kryon comienza a hacerse más intenso en mi corazón. «Mírales. Mira a esos Queridos Míos», dice. «Hace sólo unos días, eran lo que tú llamas extraños y ahora son de la familia». Mis ojos se llenan de lágrimas de alegría al tiempo que siento como si una oleada de amor recorriese toda la habitación. Cuando menciono a los participantes lo que acaba de ocurrir, éstos me informan de que también han sentido esa energía del amor. Les cuento que, en la última clase, alguien tarareaba la canción «Getting to Know You» («Comenzando a Conocerte»), y todos nos echamos a reír. Éste es el trabajo de Kryon en acción.

Cómo cargar con nuestro propio peso
Cómo integrar las energías antigua y nueva

Kryon nos exhorta a que seamos Seres Humanos autosuficientes y nos anima a cargar sobre nuestros hombros todo el peso de nuestra existencia. Dice que ya estamos cargando con más energía que nunca jamás. ¡El maravilloso reto al que cada uno de los Seres Humanos nos enfrentamos ahora es al de crear y conservar un espíritu fuerte y capaz de mantener y emplear toda esa energía! Ello puede, a veces, dar la impresión de convertirse en una tarea insuperable, aunque, en tanto que Seres Humanos autosuficientes, nos hayamos hecho merecedores de numerosos dones que nos ayuden a ello. La Cuadrícula de Calibrado Universal (CCU) constituye uno de esos dones. Nos permite hacer uso de la energía sin límites de la Cuadrícula Cósmica. Hasta ahora, el sendero que generalmente adoptaba el buscador espiritual era vertical; es decir que o alcanzábamos nuestro Yo Superior o descendíamos hasta conectar con la Tierra. Este movimiento era normal para la antigua energía tradicional. Hoy, además del sendero vertical, podemos hacer uso de un camino de energía horizontal que conduce la energía al aquí y ahora de nuestra vida diaria, lo que proporciona más fuerza al proceso de co–creación con el Espíritu como socio.

Si contempláis la ilustración de la CCU, podréis ver las fibras horizontales que conectan los chakras con las largas fibras de la Cuadrícula. A medida que aprendáis a ir reforzando esas fibras horizontales, aumentaréis vuestra capacidad de co–crear con el Dios/Creador. Éste es el nuevo camino de la nueva energía, resultado de todos los trabajos llevados a cabo al cambiar los emcuadrículados de energía de la Tierra. En la actualidad podemos ya tener acceso a la CCU para dotar de toda su fuerza al proceso de co–creación. Esta Cuadrícula, si se activa mediante concienciación, ejercicios de energía y la sabiduría de nuestras emociones, es como una armadura invisible que fortalece al ser. Al darnos cuenta de que nuestro hogar es el lugar en que nos encontramos, se nos da la posibilidad de construir su armazón con toda alegría.

Una pequeña historia personal y una gran reunión con Ahnya

Hace veintisiete años, cuando me encontraba en los primeros años de mi veintena, sentí el profundo deseo de recordar al Dios/Creador. Fui trasladada a un ambiente religioso, asistí a la iglesia, canté en el coro y todos los años representaba al ángel de la Navidad. Dios me apasionaba, y pensaba que, si Dios fuera mi Padre (todavía no sabía nada sobre Diosas/Madres), debió existir algún momento en que yo hubiese sido parte de Dios. Quería, con todo mi corazón, recordar a Dios. No al Dios del Juicio ni al antiguo Dios de la Biblia, sino al Dios de *ahora*.

Todavía no sabía que mis deseos de conocer a Dios en vida constituían también mi deseo de recordar quién era yo. No sabía nada de meditaciones ni mantras.

Comencé, no obstante, a vivir y respirar este mantra: «recuerdo, recuerdo». Y, por supuesto, llegué a recordar. En una insuperable explosión de energía, me convertí en «ni principio ni fin». Había luz por todas partes. Todas las células de mi cuerpo se sentían atravesadas por una oleada de energía, por la sensación de que me había salido del tiempo y por un amor tan profundo y carente de juicios que, inmediatamente, me di cuenta de que Dios era una realidad. Tanto amor, tanta Luz y... ¡tanta confusión! Sentí como si todas las células de mi cuerpo funcionasen a tope y toda la fuerza así generada hubiese sobrecargado de amor mis circuitos. Posteriormente, llegué a comprender que todos mis chakras habían reventado.

No existían entonces revistas de la Nueva Era ni fuentes que me ayudasen a comprender lo que me había sucedido. Durante los siguientes dieciséis años, estudié todo aquello que pudiese contribuir a explicarme la intensa energía de amor que había sentido. Ahora, suelo referirme a aquella parte de mi vida como a «Confundida por la Luz». Durante todo ese tiempo me vi inmersa en numerosas y diversas disciplinas: budismo Zen; chamanismos africanos, brasileños y nativos de América; cristianismo de reencarnación, yoga Siddha; hasta artes marciales,

417

como Tae Kwon Do, Tai Chi y Kung Fu. Lo intenté todo con tal de activar aquella maravillosa energía en mi vida. Mis estudios dieron como resultado muchas y bellas verdades espirituales: «la verdad está en ti, como lo están todas las respuestas», «somos seres magníficos y capaces de llegar a la Maestría». Todo esto me dio esperanzas, pero me costaba mucho hacer uso de todas estas verdades en mi vida diaria, y ninguna de ellas me producía la intensa energía de amor de la que tanto deseaba gozar otra vez. A pesar de tantos años de esfuerzos, ¡mi vida, mi trabajo y mi hogar estaban en completo desorden! Había tocado lo ilimitado y seguía teniendo profundas visiones, aunque mi vida diaria sólo reflejaba impotencia. Mi frustración se hacía cada vez más profunda, pero mi amor por Dios permanecía igual. Sabía que tenía una «pila llena de energía», pero ¿cómo encenderla? Durante toda mi búsqueda, éste se reveló como el pensamiento que me acompañaba todo el tiempo. Mi corazón se llenaba una y otra vez a medida que iba adquiriendo más conocimientos acerca de las antiguas verdades y de la realización de que todos éramos sólo uno. También deseaba apasionadamente mantener la carga eléctrica de mi verdad. Tras años de búsqueda, con toda sinceridad y en plena exasperación, pregunté: «si las respuestas están dentro de mí, quiero saber dónde exactamente están en ese dentro y ¿CÓMO puedo llegar a ellas?».

Por fin, en la primavera de 1988, logré una vez más alcanzar la gozosa experiencia del «ni principio ni fin». Esta vez, se encontraba presente una magnífica y luminosa energía de forma femenina. Se llama Ahnya. Kryon nos dice que no existen géneros en el reino del espíritu. Yo tuve la experiencia de Ahnya como si de una energía femenina se tratase, de modo que, por pura conveniencia, cuando me refiero a aquel Ser suelo hacerlo como si se tratase de una mujer, aunque en realidad sea un aspecto de una entidad consistente en un todo carente de género. Es una de las maestras de Kryon, parte de su séquito, y complementa los cambios planetarios de Kryon con el trabajo que aportamos. Siempre que imparto enseñanzas, Ahnya se encuentra presente. Me suelo salir de la canalización y volver a entrar

418

en ella, porque esta mezcla me es más cómoda en estos momentos. Ahnya se encuentra presente siempre en el lugar en que un profesor de la Técnica Equilibradora EMF presente su trabajo y allí donde un practicante de EMF realice una sesión.

Ahnya y yo nos fundimos para convertirnos en un sólo ser, y yo me ví sumida en la pauta energética a la que terminaríamos denominando CCU. Era mi primera experiencia con canalizaciones, y recibí una enorme cantidad de información para ese único y trascendental acontecimiento. Cuando por primera vez recibí de Ahnya la pauta o diseño energético de la CCU, supe que se trataba de un regalo, aunque no sabía para qué. La energía permaneció adormecida durante todo un año. Posteriormente, en 1989, con la venida de Kryon, la Cuadrícula entró en actividad. Mi trabajo –o contrato, como ahora lo entiendo– me fue revelado: tenía que interpretar la Cuadrícula, aprender a utilizarla y enseñar a los demás a hacer uso de ella. Uno a uno, los dones de esta Cuadrícula me fueron siendo revelados. Pasé seis años interpretando y haciendo los planos o pautas de la Cuadrícula que podéis ver en la ilustración y desarrollando las cuatro primeras fases de la Técnica Equilibradora EMF.

En 1989, empecé a realizar trabajos fuera de casa dando sesiones de energía siguiendo las pautas que Ahnya me había enseñado (posteriormente, lo asemejé a trazar círculos de cultivo a través del campo energético de los Seres Humanos). Seguí los diseños igual que me fueron dados, aunque los resultados variaban según la necesidad o intención de la persona. En ocasiones, se producían sanaciones físicas, a las que yo consideraba como efectos colaterales, ya que mi objetivo era el de equilibrar y activar este nuevo sistema de campo energético con el que me las estaba viendo. Simultáneamente, mi vida comenzó a cambiar de forma dramática. Mientras activaba la Cuadrícula con otros, mi propio sistema energético se fue haciendo cada vez más fuerte, más capaz de «sujetar la carga». Ahora contaba con un lugar por el que podía circular toda aquella energía. Me di cuenta de que podía sujetar mi propia fuerza –efecto al que he denominado «Energía del Núcleo»–, al tiempo que mi asociación con el Espíritu adquiría vida. Por primera vez, empecé a sentirme en casa aquí en el planeta Tierra.

Corrió la voz de los resultados positivos que mis clientes iban sintiendo en sus vidas y de que había comenzado mi consulta privada. La gente decía que salían «diferentes» y «más ligeros» y que se daban cuenta de que se encontraban más realizados en sus vidas. Todo ello no se producía con demasiada facilidad, ya que exigía muchísimo trabajo, pero mis clientes caían en la cuenta de que tenían más energía y contaban con una guía más fuerte para seguir los próximos pasos de sus almas. Con constancia y dedicando mi tiempo a una sola persona cada vez, la fama de mi trabajo fue llegando más lejos. Durante los años que siguieron, enseñé en numerosos programas educativos para adultos en escuelas públicas y di conferencias en universidades, tiendas de la Nueva Era, exposiciones de salud total y principales empresas. Aparecí en pequeños programas de radio y televisión, y los periódicos locales hablaron de mí en términos encomiásticos.

Durante todo ese tiempo, hubo un momento en que se produjo un acontecimiento sumamente emotivo. En el verano de 1995, una respetable empresa de investigación y desarrollo con base en Connecticut nos abordó a Stephen y a mí. La empresa estaba especializada en contratos con el gobierno y las fuerzas armadas, además de producir la serie de vídeos J. Everett Koop dedicada a la salud. Querían colaborar con nostros y solicitar una subvención a la NASA para estudiar los efectos de la utilización de la Técnica Equilibradora EMF en la mejora de la actuación de individuos y grupos, y para reforzar el proceso de mantenimiento de la salud humana en los cosmonautas. La parte del experimento de la que nosotros nos encargaríamos sería la de proporcionar el entrenamiento y los ejercicios para probar los efectos del equilibrio de la energía en los campos magnéticos. En otras palabras, ¡deberíamos estimular la concienciación colectiva mediante la integración del Espíritu y la Biología! Pronto nos enteramos de que aquél no era el momento adecuado, y nos sentimos algo frustrados cuando la subvención de la NASA fue denegada a la empresa. Sin embargo, estábamos sumamente animados y nos dimos cuenta de que caminábamos por el buen camino. Un año después, en el verano de 1996, Stephen y yo leímos por fin las palabras de Kryon. Como muchos otros, el agradecimiento que sentimos fue enorme. En otoño de 1996, conocimos a Kryon, Lee Carroll y Jan Tober. En febrero de 1997, nos convertimos en colaboradores.

La Cuadrícula de Calibrado Universal es la pauta de energía de la autocapacitación

«¿Qué apariencia tiene la pauta energética de la Autocapacitación?». Formulé esta pregunta a Lee/Kryon cuando asistimos a una canalización de Kryon en Atlanta. Mientras sentía en mi corazón ese calor tan especial que sé que es Kryon, Lee me dijo: «No sé lo que significa esta respuesta, pero es 'como hecha a ganchillo'». Sí. ¡Qué forma tan maravillosa de describir a la Cuadrícula con la que ya llevaba trabajando los últimos diez años! Tanto la concienciación como la comprensión de la pauta de energía de la Autocapacitación constituyen aspectos cruciales de nuestra evolución. Los chakras irradian horizontalmente fibras de luz y de energía. Estas fibras conforman bucles en forma de ochos que alimentan a las largas fibras verticales de energía que rodean y penetran nuestra anatomía energética. Éste es el marco que forma la CCU. Así es como yo lo veo. La anatomía física cuenta con numerosos sistemas, como, por ejemplo, el muscular, el esquelético, etc. La anatomía energética también contiene sistemas. La pauta o diseño básico de este particular sistema –la Cuadrícula– es universal, es decir, es básicamente el mismo para cada persona. Cuando las fibras luminosas se estiran en una de las partes de la CCU, otras fibras pueden responder en otra parte diferente. Al igual que la Cuadrícula Cósmica, la CCU es plegable y se puede interconectar. ¡Nuestra cuadrícula particular de energía es el microcosmos de un macrocosmos! La CCU funciona de forma parecida a la de un transformador eléctrico, transfiriendo energía de un circuito a otro. Ésta es la razón por la que nos refiramos a este proceso como «al nuevo cableado para la nueva energía». Ello nos permite recibir y utilizar la energía que estamos aprendiendo a liberar de la Cuadrícula Cósmica a través de nuestra intención.

El papel representado por la intención

Aunque la pauta básica de la CCU es idéntica para todos nosotros, el calibrado –entendiéndose por él cálculo o refuerzo– es solamente personal y viene determinado por la relación matemática entre la frecuencia vibratoria de cada persona y la Cuadrícula Cósmica. El calibrado de las fibras de la anatomía energética es muy complejo, razón por la que el papel representado por la INTENCION es tan importante. La intención básica de una sesión energética de Técnica Equilibradora EMF es la de equilibrar el campo magnético humano, permitiendo así que la energía del indivuduo abra tantos circuitos como le sea posible a la Cuadrícula Cósmica.

Los movimientos poseen gracia y son fáciles de llevar a cabo. La persona que recibe la sesión puede conceder su intención para casi cualquier cosa, desde la sanación hasta el autoconocimiento, pasando por, sencillamente, la disminución de la tensión o la reconexión de su ADN. A medida que avanza la sesión, se produce un recableado del campo energético de la persona, creándose un nuevo orden en dicho campo y produciéndose una estructura más fuerte para recibir la energía de la Fuente Ilimitada o Cuadrícula Cósmica. Una vez llevadas a cabo las conexiones, con frecuencia presenciamos un aumento dramático en el proceso de co-creación de la vida, constituyendo su factor determinante el crecimiento del alma. El proceso de equilibrado del campo electromagnético puede conducir a una liberación espontánea –incluso sin percepción interna– en un sólo latido del corazón. Con tan fuerte base, elevamos nuestro propio nivel vibratorio, el cual, a su vez, eleva el nivel vibratorio de la Tierra. Así es como alcanzamos personalmente aquello a lo que muchos denominan Ascensión.

Kryon nos recuerda que el amor que hemos entregado al Creador, a los Maestros –como Buda o Jesucristo–, a nuestros jefes espirituales, a nuestras familias y a otras relaciones no es sino un reflejo del amor que sentimos por nosotros mismos. Mientras reivindicamos ese amor, aumenta la Autoestima. Este amor por nuestro Yo Superior es inmenso, y la Biología tiene que ser lo suficientemente fuerte para controlarlo. ¡Por eso se necesita tanta preparación! Manteniendo, primeramente, ese amor en nosotros mismos, nos convertimos en seres completos y sinceros. A continuación, compartimos nuestro amor con otros desde una perspectiva diferente, una perspectiva que tal vez no hayamos conocido antes. La activación y el ejercicio de la CCU constituyen parte integral de la preparación para recibir la energía del Amor a Sí Mismo y de la Autovaloración mientras esa energía alza el vuelo, como el Ave Fénix, en nuestro interior. Es un don que el Espíritu nos hace al acercarnos al estado de gracia. Hacía bastante tiempo que, en mis enseñanzas, no venía haciendo uso de la palabra amor. A través de los años, me daba la impresión de que no se empleaba correctamente. Entonces fue cuando conocí a Kryon y ¡oh, cuán lleno se sintió mi corazón! La energía de la Tierra está finalmente a punto para recibir el flujo constante de amor, y nosotros seremos capaces de controlarlo. Podemos hacerlo mediante el uso amoroso, alegre y placentero de la CCU.

Cómo tañer las cuerdas de la Cuadrícula de Calibrado Universal. Una evolución eléctrica.

Si queréis realmente ser buenos comunicando con el Universo, podéis desarrollar esta habilidad a través de la práctica. Se parece mucho a tocar un instrumento de cuerda. Muchos de vosotros ya alcanzáis a tañer directamente las cuerdas de la Cuadrícula Cósmica creando vibraciones a través de la meditación, trabajo energético o intención. Al tañer primeramente las cuerdas de la CCU, ¡añadís vuestra propia firma a la conexión y proporcionáis al Universo vuestro remite! Las cuerdas o fibras externas de la CCU forman parte de vuestra anatomía energética. Si las miráis en la ilustración, tal vez sintáis que están vivas y que vibran. Cuando aprendáis a utilizar esas fibras de energía, haréis más clara y amplificaréis vuestra comunicación con la Cuadrícula Cósmica. La vibración resultante en el interior de la Cuadrícula podría así responderos directa e íntimamente. El hecho de tocar la CCU a través de vuestra conexión particular crea un Autorefuerzo mucho más potente. Estáis invitados a participar en el esquema cósmico de las cosas de forma en que sólo los Maestros hicieron hasta el momento. Sois Maestros, sois almas. Os invitamos a abrir la tapa de vuestra propia maestría.

Venimos, con todos los esfuerzos de nuestros «trabajadores de la luz», llevando a cabo grandes cambios en el planeta y en el interior de nosotros mismos. Nuestra anatomía energética refleja esos esfuerzos mientras caminamos en dirección a abarcar tanta luz y energía como nos sea posible. La dureza de nuestro trabajo ha contribuido al nacimiento de este sistema contemporáneo de energía en el que se encuentra incluída la CCU. La composición mineral de vuestros huesos convierte a vuestro esqueleto en un excelente conductor de energía electromagnética. Por dentro, todos somos de color azul eléctrico, con independencia del color de nuestra piel. La «pasta» de que está hecha la CCU consiste en parte de vuestro campo de energía y ha comenzado a tomar forma. Mientras trabajo con pautas de energía una y otra vez, he llegado a la conclusión de que tengo el tremendo privilegio de ocupar un asiento de primera fila para observar la evolución del cuerpo luminoso. La información que aquí se ofrece sobre la CCU es resultado de trabajos realizados con millares de personas tanto por separado como en grupos. (Ver ilustración).

Las infinitas lazadas del número «8»

Ahnya empezó a hacerme revelaciones sobre las fibras que, en forma de número ocho, irradian de los chakras y nos conectan a la energía del Núcleo. Se trata de los lazos autoequilibradores de la CCU y forman el símbolo del infinito, representante de la conexión infinita entre vosotros y el Creador. Observé cómo estas fibras de luz proporcionaban información de retorno del Universo a la Biología Humana. Cuando vi que la Biología devolvía la información mediante las lazadas en forma de ochos, me di cuenta de que, con la activación de esta parte de la anatomía energética, habíamos dado un gran paso hacia la evolución. Se trataba nada menos que de la forma de traer la co-creación al aquí y ahora. La ola de energía que devuelve el Universo trae consigo experiencias que conformarán vuestra realidad futura.

Poco tiempo después de haber observado los lazos que formaban el número ocho, se formaron las largas fibras que crean el armazón externo de la CCU. Doce de esas largas hebras constituyen la capa exterior de la Cuadrícula. Recientemente, se han activado doce hebras más que atraviesan el centro de las lazadas. Trabajar con intención y ejercicios energéticos y dibujar plantillas a través de los campos contribuye a que la Cuadrícula adopte su forma completa. ¡Qué bella es esta evolución! Mientras una ejercita la CCU, refuerza su capacidad de mantener la nueva energía en su Biología, lo que, a su vez, contribuye a que la CCU alcance su formación completa. Incluso mientras leéis estas palabras y estudiáis la ilustración, estáis estimulando la energía de la Cuadrícula que lleváis dentro. Cuando logremos alcanzar una comprensión básica acerca de cómo funciona este «sistema de mensajes», nos daremos cuenta de que somos auténticos creadores de nuestra propia realidad. Al enviar mensajes más claros y fuertes con amor y sencillez, creamos una realidad más clara y más fuerte. En el momento de las 11:11, habremos aceptado una mayor responsabilidad con nosotros mismos.

425

La obra de Solara involucraba el aceptar más de nuestra propia energía y, como resultado, nuestros historiales personales eran liberados en nuestros campos de energía. Vuestra historia, vuestras pautas hereditarias, historiales de vidas pasadas y todos los acontecimientos que hubiéseis experimentado en esta vida se encuentran grabados en las largas fibras informativas que se encuentran detrás de vosotros. Todos esos historiales se parecen a diminutos discos de luz y, mediante electromagnetismo, mantienen esa información en su sitio. Cuando uno de esos discos se ve rodeado por un exceso de carga energética, se suele manifestar a menudo como una realidad que se repite una y otra vez en lo que llamamos tiempo presente. Si se trata de una realidad que deseamos, todo va bien, pero, con demasiada frecuencia, nuestro «historial energético» crea una pauta repetitiva que se transforma en un ancla de negatividad y que nos impide seguir creciendo hacia adelante. Cuando equilibramos las cargas de energía contenidas en las largas fibras situadas detrás nuestro, nuestra intención es la de transmutar la «historia energética» o «pasado» a una columna de dorada sabiduría y apoyo. Suavemente vamos dando salida al exceso de energía «negativa» que, ahora, se ve libre para ser utilizada en formas más beneficiosas a medida que vamos co-creando nuestra realidad en el AHORA. Vivimos una época de oportunidades para una liberación kármica en gracia. Esas fibras no son sino canales para la superior carga de energía que necesitamos para reivindicar este personal estado de gracia.

Fijáos bien, en la imagen, en la columna de luz pura que desciende directamente pasando por el centro del cuerpo. Es ahí, en vuestro centro, donde se halla la unificación del sistema de chakra en curso. Ésa es la energía del núcleo, el circuito abierto de la CCU que nos conecta a la Fuente Ilimitada. Cuanto mayor sea ahí el flujo de energía, mayor será también la liberación de conocimiento espiritual que conlleve. Como ya nos dijo Kryon en Lake Geneva, la sabiduría de los siglos está en nuestro interior. La inteligencia espiritual nos es inherente a todos. El matrimonio del Espíritu y la Biología es pura realidad, siendo la primera de las tareas que se nos presenta la de dar facilidades a esa realidad. Característica de este proceso es la profunda sensación de paz que se produce con independencia de lo que pueda ocurrir en vuestro derredor. ¿Recordáis la Parábola del «Pozo de Alquitrán» dada por Kryon? (*Parábolas de Kryon*. Lee Carroll, Hay House, Inc., 1996) «Al soltar las cargas excesivas de energía del pasado y reforzar vuestra energía nuclear, el espeso «alquitrán» que ralentizó vuestra progresión se diluye. Así os iréis acercando a la asociación con vuestro Yo Superior y, antes o después, al estado de Ascensión. Aquí, en vuestro propio núcleo, podéis empezar a experimentar el *ahora* eterno».

Cuanto más presentes estéis en el ahora, mayor será la carga eléctrica que llevéis. La carga eléctrica de vuestro historial y la carga de vuestro potencial futuro se funden en el ahora. La fuerza o «chispa» que se necesita para la Ascensión se encuentra en el ahora unificado. Las hebras de luz de la parte delantera del campo humano de energía incluyen el campo de posibilidades potenciales. En tiempo lineal, esto recibe el nombre de futuro, y en él depositamos nuestros deseos, esperanzas y sueños. También depositamos en él los acontecimientos preocupantes y terroríficos de esta parte de la CCU. Los discos de luz que contienen esas largas hebras informativas funcionan como transmisores y atraen energía del «mismo tipo». El Universo no nos llama a juicio, no. Aquí somos libres de elegir. Somos seres con infinitas posibilidades. Según de potente sea la transmisión, podrá manifestarse o no una realidad potencial. Cuando, como es natural, concentramos nuestros pensamientos positivos en nuestras esperanzas y deseos, caminamos hacia la eliminación de nuestro temor y preocupación. Reforzamos, por lo tanto, nuestra capacidad de co-creación mientras diluimos el «alquitrán» y «plantamos» nuestro intento co—creativo en el campo de las posibilidades futuras. Ahora, tal vez comprendáis mejor la información técnica sobre la CCU, lo que ocurre cuando co-creáis y por qué nos han dicho que nos convertimos en aquello en lo que fijamos nuestra atención.

Tiempo circular

Mientras estudiáis una vez más la ilustración de la CCU, fijáos en cómo la energía de detrás –el pasado– se conecta con la del centro –el presente– y le suministra información. Esta energía del núcleo se conecta con la situada delante –el futuro– y proporciona a ésta información. Los canales están abiertos en ambas direcciones, de modo que el futuro pueda suninistrar información al presente e incluso al pasado. Aquí, comenzamos a comprender lo que significa vivir en tiempo circular. Esta conexión de pasado, presente y futuro crea el eterno AHORA. La realidad no es pasado, presente ni futuro; sólo existe el AHORA. La información viene de antiguo. Leí –y debo decir que me encantó– el libro de Ram Dass titulado *Estáte Aquí Ahora* hará ya cerca de veinticinco años. Tras todos esos años de estudio, he vuelto al «estáte aquí ahora».

Sin embargo, existe una diferencia. Podemos hacer esto de una manera que no nos fue posible nunca antes, y ello se debe a los ajustes magnéticos que Kryon está realizando en el planeta. Kryon nos anima a expirimentar estar en el AHORA cuando, en su canalización nos dice que «esta información va dirigida a aquéllos de vosotros que escucháis esto en el ahora, a aquéllos de vosotros que estéis escuchando esta cinta en el ahora y a aquéllos de vosotros que estéis leyendo estas líneas en el ahora». En Portland, nos recordó que el «tiempo es el mismo, que el marco cronológico es idéntico». Mientras vamos aprendiendo a vivir en este coso denominado tiempo circular, estamos, sin lugar a dudas, «acarreando con la mayor carga de nuestro ser». La Técnica Equilibradora EMF nos enseña una forma práctica de trabajar en el AHORA con este conocimiento.

Llamada al calibrado universal

Kryon nos revela que la Cuadrícula Cósmica constituye una de las herramientas más poderosas del Espíritu que existen en la actualidad. Incita a que los físicos estudien la energía de la Cuadrícula y promete que los grandes descubrimientos que beneficien a la Humanidad serán hallados en aquélla. También nos invita a que nos trasladamos a una frecuencia vibratoria en cuyo seno podamos hacer uso personal de la energía de la Cuadrícula Cósmica. Para poder emplear más energía de esta índole en nuestras vidas diarias, debemos reforzar y equilibrar nuestra propia anatomía energética. La CCU no es sino nuestra superficie de contacto con la Cuadrícula Cósmica. Este proceso evolutivo aportará al interior de nuestros cuerpos físicos la expresión total en tanto que entidades que somos participantes de la energía dorada. Esta alineación energética prepara el escenario de una única unión interactiva con el Creador. El calibrado nos posibilita el mantenimiento y la expresión de la cada vez mayor carga eléctrica de que disponemos gracias al trabajo de Kryon. A esto lo llamamos el recableado de la nueva energía. La carga eléctrica constituye la chispa espiritual de fuerza que existe en el interior de todos nosotros. El objetivo de esta llamada al Calibrado Universal es el de crear conscientemente una unión más fuerte con el Infinito mediante el uso de nuestra superficie personal de contacto, es decir, de la CCU. ¡Las coincidencias –o sincronicidades– no son sino el principio! Algunos de vosotros vivís ya la realidad de que vuestro hogar es el lugar en el que estáis. Las sensaciones de soledad se van desvaneciendo al tiempo que el velo que nos separa del Espíritu se hace cada vez más transparente. Este proceso, que se intensificó en la primera parte de la década de los 90, continuará haciéndolo hasta el año 2012. ¡El trabajo energético cobrará una importancia primordial durante todo este tiempo!

Cómo restaurar las leyes electromagnéticas del amor

Las leyes espirituales del amor y del Electromagnetismo se encuentran a la espera de ser descubiertas y restauradas para que podamos hacer uso de ellas en nuestra reconexión con el Espíritu para la co-creación e integridad en él. La CCU está viva y vibra con amor, lo que debe ser respetado. Al interpretar la información sobre equilibrado energético que me enseñó Ahnya, me era posible, por regla ganeral, seguir correctamente las pautas energéticas. Cuando hacía algo que no era correcto, Ahnya me alineaba amablemente con sumo cariño y paciencia. Yo sentía como si mis brazos y manos no me perteneciesen mientras se movían suavemente en la secuencia correcta. Desde entonces, he tenido varios cambios de Guía, aunque, al principio, eran sólo tres entidades muy altas, de luz dorada. Estaban siempre presentes y se colocaban a mi izquierda. Yo solía llamarles cariñosamente los Tres Amiguetes Magos. Un día, tuve la clara sensación de que había llegado el momento de poner nombre a mi trabajo. Siguiendo una poderosa dirección, denominé al procedimiento «La Técnica Equilibradora EMF», en el que las siglas EMF correspodían a Campo ElectroMagnético*. «Y, ¿por qué?», me dije. «No suena nada bien ni «se pega» al oído. Es soso. ¿No podría llamarlo «Stargate» o algo parecido?» «No», me respondieron de forma categórica y, amablemente, me explicaron que, en un futuro cercano, la gente conocería perfectamente el EMF, y que el nombre les sonaría a algo. Recordad, esta información fue recibida en 1989. Hoy en día, sabemos que el campo electromagnético del cuerpo humano guarda en su interior muchas de las claves de nuestra evolución.

Pautas de energía dorada. Plantillas de luz.

Al tiempo que Ahnya me canalizaba la información, yo me iba dando cuenta de que una luz dorada irradiaba del interior de todos nosotros así como de todo lo que nos rodeaba. Vi también muchas pautas de luz cristalina. Mi experiencia en la canalización de estas pautas era la de «convertirme energética-

---

* En inglés, *ElectroMagnetic Field*

mente» en ellas. No es éste el lugar para describir este proceso, pero, hasta la fecha, «me he convertido» en cinco de esas pautas. Tenían la apariencia de plantillas de luz y de energía con forma de corazón. Considero esas plantillas como las herramientas que constituyen el corazón de la Técnica Equilibradora EMF. Las plantillas actúan de catalizadores mientras la información es despertada o aclarada dentro del CCU de cada persona. Esas plantillas posibilitaron que pudiese enseñar la técnica del equilibrado de la energía con gran rapidez así como realizar los ajustes necesarios en los campos energéticos de los alumnos para permitir su inmediato acceso a la CCU.

Las clases consisten en conferencia, práctica y comunicación muda: palabras, para explicar la teoría; práctica, para aprender la técnica de la experiencia de la imposición de manos, y comunicación muda, para la canalización de las plantillas de luz. Las instrucciones entran fácilmente por los ojos y se aprenden con rapidez. Reina la alegría, y los participantes suelen efectuar comentarios sobre la tan sagrada y cariñosa sensación que produce la energía. Estas pautas de energía dorada son seguidas a través del campo en una secuencia reiterativa de movimientos, lo que produce un «afinado» o «repautado» de la energía con la intención específica de activar y reforzar la CCU hasta alcanzar un estado de gracia sin tener que volver a vivir el dolor del insulto original. Lección aprendida = Sabiduría ganada. El trabajo facilita al mismo tiempo la dinámica de la conexión electromagnétia de humano-a-humano. Cuando trabajamos con esas pautas a través del cuerpo humano, los movimientos realizados están llenos de gracia y son parecidos a los de Tai-Chi; se trata de procedimientos precisos y minuciosos. Trabajamos desde los pies hacia la cabeza, desde la parte delantera a la trasera y desde la cabeza nuevamente hacia los pies. Siempre terminamos este alineamiento universal con una potente conexión a la Tierra. ¡No hace falta que os diga todo lo sagrada e imperativa que es para nosotros nuestra asociación con la Tierra.

431

Las cuatro fases de la técnica equilibradora EMF
Breve visión general.

Durante una sesión de Técnica Equilibradora EMF, el proceso de calibrado ocurre para todos, sean o no conscientes de ello. Casi todas las personas sienten cómo la energía recorre sus cuerpos, aunque ello no sea necesario para que la sesión tenga éxito. Cada sesión comienza: «Desde mi Creador interior a tu Creador interior y a quienes nos acompañan, empecemos», lo que sirve de reconocimiento mutuo y de homenaje a la sabiduría interior. El procedimiento EMF de equilibrado lleva en su interior cuatro pautas de energía diferentes, o fases, susceptibles de ser seguidas a través del campo de energía humano. Esos movimientos facilitan el calibrado, lo que, a su vez, refuerza la conexión personal –a la que, a veces, llamo «conexión Ascensional»– a la Cuadrícula Cósmica.

Cada pauta posee una intención específica.

Fase I   *Para equilibrar la sabiduría y las emociones* (mente y corazón). Esta primera pauta provoca una disminución de la tensión y una sensación de libertad y bienestar. Contribuye, en la nueva energía, a tener en cuenta lo que podría ser pensar con el corazón y sentir con la mente. Se aprende a trabajar con fibras de luz y energía que componen una capa de anatomía energética interrelacionada con el sistema de chakras. Es importante el equilibrio de la sabiduría y de las emociones. Al decir sabiduría, me refiero a las cualidades mentales del razonamiento y de la comprensión.

Fase II   *Para concentrarse en la auto-dirección y apoyo.* Aquí, podemos soltar graciosa y suavemente los temas emocionales almacenados en nuestro historial sin tener que volver a vivir los dolorosos sucesos que los causaron. Nuestra intención es la de transformar nuestro historial en una columna de dorada sabiduría y apoyo, una columna de energía del núcleo que nos centre en el ahora. Esta columna dorada sirve de soporte a la posición energética de la Autocapacitación. ¡Ninguna energía negativa anclada en nuestro pasado puede retenernos! La pregunta es: «¿Cómo puedo conectarme con el todo con mayor eficacia?». Ésta es la razón por la que la comprensión de las fibras, a las que yo veo como discos de luz, de pautas geométricas, que contienen información, ya sea hereditaria, genética, sobre vidas pasadas o sobre la vida presente, es de gran importancia. Hasta los detalles más diminutos son recordados. Kryon, en fecha del 8 de mayo de 1999, hablaba de la vaina magnética de nuestro ADN, de la que dijo que los científicos no podrían hallar si no se daban cuenta de que «faltaba algo». Éstos son los códigos magnéticos del Creador.

Fase III   *Intensificar la energía del núcleo.* Nos permite irradiar la luz que contenemos. Se presenta la energía del platino, produciéndose la unión en el interior de la anatomía energética al alinearse los chakras con la energía del núcleo. Esta alineación es necesaria a medida que vayamos aceptando una mayor responsabilidad en el esquema en que funcionan las cosas en el Universo. Aquí damos expresión a nuestra inteligencia espiritual y paz experimental así como a la rememoración del YO SOY lo que YO SOY.

Fase IV   *Para concentrarse en los logros energéticos.* Tenemos un potencial al que, a menudo, nos referimos como a nuestro futuro. En esta Fase, aprendemos la forma de elegir sintonizar receptores y transmisores de energía concretos en el interior de la CCU con el fin de co-crear nuestras vidas con el Espíritu. Calibramos esta parte de la Cuadrícula para poder, juntos, co-crear nuestro potencial con alegría. ¡Qué gran privilegio constituye encontrarse en asociación con el Creador!

En todas las Fases, se sigue la pauta de la misma manera en que originalmente se recibió del Espíritu, aunque el calibrado se muestre siempre acorde con la sabiduría innata de cada individuo. Todos somos únicos, con lo que los resultados son siempre interesantes al mismo tiempo que personales. ¡Todavía me asombro de cuán personal es el Universo con cada uno de nosotros! La Cuadrícula Cósmica constituye una complicada parte de todos nosotros, y todos estamos conectados. Ésa es la razón por la que Kryon diga que todos somos familia.

Maestría: la postura de equilibrio

Uno de los puntos focales más importantes de los trabajos con el Equilibrado EMF consiste en la postura de equilibrio en el día a día. Esta postura dorada de equilibrio se ve retada contínuamente al seguir nosotros, nuestra Tierra y el Universo, calibrando según las nuevas estructuras de realidad energética que se encuentran en desarrollo. Mientras mantengáis esa postura y alcancéis las vibraciones más elevadas asociadas con ella, os encontraréis con que las condiciones que estén en desequilibrio podrían muy bien desmoronarse. En tal caso, tendríais lo que mucha gente denomina una sanación. Al mantener vuestro sagrado equilibrio individual, aportáis también una gran paz y estabilidad a toda la colectividad. Este equilibrio constituye, por tanto, una de las claves para la expresión de la gracia.

Recordad que se nos ha pedido que practiquemos la maestría. Alcanzarla consiste en mantener toda la carga de nuestro ser. Kryon nos pide que lo hagamos y nos dice que podemos hacerlo con gracia. Puede que alguno de nosotros lo hagamos cómicamente, pero podemos hacerlo (Ahnya me dice que no está del todo mal que seamos un poco «traviesos cósmicos» siempre que lo hagamos con cariño y humor). Pensad durante un momento lo que podría representar para vosotros vivir en la maestría: talante siempre alegre, corazón gozoso, falta de enjuiciamiento de los demás, paciencia, humor, amabilidad, humildad, tranquilidad, gracia, etcétera. El hecho de practicar la maestría entraña el incremento de sabiduría para saber cuándo hay que dar y cuándo hay que recibir. También incluye el discernimiento del que hablaba Kryon.

Al ir adquiriendo maestría sobre nosotros mismos, ayudamos a otros a alcanzar la suya para que todos consigamos mantener la energía necesaria para lograr la Ascensión. Es éste un proceso de amor, porque hacemos que nuestras vidas sean más felices, elevando así nuestra vibración y contribuyendo así a que los demás eleven las suyas. Uno de nuestros profesores de Técnica Equilibradora EMF dijo de su trabajo: «sería una tarea imposible el explicar lo que puede esperarse de este sistema, porque cuando uno empieza a integrar el Espíritu y la Biología, el resultado nunca es el mismo de una persona a otra, aunque siempre se alcance la mayor cantidad de bien tanto para cada uno de nosotros como para la Tierra y para el Universo».

El practicante de artes marciales se convierte en maestro a medida que va aprendiendo las formas y practicando las posturas que refuercen su capacidad para dirigir la energía. El violinista de conciertos somete su vida a la práctica con el instrumento. El Ser Humano Iluminado puede practicar la maestría viviendo como si cada momento fuese el más importante y asumiendo la responsabilidad de un continuo crecimiento. Os doy aquí una estrategia espiritual que, combinada con intención e integridad, puede ponerse en práctica para que vuestros esfuerzos de co-creación se hagan mucho más potentes. La enseño en todos los seminarios sobre Técnica Equilibradora EMF. En primer lugar, honrad vuestro historial (el pasado) mediante la expresión de agradecimiento por la sabiduría que habéis ido adquiriendo. En segundo lugar, concentráos en vuestra energía del núcleo (el presente), que alinea vuestra conexión a un poder sin límites. Todo ello conlleva al tercer paso: intentad alcanzar, en equilibrio, la realidad potencial (el futuro). De ahí en adelante, lograréis co-crear con coherencia y mayor claridad, con independencia de vuestra intención. Cuanto más practiquéis vivir en la postura de un Ser Humano Autocapacitado, más Autocapacitados seréis. ¡No es que sea muy místico, pero funciona!

Escuela con alas

Llevo enseñando durante ocho años la Técnica Equilibradora EMF. Todos esos años de experiencia me han proporcionado una enorme confianza en el programa y en los Seres de Luz que asisten a todas las clases conmigo. El seminario de presentación, de un día de duración, es para todo el mundo y proporciona una valiosa información sobre la CCU, enseña ejercicios energéticos para reforzarla y suministra las herramientas prácticas de que podéis hacer uso desde el primer día. Quienes optan por seguir pueden aprender las pautas de las cuatro Fases de la técnica y pueden seguir hasta llegar a practicarlas e incluso llegar hasta profesores. El programa para el certificado de las Cuatro Fases y de crecimiento personal requiere tres días para el entrenamiento básico, y otros tres, para el avanzado. El entrenamiento va muy deprisa porque proporciona a cada alumno una alineación directa con la nueva energía y porque las instrucciones son sumamente concisas. Sus movimientos están llenos de gracia y son de fácil seguimiento. La energía se autorregula y autodirige, trasladándose por el cuerpo según sean las necesidades particulares de cada persona.

¡Los seminaros de Técnica Equilibradora EMF constituyen auténticos acontecimientos energéticos! Hay personas que vienen a aprender la técnica para su uso personal y, tal vez, para el de sus parientes y amigos. Otros toman la EMF como una modalidad adicional para complementar una práctica ya existente. Hay también quienes aprenden la técnica para iniciarse en una nueva carrera como practicantes de Técnica Equilibradora EMF. Para quienes exista un fuerte alineamiento con este trabajo, hay un programa que finaliza con el diploma certificado de practicante. Todos los profesores han de terminar tanto el programa de entrenamiento para practicantes como otro de entrenamiento para profesores que dura seis días. Los profesores pueden llevar a cabo las cuatro Fases de la técnica además de enseñárselas a otros.

436

Emparejamiento del espíritu y la biología a través de la CCU

Kryon nos ha dicho en las canalizaciones dadas en New Hampshire que acabáis de leer que la concienciación humana ha izado a la tierra a una nueva vibración y que ha alterado la Física de nuestra propia realidad. La Humanidad ha dado un paso hacia adelante para asumir esa responsabilidad y para trabajar para alcanzar la Ascensión. Verdad es que ya hemos alcanzado la masa crítica. Al mismo tiempo que vamos ganando maestría sobre nosotros mismos, nos vamos moviendo en la dirección en que más luz y energía podamos abarcar. La CCU ha cobrado forma como resultado de este trabajo, realizado por trabajadores de la luz en todas partes. Podemos hacer uso de una pauta de energía horizontal para proporcionar fuerza al proceso de co-creación; hemos traído, a través de este mecanismo, la energía de la co-creación al aquí y ahora. Todos somos participantes en este proceso de la evolución aunque seamos también los instrumentos de su consecución. Es díáfano como la luz del día que los dones de esta Nueva Era constituyen el resultado de una auténtica asociación entre el Espíritu y nosotros mismos.

A medida que vayamos acercándonos a nuestro potencial total, se irán produciendo cambios fisiológicos. Nuestras hormonas llevarán a cabo secreciones diferentes, lo que producirá una reacción química en nuestros cuerpos y cerebros que, a su vez, nos irán preparando para la Ascensión y para vivir en una nueva vida y en una nueva realidad. Una vez que la energía recorra la totalidad de nuestro campo, a través del cuerpo energético, esos cambios hormonales y químicos afectarán al cuerpo físico. Llegará el momento en que el cuerpo pueda sanarse y regenerarse a sí mismo una vez tras otra a una velocidad asombrosa, de lo que se derivará la longevidad de que Kryon os ha hablado ya. Además de lo anterior, el proceso de aprendizaje irá cambiando a medida que vayamos aprendiendo de forma dramática nuevas formas al ir conociendo cómo conectar con la conciencia colectiva para obtener información.

La CCU empieza en vuestro corazón, en el mismísimo núcleo de vuestras almas/yo. Refuerza vuestra biología en estado de gracia como un Ser Humano perfectamente Autocapacitado. Aquí es donde comienza vuestra conexión personal al Todo colectivo. Cada uno de nosotros sujetamos un trocito de la verdad colectiva que existe en el interior de nuestro yo. Encarrilados ya hacia el éxito espiritual, al ofrecer ayuda para que otro Ser Humano siga hacia delante para alcanzar la expresión total de su Divino potencial, nos ayudamos a nosotros mismos. ¡Así de conectados estamos! Cono dijo Kryon en la canalización de New Hampshire, «la energía se libera, y el tiempo se altera, ¡todo ello a través de la intención humana! No existe en todo el Universo fuerza mayor que la de *la intención y amor humanos*» . Kryon nos hace recordar también lo profundamente amados que somos por el Espíritu. Vuestra conexión personal a la Cuadrícula Cósmica os capacitará de forma maestra a expresar el amor, crecer en el amor y constituiros en el amor sin límites del Espíritu.

Celebración de un calibrado

Stephen mi marido, constituye la otra mitad de los trabajos con la Técnica Equilibradora EMF.

Stephen y yo presentamos nuestros seminarios por todo el mundo. Activamos las plantillas luminosas de humano-a-humano. En el momento actual, hay profesores de Técnica Equilibradora EMF en siete países diferentes, a saber: Estados Unidos, Canadá, Francia, Australia, Nueva Zelanda, Reino Unido y Singapur. Mi Socia/Maestra, Ahnya, ese Ser Luminoso de quien recibo toda esta información, se encuentra en estos mismos momentos irradiando amor. Está en una postura de celebración. Me recuerda que os diga algo que me encanta decir a mis alumnos: ¡las largas fibras de la Cuadrícula que os rodean se asemejan a alas!

Namaste, Querida Familia.

Peggy Dubro

¿Quién quiere saber más?

Web Site: (www.EMFBalancingTechnique.com)

Contacto: Energy Extension, Inc. 624 Main Street, Suite 77
             Norwich, CT 06360

E–mail: <energyinc@aol.com>

*(También disponibles el póster de la meditación CCU a todo color
(pág. 412) y el compacto o la cinta Spiral Sweep Energy Exercise)·*

(Para la traducción del hebreo,
ver el Libro Kryon II, *No piense como un Humano)*

Capítulo Octavo

PARA LOS JUDÍOS

Dice Lee Carroll...

Cuando concluía este libro, recibí un E–mail que me enviaba un israelí llamado Muli, diminutivo de Shmuel, en que me solicitaba una entrevista para una revista israelí llamada *Haim Acherim* («Vida Diferente»). Me pedía mensajes dedicados especialmente a los judíos y no judíos que viven en Israel. Dado que Kryon ha mencionado múltiples veces a los judíos en sus canalizaciones y dado que ahora los libros de Kryon se editan también en hebreo, quise saldar una deuda que existía desde hacía tiempo, por lo que dediqué una parte especial de este libro al pueblo judío, muchos de cuyos miembros son amigos míos al tiempo que seguidores de Kryon. ¿Qué mejor manera que conceder esta entrevista?

Gracias, Muli, por concederme esta oportunidad de hacer llegar esta información directamente a Israel.

Antes que nada, ¿quiere decir algo especial a la gente de Israel? ¿Quién es usted? ¿Quién es Kryon? ¿Son ustedes todavía dos?

Me llamo Lee Carroll y soy un hombre de negocios e ingeniero de sonido del Sur de California. Llevo durante 27 años (o llevaba) un negocio conectado con asuntos sumamente prácticos y lógicos.

Kryon es como se llama una entidad llena de amor que se me presentó en 1989 a través de una serie de sucesos que me dejaron francamente perplejo. Se trataba de

443

asuntos que hicieron, lógicamente, que me replantease mi espiritualidad. En 1989, escribí el primer libro Kryon, que estaba lleno de maravillosas noticias para el planeta y que fue publicado en 1993. El período entre 1989 y 1993 no lo dediqué en absoluto a intentar publicar mi libro, lo que no constituía problema alguno, sino a aprender «quién era». ¿Qué hacía yo viéndomelas con tan extraño y fantasmal material? ¿Estaba verdaderamente preparado para convertirme en canalizador?

Hoy, después de más de 350.000 volúmenes impresos en ocho idiomas y de ser invitado tres veces a las Naciones Unidas, viajo por todo el mundo con el maravilloso mensaje dado por Kryon. Mi canalización consiste en una «mezcla» con mi Yo Superior y con Kryon. Es la única forma en que es aceptable a mis ojos. El período de cuatro años anterior a la publicación del Libro Kryon I –de 8– lo pasé aprendiendo a hacer que la mezcla tuviera éxito y a cómo sentirme cómodo en ella. Si, quizás, no hubiera sido hombre –o ingeniero– todo este proceso no hubiera tomado tanto tiempo.

Según Kryon, existen otros ocho canales con «contratos» para canalizar o publicar a Kryon en sus zonas del mundo. Esas zonas están cuidadosamente señaladas en el Libro Kryon I (1989), siendo el mío un contrato que, como es natural, he aceptado en mi zona, consistente en el continente de América del Norte. Cualquiera puede canalizar a Kryon. Dios (el Espíritu) no es propietario, aunque las predisposiciones de nueve de nosotros en el planeta nos tengan como presentadores de esta primera información en nuestras especiales culturas. Según ha dicho Kryon, cada uno de nosotros contaría con los atributos de esa cultura.

Dado que mi cultura es, obviamente, occidental, encontrarán que mi mensaje va dirigido principalmente a las iglesias de denominación cristiana, constituyentes de la fe predominante en América en estos momentos, aunque haya muchos, muchísimos, lectores judíos del material

Kryon, dado que la esencia del mensaje espiritual va dirigida a todo el mundo. Aunque existan muchos judíos americanos, incluso nacidos aquí, su linaje «real» es judío y, si no, no tienen ustedes más que preguntárselo. Existe una diferencia espiritual de nacimiento básica entre muchos europeos y occidentales: en Norteamérica, no nacemos necesariamente en un linaje que incluya ninguna filosofía y sistema de creencias, como ustedes. Nuestra herencia natal es socio-cultural y no conlleva historia espiritual alguna, como la de ustedes. Ninguno de nosotros nacemos cristianos, por ejemplo. Otras culturas, como la suya, les hace a ustedes nacer en el seno en una riquísima herencia de historia espiritual que cuenta con unos impresionantes protocolo y significado históricos.

Todo lo anterior es para decir que soy perfectamente consciente de *quiénes son ustedes* en tanto que judíos. Kryon no para de hablar de la herencia judía. Creo que ésa es una de las razones por la que tan interesado me sentí en esta entrevista.

Si tuviese usted que elegir entre todo el material que nos ha llegado a través de usted, como la co-creación, el implante, el nuevo Ser Humano, material psíquico, intencionalidad, etcétera, ¿cuál de todos esos temas sería el más interesante para mis lectores? ¿Qué temas elegiría usted?

El de que hayamos cambiado el futuro de la Tierra, alejándola de la tristeza y perdición que, a través de los siglos, habían predicho numerosas fuentes. Nos hemos elevado a nosotros mismos a un estado en el que se nos pregunta si queremos vivir vidas más largas y si, a través de los atributos físicos y espirituales de un planeta en pleno cambio, queremos cambiar nuestra evolución espiritual Humana. También nos dicen que se nos echa encima potencialmente un tremendo cambio en la concienciación de la Humanidad en general. Ésta es la información esencial de Kryon. El Oriente Medio entra con frecuencia en esta discusión como foco del gran cambio, siendo, a veces, incluso el que lo haga valer.

Kryon se ha referido unas cuantas veces a los israelíes como integrantes de un grupo muy especial. ¿Qué quiere decir? ¿Es que los miembros de ese grupo se encarnan todas sus vidas como judíos? ¿Vienen siempre a Israel? Yo mismo, en tanto que judío israelí, conozco algunas encarnaciones budistas. ¿Cuáles son el propósito y la función de tal grupo? ¿Tiene ese grupo alguna mecánica especial?

¡Kryon habla constantemente de los judíos! Su pregunta consta de varias partes, y lo único que puedo decirle es lo que Kryon ha dicho:

1. Las tribus tienen un enorme significado espiritual en el planeta.

2. Han sido objeto de aniquilación desde principios de la Historia por ser, en el nivel espiritual, el único grupo kármico «puro». En el nivel celular, quienes llevan eones en la antigua energía saben que librarse de los judíos es hacerse puros ellos mismos. Esta lucha se manifiesta a lo largo de toda la Historia conocida y es también responsable de las actitudes antisemitas, como, por ejemplo, la forma en que a tanta gente le desagrade la realeza. (Lo dicho no es más que una simplificación excesiva y requiere una discusión más a fondo en otro momento). Los antropólogos nos dicen que los judíos no constituyen una «raza», sino que cuentan con los atributos de una.

3. Kryon ha dicho: «tal como vayan los judíos, irá el mundo».

También nos ha dicho Kryon que para cualquier tipo de «contabilización espiritual», los judíos constituyen un grupo kármico puro. ¿Tal vez quiera decir esto que son los primeros en haber desarrollado un karma terrenal? En todo caso, *tienen que* existir en el planeta para que la Tierra cumpla con su objetivo espiritual. Kryon nos dice continuamente que ese objetivo está, de algún modo, conectado con «guardar el sitio», lo que ya, de por sí, constituye otro tema de conversación. También ha dicho lo siguiente en cuanto a la reencarnación de los judíos, que es específico para éstos: si te encarnas como judío, permanecerás en ese grupo durante muchísimas vidas, pero, si te sales de esta escena de la encarnación como judío, ya no volverás a él. Cuando entras en ese escenario, puedes provenir de cualquier otro grupo, pero, una vez que lo has pisado, permanecerás en él durante mucho tiempo o muchas encarnaciones. Creo que lo dicho está relacionado con la «pureza» del grupo, porque todos sus miembros se conocen unos a otros a través de repetidas vidas. Kryon ha dicho también que, a causa de las tan numerosas encarnaciones judías, este grupo sabe «cómo funcionan las cosas» mucho mejor que cualquier otro grupo kármico de la Tierra. Se trata de una observación profundamente realista si nos atenemos a lo que vemos en nuestros días. Son tantas las gigantescas empresas de ámbito mundial dirigidas por mujeres y hombres judíos que parece que lo han estado haciendo así desde siempre. A propósito, muchos de nosotros hemos sido también judíos en vidas pasadas, aunque ya nunca lo volvamos a ser. Algo así como si «hubiésemos tenido nuestra oportunidad».

Dos de los más importantes avatares de la Historia fueron judíos, y tal vez haya más, aunque los desconozcamos. No fue ninguna casualidad que Cristo fuese judío. ¡Fijáos en la ironía! Fue un judío el responsable del cristianismo y de muchas otras fes híbridas.

Los judíos constituyen un grupo sumamente especial y, como todos saben, son como una familia que se hubiese extendido por todo el mundo. No tienen por qué estar en Israel, aunque la mayoría de ellos, estén donde estén, se sientan profundamente conectados con esa tierra. Los judíos que viven en Israel tienen un atributo kármico muy especial: viven en una parte del mundo que, antes o después, decidirá la futura Historia de la Humanidad. Respeto y rindo homenaje al papel representado por el judaísmo en la naturaleza espiritual de todos los que nos encontramos en el seno de la familia espiritual humana.

Y, hablando de esa tierra de Israel, ¿tiene alguna cualidad especial?

¿Bromea usted? ¡Tres de las más importantes religiones del mundo intentan celebrar sus cultos en el mismo sitio! Su tierra constituye el foco del cambio mundial, y sé que ustedes lo sienten así. La mayoría de ustedes lo ve y lo siente todos los días. ¿Me equivoco o no están muchos de ustedes «esperando a que se caiga el otro zapato»? (Frase occidental cuyo significado es el de que uno espera que ocurra algo más y siente impaciencia por ello).

Kryon ha dicho que va a estar aquí durante 11 años, ¿Qué ocurrirá entonces en el año 2002? ¿Se retirará usted de trabajar con Kryon?

Kryon dijo que su séquito llegó en 1989 y que se irá en 2002. La razón de ello era la de facilitar el desplazamiento de la cuadrícula, algo de lo que ya hemos mostrado evidencias en el Libro Kryon VI. Hace tiempo que Kryon reveló que había estado aquí para apoyarnos desde el principio y que, sin duda, se quedará. No se ha marchado nunca. Es su grupo de desplazadores de cuadrícula el que va y viene. Al principio se prestaba a cierta confusión, ya que él siempre se ha referido a sí mismo como a «Los Kryon». Ahora me doy cuenta de que, cuando hablaba así, era en referencia a su «grupo». De alguna forma está ligado a ese grupo incluso después de que sus miembros partan. Yo seguiré canalizando a Kryon siempre que él lo desee.

Hablando de karma, da la impresión de que la gente de esta tierra tiene un karma muy pesado que limpiar. ¿Es verdad y por qué?

Esta respuesta requeriría una larga discusión que no podría resolverse con unas pocas palabras si no quisiéramos despojarla de su profundidad. Puedo decirle que, en cualquier tierra que, como la de ustedes, cuente con un linaje espiritual tan fuerte como el suyo, la agrupación de karma es muy pesada. ¡Mire usted por todo lo que han tenido que pasar las tribus! En cuanto a la tierra propiamente dicha, vea usted el tiempo que se tardó en recuperarla. Desde un punto de vista metafísico, mire los potenciales de perdón y rehabilitación: proceden, literalmente, desde el comienzo conocido de su Historia. No se me ocurre ninguna carga más pesada de karma espiritual para ningún otro grupo de la Tierra ni para la tierra en que viven ustedes. Kryon me ha dicho que es perfectamente apropiado que el grupo «kármico puro» sea aquél del que se esperen más cambios.

Kryon habla mucho sobre el amor y sobre su importancia, pero, aquí, en Israel, nuestras enloquecidas vidas diarias están llenas de iras y odios mutuos. A veces, da la impresión de cinismo hablar de amor. ¿Qué nos sugeriría usted? ¿Necesitamos, tal vez, ayuda especial de los espíritus?

Yo no vivo en Israel y ni siquiera puedo imaginarme cómo sería el hacerlo. Lo que sí puedo decirle es que, si usted pudiese salirse del grupo, y echar un vistazo general desde mi perspectiva, vería que algo dramático viene sucediendo a la concienciación de su tierra durante los últimos 20 años. Sin embargo, antes, las «soluciones» de sus líderes de ambos bandos eran acerca de:

1. Quién tenía razón, quién no la tenía y quién «se merecía» qué tierras;

2. Recuperar a la fuerza lo que era de uno;

3. Una Guerra Santa que, por supuesto, acabaría con la destrucción de Israel;

4. y «Pagárselas unos a otros».

Aunque permanezca intacto el mismo odio, fíjese usted en lo que ha ocurrido. De alguna manera, la concienciación de la «solución» ha cambiado. Ahora es sobre:

1. Cómo puede lograrse la paz;

2. Qué es lo que los judíos tienen que entregar a cambio, que tan preciado les sea, para lograr un equilibrio duradero en Israel;

3. Cuándo el Oriente Medio conseguirá tener un líder en cada bando capaz de solucionar este rompecabezas,

4. y ¿qué pueden hacer los judíos para que sus nietos vivan vidas más estables y menos precipitadas en Israel?

Sé que algunas de estas cosas que digo son verdad por las entrevistas que he sostenido con judíos en alguna de sus más tensas ciudades, como, por ejemplo, Hebrón. Desde mi punto de vista, han cambiado ustedes enormemente.

Puede ser que no se den cuenta, pero la diferencia de entonces a ahora es espectacular, y ¿dicen ustedes que no se han producido adelantos? Sus «odio e inquina mutuos» han adoptado hoy una postura muy diferente a la de antes. Algunos de ustedes, en ambos bandos, están comenzando a darse cuenta de que lo que ahora hagan podría constituir el inicio de una época en que los nietos de ambas facciones sólo puedan leer lo que eran esos «odio e inquina mutuos». Ése es el potencial del que son ustedes portadores.

De nuevo quiero repetir que mi punto de vista puede constituir una simplificación exagerada e incluso hasta ingenua. Pero son ustedes quienes están en «mitad del barullo», y tienen, literalmente, a la puerta de su casa la más fiera de las iras de la «antigua energía». No creo que haya muchos occidentales que comprendan realmente lo difícil que debe ser eso. Profeso un enorme respeto por su perseverancia a través de todas estas cosas. Deben estar ustedes agotados. Sólo quiero decirles que, si se salen de su sendero, verán que, efectivamente, se ha producido un cambio.

¿Recuerda las palabras de Kryon en la reunión celebrada en las Naciones Unidas, en 1995? Dijo: «donde las arenas deberían haberse teñido de sangre en el Oriente Medio en este momento, hay dos países que, juntos, están estableciendo sus correspondientes derechos». Este fue su «guiño» para indicar que las cosas no iban a seguir el camino de las profecías, sino que se iba a allanar uno nuevo. Eso, sí, muy lentamente.

Eche un vistazo a la segunda parte de la respuesta a la siguiente pregunta para hacerse una idea de lo que puede, finalmente, hacerse para dulcificar esa inquina y odio a que se refería.

451

¿Qué puede decirnos Kryon del tradicional Éxodo y del espíritu de Moisés?

¿Está preparado para algo muy diferente de lo que pensaba? Kryon hizo una descripción de su Éxodo en 1994, en la página 117 del Libro Kryon II. A la mayoría de ustedes no les gustará nada, porque les presenta abandonando Egipto y ¡cruzando el «Mar Rojo» por un puente! Se trata de toda una afirmación si se tiene en cuenta lo que las escrituras narran de la experiencia que tuvieron ustedes en el Mar Rojo. Todo lo que puedo decir sobre el tema es que debería leer un libro titulado *El Oro del Éxodo*, cuyo autor es Howard Blum. Cuenta la historia de dos hombres que se pasaron diez años buscando el «auténtico» monte Sinaí. Dijeron que lo habían encontrado en Arabia Saudita junto con reliquias bíblicas que esperaban encontrar –piedras y mojones colocados por Moisés–, el altar –decorado con dibujos de vacas– utilizado por Aarón para rendir culto al Becerro de Oro, y toda clase de cosas, excepción hecha de los pilares de nubes y fuego. ¿Lo divertido? ¡También encontraron el puente! El libro incluye fotografías de todo.

Lo dicho no es más que una versión interesante de dónde y cómo ocurrió, aunque en modo alguno crucial para el Éxodo en sí mismo. No es crucial para ninguna matafísica ni filosofía de la Nueva Era. Se trata sólo de información interesante. Me encantará escuchar sus comentarios sobre el libro.

Lo más interesante que Kryon nos ha dado en lo relativo a la experiencia del Éxodo concierne a los 40 años en el desierto. Algunos historiadores han calculado en la actualidad que el grueso de todas las tribus juntas podría haber consistido en casi dos millones de personas. ¡Es una enorme cantidad de gente a la que hacer andar en círculos por el desierto durante 40 años! Pregunté a Kryon que por qué era necesario eso. La respuesta también se encuentra relacionada con lo que les ocurre a ustedes en la actualidad, y creo que también se menciona en las escrituras.

Kryon dijo: «40 años, en aquella época, cubrían a casi dos generaciones. La mayoría de los que salieron de Egipto habrían muerto y sido sustituídos casi al completo por una nueva generación en aquellos tiempos. Por lo tanto, ningún judío podría entrar en la «Tierra Prometida» con la concienciación de la esclavitud previa. La muerte era el único remedio para la eliminación del odio y para el recuerdo de una identidad tribal sometida a la esclavitud. Esto entraña una enorme profundidad. Y, por favor, ¡tomen nota de que tampoco se le permitió al propio Moisés llegar allí!

Existen, en el contexto de su linaje, determinados desplazamientos importantes de concienciación que sobresalen. Probablemente, el Éxodo constituya uno de los más importantes, habiendo requerido auténticas generaciones para ir andando en círculos hasta «limpiar» la memoria de quienes habían sido los judíos. Es una fortísima lección de autovaloración. Otro de esos desplazamientos es, al menos para mí, el establecimiento del Estado de Israel. El siguiente desplazamiento consiste en el inicio de compromiso y en la lenta disminución de odio en la zona que les acompañarán a ustedes al próximo milenio. Esto, de nuevo, conllevará un importantísimo desplazamiento de concienciación, aunque, esta vez, sin tener que caminar durante 40 años por el desierto.

En lo relativo a los acontecimientos de la actualidad y por muchas de las mismas razones, Kryon dice que los líderes que, finalmente, cuenten con el potencial de alcanzar un compromiso y de conducirles a una paz duradera tendrán que haber nacido *después* del año de la fundación del Estado de Israel. De momento, sólo uno de ellos reúne esa condición, y puede que no se quede (no lo hizo). Todo ello tiene que ver con la necesidad de una concienciación de liderazgo que no hubiese jamás conocido un momento en que Israel no fuese una nación. No pueden tener ustedes a un terrorista-convertido-en-político como hacen, y saben perfectamente a quién me refiero. Ahora me parece lógico. Tengan cuidado con eso.

¿Qué es la «Nueva Jerusalén»?

Consiste en la descripción que hace Kryon del nuevo potencial del planeta Tierra con una concienciación que podría evolucionar lentamente a partir de 2012. Literalmente significa «Cielo en la Tierra», aunque metafóricamente quiera decir «Paz en la Tierra». Como su propio nombre indica, comienza en el jardín de sus casas.

¿Cuál debería ser la relación entre las antiguas religiones, como el judaísmo, el budismo y el Islam, que son tan ortodoxas, con la teoría de la Nueva Era? La Nueva Era es mucho más amplia y habla de libertades del indivuduo, de manera diferente a la línea ideológica de la antigua tradición.

Kryon acaba de ofrecer una canalización sobre ese tema (Primer Capítulo de este libro). De nuevo, una respuesta llenaría las páginas de esta revista, y no se puede contestar con profundidad porque no se merecería un exceso de simplificación, aunque haré un comentario. Kryon dice que nunca existiremos sin nuestras divisiones, tanto en nuestras propias creencias como en todas las de los demás. Por lo tanto, la respuesta es comprensión, tolerancia y una lección que dice: «amáos los unos a los otros». La iluminación genera sabiduría; la sabiduría, tolerancia, que no es sino el desarrollo del sentimiento de que el otro merece el sistema de culto que desee. Como está claro, tiene que funcionar en los dos sentidos, pero, cuando lo hace, no hay nada mejor.

Lo dicho también implica un cambio en las antiguas enseñanzas doctrinales, muy en especial en aquéllas que dicen que «la otra ha de largarse». Una cosa muy interesante que estamos viendo por todo el mundo es que hasta las más reticentes antiguas doctrinas pueden cambiar si sus líderes espirituales sacan a sus seguidores de ellas. Desde el Papa hasta el líder de los ayatolahs de Irán, parece que los jefes espirituales tienen la capacidad de alterar las actitudes de millones de sus devotos y de hasta cambiar las «reglas» más fundamentales de sus antiguos sistemas. Ello significa que todas esas cosas están, sin duda alguna, en nuestras manos, y que mujeres y hombres sabios e iluminados pueden establecer las diferencias. Creo que lo que acabo de decir es que «los antiguos idearios tradicionales» son sólo tan antiguos como sus líderes quieren que lo sean.

¿No es un hecho que ustedes mismos tienen disensiones entre las ideas judaicas antiguas y las nuevas? El cambio espiritual está relacionado con estar sintonizado con las nuevas vibraciones del planeta, no sólo con las nuevas modas de los tiempos. ¡Piensen en cambiar las reglas espirituales para ponerse a tono con los nuevos Seres Humanos dotados de capacitación espiritual!

Recuerdo que, en 1995, fue el presidente de la Sociedad para la Iluminación de las Naciones Unidas, Mohammad Ramadan, el que nos invitó a visitarla. Con sólo su nombre, podrán ustedes darse cuenta de cuáles eran sus creencias. Me gustaría que todos pudieran pasar un rato con él. Su sabiduría y su concienciación han transformado las antiguas ideas tradicionales. Es un gran trabajador de la luz y amigo de toda la Humanidad, aunque él sea miembro de una inmensa herencia espiritual cuyas tradiciones sigue y continúa respetando.

De nuevo nos encontramos con que la mutualidad es la clave; la tolerancia, el tema, y el amor, el catalista. ¿Podrá ser así alguna vez? Muchos de ustedes dirán que no. Lo mismo decían en Irlanda y, aunque no se pueda decir que todo se haya tranquilizado y no esté aún más que en el estadio de intento, se ha iniciado un acuerdo por ambos bandos. La iniciativa de paz en Irlanda constituye una clásica guerra de religión, que es algo con lo que ustedes deben sentirse familiarizados.

Trabajando por mi cuenta con las energías de mi tierra, me da la impresión de que el año 1999 va a ser de suma importancia para esa zona. Desde el punto de vista energético, nos encontramos en un cruce, y políticamente, tenemos a la vista nuestras elecciones. El proceso de paz está estancado. ¿Tendría usted la amabilidad de preguntar a Kryon si quiere decir algo a la gente de esa tierra? ¿Qué mensajes puede darnos en momentos tan cruciales?

En mucho de lo que ya he dicho, ya he hablado de lo que me pide. Sí..., 1999 es crucial. Sí, su zona es el foco. ¿Se le ha ocurrido por un momento que no lo fuese? También hice notar el hecho de que están ustedes «sentados encima mismo» y no creo que así puedan ver bien la vista general que los demás tenemos, que es la de los cambios sumamente positivos que se irán produciendo lentamente con el tiempo.

¿En cuanto a un mensaje de Kryon? Esto es lo que dice:

Queridos míos, sois el crisol de vuestro potencial, los guardianes de vuestro futuro. Como los que os antecedieron, seréis el punto de referencia de lo que los historiadores digan sobre la Tierra miles de años a partir de ahora. Otro Éxodo se cierne sobre vosotros, aunque éste sea de «cómo eran las cosas antes» a «cómo podrán serlo». Esclavizados por las cadenas de la ira y el odio, aquí tenéis el potencial para elevar vuestra tierra y vuestro futuro más allá de lo que ahora véis, a fin de poder establecer firmemente la grandeza de vuestro linaje y seguir adelante con la parte que se espera a la que estéis predispuestos. Podéis convertiros en los guardianes de la sabiduría, en quienes hicieron posible la paz en la Tierra. Tenéis ante vuestros ojos el potencial para cambiar tanto vuestros atributos kármicos como los de vuestros anteriores enemigos. ¿Cuál es vuestra intención? ¿Creéis que podéis cambiar lo que vuestros anteriores enemigos sienten hacia vosotros? ¡Claro que sí! Las cosas no siempre son lo que parecen, especialmente en lo que se refiere a esta nueva energía, y, si os habéis dado cuenta, el enemigo también ha cambiado. Ya es hora de «salir de la cocina». Lleváis guisando tanto tiempo que os habéis olvidado de lo que es gozar de una buena comida. Sois clave para mucho de lo que va a tener lugar en la Tierra durante los próximos 12 años. Celebrad vuestro reto y, acto seguido, buscad al jefe que os proporcione lo que os merecéis: una nueva concienciación. ¡Un Éxodo hacia una paz duradera en vuestra tierra!

Kryon

¿No se cansa usted, Lee Carroll, a veces, de los asuntos y temas de Kryon?

Sólo cuando hago cara a quienes quieren discutir y «montar líos» acerca de «quién tiene razón». Por supuesto, reacciono contra quienes ponen mi integridad en tela de juicio. Mis creencias no son evangélicas. Respeto a todos los que buscan a Dios, ¡igual que Dios lo hace! No me preocupa que alguien no esté de acuerdo conmigo o no se crea que Kryon es de verdad. Les bendigo y les felicito por su individualismo. Me dice Kryon que todos somos «familia» y que trabajamos juntos para intentar encontrar el mejor camino para crear una Tierra pacífica en la nueva energía. Algunos se han «estancado» en la antigua, pero, aún así, son de la familia. Hay quienes nos odian, y también son de la familia. ¿De qué le sirve a un Ser Humano forzar su voluntad a otro? Se vuelve un conquistador. Prefiero ser un pacificador, alguien que crea sabiduría y tolerancia. El otro no hace más que inflar su ego y utilizar el palo. ¿Cuál de ellos, le parece a usted, constituye el producto de un Ser Humano evolucionado? Soy una persona muy pacífica.

No me canso del nombre de Dios.

¿Tiene usted alguna visión personal de su vida?

Sí. Crearla día a día. No decidir jamás por adelantado lo que Dios me depare. Nunca prejuzgar a otro Ser Humano sólo por lo que me hayan dicho de él. Introducir mi luz entre mis enemigos para que sus vidas no sean tan oscuras.

Según el *Reyes II* de las escrituras, o nuestra traducción, Elías dijo a Eliseo que iba a ascender. Eliseo quiso quedarse con el «manto» de Elías; de hecho, con doble ración. Esta fue la petición de Eliseo para continuar con las grandes y sabias enseñanzas de Elías tras la marcha de éste. Elías, con toda la sabiduría de su avatar, dijo a Eliseo que, si le podía ver ascender, podía quedarse con su capa. El resto es historia, y contamos con un maravilloso relato en primera persona de la ascensión de Elías. Hay que reseñar que Eliseo siguió impartiendo grandes enseñanzas y que gozó de gran sabiduría.

Este es mi ejemplo. Al igual que Eliseo, quisiera quedarme con el «manto» de mi Yo Superior, ya ascendido, y seguir con su sabiduría para que otros puedan ver a *Dios* en mí.

Sometido en amor,

RETO

Escuchad, queridos míos: los retos son temas que se os dan para que los resolváis, no para que los soportéis. ¡Dios no recibe ningún gozo ni placer de los retos humanos sin resolución! ¡El Espíritu no se deleita ni el planeta se beneficia de miembros de la familia que han decidido quedarse con sus retos! ¡La falta de conclusión y la energía sin resolver nunca benefician a Dios! ¡Las soluciones perfectas halladas a través del proceso del amor y de la sabiduría son las que celebramos todos juntos!

Kryon

Capítulo Noveno

PREGUNTAS MÁS FRECUENTES

Dice Lee Carroll...

¡Aquí está otra vez! El apartado de Preguntas y respuestas del Libro Kryon VI, *Asociación Con Dios,* constituyó el añadido más popular a los Libros Kryon, así que... ¡aquí estamos de nuevo! Muchas de unas y otras fueron incluídas en nuestra revista *Kryon Trimestral* durante, aproximadamente, un año. Algunos de los temas se parecen a los de otras preguntas formuladas con anterioridad, aunque las respuestas sean más extensas. Quiero añadir también que hemos incluído algunas preguntas difíciles relacionadas con temas controvertidos. A continuación, la lista de temas que tocará Kryon en el presente Capítulo:

Alma humana (y clonación)	Evolución humana
Anulación del karma	Fuentes de energía de la Tierra
Ascensión	Gobierno secreto mundial
Astrología ahora	Implantación/liberación neutral
Autismo	Jesús y Pablo
Autovaloración	Nombre del Alma (o Espiritual)
Contratos	Pérdida de sueño
Delfines y ballenas	Vibración Superior
Energía espiritual	

Alma humana (y Clonación)

Querido Kryon, he leído últimamente mucho acerca de una recuperación del alma escrita por otros trabajadores de la luz. Según ellos, los Seres Humanos experimentan con frecuencia lo que se denominaría una «pérdida del alma», queriendo decir con ello que determinados aspectos del alma de uno deben ser recuperados y reintegrados a aquélla para que sea posible seguir moviéndose hacia el proceso de ascensión. Además, dicen que uno no puede realizar esto por sí mismo, sino que se requiere de un «especialista». ¿Puedes arrojar algo de luz sobre lo que quieren decir?

Hemos hablado numerosas veces de este tema con otras palabras que las que has empleado, pero contestaré a tu pregunta. El proceso de ascensión funciona capturando cada vez una parte mayor de la divinidad del «ángel que llevas en tu interior». Según eso, podrías decir que recuperas más del alma divina y lo integras (mezclas) con ella. Así que la respuesta a la primera parte de tu pregunta es *sí*.

Sin embargo, puedes llevar a cabo eso por ti mismo. Te lo has ganado, y ha venido constituyendo el tema de nuestros mensajes de capacitación humana, así como del mensaje del maestro del amor durante más de 2.000 años. Los Seres Humanos pueden alcanzar el estado de ascensión siguiendo sus pasos intuitivos y estudiándose a sí mismos.

Sin embargo, existen varios métodos facilitadores del trabajo energético que, combinados con los conocimientos, algunos encontrarán de utilidad. Recuerda que Michael Thomas, de *El Viaje a Casa*, fue ayudado por no menos de siete ángeles al llegar a su «carril rápido» del estado de ascensión. Existe, por lo tanto, un precedente, pero es importante que sepas que ¡puedes hacerlo tú solo! ¡Éste es el mensaje principal del Espíritu a través del canal de Kryon!

Querido Kryon, ¿tendrían los Seres Humanos almas al igual que nosotros? ¿Sirve la clonación a un fin superior? Si es así, ¿cómo?

Queridos, ¡es de gran importancia que comprendáis que el Espíritu no existe en el vacío! Fue la energía del Espíritu la que produjo la ciencia de la clonación además de otras mejoras en lo que denomináis la «normalidad» en que los Seres Humanos «nacéis» en este planeta. Permíteme que te pregunte lo siguiente: cuando la biología reproductiva se ve «ayudada» en el nacimiento, ¿tiene el niño un alma normal? ¿Y qué pasa con la congelación de células reproductoras para su posterior utilización? ¿Tendrá el niño resultante un alma normal?

La respuesta a todo lo anterior, además de al potencial de la clonación es ¡sí! La entidad que llega con cualquiera de esas encarnaciones humanas, sin tener en cuenta qué tipo de tecnología ha sido empleada, es perfectamente conocedora de las circunstancia que la rodea y ha optado de forma activa por ese reto. ¡Piensa en el reto que algún día representaría que pudieses clonar a un Ser Humano! ¡Este alma se hubiera puesto a la cola para ello! Como vosotros.

Anulación del karma

Querido Kryon, Según entiendo, nuestro karma se anula mediante la implantación. Si es así, ¿qué efecto tiene nuestra astrología natal sobre nosotros desde el punto de tomar la implantación? Tras tomar ésta, ¿ya no será válido nuestro horóscopo?

Ya se contestó a eso, pero quizás valga la pena hacerlo otra vez, ya que fue hace mucho tiempo.

La implantación no anula tu signo astrológico, que constituye tu huella magnética y que te acompaña durante toda tu vida. Lo que hace la intención de la implantación/liberación es anular otros atributos astrológicos que solían afectar a tu signo.

Aunque el helecho dé su intención de cambiar el escenario de la implantación/liberación, seguirá siendo un helecho. Los que cambiarán serán todos los atributos que lo rodean y que solían limitarle a causa de su «helechidad» Aunque siga gustándole la sombra, podrá, además, existir en el sol. Aunque siempre disfrute con una ración y horarios de agua determinados y esté predispuesto a ellos, podrá ser trasladado al desierto y sobrevivir en él. Jamás pudo hacerlo antes, pero sigue siendo un helecho vivo y sano.

Quienes de vosotros pertenezcáis a determinados símbolos astrológicos conocéis vuestras tendencias. Entendéis claramente cuáles son los atributos de los símbolos que os fueron dados por vuestros especialistas en astrología. Sin embargo, lo que ahora tenéis es la capacidad de ir más allá de ellos y de no ser ralentizados por ninguna energía planetaria magnética conocida previamente que hubiera podido hacerlo.

¿No habéis escuchado alguna vez que no hagáis *esto* o *lo otro* a causa de vuestro signo natal? Ésto es lo que ahora ha cambiado. A través de vuestra intención de recibir la implantación de una nueva concienciación celular (el implante), anuláis muchos de los atributos de vuestros ciclos astrológicos, por lo que muchos de los «haz y no hagas» que acompañaban a vuestro signo ahora no tienen razón de ser. Adelante e intentadlo. Si alguno de vosotros es de ésos que siguen de cerca sus facetas astrológicas, se verá sorprendido por lo que será capaz de hacer incluso en los peores momentos predichos por su signo.

No puede cogeros de sorpresa, porque saliros del sendero de vuestro contrato no consiste sino en más libertad espiritual y co-creación, además de un nuevo paradigma vital. Con todo ello, os llegará una sensación de ser, también, una nueva persona «magnética».

Ascensión

Querido Kryon, me siento atraído hacia el proceso de la ascensión. ¿Afecta ésta a la concienciación de nuestras almas o se encuentran éstas ya en pleno estado de concienciación de la fuente a la que llamamos Dios? ¿Existe sólo un sendero que conduzca a la ascención o existen varios?

Definamos *alma* desde nuestro punto de vista. Tu alma es aquella parte de tu humanidad divina y eterna. Representa a una parte de tu Yo Superior, aunque no a todo. El alma lo sabe todo y es perfecta. Comparte continuamente información y se encuentra en un estado de interactividad tanto con las entidades que la rodean como con la «familia» que forma parte de ella al otro lado del velo. Por eso son tan corrientes la «sesiones de planificación» con el alma.

En el contexto de su definición, sin embargo, la respuesta a tu pregunta es que el alma es un socio en el proceso de la ascensión de los Seres Humanos. Tu desplazamiento vibratorio no es sino un desplazamiento *humano* facilitado por tu intención. Tu alma es la parte de la divinidad a la que le está permitido otorgarte los dones, formas divinas, energías y herramientas que tenía siempre preparados. Por lo tanto, el proceso de ascensión consiste en la integración de tu concienciación humana tridimendional con el alma multidimensional que lleva tu nombre.

Existe una *única* puerta a la ascensión y muchos caminos que llevan a ella. La puerta es la **intención**, y los caminos, los diferentes pasos que elijas para aumentar tu concienciación y tu sabiduría anímicas. Realmente, lo que es el alma es ese «ser dorado», ese «ángel ungido que llevamos dentro».

No te empantanes en el proceso, logística o en lo que algunos llamarían «reglas absolutas de la ascensión». Una vez abras la puerta, te será concedido tu camino personal, que podrá ser diferente del que te haya sido enseñado. Sé astuto con estas cosas y entérate de que existen muchos caminos que conducen a tu objetivo; no sólo uno. No te fíes de los Seres Humanos que te digan

lo contrario, de quienes te digan que lo hagas de determinada
manera o que te atengas a las consecuencias. El temor no tiene
nada que ver con el proceso de ascensión. De la misma manera
que tu vida es única, también lo es tu camino de aprendizaje
hacia una vibración más elevada. Habrá quienes se salten muchos
pasos que solían ser «necesarios» y habrá quienes vayan muy des-
pacito a través de un proceso uniforme que podría parecer a otros
demasiado arduo. No importa. La clave es tu intención de abrir
la puerta. Todo lo que siga es porque tú lo has querido.

La reivindicación de tu Merkabah, el traslado a una cuarta dimensión e incluso la co-creación de un nuevo tú se llevan
a cabo de formas únicas para tu proceso.

El denominador común de todo lo dicho son la **intención**
y el amor de Dios realizado en tu vida. Estúdialo todo y, acto
seguido, trasládate hacia donde seas dirigido. Haz uso de buen
juicio en tus estudios y no permitas que ninguna otra persona te
defina lo que debería ser tu sacralidad. Reivindicarás, con sólo tu
intento, el ¡YO SOY! Una vez reivindicado, no se lo des a nadie;
deja que los demás te guíen hacia tu propio proceso, hacia el que
es perfecto para ti. Deja que contribuyan a tu *equilibrio*.

La intención de comenzar el estado de ascensión de la iluminación constituye un intento de romper ese molde de pertenecer al «rebaño». La energía del pastor es, por lo tanto, transmitida a **ti**. ¡Reivindícala!

Astrología ahora

Querido Kryon, en tu Libro I, Los Tiempos Finales, *te dirigías a
los «trabajadores de sistemas», a aquellos sanadores que trabajaban
con sistemas tales como la astrología para volver a alinear los aspectos planetarios de dos a tres grados a la derecha hacia 1992. Ya
estamos en 1999. ¿Qué nos recomiendas acerca del cambio de nuestros sistemas? ¿Se ha movido más de tres grados a la derecha? ¿Qué
otros aspectos han cambiado? ¿Cómo podremos dar a nuestros clientes una información más minuciosa?*

Nos referiremos de nuevo a la ciencia de los sistemas magnéticos. ¿Sabes que la astrología es una de las ciencias más antiguas del planeta? Si tuviésemos que alterar ligeramente la forma en que la Física funciona en el planeta, como, por ejemplo, las frecuencias vibratorias de los pedazos más pequeños, ¿sabes cuáles serían los resultados? Cambiarían la materia de forma drástica, y nunca más podríamos decir a los científicos, «¡traslada tu física unos cuantos grados más a la derecha!».

Lo que tienes frente a ti es lo mismo. No existe manera de que te podamos contar todo sobre los atributos con que la desviación magnética ha contribuido a la Ciencia. Ta hablamos de tres a cinco grados. Te dijimos que un desplazamiento hacia la «mano derecha» se encontraba relacionado con el movimiento real. Te dimos desde un principio información que era exacta. Sin embargo, muchos de vosotros intentásteis desplazar todas vuestras cartas astrológicas hacia la derecha, como si nuestra labor magnética estuviese contenida en un trozo de papel. ¿Qué creéis que harán otros astrólogos que empleen otros cuerpos astrales como «anclaje», en especial los que utilizan cartas ancladas en la Luna?

Dicho de otra manera, el desplazamiento hacia la derecha implica muchas más cosas que un ajuste de cartas. Tendréis que averiguarlo vosotros mismos –igual que hicísteis al principio–, pero existe una pista. Para quienes utilicéis el Sol como ancla –Astrología Occidental–, comenzad experimentando con cambios en el *tamaño* de las casas. Haced que todos vuestros ajustes juntos sean igual a 4'5 grados en este momento, durante todo 1999; es decir, que todos los cambios juntos deben equivaler a 4'5 grados. ¿Que qué casas? ¿Cuáles, en vuestra opinión, deberían cambiar con un atributo de los Seres Humanos en la Tierra que reciba una mayor iluminación? ¿Cuáles, en vuestra opinión, *tendrían* que cambiar para hacer que un signo se convirtiera en otro con determinadas lecturas fronterizas? Quienes entre vosotros estéis muy involucrados con la Astrología tendréis la respuesta. De hecho, algunos de vosotros soléis realizar esos cambios con regularidad, ya que, con mucha frecuencia, el método antiguo no refleja bien la realidad de quién es en verdad la persona. Dicho en otras palabras, muchos de vosotros estáis haciendo ya los cambios de forma correcta basándoos en la experiencia de la vida real en la nueva energía.

Otra pista: obtendréis vuestros mejores resultados si lleváis a cabo lecturas en los nuevos niños. Se os aclarará mucho más el enigma si examináis la energía de Seres Humanos que llegan ya con la nueva energía que si lo hacéis a la de Seres Humanos que están atravesando cambios en ella.

Agradecemos la pregunta. La verdad es que querríamos que encontráseis la respuesta, pero tendréis que hacerlo por vuestros propios medios. Parte de ello consiste también en que trabajéis juntos, pero eso ya lo sabíais, ¿verdad?

Autismo

Querido Kryon, en el Libro Kryon VI, Asociación con Dios, hablabas de niños autistas. ¿Me harías el favor de revelarme qué hay de tan especial en ellos?

Me gustaría revelarlo todo, aunque no puedo debido a lo que debéis de descubrir por vuestros propios medios. Un niño autista es un sabio, un sabio que ronda por otra dimensión en espera de que le alcance la evolución. Quienes entre vosotros os hayáis dado cuenta de que un niño autista es mucho mayor que lo que conceden las apariencias tenéis razón. La pista más cercana consiste en su relación con los cetáceos y delfines de la Tierra. ¡Experimentad con ello! ¡Averiguad lo que sucede! Os servirá para comprender a estos Seres Humanos tan especiales y su conexión a esas otras criaturas.

El Ser Humano autista representa parte de la próxima evolución de los humanos. Sus antiguas herramientas mentales no sólo no son incompletas, sino que han evolucionado y, por lo tanto, desaparecido. Las mariposas no piensan como las orugas, aunque la sociedad de éstas últimas no lo entienda. El niño autista tiene una sobrecarga de información de entrada tosca y sin clasificación en un mundo de baja energía. Espera una comunicación energética elegante y refinada y no encaja con el actual lenguaje sin evolucionar que se le da. Si tuviéseis que existir en una tierra en la que todos gritasen al mismo tiempo y se acercasen a vosotros con gruñidos y quejidos totalmente incomprensibles, empezaríais a entenderlos. El ruido y la confusión no harían sino generar una frustración que acabaría dominándoos. ¡Rogaríais por que se os dejase marchar y pediríais que las cosas fuesen reducidas a simple naturalidad para no volveros locos!

Este tipo de Ser Humano no constituye ninguna anomalía ni defectuosidad. Es una ojeada al futuro. A propósito, todos estos niños responden mucho mejor al amor, el mejor sistema de comunicación que existe en el Universo.

Autovaloración

Querido Kryon, ¿por qué, en tanto que Seres Humanos, nos es difícil amarnos a nosotros mismos? ¿No constituye el amor a nuestro Yo total una de las principales herramientas para la ascensión?

Sí, por lo tanto, ¡la puesta a prueba funciona! El amor a uno mismo así como el establecimiento de la autovaloración son dos de las cosas que los Seres Humanos debemos trabajar mucho, y ambas forman parte de los obstáculos que deberéis salvar para encontrar al «Dios que lleváis dentro». Con el progresivo incremento de niños índigo, os encontráis con que se ha concedido a la concienciación de los Seres Humanos un atributo completamente nuevo. Los niños, como ya se canalizó anteriormente, llegan con una enorme carga de autovaloración. Incluso hay quien los llama «testarudos» sin comprender del todo cuál es el atributo real de su personalidad. Se trata del inicio de unos tipos humanos que tendrán muchos menos problemas que vosotros a la hora de amarse a sí mismos. ¡Celebrad lo que habéis hecho! ¡Celabrad aquello en que os váis a convertir!

Contratos

Querido Kryon, soy una mujer de 50 años interna en una prisión. Cumplo una sentencia de 20 años por un fatal accidente que me ocurrió estando bajo los efectos del alcohol. No recuerdo muy bien lo que sucedió durante el accidente, pero en este momento me encuentro pagando las consecuencias del mismo. En la cárcel, comencé a leer textos espirituales, entre los que se incluía uno de los libros de Kryon. He leído acerca de contratos espirituales, pero todavía lucho por llegar a entender cómo funcionan. ¿Premedité matar a quel hombre en un «accidente»? ¿Se mostró él de acuerdo de antemano? Si es así, ¿quiere ello decir que ambos no hacíamos sino cumplir con el trabajo de Dios? Me encuentro confusa acerca del modo de funcionar de los contratos en circunstancias tan trágicas. De verdad, me gustaría saber cómo reparar aquello.

Gracias, querida mía, por formular una pregunta de tanta profundidad. Está claro que las tragedias humanas son las más difíciles de explicar en lo relacionado con los contratos, pero tu intuición no te engaña en cuanto a tu acuerdo con aquel hombre. Puede que su familia no coincida para nada en ello, pero tanto ellos como tú, tenéis una dualidad muy profunda en el tema de unas, al parecer, inadecuadas muerte y victimización.

Los dos decidísteis juntos crear una situación que serviría de catalizador o «regalo» a quienes os rodeaban. Con ello, contribuísteis a hacer las cosas más fáciles

1) a quienes le rodeaban a él y
2) a quienes te rodeaban a ti.

Ya nos hemos referido anteriormente al hecho de que, a menudo, hay que caer en lo más bajo de la vida humana para crear atributos con potencial de un cambio espiritual. No sólo te encuentras ahora tú misma en ese puente, sino que también se concedió el potencial al hombre que se puso de acuerdo contigo para hacer aquel regalo.

Todos quienes están involucrados tanto en su muerte como en tu encarcelamiento pueden hacer dos cosas:

1. Revolcarse en el drama de la tragedia de tu vida, lamentándose y sintiéndose víctima constantemente o

2. Comprender el «regalo» de potencial de cambio que ha sido otorgado voluntariamente y celebrar el acontecimiento mediante la asunción de responsabilidad de una parte del contrato. Es entonces cuando podrás preguntar, ¿qué pasa ahora? ¿Qué significa? ¿Qué tengo que hacer con ello?

Si elegiste la primera opción, has preferido anular la vida de ese hombre convirtiéndola en carente de sentido e ignorando la energía de la experiencia y el amor implicado en su facilitación para ti.

Ahora, en lo que a *ti* respecta, no existe necesidad alguna de reparación. Ya es hora de verlo por lo que es y es hora de hablar a diario con él para celebrar el hecho de que todo sucedió conforme lo habíais planificado. Al aceptar tanto la responsabilidad espiritual como la moral, tienes ahora que empezar por mirar a tu alrededor para averiguar por qué estás donde estás. Estuviste de acuerdo, mira ahora a tu alrededor. Espera sincronicidad en la cárcel. ¿Existe en ella algún lugar al que puedas llevar tu luz? ¿No estarás en ella precisamente para eso? Cuando todo acabe y descubras esa cosa tan buena, date cuenta de que el hombre a quien mataste «por accidente» sabía perfectamente también de este potencial. Llora su pérdida de la manera adecuada y, a continuación, ¡celebra el don de su amor que le permitió pasar por aquellas circunstancias!

Delfines y ballenas

Querido Kryon, me siento muy unido a los delfines y las ballenas. ¿Cuál es su relación con los Seres Humanos en este planeta?

474

Continuando con el tema de los cetáceos y los delfines mencionado en una de las anteriores preguntas que se refería al autismo, debes enterarte de que la conexión entre los humanos y los seres citados es de gran profundidad. En este momento, no puedo revelar en qué consiste esa conexión, pero, si recuerdas, me he referido a esas criaturas como a las «bibliotecas del planeta». Además, ya he dicho que son sagrados y que responden al magnetismo. Además de todas estas pistas, os he dicho que formarán parte de vuestro futuro. Toma todas estas pistas y proyéctalas en tu propia respuesta haciendo uso de los criterios que te han sido concedidos. Entonces, comprenderás.

Todos los Seres Humanos conocéis la respuesta en vuestro nivel celular, que es donde se conocen todos los secretos sobre quiénes sois y qué es lo que hacéis aquí, así como sobre el potencial de lo que va a venir. ¿No crees que es interesante que, con independencia de culturas o religiones, el mundo en su totalidad haya decidido salvar a las ballenas? ¿A qué otro tipo de especie ha decidido el mundo unirse para salvarlo? La respuesta es: *¡a ninguno!*

¿Por qué? Pues porque esas criaturas son unos importantes portadores de la energía y los conocimientos que están al llegar, cosa que, en vuestro nivel celular, sabéis todos los Seres Humanos. Yo suelo llamar «pilotos» a los delfines, y «bibliotecas», a las ballenas. Los dos juntos os conducirán al conocimiento del futuro. Puede sonaros a raro, pero así es. Entretanto, celebrad que existan y «hablad» todo lo que podáis con ellos. Saben perfectamente quiénes sois y responden a vosotros de formas completamente diferentes a las de cualquier otra criatura de la Tierra.

Energía espiritual

Querido Kryon, siempre que me vinculo a ti meditando o leo alguno de tus libros o revista, experimento tan bellísimas emociones –completamente basadas en el amor– que pueden llegar a ser abru madoras. No obtengo ninguna sensación que se parezca a éstas con ningún otro guía, entidad o canal. Me doy cuenta de que hay algo especial y lo aprecio, pero no sé por qué tiene que ser tan intenso. Siento que debe existir alguna razón. ¿Estoy aquí para ayudar al grupo Kryon de alguna forma o lo que experimento es simplemente lo normal para aquéllos que tenemos la fortuna de sentir tu magia?

Diciéndolo con sencillez, estás por fin sintiendo la esencia del «hogar». La chapa que me recubre es la del amor, a pesar de ser yo el mecánico. Cuando sientes cosas parecidas, es que estás absorbiendo un trozo de la verdad acerca de quién eres y de dónde procedes, con lo que se produce una tremenda sensación de «rememoración». ¿En cuanto a lo de que no existen otros canalizadores que te proporcionen esto? No has debido buscar demasiado lejos, porque el Espíritu siempre te proporcionará, de esta manera, información basada en el amor si así lo permites. Kryon es sólo uno de los que aguantan la chapa de las semillas del hogar. Hay una parte tuya que resonará con mi mensaje ya que todos procedemos del mismo sitio, un lugar de gran majestuosidad y amor, en el que uno siempre está deseando encontrarse.

¿Ayudarme? Me ayudas cuando mantienes en alto tu luz para que todos la vean. Me ayudas cuando toleras lo intolerable. Me ayudas cuando concedes tu *intención* para que tu Yo Superior hable con el Espíritu y se asocie con éste de manera tal que sane tu cuerpo. Todos estos actos ayudan a la totalidad de la que yo también formo parte.

Soy un trozo de la gran energía del amor que constituye la vida por sí sola. ¡Igual que tú! Cuando vibras a un nivel más elevado, ¡lo mismo me ocurre a mí! Cuando te llenas hasta desbordar de la emoción de sentirte en el hogar, es que sientes una parte de mí. Estamos todos aliados, y cuanto más próxima a mi lado del velo esté tu vibración, más me sentirás.

Somos una familia –tú y yo–, y me estoy dirigiendo a todos los pares de ojos que estén dando su intención para leer esta transmisión.

476

Evolución humana

Querido Kryon, ¿de qué manera encaja la evolución en nuestra actual condición humana? Hiciste una vez una afirmación acerca de que el hombre, tal como lo conocemos ahora, comenzó hará unos 100.000 años, pero que había otros tipos diferentes de hombres desde hacía 300.000 años. Lo digo de memoria, lo que hace que pueda no citarte correctamente.

En vuestro planeta existe vida desde hace muchísimo tiempo, al igual que varios tipos de Seres Humanos. Algunos de éstos evolucionaron y se extinguieron; otros llegaron a evolucionar hasta llegar casi al punto en que estamos ahora. Os dijimos que vuestra raza actual tiene un linaje que se remonta a unos 100.000 años para que pudiéseis entender que, aunque pudieron darse humanos antes de esa época, los que contaban con una lección ajustada y una biología seminal, como las aportadas por los de las Siete Hermanas, comenzaron por aquella época. Cualquier estudio que se haga de la Humanidad anterior a ése está realizado sobre seres que no eran como vosotros.

También deberíais saber que el Ser Humano del momento actual en el planeta es absolutamente único. Jamás en la historia de éste se ha desarrollado ningún Ser Humano con los atributos de concienciación con que ahora contáis vosotros. Con el tiempo, se producirán también ligeros cambios físicos –entre los que habrá un crecimiento en tamaño de los órganos encargados de eliminar toxinas– que contribuirán a la excepcionalidad de vuestros tiempos. ¡En este momento nos encontramos –de verdad– ante el punto de demarcación de un nuevo Ser Humano!

Fuentes de energía de la tierra

Querido Kryon, ¿adónde tenemos que dirigir la vista los Seres Humanos que buscamos nuevas fuentes de energía para nuestro planeta?

Hacia donde siempre la habéis tenido. Empezad por tener en cuenta las más antiguas. Muchos creéis que nuevas fuentes de energía equivale a nuevas tecnologías y ¡hasta cierto punto, tenéis razón! La mejor fuente de energía que tenéis es la existente en el interior del planeta. ¡Buscad tecnologías nuevas que la aprovechen con eficacia! ¡Dejad de *crear* calor! Se encuentra por cualquier sitio bajo vuestros pies. Las fábricas de energía de tecnología más avanzada en el momento actual son aquéllas que convierten el calor en vapor. ¡Pues que el planeta os proporcione el calor y convertidlo vosotros en vapor! Está ahí para vuestro uso, sin residuos, sin peligro y sin efectos colaterales.

Después, comenzad a domar las increíbles fuerzas de las mareas, ese *empujar y tirar* que siempre está ahí. Hace mucho que contáis con los conocimientos para hacerlo. ¿Podría ser que, a lo mejor, no se consideraron como suficiente avanzados desde un punto de vista tecnológico?

Para acabar, cuando seáis capaces de comprender algunas de las energías básicas del planeta y cómo están ahí desde siempre para proporcionaros energía, intentad dominar la principal. El proceso implica conectar con la Cuadrícula Cósmica a través del conocimiento de la forma de manipular su vibración y de desequilibrar partes de ella según vuestra conveniencia. (Ver el Capítulo Séptimo y las canalizaciones sobre la Cuadrícula Cósmica).

Gobierno secreto mundial

Querido Kryon, ¿qué es lo que Kryon piensa y comenta sobre el «gobierno secreto mundial»?

Hemos tratado de este «gobierno secreto» de vuestro planeta en múltiples canalizaciones. Algunos lo habéis llegado a llamar el de los *illuminati*. Después de haber estado, esta poderosa energía conspiratoria, obteniendo bastantes buenos resultados en su objetivo de lograr el control de la forma en que funcionan las cosas en la Tierra mediante, muy especialmente, planes económicos secretos y control de los Seres Humanos, esta poderosa energía conspiratoria se encuentra en la actualidad batallando por sobrevivir ante un enemigo que nunca se imaginó.

El enemigo que se están encontrando frente a ellos se llama *verdad*. Esta espada de la verdad es blandida por millones de Seres Humanos como resultado de la tecnología y de una elevación en la concienciación del planeta. En el campo de vuestras comunicaciones entre Seres Humanos, lo que solía ser protocolario y lento se ha convertido de repente en sencillo e instantáneo. Habéis creado una red de exposiciones, saludos e información entrelazados que arroja chorros de luz a las propias bases de tan oscuro y secreto grupo.

Como ya os dijimos otra vez, «cuando todo el mundo puede hablar instantáneamente con todo el mundo, no existen secretos». No hay fuerza que pueda resistirse a la verdad. Echad una mirada a lo que ha ocurrido hasta con los hombres y mujeres más poderosos de la Tierra —con independencia de su riqueza o afiliación política— cuando alguna espectacular verdad concerniente a sus vidas ha visto la luz. ¡No pueden ocultarse! Por muy grande que sea su fortuna o su poder, no pueden superar la energía de la espada de la verdad. El conocimiento —el escudo— es el catalizador de la verdad, y la sabiduría para comunicarse constituye lo que hemos venido en llamar el «manto de Dios» o armadura.

Al igual que a otra de las preguntas formuladas en este apartado, contestamos que la luz es *activa*. Nada puede resistirse a su verdad. Las tinieblas se retiran y lanzan alaridos de horror al verse expuestas. Irónicamente —debido a su nombre— al tratarse de un grupo de *illuminati,* no puede funcionar. Las tinieblas se ven reducidas a un color grisáceo, y sus obras se ven expuestas a la luz. Los secretos ya no pueden ser mantenidos, y el movimiento, que, hasta el momento, era fácil por la forma solapada en que actuaba este grupo, se hace cada vez más difícil de mantener.

Este grupo está fracasando. Ésta es la respuesta a tu pregunta. Sin embargo, todavía habrá quienes quieran asustaros con actos basado en el terror. Será simplemente una información sensacionalista, siéndole fácil a cualquier Ser Humano ser oído cuando lleva un cartel que dice. *«¡Se está cayendo el cielo!»*.

Son las «sombras interiores» las que se ven atraídas por esto, y el intelecto de «ya te lo advertí» el que querrá motivar al Ser Humanso para examinar esas tinieblas. Ésa es la razón por la que los Seres Humanos se vean tan atraídos por el sensacionalismo, lo cual es adecuado y equilibrado, aunque el **conocimiento** de cómo funciona es el que crea la **verdad**, y, después, la **sabiduría** para discernirla es la que crea la **luz**.

Implantación / liberación neutral

Querido Kryon, ¿de cuánto tiempo disponemos para solicitar la implantación neutral? ¿Existe un punto límite o un momento óptimo para solicitarla?

En primer lugar, recordemos en qué consiste la implantación. Durante el transcurso de los diez últimos años, hemos pulido y expuesto lo que la energía que rodea a este proceso constituye para los Seres Humanos. Recuerda que no es nada más que *tú* concediendo tu intención pura y tu autorización para dar el siguiente paso espiritual.

Sois implantados con la capacitación para recibir los dones procedentes de vuestra propia fuente interior de energía. Es como si se abriese una puerta a la comunicación. Es como dar la noticia de que ya estáis preparados para deshaceros del antiguo contrato con que llegásteis. Es profundo a la par que sencillo, pero hay quienes lo han convertido en temible y siniestro. Hay quienes han creído que tal cosa es imposible y que son los sacerdotes y líderes quienes deban implatarla y facilitarla. Es raro que se sirvan de la ventana del 11:11 para la autorización de los Seres Humanos, pero nieguen la capacidad de la autorización personal. Así son las asunciones de la dualidad.

La respuesta a tu pregunta es ésta: tus guías están sentados, muy calladitos, junto a ti durante toda tu vida. Como ya hemos canalizado con anterioridad, se activan cuando intentas pasar a otra vibración –implantación/liberación–, cosa que tus ayudantes espirituales contemplan como un importantísimo punto de actuación. ¡Cuando son activados por tu intención, se mueven deprisísima! Algunos hasta habéis llegado a quejaros de ello.

¿Crees de verdad que te iban a dar un límite de tiempo? ¿Crees de verdad que no ibas a ser oído? ¡Se trata de tu familia! Por lo tanto, el mejor momento para pedir es mientras estés vivo, y el punto límite, el de tu muerte.

De verdad que te amamos, ¿sabes? Puedes conceder esa intención en el momento en que lo desees, porque no está rodeada por regla alguna que no seas tú envolviendo tu solicitud en una completa integridad y gran pureza.

Querido Kryon, hace varios años solicité una implantación/liberacion neutral, aunque sigo atormentado por un problema físico. ¿Quiere ello decir que todavía no he recibido la implantación? ¿Qué puedo hacer?

El hecho de solicitar una implantación/liberación constituye simplemente una solicitud pura por parte del Ser Humano de descubrir la divinidad que lleva dentro y de iniciar un proceso de desplazamiento vibratorio; es decir, la realización de que es un pedazo de Dios. Cuando llevas a cabo esa solicitud con intención espiritual pura, se te concede sin que tengas que volver a pedirla nunca.

Existen algunos que no se dan cuenta de la fuerza que encierra este atributo espiritual. Otros emplean una intención condicionada y dicen: «si hago esto, quizás Dios haga esto otro», pero no se dan cuenta de aquello en lo que consiste la intención pura.

La intención pura se ve definida en lo que Abraham tenía en su brazo cuando la daga iba en busca del pecho de su único hijo. Abraham amaba tanto a Dios que, aunque se sentía horrorizado por lo que podía ocurrir, tenía confianza en el *amor* del Espíritu. Confiaba en el hecho de que Dios era su socio y de que nunca le jugaría una mala pasada. No se equivocaba, y, en aquella montaña, en vez de una muerte hubo una celebración de una situación en que sólo se podía ganar.

Lo que quiero decir es que tu solicitud y su consiguiente concesión no estaban relacionadas con tu problema físico. Eso viene más tarde, después de que empieces a celebrar tu vida y después de que hayas comprendido todas sus ramificaciones; después de que alces tu luz con júbilo a pesar de tener *todavía* ese problema físico; después de que muestres a quienes te rodean la espectacular luminosidad de tu ser interno.

La implantación/liberación demanda una puesta en práctica que dura toda la vida. Lleva consigo tantos dones como Seres Humanos existen. Cuando dejes de preguntarte cuándo se llevará a cabo la sanación y empieces a celebrar tu existencia por sí misma, tu biología comenzará a cambiar. De momento, quita tu vista de lo obvio y empieza a trabajar primeramente con el auténtico don. Será después cuando la alegría y paz –y ¡cómo no, también la sanación!– te sean concedidas por añadidura. Aprende a «poseer» la autovaloración del ángel que llevas dentro. Ya verás cómo todas esas cosas que deseas irán encajando en sus sitios.

Jesús y Pablo

Querido Kryon, en el Libro VI decías que el apóstol Pablo era un canalizador espiritual. ¿No fue el responsable en gran parte de la distorsionada versión de las enseñanzas de Jesús que terminaron por constituir la Iglesia Ortodoxa? Entiendo, en efecto, que los demás apóstoles consideraron a Pablo un hereje de la peor especie. ¿Algún comentario complementario sobre Pablo?

En mi vida como trabajador de la luz, me encuentro muy próximo a Jesús, llegando, incluso a veces, a sentir como si hubiese tenido una vida anterior en su época. No obstante, no me adhiero a la Historia de Jesús tal como se enseña en la Biblia y en las Iglesias de nuestros días. ¡Me parecen versiones tan alejadas de la verdad! ¿Qué tipo de veracidad contiene la descripción de Jesús que hace la Biblia?

Considero las dos preguntas como una, ya que ambas atañen al tema central de cuál es la verdad. En febrero de 1999, os dimos una canalización sobre este asunto tan importante en el Capítulo Primero de «La integridad de Dios». A continuación, os cito algunos comentarios que formaban parte de aquel mensaje con el fin de que los tengáis en cuenta.

En primer lugar, os presentaré algunas preguntas que pueden constituir un exponente de vuestras suposiciones acerca de lo que ocurrió en la Historia. El cristianismo ortodoxo contiene más de 300 casillas divididas en compartimentos de quienes sienten que Dios sólo les sonríe a ellos. ¿Cuál de ellas tiene la versión distorsionada de las enseñanzas de Jesús? ¿Cuál tiene razón? ¿Qué guerras y carnicerías relacionadas con creer «como se debe» sobre Jesús creéis que fueron sancionadas por el Espíritu (Dios)? ¿Creéis verdaderamente que un Ser Humano rico no puede ir al cielo? ¿Creéis que la «verdad» que poseían los sacerdotes no cambió un poco a través de los siglos en que ellos eran también las cabezas de los gobiernos? ¿Pasaríais al control de vuestro Congreso de los Estados Unidos, durante más de 300 años, vuestras más preciadas doctrinas religiosas para que mantuviesen su pureza y fueran sólo cambiadas cuando se hiciese necesario? Pues es lo que ha ocurrido. ¿Creéis de verdad que Dios *odia* a los Seres Humanos que llevan onerosos atributos de identificación sexual a sus vidas? ¿Creéis que un terrible y amoroso Dios, que creó a los Seres Humanos a su imagen y semejanza (familia) los mataría uno a uno –incluyendo hasta niños– y los torturaría por toda una eternidad en el infierno porque no siguieron determinadas normas, y, si no, no tenéis más que *averiguar* la verdad en la vida? Pues eso es lo que os dicen que es Dios.

¿Y ahora me venís preguntando si creéis contar con la versión verídica de la Historia? Está claro que algo no ha sido traducido o se ha perdido con el decurso del tiempo.

Formulo esas preguntas sólo de manera retórica y para señalar que esta información que creéis tener no os proporciona con exactitud toda la amplitud del problema. ¿Sois conscientes de que Jesús fue apodado «mal sacerdote» por otros sacerdotes judíos? Si

483

pensaron que Jesús era malo, ¿no es normal que algunos de los seguidores de Jesús se encontraran en desacuerdo con el liderato de Pablo? ¿A qué otros apóstoles les ocurrió el tipo de milagro que Pablo llevó a cabo en el camino a Damasco? ¿Recordáis la diferencia entre un apóstol y un discípulo? ¿No creéis que podrían haber competido unos contra otros? ¿Os recuerda esto a alguno de los atributos de vuestras propias religiones de estos tiempos modernos?

Abordo estos temas para proporcionaros información de que, incluso durante la vida de Jesús e inmediatamente después, los Seres Humanos tuvieron luchas encarnizadas acerca de la inmensidad de Su poder y sobre lo que ellos creían que había dicho o hecho. Fueron muy pocos en realidad quienes «cayeron en la cuenta». Inmediatamente se produjeros numerosas escisiones, algunas de las cuales condujeron a los brotes de energía más viles llevados a cabo jamás en la Tierra en nombre del Espíritu.

Para contestar a las preguntas de forma directa, no; no os habéis enterado de toda la historia. Para convertir las cosas en más interesantes todavía, toda la historia sobre la vida de Jesús está escrita en las sagradas escrituras conocidas. ¿Por qué, entonces, tantas versiones diferentes de lo que ocurrió? –podríais preguntaros–. ¿Por qué tantas reglas diferentes que seguir? La razón es la de que hay muchísimos Seres Humanos muy diferentes.

Los manuscritos existen y cuentan con una gran fuerza. Contienen información que desquiciaría y desequilibraría las mismísimas doctrinas básicas de quienes creen conocer todo sobre Jesús ¿Por qué los eruditos se muestran tan reacios a darlos a conocer? ¿Cuánto tiempo toma, en realidad, formarse una opinión de los mensajes que contienen? Los eruditos llevan, por lo menos, 40 años puestos a ello. ¿Conoce alguno de vosotros cuáles son las verdaderas interpretaciones, las que se presentan con un bajo perfil? Hay quienes sí, pero lo están pasando mal ante la cuestión de qué hacer con esta clase de conocimientos. Algunos preferirían no haberlos sabido; otros los han hecho públicos y han sido puestos en ridículo por ello.

Las instrucciones que os damos sobre este tema no han cambiado desde que comenzamos a dar mensajes hace diez años.

Concerniente a Jesús: fue un avatar y un chamán de gran importancia que proporcionó una sensacional información a la Humanidad sobre las facultades de los Seres Humanos. Ofreció una dispensa espiritual allí donde la Humanidad estaba ganándose con muchos sudores la oportunidad de llegar a entender el desplazamiento vibratorio. Capacitó a los Seres Humanos. Enseñó el amor. Mostró a Pedro cómo caminar sobre las aguas enseñándole que podía hacerlo **por sí mismo**, ¡y Pedro lo hizo! Fue sólo cuando dudó cuando tuvo que asirse a la mano de Jesús en busca de ayuda. Sin embargo, muchos de vuestros sacerdotes todavía interpretan aquello diciendo que «Pedro no pudo hacerlo sin Jesús». Olvidan cuál era el principal mensaje: el de la concesión de facultades. Éste no es sino un ejemplo de la forma en que tantas cosas de las que Jesús hizo fueron estiradas y deformadas hasta significar otras cosas, cosas que, por lo general, no concedían facultades al Ser Humano como individuo, sino a la organización o al propio sacerdote. ¿Es de extrañar que existan tantos sacerdotes llenos de poder y facultades y emisores de tantas reglas?

Hace diez años, os hablamos de religión: «permaneced tranquilos, y que el amor sea vuestro criterio», os dijimos. Os hemos dicho multitud de veces que cada uno de vosotros lleváis la verdad en vuestro interior. No tenéis que afiliaros a nada ni seguir a ningún Ser Humano para encontrarla. Os hemos pedido muchísimas veces que, en lo relacionado con diferencias religiosas, pongáis vuestra más alta prioridad en *amaros los unos a los otros* dentro de los límites de vuestras divisiones. Os dijimos que no intentéis cambiar a los demás, sino sólo amarlos. Os pedimos que invitáseis a la sabiduría a visitar vuestras vidas.

Ya os dijimos antes que jamás llegaréis a eliminar las diferentes doctrinas o creencias religiosas existentes en la Tierra. Tampoco se espera de ellas que lleguen a mezclarse todas en una inmensa olla. Lo que sí debéis esperar, no obstante, es la sabiduría —mediante la solución de la tolerancia— de comprender que los Seres Humanos tienen todo el derecho a encontrar al Espíritu/Dios de la manera que les sea más cómoda. Dejad de hacer creer a todos los demás miembros de la familia que están equivocados. Dejad ya de obligarles a creer como vosotros. Ocupáos de vuestros propios asuntos espirituales y dejad que los otros –el resto de la familia– viva en paz –igual que vosotros– y, a continuación, celebradlo.

Querido mío, ¿tienes algo que ver con el amor de Jesús? ¡Pues claro! ¡Como todos nosotros! ¿Tienes algo que ver con el amor y las sabias enseñanzas espirituales de Eliseo? ¡También nosotros! ¿Y qué me dices de los otros grandes maestros de tantas culturas? ¡Nos regocijamos y sentimos que tenemos que ver con el amor! El amor es el amor y se podrá encontrar en muchísimas partes del globo terráqueo. Los avatares están vivos en el presente y poseen enormes poderes espirituales sobre la materia y la energía. Constituyen una de las necesidades básicas del planeta. ¡El hecho de que existan no implica en absoluto que estén en contra de quienes creen en Jesús! Comprended que estáis embarcados todos en la búsqueda de la iluminación, así que **¡amáos los unos a los otros!** Haced incluso un pequeño sitio para aquéllos a quienes sintáis muy equivocados con respecto a Dios. Que ellos busquen su propia integridad y verdad. Después, ¡alegráos de sus vidas!

La verdad básica es ésta: el amor es el núcleo de la materia. El amor es la clave para que la futura capacidad de la Humanidad cambie esta Tierra. La religión os dice muchísimas cosas sobre los hombres; no sobre Dios. En el interior de cada una de esas casillas–religiones, existen, sin embargo, las semillas de la verdad básica. No tenéis ninguna necesidad de la religión para ser iluminados; sólo tenéis que cambiaros a vosotros mismos. Una vez conseguido esto, si queréis participar en la religión, podéis hacerlo. Después, si queréis ser seguidores de algo, ¡seguid al **amor**! La fuerza reside en la persona, no en la organización, no en las múltiples interpretaciones de lo que sucedió, no en la cantidad de reglas hechas por el hombre. El auténtico mensaje de Jesús era el de que te hicieses con tu poder y el que, de hecho, tenías la capacidad de hacerlo.

Jesús, el maestro judío, fue uno de los muchos maestros que existieron en todas las épocas. Es Él quien representa el más elavado grado de visibilidad en el seno de vuestra cultura, razón por la que el tema es mencionado con tanta frecuencia en las páginas del material de Kryon para el continente americano, aunque no sea el mismo para otras canalizaciones de Kryon en otras culturas. Al igual que muchos otros maestros, Jesús capacitó a hombres y mujeres con el amor, y, como muchos otros maestros, ¿cuál fue su mensaje? **¡Amáos los unos a los otros!** Después, cuando hayáis sido capaces de *haceros con* este concepto, seguid adelante y caminad sobre las aguas.

Nombre del alma

Querido Kryon, me gustaría saber cuál es mi nombre espiritual o nombre del alma. ¿Cómo puedo encontrarlo?

No puedes hacer nada para *encontrar* ese nombre. Te voy a dar dos puntos informativos en relación con el tema.

1) Nadie en la Tierra conoce, de hecho, cuál es su auténtico «nombre del alma». Algunos de vosotros tal vez hayáis recibido alguna información, a lo largo de vuestro camino, sobre el sonido o la forma de deletrear un nombre humano más en consonancia con vuestra energía personal. Esa información está relacionada con la ayuda espiritual a los Seres Humanos, pero nada tiene que ver con el nombre de vuestra alma.

    ¿Os habéis preguntado alguna vez por qué se os da esta información a algunos, y a otros, no? Es una suposición humana que, tal vez, quienes recibieron esa información fuesen algo mejores desde un punto de vista espiritual. No es verdad. Los Seres Humanos a los que se proporciona información especial acerca de sus nombres son aquéllos a los que, sencillamente, se les está ayudando a cambiar la energía de cómo son conocidos. Les ayuda a proseguir su camino. La mayoría de ellos no necesita esa información, con lo que los que la han recibido se han hecho con una herramienta que les ayuda en situaciones especiales, aunque la mayoría de vosotros no lo veáis así.

Sabed, por lo tanto, que los «nombres espirituales» que hayáis recibido de forma intuitiva muchos de vosotros son dones que os hace el Espíritu para que cambiéis vuestra energía. Aún hay más: ¡esos cambios de nombre que contribuyen a la energía de los Seres Humanos no son permanentes! Enteráos bien de que aquéllos de vosotros que los recibáis podéis recibir otros más tarde que coincidan más con el cambio de vuestras vibraciones. Este cambio, sobre todo, os muestra que esos nombres no son los que tendréis en el otro lado, donde no habrá cambios.

2) Ya os proporcionamos antes esta misma información: queridos míos, no perdáis el tiempo con atributos que no se encuentren en consonancia con la energía de vuestra tarea aquí. ¿Andáis por la vida intranquilos por no poder ver el santuario interior de vuestras funciones corporales? No. Os alegráis de su modo de funcionar y comprendéis que constituyen una parte vital de vuestros seres. Después, las dejáis que funcionen. Lo mismo ocurre con el nombre que tengáis al otro lado del velo. Si lo conocieseis, no cambiaría nada. No es algo que digáis al aire. Se trata de una energía, de un color y un mensaje reunidos en un todo. Es interdimensional y conlleva un fuerte complemento luminoso.

Con esta explicación, ¿seguís queriendo perder el tiempo buscándolo? Volved atrás y visitad de nuevo la parábola de «Jasón y la Cueva» del Libro Kryon IV (págs. 71-78). Es una instantánea de por qué ni siquiera comenzamos a explicar ciertas cosas, entre las que se encuentra incluido vuestro nombre del alma.

Pérdida de sueño

Querido Kryon, ¿por qué no logro dormirme hasta muy entrada la noche? Me acuesto a las 2 de la mañana, pero no consigo quedarme dormida hasta las 4. Ya sé que tengo unas vibraciones elevadísimas, pero este dormir hasta entrada la mañana me viene muy mal, porque tengo un trabajo a tiempo parcial. Mi salud es buena, y tengo suficiente energía para hacer lo que quiera. ¡Soy una señora de 82 años que no se acostumbra a estas madrugadas!

¡Bendita seas por tu pregunta! ¡Empieza por festejar tu nueva Biología! Tu energía *no* se verá afectada de forma negativa. Lo que sientes no es más que un don del desplazamiento vibratorio. Que la información de tu edad biológica haga que los demás se den cuenta de la disponibilidad de este proceso para todos los Seres Humanos y no sólo para quienes sientan que tienen la edad de una aparente productividad. Se trata de un cambio propio a los Seres Humanos y nada tiene que ver con la edad.

Cambia tu planificación para que esté más acorde con tu pasión. ¿Qué te gustaría hacer con las nuevas horas de estar despierta que se te han concedido? Empieza por cambiar tus costumbres según tu nueva energía. Busca cosas nuevas con las que pasar el tiempo que sean útiles tanto para ti como para los demás. Cambia aquello a lo que «estás acostumbrada». Encaja tu nueva vida en los dones que te están siendo concedidos y *no hagas* comparaciones de la antigua energía con los nuevos atributos. Lo que fuiste no es lo que vas a ser.

¡Alégrate! Esos cambios son reales y están aquí porque tú los has pedido.

Vibración Superior

Querido Kryon, ya nos has hablado tanto de los niveles de vibración de nuestro planeta como de los propios nuestros. Me gustaría saber qué actividades, conductas, substancias, etcétera, contribuyen a mejorar nuestros niveles vibratorios. También querría saber lo que los daña u obstaculiza.

La respuesta puede parecer demasiado sencilla.

Lo que daña a tu desarrollo vibratorio son las siguientes cosas:

1. Seguir teniendo miedo cuando conoces la auténtica verdad de cómo funcionan las cosas.

2. ¡Preocuparte!

3. Hacer un drama por cosas que se pueden solucionar sin él.

4. Aferrarte a partes de tu vida que sabes muy bien que tienen vibraciones muy bajas, porque no se te ocurre la manera de vivir sin ellas.

5. No confiar en el ángel/divinidad que llevas dentro.

6. Tener una intención poco firme en los asuntos espirituales.

Lo que contribuirá a la mejora de tu desarrollo vibratorio son las siguientes cosas:

1. Reivindicar el poder de tu guía interior.

2. La falta de preocupación –paz– sobre el futuro y un «conocimiento» absoluto de lo que está bien.

3. Crear condiciones tranquilas alrededor de las zonas de drama potencial.

4. Deshacerte de energías inadecuadas de tu vida que, en un momento dado, pudieron dar la impresión de ser

«sagradas», pero sin las que en la actualidad puedes vivir perfectamente.

5. Pasar algún tiempo en meditación con el Espíritu de una manera diferente: (a) celebrando cualquier cosa que te ocurra, sea lo que sea; (b) imaginando tu integración en tu Yo Superior; (c) preguntando continuamante: «¿Qué quieres que sepa?», en vez de intentar «adelantarte» a la solución de problemas que se presenten.

6. Realizando tu *autovaloración* para facilitar la creación de *intención pura*.

¡SOIS PROFUNDAMENTE AMADOS!

Kryon

Capítulo Décimo

NOTICIAS DE KRYON

¡KRYON EN INTERNET!

Sitio comercial de California

http://www.kryonqtly.com

Dirección Internet
http://www.kryon.com

Éste es el sitio Kryon en la red para California. Conoced la planificación por adelantado de los seminarios de Kryon. Conoced las últimas canalizaciones, incluidas las que tuvieron lugar en las Naciones Unidas. Ved los productos Kryon a la venta y leed las últimas críticas de los Libros Kryon. Suscribíos a la revista trimestral *Kryon Quarterly*. Ésta es la «zona comercial» de Kryon (Se puede disponer de los dos sitios Kryon desde: www.kryonqtly.com).

¡KRYON En Internet!

Sitio familiar de Florida

http://www.kryonqtly.com

Dirección Internet
http://www.kryonqtly.org

Éste es el sitio Kryon de la red para Florida. Recibid «dulces mensajes» todos los días elegidos personalmente y enviados a vuestro e-mail. Uníos a una sala de «chat» con otros de mentalidad parecida a la vuestra. Pasad el tiempo en el tablón de anuncios. Encontrad en vuestras zonas a personas de la misma concienciación. Ésta es la zona familiar de Kryon, ¡cálida y tostadita! (Se puede disponer de los dos sitios Kryon desde: www.kryonqtly.com).

497

KRYON ON-LINE

Por Gary Liljegren
(Webmaster de Kryon)

Muchos de quienes lean este libro lo harán desde algún lugar cómodo, planificando su futuro y el de sus hijos en su «ahora». Cuando se diseñaron los sitios de la red de Kryon, lo hicimos para toda la familia Kryon extendida por el mundo, y se incluían un Tablón de Anuncios y una Sala para Chats de la que todos podían hacer uso, con lo que nos encontramos, ahora, en pleno descubrimiento de la conectividad entre la gente. Cuando se envían notas o se solicitan «Mensajes Marshmallow» (mensajes diarios, dulces, suaves y levantadores de la moral, por e-mail) por gente de Bosnia, Argentina, Nueva Zelanda, Colombia, Japón, Nueva Escocia, Irlanda del Norte, York y Nueva York, nos damos cuenta de nuestra diversidad. Contamos ahora con la posibilidad de darnos cuenta de que algunos miembros de la familia Kryon no se encuentran en este momento en ningún lugar cómodo dado que sufren problemas políticos, desastres naturales o dificultades personales. Sin embargo, todos somos miembros de la familia y ¡podemos unirnos y ayudarnos unos a otros On-line!

Si todavía no os habéis conectado a Kryon On-line, os estáis perdiendo algo grande, porque hay dos sitios web vinculados de diferentes maneras que proporcionan información a toda la Familia Kryon de la Tierra y que conectan a unos con otros mientras incrementamos nuestros conocimientos y nuestra luz. Los dos sitios son (www.kryon.com) y (www.kryon.org) (ver páginas 495 y 497). La primera página consiste en información de la Nueva Era, canalizada por Kryon y llena de amor y de concesión de facultades. Os permitirá conocer mejor los productos Kryon, leer partes de sus libros, suscribiros a la revista nacional *Kryon Quarterly* y enteraros de algunas de las canalizaciones de mayor impacto.

Los tres mensajes dados por Kryon en las Naciones Unidas en 1995, 1996 y 1998 aparecen también en su totalidad, como lo hace las última planificación de las conferencias de Kryon. Podéis, además, enteraros de cuáles son los idiomas a los que los Libros Kryon han sido traducidos y dónde pueden conseguirse. En otra parte, se establecen vínculos para una serie de sitios web que complementan los Libros y el material de Kryon.

Hay una sección dedicada a Jan Tober que muestra una fascinante biografía de Jan, una página en que se numeran sus cintas de audio y los CD disponibles (*Meditación en Color y Sonido* es especialmente bonito), así como información sobre su *Bubble Bowl Booklet*. También podéis encargar sus productos On-line.

El segundo sitio, (www.kryon.org.), constituye la «Sala de la Familia Kryon». Se trata de un lugar cómodo y relajado en el que podéis intercomunicaros con miembros de otras partes del mundo pertenecientes a la familia. Hay una Sala de Chats en la que os encontraréis con gente de una gran gama de edades y ocupaciones, todos interesados en la energía de Kryon. Después de la cena y de ayudar a los críos con sus tareas, podéis sentaros ante vuestro ordenador en el Oeste Medio de los Estados Unidos y presentaros en el Aula a Ron o a Aussie y descubrir que están escribiendo en sus teclados en Australia y que ¡según sus relojes, es «mañana» por la tarde!

Algunos de los miembros de la familia utilizan «apodos», y otros, su nombre de pila, según les venga. Por lo general, no tenemos ni idea de dónde vive nadie hasta que no salta el tema. A veces, pueden producirse cosas poco corrientes en el aula, como, por ejemplo la noche en que «Niña de la Luna», de vuelta de su trabajo, se había sentado ante su ordenador (horas diurnas, en Australia) y un visitante nuevo, llamado «Delfín», se introdujo en la Sala de Chat. Tras conversar un rato de cosas sin importancia, ¡ambos se dieron cuenta de que eran australianos!

Después, también se dieron cuenta de que los dos estaban en Canberra y, para sorpresa de todos los que se encontraban en la zona de chat, se enteraron de que ambos trabajaban para la misma agencia, en el mismo edificio y ¡estaban en la misma planta! Se habían saludado como compañeros de oficina, pero no habían sabido que ni uno ni otra estaban interesados en Kryon hasta que coincidieron en el chat.

No fue ése el único caso atípico ocurrido a «Niña de la Luna» –su verdadero nombre es Jill– en el chat. Lo que sigue es la historia contada por Jill sobre almas gemelas que se conocieron en el chat.

A mediados de septiembre de 1998, Jill asistía a su primer seminario Kryon en Sidney, Australia, después de haberse enterado de su existencia a principios de año. Desde el momento en que se puso a leer el Libro Kryon I *Los Tiempos Finales*, experimentó la extraordinaria sensación de «volver al hogar». Alrededor de cuatro semanas después del seminario celebrado en Sidney, se encontró en la Sala de Chat de Kryon con «la persona más preciosa, maravillosa y especial que jamás había encontrado en mi vida».

Desde la primera vez que hablaron, Kenny y Jill experimentaron una conexión increíblemente fuerte y especial, sin que ninguno de los dos pudiera dejar de pensar en el otro. Sus Almas/Yos Más Elevados se habían «reconocido y recordado». A la velocidad del relámpago, se desarrolló entre ellos el amor más increíblemente bello, intenso e irresistible que pudieran imaginar. A los pocos días, se dieron cuenta de que permanecerían juntos para siempre. Nada podía ser más real o correcto. Tenía que ser así. Son dos auténticas almas gemelas que han pasado todas sus vidas esperando a encontrarse de nuevo.

Aunque se han intercambiado fotos, todavía no se han visto físicamente. Viven en rincones opuestos del mundo. Él, en Massachusetts; ella, en Canberra, Australia, a unos 15.000 kilómetros de distancia. Antes de sucederle esto, Jill nunca se imaginó que le sería posible enamorarse de alguien a quien nunca había visto y, además, por Internet. Ahora, le perece la cosa más natural y normal del mundo.

Se puede conocer a gente sumamente interesante en el Tablón de Anuncios y en la Sala de Chat. Puedes estar hablando con alguien que se llama «Aloha» y sorprenderte porque se trata de un hombre que vive en Suiza. Pudes hablar de círculos de cultivo con Amy y enterarte de que es una universitaria de Pennsylvania. También puedes encontrarte con alguien con intereses parecidos a los tuyos. En enero, apareció una nota de una persona que explicaba su especial situación. La nota era la que sigue a continuación.

«Kryon habla en su Libro VI (Asociación con Dios) sobre algunas personas que, cuando las miras y hablas, te observan como si tuviesen la mirada vacía. Comparto mi vida, y estoy encantada de hacerlo, con el más joven de mis hijos. Tiene 21 años y padece el síndrome de Down. No tiene ninguna comunicación oral, pero se maneja con soltura con un ordenador. También puede mirarte y saberlo todo. Se pone muy tenso cuando está con gente de ideas negativas, lo que le puede llegar a afectar durante horas. Me gustaría saber qué otros maravillosos atributos posee mi queridísimo hombre. Me sentiría muy frustrada si me estuviese perdiendo algo. El amor es su objetivo primordial. Tengo una amiga de mi edad a quien quiere muchísimo, y necesita pasar muchísimo tiempo con ella. Cuando le pregunté la razón de ello, pensando que debería estar con sus iguales, escribió en el ordenador: «La quiero por su luz».

«¿Es lo que es o me estoy perdiendo algo?»

Cariñosamente,
Kathy

En el sistema America On-line en que se produjo por vez primera la actividad de Kryon On-line y, también, en la Sala de Chat *kryon.org.*, Lee Carroll se ha unido a la familia Kryon con una actividad llamada «Lee en Vivo». Escribe en su teclado en California e interactúa con los demás en el Sala de Chat. Geoff Hoppe, en Colorado, estableció el protocolo para las sesiones de «Lee en Vivo» en America On-line y ha seguido haciéndolo hasta llegar a los actuales sitios web. Usando un casco altavoz-micrófono durante la última sesión de «Lee en Vivo», era sumamente interesante escuchar a Lee en California mientras escribía en su teclado como un loco y mantenía una conversación oral conmigo en Florida, donde yo coordinaba las funciones de la Sala de Chat. Quienes estaban en ésta para el «Lee en Vivo» agradecieron la oportunidad de interactuar directamente con él.

¿Qué clase de temas se suelen tocar durante las sesiones de la Sala de Chat normales? Cuando empezamos, la suposición más generalizada era la de que se trataría de Kryon durante casi todo el tiempo. Por supuesto, sucede, especialmente con los recién llegados a la Sala. Sin embargo, gran parte de las charlas tratan de actividades del día a día, problemas, peticiones de ideas, risas y llantos. También se comparten amor y cuidados. A veces, la actividad es ligera; otras, más densa en el número de participantes, existiendo una gran cantidad de «parroquianos» de a diario procedentes de todas partes del mundo, así como gente nueva. Se planifican temas e invitados con regularidad, y existe una *Planificación de la Sala de Chat* que muestra los acontecimientos de las próximas semanas.

El Tablón de Anuncios de Kryon constituye otra área de intensa actividad que continúa en aumento. Cuando Geoff abrió la Carpeta Kryon AOL hace algunos años, pronto ésta se convirtió en la más «llena» de toda la zona de la Nueva Era. Lo normal es que transmitiese unos 500 mensajes al mes. Desde entonces, las cosas han cambiado mucho en la red, sirviendo de comparación para ello el hecho de que el Tablón de Anuncios de *kryon.org.* haya aumentado en esa misma cantidad aunque en dos días y medio. Es difícil imaginarse el amor que se comparte en ese Tablón hasta que no se leen los textos y sus respuestas durante un rato y se obtiene la sensación de cariño y unión. Aquí va un ejemplo:

«Queridos amigos, muchas, muchísimas gracias por vuestros mensajes que tanto me han ayudado a atravesar uno de los períodos más difíciles de mi vida. En especial, el último es el mejor y exactamente el que necesitaba. Gracias de nuevo. Barbara, desde Eslovenia».

El Tablón de Anuncios es el lugar ideal para conocer a gente. Con frecuencia, miembros de la familia empiezan a enviar e-mail a otros con quienes tienen los mismos intereses, estableciéndose de esta manera grandes amistades continuas y duraderas.

Los temas que aparecen en el Tablón de Anuncios suelen tender a estar relacionados con la Nueva Era o con Kryon. Cuando se formulan preguntas, es sorprendente y hermosa la claridad con que responde la familia. Annie, Talet, Starsong, Bess y muchísimos más proporcionan profundidad y penetración en sus mensajes. Contamos con una colección de mensajes pasados sobre determinados temas que parecen tener un interés especial. Es fácil revisar los mensajes pasados y pasar, a continuación, a los que acaban de aparecer en el Tablón.

Si se te ocurre alguna pregunta mientras lees cualquiera de los Libros Kryon, el Tablón constituye el medio ideal de intercambio de ideas. A lo mejor, uno vive en el Manitoba rural y recibe un libro de Kryon titulado *Los Tiempos Finales* que le envía su hermana desde Toronto. Uno se imagina que probablemente no exista nadie que piense como uno mismo por lo menos en 400 kilómetros a la redonda. Pues, ¡sorpresa! Siéntate delante de tu ordenador y conéctate al Tablón de Anuncios y la Sala de Chat de la Familia Kryon. Te dará la impresión de haber llenado tu casa de nuevas amistades que piensan igual que tú, de personas que contestan a tus preguntas y de gente que quiere compartir su amor contigo. Es una estupenda sensación.

Otro de los apartados que va en aumento es el dedicado a las páginas con fotografías de seminarios y otros acontecimientos. Están siendo cada vez más frecuentes las reuniones de gente procedente del On–line en los principales acontecimientos así como en las reuniones de «En Casa con Kryon». Personas que se han conocido a través del sitio web empiezan a verse en persona. Se hacen fotografías, y éstas se incorporan a las páginas del sitio para que todo el mundo pueda entretenerse y ver cómo son sus amigos de la red.

Cuando se produce un seminario, a las pocas horas comienzan a aparecer notas informando de lo ocurrido. Quienes no pudieron asistir por la distancia o sus ocupaciones pueden incorporarse a las emociones sentidas. Terminada la algarabía de primera hora, recogemos unos cuantos comentarios y los insertamos en el apartado «Notas Pasadas» para que puedan ser comentados más tarde. El apartado de Notas Pasadas se emplea también para determinados temas que se repiten con mayor frecuencia. Es algo así como un apartado de «Preguntas Más Frecuentes».

Al poco tiempo de que *kryon.org* apareciese en Internet, comenzamos a enviar a diario nuestros «Mensajes Marshmallow» o «MM». Se trata de mensajes de ideas positivas que se envían por e–mail sólo a la familia Kryon de todo el mundo. Hace falta solicitarlos en nuestro sitio web; no inscribimos a nadie sin su conocimiento. Los «Mensajes Marshmallow» consisten en recordatorios diarios de que se nos ama. No suelen ser largos y, por lo general, consisten en citas de personajes conocidos en los últimos tres mil años y de otros de la Nueva Era. Lee Carroll/Kryon es uno de los que contribuyen asiduamente con los suyos.

Aunque dé la impresión de que tuvo lugar hace sólo unos meses, fue en octubre de 1997 cuando se introdujeron en la memoria del ordenador los primeros 12 o 15 nombres de personas procedentes de dos o tres países, dando comienzo así a los «Mensajes Marshmallow». En la actualidad, ¡enviamos mensajes de este tipo a más de 2.000 personas al día que se encuentran en unos 90 países!

Hemos recibido últimamente solicitudes de inscripción procedentes de Israel, Dinamarca, Noruega, Eslovenia, Australia, Nueva Zelanda, Rusia, Singapur, Emiratos Arabes Unidos, India, México, Alemania, Guam, Hong Kong, Tailandia, Suráfrica y Suiza, además de los Estados Unidos y Canadá. ¿Internacionales? Sólo un ejemplo de la Familia Kryon que hay en el mundo.

Se eligió el nombre de «marshmallow» para estos Mensajes porque comenzaba por «M» y parecía responder a la sensación de mensajes ligeros, esponjosos y dulces que provocaban sonrisas de complicidad entre quienes los recibían, tal vez, debido a agradables recuerdos de la niñez. Nos esperaba una sorpresa, porque muchísimos miembros de nuestra tan internacional familia no habían oído jamás hablar de un «marshmallow». Elena, que es española, tuvo que preguntar de qué se trataba cuando se inscribió en la Sala de Chat desde Londres. Es difícil explicar cómo es un auténtico «marshmallow», ¿verdad que sí? Elena viajó desde Londres a Orlando y probó por primera vez lo que era un «auténtico marshmallow».

Otra página que despierta gran interés es la de la sección de «Preguntas Científicas». Algunas de las maneras de enseñar de Kryon están relacionadas con campos científicos, y muchas de las cosas canalizadas tienen un fuerte nexo con la comunidad científica actual. En muchos casos, los temas canalizados encajan bien en la actual línea de descubrimientos. El sitio web *kryon.org.* cuanta con una página dedicada a este tipo de temas, abarcando desde Tesla al tiempo.

El sitio web Sala de la Familia Kryon cuenta asimismo con un libro de firmas, una «Cita de la Semana», vínculos con la familia en sus sitios web personales y un «Foro Alimentario» que ofrece sabrosísimas recetas y alimentos nutritivos. A medida que vayamos encontrando más aditivos deliciosos para beneficio de la familia, los iremos incluyendo en la red.

Algunas veces ha habido personas que han enviado mensajes al sitio web en su propio idioma por no sentirse cómodos en inglés, pero querer, no obstante, ponerse en contacto con la familia. Si esos mensajes se envían en cualquiera de estas cinco lenguas: francés, español, alemán, portugués o italiano, no hay problema alguno. El Tablón de Anuncios está conectado con un programa de traducciones de Internet. Su dirección es: (http://babelfish.altavista.digital.com). Uno o dos párrafos de información en cualquiera de los idiomas mencionados puede verse traducido al inglés, o de éste, a cualquiera de aquellos idiomas. Es sorprendente lo bien que funciona.

La semana pasada, un miembro reciente de la familia Kryon encontró el sitio web y envió un mensaje de e–mail a <gary@kryon.org>. El mensaje era el que sigue:

«*Hallo Gary! Leider verstehe ich kein Englisch und kann die texte nicht lesen. Ich fühle mich auch so alleine in der Schweiz. Kannst du mir Adressen geben? Ich will meine Gefüle mit euch teilen*».

¿Qué haríais si recibiérais un mensaje así? ¡Utilizar el programa de traducción! Esto fue lo que apareció:

«*¡Hola, Gary! Por desgracia no entiendo inglés y puedo escribir el texto para leer. También me siento muy solo en Suiza. ¿Puedes darme direcciones? Quiero dividir mis sentimientos contigo*».

No es que sea perfecto, pero uno puede hacerse una idea. Se preparó una contestación en inglés, se tradujo al alemán y se envió.

Cuando la gente se encuentra ante Kryon por primera vez, puede que se sienta sola hasta que conozca a más gente que comparta idénticos intereses. Voilà!: El apartado de «Sincronicidad». Esta sección del sitio web se encuentra dividida en cuatro partes y dedicada a encontrase con otros: (1) una amistad especial o posible socio/a; (2) otras personas de mentalidad parecida; (3) un apartado Kryon «infantil», y (4) otro para quienes muestren un interés conjunto en iniciar algún negocio asociándose a alguien de mente y educación parecidas. Tanto el apartado de negocios como el de mentalidad parecida están basados en proximidades geográficas. La categoría «infantil» y la de amistades o socios especiales son válidas para todo el mundo.

¿Quién dirige estos sitios web? La oficina de Kryon es la encargada del sitio *kryon.com*. Constituye la parte comercial de Kryon Writings y es también responsable de la Planificación de Seminarios, una lista revisada y supervisada constantemente por Lee Carroll.

Yo soy quien dirige la web en el sitio *kryon.org*. Fui yo quien creé el sitio y soy quien introduce los cambios necesarios con el tiempo, aunque cuento con la ayuda de otros 37 «Ángeles de la Red» además de los 68 voluntarios traductores que hablan 28 diferentes idiomas para ayudar a la familia. Ocurren tantas cosas que se necesita un equipo de voluntarios para dirigir el cotarro. Hay nueve ángeles en el Tablón de Anuncios; otros nueve en la Sala de Chat, y los demás, en diferentes departamentos del sitio. A comienzos de enero de 1999, podréis reconocer a estos «ángeles» en cualquier acontecimiento de cualquier parte del mundo por las cintas www.kryon.org en blanco y oro que llevarán en sus tarjetas de identificación. Todos los ángeles están registrados en la página del Equipo *kryon.org* a la que se accede desde la primera página del sitio.

El sitio *kryon.org* tiene también otro rincón con regusto internacional. Cuenta con dos partes, una en francés, y otra en español, ambas creadas respectivamente por dos ángeles de la red: Philippe Proix, en Francia, y Arturo Castro Gutiérrez, en Venezuela. Ambos han traducido idéntica información de la web a sus respectivos idiomas. Tanto uno como otro han llevado a cabo unos excelentes trabajos en sus sitios.

Si eres un «newbie», lo que quiere decir que tal vez te hayas comprado ayer tu ordenador y estés todavía conectando los cables, ¿cómo puedes encontrar los sitios web? En primer lugar, necesitarás un Proveedor de Servicios Internet. Se pueden encontrar con frecuencia en la guía telefónica bajo la mención «Internet». En cuanto te hayas conectado a Internet, rellena la dirección web (www.kryon.com o www.kryon.org) en la línea llamada «situación» o «sitio en la red». En America On–line, utiliza la «línea abierta» que se encuentra justo a la derecha del botón «Buscar». Pulsa «Enter» y...¡zas! Ahí tienes el logotipo de Kryon. Sea el que sea el sitio Kryon en el que hayas aterrizado, siempre tienes la posibilidad de visitar el otro.

Ahora que ya estáis conectados on–line, ¡os damos la bienvenida a los sitios Kryon! Hay cantidades de cosas que ver y que hacer. Nos encanta compartir vuestro amor y luz.

Gary Liljegren
Webmaster Kryon
<gary@kryon.org>

LA «FRENCH CONNECTION»

Tal vez existan muchos lectores que no sean conocedores de la popularidad que tiene Kryon en Francia. El francés constituye el único idioma al que se han traducido todos los Libros Kryon (Ariane Publisihing). A mediados de 1999, Kryon se presentó ante más de 3.000 personas en Amneville, al Norte de Francia. Los ingresos procedentes de aquella única reunión costearon por completo la primera y más importante edición de este Libro Kryon, lo que significa que ¡los franceses proporcionaron la energía para esta versión inglesa antes de contar con la suya en su propio idioma!

Saludamos a los franceses y a su trabajo espiritual por Europa y el mundo.

En Casa con Kryon

Reuníos para una velada personal con Kryon y Lee Carroll en la comodidad de una confortable salita y de un pequeño grupo de dedicados trabajadores de la luz. Se llama «*En Casa con Kryon*», y constituye una recién llegada a las aportaciones de energía de Kryon. La velada comienza con una presentación y una exposición sobre temas del día de la Nueva Era presentados por Lee Carroll, y continúa con preguntas y respuestas propuestas por los integrantes del grupo. A continuación, ¡una canalización en directo! Los grupos están limitados a 50 personas y pueden durar hasta cinco horas. ¡Una velada que jamás olvidaréis!

Quien desee patrocinar una velada «*En Casa con Kryon*» en su propio hogar, por favor tenga la bondad de ponerse en contacto con la Oficina Kryon en el teléfono 858-792-2990 o en el fax 760-730-1783 o en el e–mail <kryon2home@aol.com>. Si deseáis conocer la próxima planificación de «*En Casa con Kryon*», echad una ojeada a nuestro sitio en la red (http://www. kryonqtly.com).

Oportuna. Informativa. Provocativa.

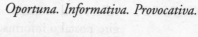

QUARTERLY

MAGAZINE

La revista *Kryon Quarterly* os aporta información oportuna acerca de vuestra transformación a la Nueva Era con cuatro números, cargados de interés, al año. Contiene las últimas canalizaciones y parábolas de Kryon, noticias científicas y médicas, preguntas de lectores, astrología, características de niños especiales, información sobre la forma de trabajar con las nuevas herramientas de la Nueva Era, planificación de próximos seminarios y mucho más. Permaneced sintonizados con las últimas noticias sobre los cambios que se producen en estos tiempos suscribiéndoos a *Kryon Quarterly*. Sólo 24 $ por cuatro números; 40 $, por ocho. (Para Australia y Nueva Zelanda, ved pág. siguiente)*

SUSCRIPCIÓN A *KRYON QUARTERLY*

TELÉFONO (sólo tarjetas de crédito): llamada gratuita al 1-800-945-1286.

FAX (sólo tarjetas de crédito): rellenad el recuadro inferior y enviad por fax a: (303) 642-1696.

E–MAIL (sólo tarjetas de crédito): enviad toda la información del recuadro inferior a: <Kryonqtly@aol.com>

CORREO: rellenad el recuadro inferior e incluid cheque,
           giro postal o información sobre tarjeta de crédi-
           to a: *Kryon Quarterly,* PO Box 7392, Golden,
           CO 80403. Cheque a nombre de *Kryon
           Quarterly.*

Nombre y apellidos ....
Dirección ....
Localidad .... Estado .... Código Postal ....
Dirección e–mail (opcional) ....

❑ 4 números, $24   ❑ 8 números, $40
Residentes en Colorado, añadir 4,2%

* Pagadero en dólares USA. Las suscripciones fuera de los
Estados Unidos de América deberán añadir $10 al año para gas-
tos de envío.

Pago: ❑ Cheque/GiroPostal   ❑ Master Card   ❑ VISA

Número de la Tarjeta de Crédito ....
Fecha de Caducidad ....
Firma ....Teléfono ....

* Para Australia y Nueva Zelanda, llamar directamente:
800-44-3200 <crystals@senet.com.au>

¿TE GUSTARÍA ESTAR EN LA LISTA DE ENVÍOS DE KRYON?

Esta lista se utiliza para mantener informadas a las personas interesadas en los trabajos de Kryon en las zonas donde residen, nuevas publicaciones Kryon y noticias Kryon en general. No vendemos ni damos a conocer nuestras listas a nadie.

Si deseas estar incluido, te rogamos nos hagas llegar una tarjeta postal que diga simplemente ENVIAR y en la que están escritos con toda claridad tu nombre y apellidos y tu dirección.

El Ser Humano

Bendito sea el ángel, el ser divino del otro lado del velo, que opte por venir a la Tierra para que todos se beneficien. Bendito sea quien oculta su impresionante grandeza tras la fragilidad de la Biología humana. Bendito sea quien, entonces, decide atravesar por todo el proceso de la dualidad, que le es impuesto con su plena autorización. Por todo ello, bendito sea el ser humano que lleva consigo su divinidad.

Por todo ello,

¡Benditos seáis todos!

Kryon

ÍNDICE ANALÍTICO

Índice General